十九世紀フランス哲学

十九世紀フランス哲学

フェリックス・ラヴェッソン 著
杉山直樹／村松正隆 訳

知泉書館

凡　例

―――――――

　本　書　は，Félix Ravaisson-Mollien, *La philosophie en France au XIXe siècle*, Imprimerie impériale / Hachette, 1868. の全訳である。第二版以降は Hachette 社から出版され，また 1984 年には初版をもとにしたエディションが Fayard 社から出版された。版によるテキスト上の異同はほとんど存在しない。大きなものについては脚注で指摘した。

・本文中での〔　〕は，訳者による補足であることを示す。また，人名直後の（　）内の原綴りならびに生没年も訳者による補足である。それ以外の本文中の（　）のみ，ラヴェッソン本人による挿入となる。
・本書でラヴェッソンは多くの哲学者の著作を挙げているが，彼の記す書名には省略や誤りが多く含まれるため，本文内ではラヴェッソンの記したものをそのまま訳出するが，正確な書名は一般に脚注のほうで指示することとした。
・脚注は，［原注］と明記されたものを除き，訳者による注である。

目次と索引について

　第二版（Hachette 社版）以降，人名と事項を混ぜた形での索引が巻末に付される（Fayard 社版も，その索引を新規ページ付けに対応させたものを付している）。しかしながらこの索引は，項目の網羅性においても，また拾われた該当ページの妥当性についても問題が多い。ラヴェッソン本人によるものでもない。
　そこで本書では，人名については，拡充した形での索引を作成して付すことにした。事項については，本書の性格上，索引形式で機械的に拾うよりも，詳細目次として書き出したほうが便利であると判断した。目次ならびに各章の冒頭に置かれた内容説明は訳者によるものである。なお，フランス語原典には目次は存在しない。

目　次

凡　例……………………………………………………………………… v

I　哲学の起源からエクレクティスムまで……………………………… 3
　　ピュタゴラス派とプラトン派／アリストテレス。実体の形而上学／
　　ストア派／キリスト教／中世スコラ哲学／デカルトの革新。二元論
　　的実在論／無限と絶対。パスカルとライプニッツ／カント／逸脱。
　　バークリーの実体批判とヒュームの懐疑論，コンディヤックの感覚
　　論／精神の能動性の再発見。メーヌ・ド・ビランの「意志」とアン
　　ペールの「理性」／王政復古期。ロワイエ＝コラールからクーザン
　　のエクレクティスムへ

II　クーザンとエクレクティスム学派 …………………………………… 25
　　哲学史研究の諸成果／「半端なスピリチュアリスム」／心理学的方
　　法の限界。知覚と概念，実在と理想との分断／エクレクティスム内
　　部での新しい諸傾向。ビランの再評価。ジュフロワやラヴェッソン
　　たち。ボルダス＝ドゥムーランのデカルト論／エクレクティスムの
　　没落

III　ラムネー ……………………………………………………………… 47
　　『哲学素描』の体系／無限の存在としての神。内在的三元性／創造
　　論と自然の形而上学。認識論，人間の諸活動の理論への応用。形式
　　的な三元性の貫徹／批判——原理の不在。「伝統主義」的観点の哲
　　学的欠陥

IV　社会主義（1） ……………………………………………57
　　　此岸の復権と進歩の理念／サン＝シモン，フーリエ，プルードン／
　　　真摯な哲学の不在

V　社会主義（2） ……………………………………………62
　　　ピエール・ルルー。完成可能性と生の継続／ジャン・レノー『地と
　　　天』／超自然的なものの取り逃がし

VI　骨相学 ………………………………………………………69
　　　ガルとブルセ／その没落

VII　実証主義（1）——前期コント哲学 ……………………72
　　　起源。ブルセとサン＝シモン／『実証哲学講義』の思想。形而上学
　　　的な「絶対」「原因」の放棄／「三段階の法則」とその真の起源／
　　　単純な一般的要素への還元の要求。数学の偏重／唯物論への接近と
　　　いう帰結。実例としてのリトレ

VIII　実証主義（2）——イギリスでの展開 …………………85
　　　イギリス哲学の傾向／実証主義的心理学。観念連合／実証主義的論
　　　理学。ミル／理由と演繹の放棄。感覚と帰納／懐疑論という帰結

IX　実証主義（3）——後期コント哲学 ……………………91
　　　コント自身の別の歩み／スペンサー，ソフィー・ジェルマン／体系
　　　と秩序を求め続けるコント／その含意。理由と理性の再肯定，ライ
　　　プニッツ的観点への還帰／コント哲学の転換点。生命現象／全体的
　　　統一の観点。「上位のもの」が「下位のもの」を説明する／数学か
　　　ら精神科学への支配権の移行。物理的実証主義から精神的実証主義
　　　へ／コント哲学の到達点。心情と愛の重視。『実証政治体系』と「人
　　　類教」

X　リトレ ………………………………………………………115
　　　無神論者かつ唯物論者／別の展開の徴候。目的論の容認

XI　テーヌ ……………………………………………………… 121
　　　『十九世紀フランスの哲学者たち』。エクレクティスム批判／「イギリス実証主義」研究／ミルとテーヌの差異，「普遍的科学」の構想／スピリチュアリスムへの合流の可能性

XII　ルナン ……………………………………………………… 131
　　　反形而上学的な実証主義との親近性／最近の小論の検討。進化論理解のうちに垣間見られる別種の要素／形而上学への復帰の可能性

XIII　ルヌーヴィエの「批判主義」……………………………… 137
　　　反形而上学的な現象主義／感覚論との相違点。表象の条件としてのカテゴリー／原因，目的，人格性／範型としての自由／自由の命運と不死性／神の問題。絶対者へのひそかな志向

XIV　ヴァシュロ ………………………………………………… 146
　　　『形而上学と科学』／レエルとイデアルの相互排除性という原理／エクレクティスムとの根本的な合致／現象を超えるもの。無限性と，完全な秩序への進歩。形而上学と神学の対象／批判的考察。イデアの存在とは何か／レミュザの見解／ヴァシュロの見解／『心理学論考』。スピリチュアリスムの兆し

XV　クロード・ベルナール …………………………………… 157
　　　『実験医学序説』／ベルナールの実証主義／帰納とは実は演繹である。理性の権限／普遍的決定論の原理。生気論批判／「有機的観念」。上位の決定論／精神の哲学の萌芽

XVI　グラトリ …………………………………………………… 167
　　　グラトリのヘーゲル批判／批判の妥当性について／グラトリの方法論。有限から無限への飛躍としての「帰納」，微積分学／「帰納」概念の批判的検討／数学的無限と形而上学的無限／超越と飛躍の誤謬。グラトリにおける別種の観点。「神の感受」と自己犠牲

XVII 宗教哲学 ·· 181
　　　カロ，ジュール・シモン，セセ。神の存在証明の限界についての自覚／神の人格性という問題／カロ。自然の秩序と精神の秩序の一致の源泉としての神

XVIII 存在論主義 ·· 185
　　　その系譜と主張者たち／「存在」概念の問題

XIX ストラダ ·· 189
　　　『究極的オルガノンの試み』／現代の問題的状況。「存在」の取り逃がし。感覚と知性との対立／ヘーゲル批判。否定に対する肯定的存在の先行性／精神の第一義的対象は存在である／方法と基準の問題。既存の諸基準の欠陥／神的なものの顕現としての「事実」／存在と精神との結合

XX マ ジ ·· 204
　　　『科学と自然』／ボルダス・ドゥムーランとの対比／大きさと完全性，延長と力／形而上学的原理としての力／その他の形而上学者たち

XXI 物理学の形而上学 ·· 208
　　　レミュザとマルタン

XXII 心理学 ·· 209
　　　観念連合の問題／メルヴォワイエ『観念連合についての研究』／ヒューム以降の流れ／知性の発生というテーマと感覚論的傾向。ヘルバルト，スペンサー／グラタキャプ『記憶の理論』／能動的習慣としての記憶／含意の展開。知性の真の起源としての精神

XXIII アニミスム論争 ·· 218
　　　オルガニシスム，ヴィタリスム，アニミスム。系譜と最近の論争の経緯ならびに背景／ブイエのアニミスム／批判的検討

XXIV	唯物論 ………………………………………………… 232	

　　　　ビュヒナー『物質と力』／唯物論とオルガニシスムへのジャネの批
　　　　判／唯物論の誤謬。「下位のもの」は「上位のもの」を説明しない

XXV　　ヴュルピアン ………………………………………………… 237
　　　　『生理学講義』。オルガニシスムの支持／論争の膠着状況に対するラ
　　　　ヴェッソンの所見

XXVI　　脳生理学，神経学 …………………………………………… 241
　　　　骨相学失効後の状況／脳について。思惟の道具としての脳／脳髄の
　　　　構成部分と「反射運動」の問題／諸部分の相互補完性と連続性。思
　　　　惟と機械的運動との連続性というアニミスム的結論／この連続性は
　　　　思惟を機械論に還元するものではない／神経系について。「迷走神
　　　　経」の中間的性格／「生命」のビシャ的二分法の欠陥／グラトリの
　　　　考察

XXVII　 本　能 ………………………………………………………… 251
　　　　博物学，生理学からの寄与／知性ないし理性の本質上の特殊性と，
　　　　事実上の本能との共存／習慣とその遺伝からの本能の説明

XXVIII　睡眠と夢 ……………………………………………………… 257
　　　　古典的理論。ビラン，ジュフロワ／最近の研究。レリュ，ルモワヌ，
　　　　モーリー／睡眠の哲学的意味

XXIX　　精神異常 ……………………………………………………… 261
　　　　法的責任の問題／問題を前にしての唯物論者の無力／ルモワヌの対
　　　　論／狂気における理性という問題／精神医学者たちの見解。理性の
　　　　不壊

XXX　　狂　気 ………………………………………………………… 265
　　　　狂気と天才の関係

XXXI 表情と言語 ……………………………………………………… 269
　　　表情の生理学的説明／感情表出の自然性／言語起源論上の含意。精神の自然な発露としての言語／精神の創造力

XXXII クルノー ………………………………………………………… 275
　　　秩序と理由についての蓋然論／哲学と科学／哲学者たちへの評価／ラヴェッソンからの別評価／蓋然性をも包摂する根本的な秩序と理由

XXXIII デュアメル ………………………………………………………… 286
　　　推論と論理学／発見の方法としての「分析」／完全な証明の条件／同一律の根源的意味／「総合」の価値／近年の哲学における方法観の変化

XXXIV 道徳論 ……………………………………………………………… 295
　　　ジュール・シモン。宗教からの道徳原理の独立性／「独立」道徳派／自由の問題。ルキエ，ドルフュス／不死性の問題。ランベール／普遍的功利性の道徳。ヴィアール／心情と愛の重視。シャロー／善，愛，知恵

XXXV 美　学 ……………………………………………………………… 303
　　　美と善の関係。シェニェの見解／美の定義。シャルル・レヴェック／ラヴェッソンの見解。美の原理としての愛。美学上の諸カテゴリーの解明

XXXVI 結　論——精神の肯定，スピリチュアリスム的実在論の到来 ‥ 310
　　　今世紀冒頭の哲学の変化／エクレクティスムの不十分さ／実証主義，あるいは新たな唯物論。観念論への隠された志向／唯物論に至る分析，観念論に至る総合／ラヴェッソン的総合判断。「原因」とその意志的性格，イデアルな完全性／「イデア」の一般観念化という陥穽。多くの観念論と唯物論の相似／「絶対的な内的能動性の意識」という観点。総合の真の原理としての自己反省，ならびに絶対

者の直接的意識／ラヴェッソンのパースペクティヴ。完全なる絶対的人格神，人間的魂，有機体，無機物，物理的現象／道徳的必然性の支配／自然諸科学と形而上学の関係／哲学をめぐる近年の状況の変化。「スピリチュアリスム的な実在論・実証主義」の到来／能動的作用としての「精神」の実体性。標識：「思惟の思惟」・「自己原因」・「存在と本質の一致」／諸存在の創造の起源の問題。神話と古代哲学，キリスト教からの示唆――絶対者の自由な犠牲と贈与，愛／現代のスピリチュアリスム的運動とフランス

解　説	347
あとがき	358
人名索引	361

十九世紀フランス哲学

I
哲学の起源からエクレクティスムまで

―――――――――

　　　ピュタゴラス派とプラトン派／アリストテレス。実体の形而上
　　　学／ストア派／キリスト教／中世スコラ哲学／デカルトの革
　　　新。二元論的実在論／無限と絶対。パスカルとライプニッツ／
　　　カント／逸脱。バークリーの実体批判とヒュームの懐疑論、コ
　　　ンディヤックの感覚論／精神の能動性の再発見。メーヌ・ド・
　　　ビランの「意志」とアンペールの「理性」／王政復古期。ロワ
　　　イエ＝コラールからクーザンのエクレクティスムへ

　現代哲学の現状と動向，進展を理解してもらうには，簡単にその起源を思い起こすのがよいだろう。
　哲学の始まりを遡ればそれははるか昔，多種多様なもののうちには，諸学の対象となるさまざまの性質に加えて，存在と一性[1]を構成する何かがあり，これをある唯一の学が万物において考察するのだということが明晰に見てとられた時代となる。中でも高き哲学[2]の始まりは，これも相当に昔となるが，それでもまだ時代的には近い。すなわち，存在と一性を説明するためには，ものを構成していると見える質料(マチエール)だけでは不十分であって，その質料に一定の形相(フォルム)，ないし存在様態を与える何も

　1）unité．「統一性」と訳されることが多いが，この訳語には「多数性を前提として，多を総合しつつ付け加えられたもの」というニュアンスが強い。時に区別は曖昧ではあれ，「(本来は始めから，根源的に）一つであること」を指示したい場合には「統一性」の語は適切ではあるまい。その際にはあえてこの「一性」を用いる。
　2）haute philosophie．ラヴェッソンの好む表現で，「形而上学」とほぼ同義。

のかがさらに必要だということが気づかれた時代である。徹底して秩序であり尺度であり調和であったギリシア的精神はまず、この何ものかを「数」のうちに見いだせると考えた。もっともそれは、事物の根底へ、事物が持つ実在性ならびに生の起源へと赴くのではなく、我々の知性が事物を把握する際の、言わば描線や輪郭で満足してしまうことであった。ピュタゴラス派やプラトン派の哲学の特徴とはこれである。そしてまたこれは、プラトンの同時代者であった例えばソポクレス〔悲劇作家〕、ペイディアス〔フェイディアスとも。彫刻家〕たちの芸術、すなわち、先の哲学と同様に崇高であるのは確かであれ、やはりドラマ的というよりは叙事詩的であり、生動性よりは調和を重視した形式に留まる当時の芸術の特徴でもある。

　それから少し時代を下り、メナンドロス〔劇作家〕、プラクシテレス〔彫刻家〕、アペレス〔画家〕たちがそれぞれの動きある作品において、それまであまり気づかれていなかった生と魂の多様な力能(ピュイサンス)を描き始めるのと時を同じくして、物理的(フィジック)な実在についても精神的(モラル)な実在についても注意深い観察者であったアリストテレスは、次のことに気づいた。存在するものはすべて、その存在と一性を、運動から得ているのであり、運動とは諸部分を言わば深く貫きながらそれらを結びつける一つの生なのだ。彼の見るところ、性質や量、関係といった、我々の知性に対象が現れる際の様態は、アリストテレス以前の者にとっては当の対象を十分に説明すると思われていたものだが、それらが存在できるのは実は別のものにおいてでしかなく、この別のものとは、様態とは反対に、それ自身で、別個に、独立して存続するものであり、本来の意味での存在、つまり「実体」なのである。この区別こそが、「自分自身によって存在するもの」と、反対に「自分自身によって存在するもののうちにおいてしか存在できないもの」——例えば表面は、ある立体物においてしか存在できない——との間に『カテゴリー論』の著者〔アリストテレス〕が打ち立てるところの、最初の大区分である。——続いて第二に、自分自身によって存在するもの、本来の意味での存在、「実体」というこのカテゴリーの中で、次の二つのものを区別せねばならないことをアリストテレ

スは理解した。すなわち一方には，潜勢的存在ないし単なる潜在性[3]における存在であり，こちらは言わば存在の始まりに過ぎず，あれこれの形相の下でやがて受け取ることになる存在との相関において質料自身のほうが所有している存在は，これに尽きる。そしてもう一方は，現実の，現勢的な存在であり，これにはもはや付け加えるべき何ものもない。それは目的であり完全性である。能動的作用ないし活動こそは運動の源泉かつ根底であり，運動を介してさらに存在と一性の原因でもあるのだが，この能動的作用ないし活動が構成するのがこちらの存在である。したがってアリストテレスによれば，厳密に言う限り，「実体」の名はただ活動にのみ適合するのである。そして最後に彼が見てとったのは次のことであった——ただしプラトンもそれを知らなかったわけではないが。すなわち，それ以外のあらゆる能動的活動がことごとくそこに由来し，すべての運動がそこへと遡っていくところの，欠けるところなき完全な活動とは，思惟のそれであって，それゆえに自然の全体はそれに依存しているが，この思惟の活動は，一切のものから独立しており，ただそれだけで万物ならびに自分自身が存在するに十分なものであるという，このことである。こうしてアリストテレスは，自然学も論理学もそれだけでは到達することのない高みに，そして質料的存在や，我々の知性が質料的存在を測る際の尺度として用いる抽象物などのさらに上に，彼が初めて明確な名で「形而上学」と称したものの対象を位置づけたのであった[4]。ここで形而上学とは，超自然的なものについての学，ただしその対象と同様に普遍的な学であり，共通の中心に向かうようにすべての学がそこへと結びつけられるべき学のことなのであった。

　しかしながら，アリストテレスによっても，形而上学はいまだその端緒に就いたばかりであった。

　プラクシテレスやアペレスの芸術は，実在に，生に非常に近づきながらも，おそらくまだそれに触れるには至らなかった。同様に，『形而上

---

　[3]　puissance. 文脈に応じて「潜在性」「力能」と訳す。「デュナミス」のことで，これはアリストテレス以来の古い文脈においては，現勢的な存在によって初めて現実化されるだけの言わば受動的な可能態のことだが，漠然と「力」の意味でも用いられ，近代以降，とりわけライプニッツにおいては，力動的で積極的な存在様態をも意味するようになる（延長や幾何学的性質に還元されない「動力学（ディナミック）」の成立）。

　[4]　実際にはアリストテレス自身が「形而上学」という名を作ったわけではない。

学』の著者による学説が到達する定式も，ピュタゴラスの言う数や，プラトンの言う数としてのイデアなどよりも実在に近くはあるものの，やはり実在そのものからは相当に遠いままであり，言ってみれば実在を大きく囲いこみはしてもそれをしっかりと把握するには至っていないことがしばしばなのだ。すべてを説明するはずの「完全性（エンテレケイア）」[5)]や「活動（アクト）」という語で何を考えればよいのか。「透明なものの働き（アクト）」だという光の定義，「運動する大気と聴覚との共通の働き」だという音の定義，「有機化された身体の働きのこと」という魂の定義は，正確に言って何を意味しているのか。ライプニッツと共にこう言いたくもなろう，「彼は活動（アクト）という術語を用いすぎており，結果それは我々に大したことを教えてくれない」と[6)]。

　このように不明瞭な「活動（アクト）」に代えて，ストア派は，エピクロス的な唯物論（マテリアリスム）の「惰性」に直接対立する形で，「緊張」[7)]を至るところに置いて見せた。そこにおいて運動とそれを生み出す活動とは混合されており，この意味では「緊張」概念は「活動」の概念そのものよりも不明瞭ではあるが，別の面から言えばそれは，努力の概念を含んでいるという点からして，内的経験に照らして「緊張」や「努力」，そして「活動」を説明してくれるものへ，つまりは「意志」へと，歩みを進めるものでもあった。

　ストア派の後，ギリシアの学問と芸術が年老いて次第に不毛なものとなる中，キリスト教が現れて，身体の生（フィジック）やさらには知性の生を超えたと

---

5) 事物本来の可能性が達成された状態のこと。続く例で言えば，「透明なもの」は光を透過させる可能性を持ち，それが実現されている場合，すなわち透明なものの「エンテレケイア」においては，そこには闇ではなく光があることになる。しかしこれは，最初に「透明なもの」を可能的な光だとしておいて，それが現実化されたものが光である，と述べること，つまりはもってまわった同語反復に過ぎず，実は「光」そのものの説明にはなっていないのではないか，という話である。

6) ライプニッツ『人間知性新論』第三部第四章，[10]。

7) tension，[ギ] tonos. 受動的諸要素を結びつけて事物を成り立たせる，プネウマ（魂）の働きないし動きのこと。古い原子論では，本来ばらばらに散乱している原子が例えば生物の形に凝集する際の原理が不明であった。その欠落を埋める概念である。なお，本書166頁の脚注も参照のこと。

ラヴェッソンは1856年に *Essai sur le stoïcisme*（『ストア派についての試論』）を発表している。アリストテレスやエピクロスと比較しながら彼がストア的「緊張」概念を積極的に評価する点に関しては，同書20頁以下を参照。

ころ，それまでほとんど垣間見られもしなかった深みに，道徳的生(モラル)を明らかにした。道徳的生こそが，自らの光によって徐々に身体や知性の生を照らし出しつつ，自分の力をそこに染みわたらせていくべきだとされたのである。

以上が，古代が中世へと手渡した諸要素である。

中世は刷新の時代であり，したがって多くの点で幼さと弱さの時代であったが，過去に関してはあれこれの残骸しか手にしていなかったために，学において古代よりも先に進むことはほとんどできず，いっそう実在を近くから摑み，実在のうちへとさらに入り込んでいくことも叶わなかった。また，古代と同様に，一定の条件には縛られず働く不可思議な作用で諸事実を説明することに満足しがちであったために，中世は我々が自身のうちに見いだすそれと似通った力能を至るところに見ることになった。それを使えば，観察や経験の労を取ることもなく，すべての自然現象を容易に説明できるのだった。「それはさまざまな能力の小悪魔たちであり，演劇での神々や『アマディス』〔リュリによる歌劇（1684年作）〕での妖精のごとく，都合のよい時に現れては，必要に応じて，手間も道具もなしに哲学者が望むことをすべて行うのだ」[8]。

しかしながら，物理的(フィジック)なあれこれの結果が結局のところ周囲の一定の条件に繋がっているその規則性を見る限り，それらの直接の原因となるものに理性や自由を与えることなど考えられなかった。そこでひとは漠然として定まるところのない観念を拵えることになったのであり，正直に言うなら，今日でもしばしば，物質(マチエール)でもなければ精神でもなく，しかしその両方に由来するという「力」なるものについてその種の〔曖昧な〕観念が作られているありさまである。そうした神秘的力能，理解可能な手段もなしに働く「隠れた性質」[9]，それだけで現実に働き創造する「実体形相」[10]でもってスコラ学派はすべてを説明できると思ったの

---

8) 『人間知性新論』第四部第三章，[7]。

9) *qualités occultes*. 事象を説明するために拵えられる不可知の性質。蔑称である。

10) *formes substantielles*. 形相と質料との二元論で事物を捉えようとする場合，形相にどれほどの能動性と独立性を認めるかに関していくつかの可能性がある。質料の側が言わば結果的に醸し出す効果として形相を捉える立場もあるが，それとは反対に，形相自身がまず実体的に存在しており，それが無定型な質料を「形相づける」，つまり質料に形や意味を与えるのだ，という発想は中世ではむしろ優勢であった（それは，物質から独立した魂や精神，

だが，実際には，何も説明していなかった。スコラ学派が原因と名付けるものに当初含み込まされていた意図的な作用に類似するところを取り去らねばならないということになると，もはやそこに残るのはただ，諸現象そのものの一般的表現，単なる論理的記号，単なるカテゴリーであり，問題の解決ではなく，問題をより抽象的な言葉〔ターム〕で述べる言表だけであった。こうしてしばしば「言葉の藁を事物の実と」取り違え（ライプニッツ）ながら，結局スコラ学派はライムンドゥス・ルルス（Raymond Lulle, 1232/1233-1315/1316）の術に至るのである。この術は，実在の等価物で実在自身を指示するのに用いられる言葉を用意することで，デカルトに言わせると「何も知らないまま何についてでも語ることを教える」ものであった[11]。そうした術をその発明者は「大いなる術」と名付ける。それはすなわち転換の大いなる術であるが，当時の野心的だが無力な学，すなわち何からであれ何でも作ることができるようにしてくれるはずの普遍的錬金術が目指すのもそれであった。事物を言葉のうちに捉えておくことができると考える論理学の，虚しい約束である。それがゆえに，近代思想の偉大な創始者であり自然と実在の愛好者であったレオナルド・ダ・ヴィンチは，知性の学は嘘つきである（le bugiarde scienze mentali）と述べたのであった[12]。

　こうして氾濫する言葉と定式の中に，事物そのものを見分けることもあるいはできたことだろう。スコラ派が積み上げた鉱滓の下にも，いくらかの金が隠されていた。かくも多くの空虚な主張の下に，そして我々の同時代人の一人が「愚劣なる世界」[13]と呼んだものの下に，ある知恵

生命などの固有の実在を肯定する立場にも直結している）。そのように考えられた形相を実体（的）形相と称する。ただしそれを過度に強調すると，あらゆる事象が「実体的形相」で説明できてしまう（「ある事物がこうした特性を有しているのは，そのような実体的形相がある故である」）。近代的自然学はこうした説明を怠惰なものとして排除する。ただしライプニッツは，形而上学における実体形相概念の復権を唱えた（『形而上学序説』など）。

11）『方法序説』を参照。ルルスは諸概念を記した板を重ねる形で，ある対象についての可能な言表を列挙する方法ないし技術を提唱する。ある側面においてはライプニッツの「結合術」にも繋がる発想であるが，デカルトはそれを言葉だけの空虚な操作と見なした。

12）ダ・ヴィンチ『絵画論（Trattato della pittura）』。加藤朝鳥訳『レオナルド・ダ・ヴィンチの繪画論』（改訂版 1996 年），25 頁。杉浦明平編・訳『レオナルド・ダ・ヴィンチの手記（下）』（岩波文庫 1958 年），21 頁。

13）monde de sottise. これは歴史家ミシュレの『フランス史 第七巻 ルネサンス（Histoire de France, VII, Renaissance, 1855）』に見られる次の文章からの誤った引用ではないかと思わ

の卵がひそかに抱かれていたのだ。しかしそれが孵化できる時ではなかったのである。

　デカルトが登場した。彼においては，スコラ的教育に世間での経験と精神の自由が結びついた。その精神は，さまざまな国を経る長い旅行と，多様なその土地ごとの人々の実践，さまざまな生き方と考え方の実践によって，あらゆる偏見から解放されていたのであった。学院[14]の博士たちの不可解な想像力に取り憑きそれを一杯に満たしていた多くの亡霊から清められて，その精神は，実在を言わば裸のままに，見た。半分は論理的，半分は人格的な，曖昧な諸形相のかつての混乱の下に，彼は引くべき太い線を，行うべき大きな区別を，見てとったのである。一方には「思惟」，すなわち我々が自分のうちに明晰に認識するところの単純かつ一なるもの。そしてもう一方には我々が外に明晰に認識するところのもの，物体を構成する拡散した多なる存在，つまりは「延長」。ここに至って，長い間虚構のあいだで宙に浮いていた哲学が，足を地に着け，実証的(ポジティフ)なものになる。哲学はもはや単に推論に関わる事柄ではなく，事実に関わる事柄，経験的事柄なのだ。

　それまでは少なくとも一般には，経験が到達できるのはただ物理的(フィジック)で，個別的かつ制約された事実のみだと思われていた。しかしいまや認められるのは，精神は自分自身を見ること，そして自分を見ながら精神は，三段論法の複雑な道具立てを用いてではなく，大いなるまばゆい光に照らされるごとく，自己自身の原理，そして万物の原理となるものを発見するのだ，ということである。自分の外には，かくも実在的で触れることのできる，物体。自分のうちには，自己に触れるところの魂，そしてさらに魂のうちには，魂と分離しないままに，魂自身よりもいっそう実在的で，ある意味でいっそう近くから触れることのできる，神。この二重の実在論[15]は，中世の，そして古代の大部分に見られ

れる。ミシュレはその「序」，中世とそのスコラ哲学の「愚かさ（sottise）」を強調する節冒頭にこう記している（p. XXX）——「修道院的な中世が手にしたのは，愚か者の世界（un monde d'idiots）であった」。

14)　École. スコラ哲学を一般的に指す表現。

15)　外的な物体についても，また内的な魂ひいては神についても，推論以前に「触れる」という直接的なアクセスを通じてその実在が証されている，という立場。これはラヴェッソンに特徴的なデカルト理解である。II:24 頁以下でのクーザン批判，とりわけ 42 頁以下に

理性主義(ラショナリスム)¹⁶⁾とでも呼べるものには鋭く対立するものだが,それこそがデカルトの体系の土台であった。

　そればかりではない。思惟については反省がその直接的な認識を与えてくれるが,デカルトはこの思惟のうちでも,まったく受動的な「知性」と,本質的に能動的な「意志」とを区別する。そして「知性」は常に規定され有限なものであるのに対して,「意志」の方はデカルトの指摘によると,絶対的に障害や限界を持たず,実際,それが持つ自由は無限である。そこからしてデカルトは,キリスト教が準備していた道へと入りつつ,思惟を通じて自らを現す上位の原理の属性として,あるものを導入する。古代は,当の原理のはっきり規定〔=限定〕されたところ,あるいはこれがその他のものをはっきり規定する――かくして原理は秩序の源泉ともなる――ところにばかり関心を引かれていたがゆえに,まずほとんどの場合このあるものを,質料的な下位の原理にしか割り当ててこなかったし,その場合にもそれは多の原因,さらには無秩序と不完全性の原因だとしてきたのである。デカルトが導入したのは,つまり「無限性」という属性である。無限性はいまや初めて魂の持つ性格となったのであり,そしてそれ以上に神の性格となる。完全で絶対的な意志のうちに見いだされる無限性,ということだ。デカルトによれば,神を,知性の与件のほうに合わせてあれこれの決定を行うようなものと思い描いてはならない。それでは運命に服する古代のユピテル〔ジュピター〕を再び連れてくることになってしまう。神の行う一切の御業は,その唯一の原理としての,無限に自由なる意志へと帰着させられること

記されるクーザンのデカルト理解に対する,ボルダス=ドゥムーランに照らしての批判も参照。

　16) 万物の原理についての直接的なアクセスを知らず,三段論法などの理性推論,さらには恣意的な原則や格率の使用に依拠して足りると考える哲学,ここでは特に(ラヴェッソンが考える限りでの)スコラ哲学のこと。

　なお一般に,ラヴェッソンにおける「理性」についての評価に関しては注意が必要である。彼の描く構図においては,「理性」は偶然的な経験知に対しては揺るがない優位性を有する(ロックに対するライプニッツの優位)が,直観知に対しては迂回的かつ準備的な,消極的位置に置かれる(カントたちに対するビラン,ヘーゲルに対するシェリングの優位)。ラヴェッソンは(感覚論的な)経験論に対しては,「理性」の権限ならびに実在そのものの合理性を強調して見せるが,彼にとっては哲学的な立場としての「理性主義」は,より積極的な直観的立場(ラヴェッソン的なスピリチュアリスム)に対しては優位性を持たないばかりか,多くの場合,空虚な観念だけを用意して満足する欠陥を持つものだとして扱われている。

I 哲学の起源からエクレクティスムまで

を認めねばならないというわけなのであった。

　パスカルは，その深いまなざしによって，あらゆる事物のうちに無限を見てとった。神の完全性に固有の無限性は，それを模倣する広大無辺さのうちにも，そしてまた同時に，分割を重ねながら果てしなく無へと向かっていく微小さのうちにも現れる。この二つの無限の間に，我々は宙吊りにされている。付言すれば，この『パンセ』の著者は，キリスト教と同じく，意志自身の源泉であるもののうちに，身体ばかりか知性をも超える何ものかがあることを示していた。彼はこう言っていた，「慈愛（愛）は，別の秩序のもの，超自然的なるものである」[17]。

　デカルトによって言わば啓示され，パスカルによって一般化されたこの「無限」という新しい原理，そこにライプニッツは学全体の基礎を見いだすことになる。事物のうちには，デカルトが見ていた以上に一般的で，パスカルが見ていた以上に規則的な秩序がある。もっともそれは，二人の原理も当然至るはずのものではあった。万物は均整と類比と調和を保っている。したがってすべてのものは，何ものにも断ち切られない一つの連鎖に従って連続しつつ保たれているのだ。これが普遍的連続律である。デカルトが提示する運動に関してのあれこれの一般的規則は，自然のうちに不調和を置きかねないものだったが，それらの規則はこの連続律によって見直され，補完されねばならない。連続律は，まず一方では数学において，微積分学の進展を生み出す。その基礎をなすのは，値がどうであれ同じ関係が保たれるなら，一切の有限な量を超えたところにまでそれを辿ることができる，ということだ。また他方連続律は，自然においては，あらゆる方向に自然が拡がっていくその進展を生み出す。そしてこの拡がりは，物理的にも数字上でも考えがたいというだけの無限の大きさと小ささに，ばかりではなく，規定された値の一切をことごとく超えた大きさと小ささにまで及んでいく。

　ところで，万物が量や時間ならびに空間，宇宙全体の無際限のうちで類比的な形で反復されるとすればそれは，同一の比の反復には常に同じ理由が存在するからである。そしてこの理由は結局，次のようなことになる。すべての有限な事物のうちには同じ一つの存在の基盤がある。そ

17）『パンセ』ブランシュヴィック版793／ラフュマ版308末尾からの自由な引用。

の基盤は有限な事物においてはあれこれの制限を具えつつ見いだされるが，当の基盤それ自身は，制限を免れるがゆえに無限であり，しかもまた完全で絶対であるがゆえに無限なのだ．

ライプニッツは同時に次の点をも，デカルト以上にはっきりと示している．すなわち，有限で相対的な存在は，その質料(マチエール)をなしている受動的要素の混入によってかくのごとく有限かつ相対的なものとなっているのだから，真の無限，つまり絶対者は，精神というまったく能動的な存在だ，というのである．

カント（Immanuel Kant, 1724-1804）は，デカルトやライプニッツ，パスカルが深く探求していたことをいっそう深め，それまでの誰よりもはっきりと，意志の自由のうちに，まったく特別な一原理を示してみせた．諸現象の連鎖から完全に独立したこの原理は，カントによればただそれだけで，自らに従って，カントの見るところ知性自身も完全に免れてはいない物質的(マテリエル)存在の諸条件の外部に，カントが「超感性的」と名付けるもの，同義の古い語を用いれば「超自然的」ないし「形而上学的」とも呼べるものを，構成するというのだ．実際のところ，経験というものはすべて感性の諸条件に従属すると確信していたために，カントには，自由が経験の対象になるとは思われなかった．自由とは，「できる〔可能〕」を含意する「ねばならぬ〔当為〕」の法則からの，必然的な帰結として演繹されるしかない，と彼は考えたのだ．しかしどうあれ，意志のまったく独特な卓越性を彼以上によく見てとった者はいない．無限，完全，絶対とは精神の自由のことなのであり，万物の帰する究極のところは道徳的(モラル)原理なのだと理解させることに関して，カントほどに寄与した者はいないのである．

この無限と絶対という深い土台の上に決定的な根拠を据えるに至るに先立って，哲学はなお，デカルトから与えられた地点から始めて，一つならぬ試練と浄化を経なければならなかった．

さまざまな現象を説明するために諸原因のごとくスコラ学派が用いていた抽象的な存在物を，デカルトはすでに追放していた．ただし彼も，「延長」と「思惟」という二つの大きな一般的な事実それぞれの下に，

諸事実そのものとは異なる何かとして，実体ないし存在を存続させていたようではある。

しかしながら，一切の存在様態から切り離されて考察されてしまえば，ある実体はいかにしてもう一つの実体から区別され得るというのか。こうしたわけでスピノザは，延長実体と思惟実体とは，一つの同じものでしかあり得ず，異なる属性の下にはただ一つの実体しかない，と述べることになるのだ。しかしすぐさまバークリー（George Berkeley, 1685-1753）が言うだろう，そもそも一切の存在様態から区別された実体などとは，何ものでもないのだ，と。「実体」や「潜在力」、「原因」，そしてとりわけ「存在」とは，スコラ哲学の名残，不完全な観念なのである。存在とは，〔具体的に〕あれであり，これである，ということだ。単に存在することそれだけ，というのは，何ものでもないということだ。それは，意味のない言葉だとまでは言わずとも，単なる概念上の拵えものである。また第二に，我々にとっては知覚における以外，何も存在しない。したがって，現実に存在するとはどういうことかを探求するならそれは，表象されていること，精神によって思考される何ものかとして，精神のうちに実在していることなのだ。そしてバークリーはさらに，我々の最初の観念は感覚的なものだと言う。最初の観念は我々の側からやってくるのではない。我々はそれらを自分の好きなように作り出しはしないのだから。したがって，それらを我々の精神のなかに引き起こす原因は，ある別の精神なのだ。上位の無限なる精神，つまり神が，我々の精神に最初の観念を与えてくれるのである。この土台が実在のすべてであるわけだが，その上に我々の精神は，比較や抽象，一般化によって多種多様な関係を打ち立て，そうしておいてほとんどの場合それらを実在だと取り違えるのである。

一切の精神の外にあって，感覚で知覚される諸性質の支えとなりながらそれ自体は知覚され得ない実体を語ろうとする仮説を，バークリーは以上のようにして転倒させようと考えた。彼に言わせれば，唯物論はそのようなありもしない実体を持ち出して，真の神に代わる偶像としてしまっているのだ。彼の見るところ，無神論を支える要石は，「知性を欠き思惟もしないがそれ自体で実在する実体」という拵えものの観念であり，続いてひとは，一切の自由を容れず，したがって一切の道徳性を

容れない必然性でもって，万物をそこから導き出してくるのである。だが，この最初の要石が取り去られてしまえば，無神論という不敬虔なる建造物全体は崩れ去る。それだけにいっそうバークリーは，デカルトの言う「思惟するもの」，すなわち有限な精神と，それを照らす無限の精神とを保持しようと考えたわけである。だが同時に，彼は，意図しないうちに懐疑論に道を用意したのであって，今度は懐疑論が精神を脅かすことになっていく。

　デカルトは三種類の観念を区別していた。まず，感覚を介して言わば外から我々にやってくる「外来」観念。それに我々が手を加えて生み出す「作為」観念。そして精神が自分の意識のうちに自ら見いだし，そこから「作為」観念を形成しもするような，「生得」観念。だがすでにマルブランシュは，魂が自己の観念(イデー)を持つことを認めない。魂には自己の感情(サンチマン)だけを容認したのである。ロック（John Locke, 1632-1704）は，我々のうちには感覚に加えて反省も存在し，それによって我々は感覚そのものと共に我々自身の知性的な働きをも意識するということを，きちんと見てとってはいた。しかしライプニッツが非難するように，ロックは認識を本来生み出す源泉を見逃したのである。バークリーも，少なくともヒューム（David Hume, 1711-1776）の『人間本性論』より前に書かれていた初期の著作においては，真なる観念としては感覚的なものしかほぼ認めていなかったし，彼によればその観念も，先に見たごとく，神からの直接の作用によってしか説明できないのだった。我々は，自分の精神の働きについても，そもそも自分の精神そのものについても，およそ耳にも目にも捉えがたい知覚しか有していない，とバークリーは考えることになり，そのような知覚に彼は「概念(ノーション)」という名を割り当てることを提案した。

　ヒュームがさらに大きな一歩を進めた。

　バークリーは非物質的(イマテリエル)実体のほうは保持し，物質(マチエール)から奪い取った実在的なものをすべてそちらへと移し入れたのだが，ヒュームはその非物質的実体をも消去してしまう。精神に有利となるバークリーの重大な特別扱いを，ヒュームは消し去ったのだ。そして実際，もし精神についてはごく微弱で曖昧な認識しか持てないのであれば，それはそもそも認識と言えるのだろうか。それはむしろ，最後に残った偏見，最後に残った錯

覚ではないのか。

　抽象的かつ一般的な観念に対応する実在は存在しない。この真理こそは，ヒュームによるなら，学を豊かにするこの上ない重要な発見の一つである。あとはそこからすべての帰結を引き出すだけだ。すでにバークリーは，本来の意味での認識とは，感覚的と呼ばれる認識だと主張していた。ヒュームになると，我々の認識は二つの要素に分解されるということになる。本来の意味での感覚すなわち印象と，観念と，である。そして観念とは，感覚が自分の後に残す痕跡でしかない。それは時を経て残る弱まった感覚なのである。まず最初に印象，そしてそれについで印象のコピーないし残響のごとき観念，以上が我々のうちにあるすべて，我々にとって存在するすべてなのだ。それに加えて，我々の外であれうちであれ，印象と感覚を支える実体や，印象と感覚を生み出す原因や力を想定するのは，単なる想像，単なる夢想でしかない。

　バークリーの指摘によれば，我々が観念を引き出してくる唯一の源泉たる諸感覚によっては，「原因」というものは知覚されない。我々は諸事実を目にはするが，それらを相互に結びつける紐帯や，連鎖させる力といったものは一切目にしないのである。自然が我々に示すのは，ある恒常性をもって共に生じたり継起したりする諸現象だけである。そしてこうした諸現象とは，至高なる精神によるあれこれの働きであり，しかもそれら自体は相互に依存せず独立したものであって，それらの秩序も当の精神の思うままに定められるのだというのである。

　しかしながらバークリーも，我々のうちに何らかの原因性を，漠然とした曖昧な言い方ででばあれ，認めていたように見えるのに対し，ヒュームによれば原因性〔＝因果性〕[18]などといったものは我々のうちにも外にも存在しないことになる。我々の持つ観念はすべて印象に由来する。では「原因」という観念は，いかなる印象から我々に到来するのか。我々のうちでも外でも，常に共に生じる一定の諸事実を，経験は示

---

18)　causalité. 一般には「因果性」と訳せるが，ラヴェッソンを含め当時の形而上学者がこの語で主張しようとする事柄は，「諸現象間に因果的連鎖が存在する」ということであると同時に，あるいはそれ以上に，「現象の背後には当の現象を産出する（超現象的な）原因が存在している」ということでもあった。この後者の文脈に重点がある場合には「原因性」と訳出し，現象間・事物間に観察される関係が問題になっている場合には「因果性」と訳す。

す。それらが隣接しているのを目にすることに慣れてしまうと，まずそれらを切り離すことが難しくなる。かくして，そうした諸事実は必然的に結合されていると我々には思われてくるのだ。それらの一方が他方の原因だと口にするとき我々が言わんとしているのは以上のことであって，それだけである。我々の持つ印象についてそうであり，印象の反映でしかないところの観念についてもそうである。それ自体において，我々とは独立しているものと考えられた諸印象こそが，我々が「対象」とか「外」と呼んでいるものであり，我々の持つあれこれの観念や感情こそが，「内」であって，我々が「我々」と呼んでいる当のものなのである。したがって，我々の外でも内でも，そして結局内も外も同じことなのだが，存在するのは継起していく現象ばかりである。必然的な連鎖，原因，理由などはないのだ。そしてまた実体というものも存在しない。経験の領野において原因に出会わないのであれば，なおさらいっそう，実体に出会うこともありはしない。かくしてすべては，我々のうちで次々と継起する印象ならびに観念へと還元される。では，印象でも観念でもないものとしてのいわゆる「我々」とは，いったい何なのか。少なくとも精神とは観念が次々と登場してくる舞台のようなものだ，ということにしようと思ったところで無駄である。そんなメタファーに欺かれないようにしよう。「自分の精神」と我々が呼んでいるものを構成するのは，観念の継起そのものなのであり，あれこれの場面が上演される舞台といったものについて我々は，たとえ的外れで混乱したものであれ，概念を一切有していない。我々とは自分にとって，一連の動き続ける知覚でしかないのだ。

　ヒュームの世界を思い描こうというのであれば，さまざまの印象や観念が，言わば虚空において相互に続きながら漂っているさまを想像していただきたい。

　仮構物や拵え事を捨てて，経験の実在的なところ，事実の持つ実証的(ポジティフ)なところへと話を切り詰めようとして，結局ひとは，多数の散らばった，結びつきも統一性もない諸現象に，すなわち感覚的な現れの散乱する物質的(マテリエル)なところへと，閉じこもることになった。言い方は新しくはあれ，これは結局ソフィストやエピクロス派の学説であり，〔万物の間に一切の繋がりを認めない〕「普遍的解体説」と呼んでもよいものである。

ヒュームの理論に抗して，トマス・リードは，この理論が含む矛盾については語らずに，我々が生まれつき持っているいくつかの信憑を掲げてみせた。そうした信憑は，観念についてのヒューム流の説明で解き明かせるものではない。そしてこれらによってこそ，物理的で感覚的な事物よりも上位にある諸存在，形而上学の対象となる諸存在が我々に保証されるというのである。物質的な次元の言わば上方に，知性的かつ道徳的な次元[19]を再興したことは，リードとその学派の業績であるが，しかしいまだ上位のものと下位のものとの間には何らの必然的な関係も示されてはいなかった。

　カントは，ヒュームを論駁するために，我々のうちに感覚では説明できない諸概念が存在することを示すだけでは満足しなかった。カントの示したところでは，それらの概念は型〔＝形相・形式〕（フォルム）のようなものであって，経験が与える質料（マテリエル）〔＝素材〕はただこの型の中でのみ確かな形を取れるようになる。したがってそれは感覚の必然的な諸条件となるものなのだ。そしてこの型自身はと言えば，これらは，他ならぬ認識という作用，すなわち感覚が引き渡してくる言わば散乱した多なる質料を統一性のうちへと取り集める作用の，多様な適用様態だというわけだ。

　この統一する働き，あるいはカントの表現そのものを用いるなら[20]ま

---

19) ordre intellectuel et moral. この「知性的かつ道徳的」という表現は以下頻出するが，物理的でも感覚的でもなく，人間ならびに精神的諸存在に関係する，といった意味。数学・物理学・生物学ではなく，形而上学・神学・道徳・政治学が対象とするのが，「知性的かつ道徳的な」事柄である（XX:205-206 頁参照）。特に「知性的」というのは，知的能力を持っている，ということではなく，知性だけが関わることのできる，という意味である点に留意。

20) カントの表現の日本語訳としては，例えば (le) sensible には「感性的（なもの）」，imagination には「構想力」が適切であろう。また，Verstand / Vernunft の区別を重視して，entendement は「悟性」，raison は「理性」と訳し分けようという一般的傾向もある。しかし他方，一般にフランス哲学の文脈，そしてとりわけ本書において，そうしたドイツ観念論的区分と訳語の対応は自明ではない。カント哲学は絶対的な参照項ではなく，またそれを受容する場合にもカント的用語法に一対一対応でフランス語が確定されるわけでもないからである。結果，「感性的」より「感覚的」，「構想力」より「想像力」と訳したほうがよい場合はあり，また entendement, intelligence, raison を区別するかどうかは論者次第となることが多い。この箇所のように，intellectuel という形容詞が「悟性による」と訳さねばならなくなる場合もある，ということである。

本書においては，カントの用語法に目配りが必要な場合には「感性」「構想力」「悟性」といった訳語を用いるが，そうではない場合，あるいはカントの独自性が無視されているという点で示唆的な場合には，その種の訳語に縛られずに訳出することとする。

ず構想力により，続いて悟性によるところの感性的多様の「総合」，これは他と並ぶただの一現象だろうか。そうではない。というのは，意識的現象はただこの総合によってのみ可能だからだ。ホッブズ（Thomas Hobbes, 1588-1679）やロックによって繰り返された通俗的スコラ学派の格言，「知性のうちには，まず感覚のうちに存在しなかったものは何もない」という格言にライプニッツは付け加えて言った，「知性それ自身を除けば」。そしてカントではこうなる，「感覚のうちには我々の認識の質料(マチエール)がすべて存するが，それに形相(フォルム)を与えるのは知性である」と。次のように言い添えてもよい。狭量な経験論者とは，栄養摂取をただ食物だけから説明して，食物を受け取り変形するもの，つまり胃のことを忘れている生理学者であり，呼吸作用をただ大気だけから説明して，肺のことを忘れている生理学者なのだ，と。

　さてフランスでは，コンディヤック（Étienne Bonnot de Condillac, 1715-1780）がロックの体系を採用しつつ，ヒュームがしたように，その体系からその等質性を乱すもの，すなわち「反省」という観念，我々が自分自身の働きについて持つ意識という観念を取り去ってしまっていた。ヒュームと同様にコンディヤックも，我々の認識とは「変形された感覚」に過ぎないと説いていた。しかしながらヒュームとは異なり，コンディヤックは，そして彼の弟子の筆頭となるデステュット・ド・トラシ（Antoine Destutt de Tracy, 1754-1836）は，ただ感覚的な現象の連なりだけが我々にとって存在するすべてであって，我々自身もまたその連なりに過ぎない，とは結論しなかった。知性や推論，理性であれば大した困難もなく感覚の系列へと還元もできようが，この感覚の系列のただ中に，別の一要素が現れてくるのだ。この要素は最初は見えにくいものだが，次第に明らかとなりつつ，まったく相対的な諸現象が移りゆく光景の下に，何か恒常的で絶対的なものを，感覚的な現れの絶え間ない変化とは独立した形で，示す。本質的に受動的で必然的な感覚とはまったく異なるこの要素とは，能動的作用であり，意志であった。

　我々はいかにして，自分の感覚の外の何ものかを認識できるのだろうか。『感覚論』[21] 第二版でコンディヤックは言う，「それは，私が第一版

---

21) *Traité des sensations*, 1754. 第二版は 1769 年出版。

ではうまく解決できなかった問題である」[22]。そして彼は，自身の体系に反してこう述べる。我々が感じる抵抗によってこそ，我々は自分の外に物体があることを知る，と。ところでこの外からの反作用(レアクシォン)を我々に認識させるものは，我々自身の側の能動的作用(アクシォン)，我々の運動作用である。デステュット・ド・トラシはほとんど間を置かずに付け加える，「運動の原理とは意志であり，意志とは人格であり，人間そのものである」[23]。奔流のごとき諸感覚のうちにあるのは，「自我」も「非我」もなき現ればかりだ。言ってみればそれは，内も外もなき表層である。自分の意志を意識することで，我々は自分自身と，自分とは別の何ものかとを，同時に知る。感覚の手前と向こう側との，内的世界と外的世界。これら二つの実在は互いに対立しながら，競合する働きのうちに接触し浸透し合う。

　ヒューム以来すべてを説明するものと思われていた感覚の受動性の下に，能動性を再発見すること。それはまさに物質的(マテリエル)なものの下に精神そのものを再発見することであった。それまではロックやヒューム，そしてコンディヤック自身までもが物理学(フィジック)によって哲学を言わば打ちのめしていたのだが，この発見に力を得て，哲学はほどなく物理学のくびきから解き放たれることになる。この点にとりわけ寄与したのは，メーヌ・ド・ビラン（François Pierre Gontier Maine de Biran, 1766-1824）とアンペール（André-Marie Ampère, 1775-1836）の二人である。

　22）『感覚論』第二版，「注釈付き概略，第二部概要（Extrait raisonné, Précis de la seconde partie）」。*Œuvres complètes*, tome 3, 1821-1822, p. 22.
　23）トラシにこのような文章は見いだされない。ラヴェッソンが1840年に発表した論文（II:37-38頁で言及）での叙述からして，これは『観念学綱要』の第二部門となる『意志とそこからの諸結果（*Traité de la volonté et de ses effets*, 1815）』の序論§2の曲解に基づいて作られた文章であると思われる。
　トラシのこの著作は，意志から所有の観念が派生することを出発点として，経済学，道徳，立法の諸問題を通覧していくものだが，トラシは序論でまず意志から「人格」と「所有」の観念が生じることを論じる。そこでも彼は「意志」に感覚とは別個の能力を見るわけではなく，あくまで意志も感覚能力からの一派生物であるという以前からの主張を繰り返している。そしてここでの「人格」概念も，所有主体としてのそれであり，後の議論では自然に集団的な法人格へと拡張されていくような概念であり，ラヴェッソンが言いたいような，ビランにおいて十全に摑まれるたぐいの「自我」主体とは異なる。コンディヤックからトラシを経てビランに続くラインを引こうとするラヴェッソンの読解の詳細については，彼の1840年論文を参照されたい。

我々の観念や信憑はすべてが同等のものではなく，この差異は，それらがみな感覚から由来すると考えては説明できないことを，スコットランドの哲学者たちはすでに明らかにしていた[24]。またカントの示したところでは，我々のうちには感覚以上のものがあり，それは諸感覚を結合して総合を行うさまざまの様式であって，まさにこれが認識を作るのであった。メーヌ・ド・ビランが指摘したのは，認識するこの働き，カント自身が「悟性（アンテレクチュエル）の自発性」に帰したこの働きが，能動性（アクティヴィテ），努力，意志だ，ということである。コンディヤックやデステュット・ド・トラシも，まさにこの意志において，我々自身の存在を再発見したところであった。メーヌ・ド・ビランによればかくして，我々の認識，我々の思考とは，我々が自分の四肢に行わせる運動と同じく，我々の意志の結果なのであり，同様に，我々のものであるところの一切もまたそうなのだ。この意志によってこそ我々は，我々に由来するものすべてを存在させるのであり，この意志のうちにこそ我々自身の存在は見いだされ，それとして知られるのである。デカルトは「我思惟す，ゆえに我あり」と述べていたが，こう言ったほうがさらによい，「我意志す，ゆえに我あり」と。意志は実際，単に現象のごとく，生まれてはそれと同時に滅ぶようには存在していない。メーヌ・ド・ビランは指摘する，「私の決意のいずれのうちにも，結果に先立ち，また結果の後にも存続するだろう原因として，私は自らを認識する。私が自分を見るのは，私が生み出す運動の手前かつその外部にであり，時間から独立したものとしてである。そしてそれゆえに，正確に言うなら，私は生成していく（ドゥヴニール）のではなく，現実に，そして絶対的に，存在している（エートル）のである」[25]。自然や事物の置かれた一切の条件の外にある「自由な人格」という比類なき観点に身を置いたならば，あるいはスピノザも，彼が実際語った「我々は自分が

　24）トマス・リードに代表される，いわゆる「スコットランド常識哲学」の哲学者たち。ヒュームたちの懐疑論に抗して，外界の実在や自己の同一性などは，知覚からは確かに正当化されないにしても，普遍的に共有されている原理的な信念（belief），つまりは「常識（コモン・センス）」であり，その限りで肯定されるべきだとする。フランスでは，ロワイエ＝コラールやクーザン，ジュフロワたちが，コンディヤック的な感覚論を批判するためにこの学派の主張を積極的に受容した。

　25）出典不明。

不死であることを感じ，経験する」という言葉[26]を正しい意味で口にできたことだろう。メーヌ・ド・ビランはさらに付け加えている，「そして以上のような範型こそは，我々が自分の外に諸原因を思い描く際の唯一の範型である。我々は原因を，意志であるような存在として思い描くのだ。存在すること，行為すること，意志すること，これらは名称において異なりつつも，ただ一つの同じ事柄である」[27]。

以上のような思想がいかなる果実をもたらしたか，そしてまた現在，もたらしつつあるか。それについては，また後で見ることになろう。

自分自身を自然の変転の外に位置する存在として我々に示す極めて重要な事実があり，そして真の存在はすべてそうしたものであって，それに比べれば，他の，空間を占めるものやまた時間を占めるものなどは単なる見かけでしかない。メーヌ・ド・ビランは，当の事実がこのことを，我々自身を通じて理解させてくれると指摘したのだが，ここにまた一人の思想家を並べることができる。この思想家は後に諸科学における重要な諸発見によって著名になるが，当時はメーヌ・ド・ビランと共にもっぱら心理学や論理の研究に専念しつつ，互いに考えをやりとりしていた。それがアンペールであり，彼はごく最近になってやっと世に知られることになった論文や書簡において[28]，我々の自然本性をなすもう一つの部分を完全に，言わば白日の下へと連れ出している。何よりも「感覚」に注意を払ったコンディヤックも，そしてほぼ「意志」ばかりを論じるメーヌ・ド・ビランも，我々の自然本性のうちのこの部分については，それを暗い影のなかに放置していた。それは，感覚によって与えられる諸要素に意志の作用が適用する能力であり，直観的能力が与える単純な諸項をさまざまの関係において結びつけながら相互に連鎖させて

---

26) ラヴェッソンは「不死である」と記すが，スピノザの『エチカ』では「我々は我々が永遠であることを感じかつ経験する」（第五部定理二十三備考）。

27) 出典不明。

28) *Philosophie des deux Ampère*, publiée par J. Barthélemy-Saint-Hilaire, 1866.（バルテルミ＝サン＝ティレール刊『アンペール父子の哲学』）

電磁気学における業績で知られるアンペールだが，早くからビランと交流があり，ビランと多くの共通点を有する哲学思想を育んでいた。本書は歴史家である息子ジャン＝ジャック (Jean-Jacques Ampère, 1800-1864) が残した父の思想の概要紹介を前半部に収め，後半にアンペール父自身によるビラン宛書簡，コンクール応募論文等を収録する。

いく比較能力であり，言い換えれば推論と比量[29]の能力，「理性」である。カントは言っていた，認識すること，それは結合することだ，と。メーヌ・ド・ビランは言う，それは働きすなわち意志によって結合することだ，と。さらにアンペールが加えて言う，それはある関係を用いつつ結合することだ，と。あらゆる科学においてまがうことなき天才をあれほどに示した彼は，天才とは関係を見てとる能力であるとした。彼は言う，「ある者は，他の者がいかなる関係をも見ないところに数多くの関係を見てとる。ここ数世紀の諸科学の進歩の原因は，新しい事実の発見であるよりもむしろ，それぞれの事実が自らの結果や原因とどのような関係にあるかを捉える技術であった」[30]。関係の重要性，ならびに認識の形成においてそれらの関係を発見し結合する能力の働きが有する価値を，アンペールほどよく見てとり実際に示してみせた者はいない。メーヌ・ド・ビランと共に力を尽くした哲学再生の作業において彼らが自分の寄与分とするのはここだ。言ってみればメーヌ・ド・ビランは意志を発見したのに対し，アンペールは理性を発見したのである。

ただしこれも言っておかねばならないが，メーヌ・ド・ビランは確かにほとんどの場合，意志を分析しながら，その現れ方についてのみ，そして感覚的経験の総体に関する限りで論じるに留まってはいるものの，やはり意志には，その根本において，経験的で自然的な諸条件から独立したところがあるということを垣間見ていたし，実際そう述べてもいる。対してアンペールは，理性を分析しつつそこまで遠くに進んだとは見えない。諸関係を考察しながらも，それらを最単純なる最初の諸要素[31]にまで帰着させようとしてはいないし，特に言えば，諸関係を規定していく中で理性が，尺度として用いるべくある統一性を参照していないのか，という点についての探求を試みてもいない。もしその問いを立

---

29) discours. 古くからの伝統においては，認識様式について，無媒介の「直観的(intuitif)」なそれ（ノイエーシス）が最も優れたものとされた上で，この直観によらず概念や推論，比較を介して行われる認識（ディアノイア）は discursif と形容される。この文脈に鑑みて，ここでは discours を，カントの diskursiv の既存邦訳を参考にしつつ「比量」と訳しておく。

30) 出典不明。

31) さまざまな合理的諸関係を基礎づける根本的な原理。本書でラヴェッソンが引き合いに出すライプニッツに倣えば，同一律や最善律，理由律などのこと。

てたなら,おそらくアンペールは,その友人の思想が傾き向かおうとしていた超感覚的で,まがうことなく形而上学な原理へと導かれていったことだろう。しかし公刊された書き物から判断できる限りでは,むしろアンペールは,ビランを斜面の途中に引き留め,自分と一緒に,現象的で経験的な意識領域の内部に彼を言うなれば保護しておかねばならないと常に考えていた。形而上学に属する事柄については,彼は推論しか信頼していなかったのだ[32]。

　以上三つの要素,「感覚」,「意志」,「理性」は,主に以上の心理学者,すなわちコンディヤック,メーヌ・ド・ビラン,アンペールの三人が研究し展開したものだが,ロワイエ゠コラール (Pierre-Paul Royer-Collard, 1763-1845) がそれらを一つの認識論のうちで結合した。それは,とりわけスコットランドの哲学者たちの理論から示唆を受けつつ,狭量な経験論がひとを導いていく懐疑論に抗して,人間の常識(サンス・コマン)が保証してくれると見える信憑を再建することを主な目的とするものであった。彼はこの理論を,公教育の教壇における主題とした[33]。短い間のことだったが,それによって,前期コンディヤックの理論から派生した

---

[32] 理性 (raison) は,事物間の超感覚的な比 (raison) や関係 (relation) に基づいて推論 (raisonnement) を行う。これを重視することは,単純な経験論への重要な歯止めにはなる。アンペールの立場の重要性はそこにある。しかし,形而上学的原理の存在に関して推論を用いる,というのはラヴェッソンにとっては不十分な立場であることにあらためて注意されたい。推論に依拠するその種の存在措定は仮定的で相対的 (relatif) なものにしかならない,というのである。

なおここに見られるように,ラヴェッソンにとって,ビランは,意志経験の根底に形而上学的原理が直接に覚知されるという(正しい)観点を与えた,あるいは少なくとも与えようとしていた哲学者として評価されている。「形而上学者ビラン」というこの読解と継承の評価は,その文献学上の背景も含めて,フランス・スピリチュアリスム史の大きな研究課題を構成することを付言しておく。

[33] ロワイエ゠コラールは弁護士・政治家であり,哲学の専門家ではなかったが,彼が『ジュルナル・デ・デバ(論争誌,*Journal des débats*)』に発表した十八世紀の感覚論哲学を批判する論文が当局の目に留まったことから,1810年にパリの文学ファキュルテの「哲学史」教授(ならびにファキュルテ長)に任命される。それまで哲学教育はトラシやカバニス,ヴォルネイ (Volney, 1757-1820) たち「イデオローグ(観念学者)」の影響下にあったが,帝政はそれを嫌っていたのである。1811年末から開始された彼の講義は,トマス・リードの学説に大きく影響を受けたものであった。「公教育の主題にした」というのはこの間の講義を指している。

彼は1814年までしか講義を実際には担当せず,その後政界に戻る。当のポストは1845年までロワイエ゠コラール自身が占めるが名目的なものであって,その代講を15年から任されたのがここで言われる「後継者」,すなわちヴィクトル・クーザンである。

観念学(イデオロジー)による長年の支配に終止符が打たれた。ロワイエ＝コラールの教育からさらに一つの学説が生まれるが，それは以後，我々の国のすべての学校において支配力を有したほとんど唯一のものである。それはロワイエ＝コラールの後に哲学史のポストに就く卓越した後継者〔クーザン〕の掲げたものであり，彼によって当の学説は「エクレクティスム」[34]という名を授かった。

---

34) éclectisme. 語そのものは以前から存在する。近いところでは『百科全書』でディドロが執筆した項目を参照。

クーザンは哲学史（さらには歴史一般）を重視する。というのも，哲学史においてはさまざまに異なる思想が対立し交替するのが見られるが，どんな学説にも真理の一端が明かされているからである。重要なのは，それぞれの学説が含む真理を「選り分け（[ギ] エクレゲイン）」，極端な誤りは斥けることで，全体的な真理を把握することである。この後でラヴェッソンも言うように，選別の基準そのものが不明であるといった批判はあったが，ただ混合するだけの「サンクレティスム」ではない，というのがクーザンの言い分であった。これまで「折衷主義」とも訳されてきたが，選別を意図するクーザンの意図を汲むものではないので単に「エクレクティスム」と表記する。50年代までは，クーザン派はこの「エクレクティスム」を一つの旗印としていた。

II

クーザンとエクレクティスム学派

───────

哲学史研究の諸成果／「半端なスピリチュアリスム」／心理学的方法の限界。知覚と概念，実在と理想との分断／エクレクティスム内部での新しい諸傾向。ビランの再評価。ジュフロワやラヴェッソンたち。ボルダス＝ドゥムーランのデカルト論／エクレクティスムの没落

　ヴィクトル・クーザン（Victor Cousin, 1792-1867）が第一歩を踏み出した頃，ドイツではシェリング（Friedrich Wilhelm Joseph von Schelling, 1775-1854）の哲学が強い勢力を有していた。クーザンはその哲学をいくらか知って影響を受けたが，それは特に彼の最初期の著作に見られる。こうした影響の下で彼は，まだ非常に若くして，プロクロスの未公刊の著作の出版を行った[1]。プロクロスは新プラトン学派の最後の重要な代表者だが，この学派の説は，絶対的同一性に関するドイツの体系を構成する学説と類比的なものであったわけである。新プラトン主義は，ギリシア精神が生みだしたさまざまの主立った理論を，「エクレクティスム的理論」なるものの内で和解させることを意図していた。ヴィクトル・クーザンもまた，異なった国や時代が生みだしてきた諸体系が含む真なるものの一切を，新しいエクレクティスムの内で結合しようという考えを持っていた。かくしてまず，諸体系についてのそれまでの知識を

───────

1) *Procli philosophi Platonici opera*, 6 vols., 1820-1827.（『プラトン主義哲学者プロクロス著作集』）

修正し，あるいは補足することが必要となった。プロクロスの未公刊の著作や，プロクロスの弟子であるオリュンピオドロスによるプラトンの対話編へのこれまた未公刊であった注釈について分析したもの[2]ばかりではない。ヴィクトル・クーザンはまた，プラトンの全訳[3]，デカルトならびにアベラールの著作集[4]，メーヌ・ド・ビランのいくつかの著作[5]，テンネマン（Wilhelm Gottlieb Tennemann, 1761-1819）の『哲学史要綱』[6]の翻訳等も出版した。加えて，クーザンの助言と励ましにより，哲学の歴史を多くの点で明らかにしてくれる膨大な出版が行われた。それらは今日の哲学が有する重要な栄誉称号の一つであり続けることだろう。例を挙げよう。ジュフロワ（Théodore Jouffroy, 1796-1842）によるトマス・リード（Thomas Reid, 1710-1796）の翻訳[7]，同じジュフロワによるドゥーガルド・ステュワート（Dugald Stewart, 1753-1828）のいく

---

2) 『新哲学的断片（*Nouveaux fragments philosophiques*, 1828）』所収の諸論文，ならびに『学識者新聞（*Journal des savans*）』に連載（1832）の « Du commentaire inédit d'Olympiodore, philosophe alexandrin du VIème siècle, sur le Gorgias de Platon »（「六世紀アレクサンドリアの哲学者オリュンピオドロスによる，プラトン『ゴルギアス』の未公刊の注釈」）を参照。

3) *Œuvres complètes de Platon,* 13 vols., 1822-1840.（『プラトン全集』）

4) デカルト著作集：*Œuvres de Descartes*, 11 vols., 1824-1826. アベラール著作集：*Ouvrages inédits d'Abélard, pour servir à l'histoire de la philosophie scolastique en France*, 1 vol., 1836.（『アベラールの未公刊著作。フランスのスコラ哲学史に資する』）

なお，このデカルト著作集において典型的であるように，クーザンはギリシア語やとりわけラテン語による編集ではなく，フランス語での著作集刊行を意識している。クーザン派のこうした活動の背景として忘れられてはならないのは，公教育権をめぐって長く続く教会との対立関係であろう。フランス国家による国民教育システムとしての「ユニヴェルシテ」（「大学」ではなく，大臣をトップとして組織される国家公認の全国的教師団体のこと）の側に位置するクーザン派は，フランス語での哲学教育を志向する。それに対して教会側はあくまで従来通りの，ラテン語による哲学教育を要求していた。哲学言語の問題は政治的争点でもあったのである。

5) ビランの遺稿を委ねられたクーザンは，まず *Nouvelles considérations sur les rapports du physique et du moral de l'homme*, 1834（『人間における身体的なものと精神的なものの関係についての新考察』）を出版する。これに 1841 年に増補として 3 巻が追加され，それらはあわせて『メーヌ・ド・ビラン哲学著作集』と題される：*Œuvres phiosophiques de Maine de Biran*, 3 vols., 1841. 追加の第一巻は『習慣論』，第二巻は『思惟の分解論』ならびに睡眠論などの諸論考，第三巻は『直接的覚知』他を収録する。後に編集の杜撰さや偏りが批判されることになるのは，これらの版である。

6) テンネマンの原書：*Grundriss der Geschichte der Philosophie*.（『哲学史要綱』）仏訳書：*Manuel de l'histoire de la philosophie*, 1829.（『哲学史教程』）

7) *Œuvres complètes de Thomas Reid*, 6 vols., 1828-1836.（『トマス・リード全集』）

つかの著作の翻訳[8]。エクトル・ポレ（Hector Poret, 1799-1864）の手によ
る，マッキントッシュ（James Mackintosh, 1765-1832）『道徳哲学史』[9]
ならびにマティエ（August Heinrich Matthiæ (Matthiä), 1769-1835）『哲
学要綱』[10]の翻訳。バルテルミ・サン＝ティレール（Barthélemy Saint-
Hilaire, 1805-1895）によるアリストテレスの翻訳。なおこのサン＝ティ
レールは，インド哲学と仏教を主題にした学識溢れる研究も著してい
る[11]。ブイエ（Marie Nicolas Bouillet, 1798-1864）によるベーコンとプ
ロティノスの翻訳[12]。エミール・セセ（Émile Saisset, 1814-1863）の，
スピノザの翻訳[13]。ティソ（Claude-Joseph Tissot, 1801-1876）ならびに
ジュール・バルニ（Jules Barni, 1818-1878）によるカントの翻訳[14]。フ

---

8) *Esquisses de philosophie morale*, 1826.（『道徳哲学素描』）これは *Outlines of Moral Philosophy*, 1818 の翻訳。なおここでラヴェッソンは「いくつかの」と記しているが，第二版を持った本訳書以外については不明。

9) マッキントッシュの原書：*Dissertation on the Progress of Ethical Philosophy*, 1830.（『道徳哲学の進歩についての論考』）仏訳：*Histoire de la philosophie morale*, 1834.（『道徳哲学史』）

10) マティエの原書：*Lehrbuch für den ersten Unterricht in der Philosophie*, 1823.（『哲学初級教程』）原書第三版（1833）による仏訳：*Manuel de philosophie*, 1837.（『哲学教程』）

11) Barthélemy Saint-Hilaire とラヴェッソンは表記するが，バルテルミのあとにハイフンで一連の名とされるのが普通。*Des Védas*, 1854（『ヴェーダ』）; *Du Bouddhisme*, 1855（『仏教論』）; *Le Bouddha et sa religion*, 1860（『ブッダとその宗教』）; *Du Bouddhisme et de sa littérature à Ceylan et en Birmanie*, 1866.（『仏教論。セイロンとビルマにおけるその文献について』）アリストテレスに関しては『自然学』や『詩学』，『形而上学』などを翻訳している。

12) *Œuvres philosophiques de Bacon*, 3 vols., 1834.（『ベーコン哲学著作集』）ならびに *Énnéades de Plotin*, 3 vols., 1857-1861.（『プロティノスのエンネアデス』）

13) *Œuvres de Spinoza*, 1842.（『スピノザ著作集』）

14) いずれもカントに関して多くの翻訳を刊行している。一部のみを挙げる。
ティソによる翻訳：
Critique de la raison pure, 1835; 1845; 1864.（『純粋理性批判』）
Anthropologie, 1863.（『人間学』）
Prolégomènes à toute métaphysique future, 1865.（『プロレゴメナ』）
バルニによる翻訳：
Critique du jugement, suivie des Observations sur le sentiment du beau et du sublime, 2 vols., 1846.（『判断力批判（『美と崇高の感情についての考察』を付す）』）
Critique de la raison pratique, précédée des Fondements de la métaphysique des mœurs, 1848.（『実践理性批判（『人倫の形而上学的基礎づけ』を巻頭に付す）』）
Éléments métaphysiques de la doctrine du droit (première partie de la Métaphysique des mœurs), suivi d'un Essai philosophique sur la paix perpétuelle et d'autres petits écrits relatifs au droit naturel, 1853.（『法論の形而上学的定礎（『人倫の形而上学』第一部）』）（『永遠平和のために』ならびに自然法に関する文章を付す））

ランシスク・ブイエ（Francisque Bouillier, 1813-1899）によるデカルト主義の歴史[15]。ジュール・シモン（Jules Simon, 1814-1896），ヴァシュロ（Étienne Vacherot, 1809-1897）それぞれによる，アレクサンドリア学派の歴史[16]。ポール・ジャネ（Paul Janet, 1823-1899）によるプラトンの問答法(ディアレクティック)研究[17]。アドルフ・フランク（Adolphe Franck, 1809-1893）の，ユダヤ教カバラと論理学史についての著作[18]。シャルル・ド・レミュザ（Charles de Rémusat, 1797-1875）による聖アンセルムス，アベラール，ベーコンについての著作[19]。オレオ（Barthélemy Hauréau, 1812-1896）とルスロ（Xavier Rousselot, 1805-?）の，中世哲学についての著作[20]。モンテ（Léon Montet, 1817-?）とシャルル・ジュルダン（Charles Jourdain, 1817-1886）それぞれによる聖トマス・アクィナスについて

Éléments métaphysiques de la doctrine de la vertu (deuxième partie de la Métaphysique des mœurs), suivi d'un traité de pédagogie et de divers opuscules relatifs à la morale, 1855.（『徳論の形而上学的定礎（『人倫の形而上学』第二部）（『教育論』ならびに道徳に関するいくつかの小論を付す）』）

Critique de la raison pure, 1869.（『純粋理性批判』）

15) 1838年にデカルト哲学の歴史的評価を求める精神科学・政治科学アカデミーのコンクールが開始され，再応募を経つつ結局1841年になってこのブイエが，後出のドゥムーラン（II:42頁以下参照）と共に受賞する。受賞論文をもとにした著作が，*Histoire et critique de la révolution cartésienne*, 1842.（『デカルト的革命の歴史と批判』）

後に加筆改題して *Histoire de la philosophie cartésienne*, 1854.（『デカルト哲学の歴史』）1868年には「第三版」とされつつも大きく改訂された最終版が刊行される。

なお1850年代末からの「アニミスム」論争における彼の立場についてはXXIII:226頁以下を参照。

16) ジュール・シモンの研究：*Du commentaire de Proclus sur le Timée de Platon*, 1839.（『プロクロスのプラトン『ティマイオス』注釈について』）ヴァシュロの研究：*Histoire critique de l'École d'Alexandrie*, 3 vols., 1846-1851.（『アレクサンドリア学派の文献批判的歴史』）

17) *Essai sur la dialectique de Platon*, 1848.（『プラトンの問答法についての試論』）

18) *La Kabbale*, 1843（『カバラ』）；*Esquisse d'une histoire de la logique*, 1838.（『論理学史素描』）

19) *Saint Anselme de Cantorbéry*, 1853（『カンタベリーの聖アンセルムス』）；*Abélard*, 1845（『アベラール』）；*Bacon, sa vie, son temps, sa philosophie*, 1857.（『ベーコン。その生涯，その時代，その哲学』）

20) 1845年に精神科学・政治科学アカデミーは，十三〜十四世紀フランスに限定されたスコラ哲学についての研究を，コンクールのテーマとして選ぶ。48年に受賞したのがこのオレオであり，論文は次の形で出版された：*De la philosophie scolastique*, 2 vols., 1850.（『スコラ哲学について』）

ルスロについては：*Étude sur la philosophie dans le moyen âge*, 3 vols., 1840-1842.（『中世哲学研究』）

の著作[21)]。ヌリソン（Jean Nourrisson, 1825-1899）によるライプニッツならびにボシュエの哲学についての著作[22)]。ショーヴェ（Emmanuel Chauvet, 1819-1910）による，古代における人間知性の理論についての著作[23)]。ヴァダントン（Charles Waddington-Kastus, 1819-1914）によるアリストテレスの心理学についての著作[24)]。フェラ（Marin Ferraz, 1820-1898）による聖アウグスティヌスの心理学についての著作[25)]。エミール・シャルル（Émile Charles, 1825-1897）によるロジャー・ベーコンについての著作[26)]。加えて，アドルフ・フランクの編集によって刊行された『哲学事典』[27)]に収められた，哲学史のあらゆる時代に関しての，数多くの学識豊かな項目も忘れてはならない。

しかしながらヴィクトル・クーザンは，さまざまの哲学それぞれについて最も正しく最も善きところを選び出すと最初は語っていたものの，彼はその選択を一度も行わずじまいだったと言ってよい。単にロックの哲学，またロックの後を追って我々の認識をことごとく感覚から説明しようとした者たちの哲学を，すべて感覚論として論駁するばかりではない。クーザンは他の，アリストテレスからライプニッツやカント

---

21) モンテの著作：*Mémoire sur saint Thomas d'Aquin*, 1847.（『聖トマス＝アクィナス論』）

ジュルダンの著作：*La philosophie de saint Thomas d'Aquin*, 2 vols., 1858.（『聖トマス＝アクィナスの哲学』）1853 年に精神科学・政治科学アカデミーは聖トマスの哲学をめぐる問題を提出した。それに応じて提出され受賞したのがこのジュルダンである。XXIII:225 頁も参照。

22) *La philosophie de Leibniz*, 1860（『ライプニッツの哲学』）；*Essai sur la philosophie de Bossuet avec des fragments inédits*, 1852（『ボシュエの哲学。ならびに未公刊断章』）；*Des sources de la philosophie de Bossuet*, 1862.（『ボシュエの哲学の源泉』）

23) *Des théories de l'entendement humain dans l'antiquité*, 1855.（『古代における人間知性の諸理論について』）

24) *De la psychologie d'Aristote*, 1848.（『アリストテレスの心理学について』）

25) *De la psychologie de saint Augustin*, 1862.（『聖アウグスティヌスの心理学について』）

26) *Roger Bacon, sa vie, ses ouvrages, ses doctrines*, 1861.（『ロジャー・ベーコン。その生涯，業績，学説』）

27) *Dictionnaire des sciences philosophiques*, 6 vols., 1844-1852. 直訳は『哲学的諸学事典』だが，以下，単に『哲学事典』と訳す。

「哲学的諸学」とは，神学に接する形而上学，心理学，論理学あるいは言語論などを包括する名称であるが，本事典の項目として最も充実していると見られるのは哲学史的項目，すなわち過去の哲学者と学派に関してのものである。

十九世紀フランス講壇哲学を体現するこの事典は，第二帝政が強いた空隙を挟みながらも，同時代の哲学者に関する項目を付加しつつ，このアドルフ・フランクの下で第二版（1875 年），第三版（1885 年）を数えることになる。

に至る哲学者たちのほとんどに関してもまた，彼自身には誤謬と思われる点を特に指摘していく。カントからその道徳論の非常に一般的な論点を借り受けながらも，彼はカントを懐疑論者に分類し，ほぼすべての点について反論を行う。自分の考えをプラトン哲学やデカルト哲学の原理に進んで結びつける場合にも，それは当の原理をスコットランドの経験論が理解するような意味で〔単に心理学的な事実として〕解釈した上でのことであった。クーザンの教える哲学の一般的歴史において，すべての哲学体系は四つのグループに分けられる。「感覚論（サンシュアリスム）」，「観念論（イデアリスム）」，「神秘主義（ミスティシスム）」，そして「懐疑主義（セプティシスム）」である。彼が「神秘主義的体系」と言うのは，明らかにキリスト教神学の全体を含むもの，すなわち神と人間との間に直接の交流を認め得るとする体系のことである。そして彼はこうした体系をすべて空想と見なすのだ。これまでに登場してきた哲学体系は，そして今後登場するだろう体系すらもが，以上四つのグループのいずれかに帰着するというわけだが，クーザンの意に叶う一グループだけが真理の大半を保持していることとなる。それは彼が「観念論」と呼ぶグループであり，それにはプラトンとデカルトが結びつけられる。しかしそれは，ここでもまた，ほぼ〔スコットランドの〕リードとステュワートの引いた境界線の内に留まる限りでの話である。そしてヴィクトル・クーザンは，経歴を重ねていく中で，彼自身の言う「エクレクティスムの旗」を口では保持しながらも，実際には，特殊な一体系の中へと身を小さくしていった。基礎は，スコットランドの哲学者たちの発想，ならびにメーヌ・ド・ビランとアンペールのアイデアのいくつかから与えられる。このクーザンの体系を定義するならそれは，ロワイエ＝コラールがフランスにおいて開始した半端な（ドゥミ）スピリチュアリスム[28]の輝か

---

[28] spiritualisme.「唯心論」と訳されることもあり，場合によっては物質の存在を否定する立場，すなわち「唯物論」の逆，を意味することはあるが，本書が扱う時代にはその用例は稀である。唯物論に対して，精神（esprit）の実在を肯定する立場が « spiritualisme » であり，一般に物質の実在は否定されない。誤解を避けるために，単に「スピリチュアリスム」とする。

ここでラヴェッソンはクーザン哲学を「半端なスピリチュアリスム（demi-spiritualisme）の輝かしい展開」だと言う。クーザンは1853年の『真，美，善（*Du vrai, du beau et du bien*）』序文で，自らの哲学に最も適切な名称は「エクレクティスム」であるよりむしろ「スピリチュアリスム」なのだ，と宣言していた。そのクーザン（しかも本書刊行の前年に死去したばかりである）に向けてのラヴェッソンの言葉は取り違えようのない罵倒であり，クー

しい展開である、と言えよう。

　リード、ステュワート、ロワイエ＝コラールたちは、単に近代科学の一般的原理、すなわちあらゆる認識は言わばその源泉として経験に遡るものだという原理を採用したに留まらない。彼らはまた、ロックとその学派に属する者たちと共に、次のことも認めたのだった。自然科学においてと同様、哲学においても、「方法」とは、現象の観察と分析に、帰納の使用を加えたものだ、というのである。しかし実際には、そしてこれこそは感覚論が誤って否定してしまったことなのだが、我々は自身のうちにまた別の諸原理を見いだせるのであり、それによって我々は、見えるものを超えたところにまで信憑を拡張し、現象の知覚を機会としてさまざまの原因と実体の、すなわちひとことで言って諸存在の実在を肯定することができるのだ。だがやはり、その存在、実体、原因が何であるかを教えてくれるのは、ただ帰納のみなのであった。この考えをヴィクトル・クーザンは採用した。スコットランドの哲学者たちやロワイエ＝コラールを模範としつつ彼は言う、方法はただ一つだけ、すなわちベーコンが原理を明示し諸規則を辿って見せたあの方法だけだ。ただしこの方法の適用先は、二つのまったく異なった種類の現象なのだ。一方には、外的な、物理的で生理学的な諸現象。ベーコンが視野に入れていたのがこれだけだとは言わないが、大半はやはりこちらである。だがもう一方には、内的な諸現象がある。哲学における真の方法とは、まず内的な諸現象を記述し分類した上で、魂とは何でなければならないかに関しての認識を導き出し、ついでデカルトが示した道を通じて、魂から神にまで高まっていくというものである。これをヴィクトル・クーザンは、「心理学的方法」と名付けたのだった。

　言い換えよう。認識には二つのまったく異なった次元がある。「知覚」と、「概念」である。「知覚」が関わるのは、経験の唯一の対象であるところの現象であるが、「概念」が関わるのは存在そのもので

ザン派の哲学者たちからは非難の声が上がった。ラヴェッソンにとっての十全なスピリチュアリスムがいかなるものであるかについては本書全体がそれを示しているわけだが、簡単な目印として言うならその基本命題はこうなる。(1)「精神」とは、自己を直接覚知する自由な活動性である。それは推論の上で単に概念上想定される無規定な存在ではない。(2)「精神」は、「物質」や「自然」に単に対立するのではなく、むしろそれらの根底をなすものである。詳細とさらなる含意については、とりわけ最終章を参照されたい。

あり，さらに真，美，善でもあり，あるいは空間や時間などでもある。現象を超えたこの種のものを我々に教えるのは，ヴィクトル・クーザンによると，一種の神秘的で説明不可能な啓示だけであり，そしてそれこそが「理性〔レゾン〕」の所産だというのだ。

　エクレクティスムの創始者クーザンの哲学全体は，直接的認識の対象と単なる概念的把握の対象とのこうした区別へと要約され得るものだが，彼がこの区別に強くこだわる背景には，スコットランド哲学の影響と共に，当時の一つの状況があった。ある理論が，ロワイエ＝コラールが教壇に立ったのと同じ頃，芸術と美に関して支配的だったのである。この理論は，十八世紀末を特徴づける〔古代ギリシア芸術の〕復興再生〔ルネサンス〕においてまずヴィンケルマン（Johann Winckelmann, 1717-1768）が先鞭をつけ，カトルメール・ド・カンシー（Quatremère de Quincy, 1755-1849）が体系化したものだ。それによれば，芸術の目的とは美を表すことだが，ただしそれはもともと自然で，場合によっては実在とも信じられるような形態の下においてではなく〔つまり自然の写実ではなく〕，反対に実在とは両立しない諸特徴の下においてであるというのだ。「実在〔レアリテ〕」とは規定され，限定されたものだが，「理想〔イデアル〕」とは，ヴィンケルマンやカトルメール・ド・カンシーの定義によれば，一般的で，したがって無規定な何ものかのことである。「理想的」と呼ばれるに値する美の形姿は，あれこれの特殊な側面を具えないことでまさに，実在的で個体的な存在から距離をおいてその上方に我が身を保たねばならないというのだ。これは，アリストテレスやバークリー，ライプニッツが不十分さを論じ立てていたかの抽象物，不完全な観念のほうをかえって讃えることであった。「理想〔イデアル〕」なるものの現代の支持者たちが依拠したのはプラトンである。プラトンの理論は「イデア」を完全性の最高の範型とするものと思われたわけだ。そしてまたヴィンケルマンやカトルメール・ド・カンシーが例として持ち出すのは，とりわけ古代芸術であった。古代芸術は再び熱狂的な賞賛の対象となっていたが，大体においてはまだ不完全にしか知られておらず，それもただもっぱら，相対的に言って下り坂の時代に属する作品を通じての知識に過ぎなかった。そしてそのような下り坂の時代においては，偉大な時代の霊感に伝統と約束事が取って代わり，一般的な規則と抽象的な定式が支配するのが普通

II　クーザンとエクレクティスム学派　　　　　　　　　　　　　　33

だったのである。

　とはいえ、パルテノン神殿を飾っていた彫刻やレリーフは我々の西洋へともたらされていた[29]。ギリシアの文芸の偉大な諸作品からも十分教えられるはずのことではあったが、これらの彫刻やレリーフに人々はこう気づかされたのだった。仮にギリシアの芸術が、その絶頂に達した時代においてすら、生の深みへとあたう限り入り込んでいくことはやはりできなかったとしても、それでもやはりこの芸術は、この上なく高い美をもって、そのすべての作品に明白な真理の印を刻み込んでいた、というのである。〔彫刻家〕カノーヴァ（Antonio Canova, 1757-1822）のスタイルはそれらとはまったく異なり、カトルメール・ド・カンシーの理論のほうにより合致するものであった。また実際カトルメール・ド・カンシーは、カノーヴァを古代の彫刻家よりも優れると見ていたのである。しかしながらこのカノーヴァ自身は、ペイディアスを賞讃する目を持っていた。カノーヴァが報告したところでは、このアテネの偉大な彫像作家の作品の研究はいつの日か芸術に一つの革命をもたらすものであった。〔実際〕少なくともその研究は人々の考えに顕著な変化をもたらし、自然に対立する抽象的理想の理論からほぼすべての信頼を奪い去ったのである。にもかかわらず、ヴィクトル・クーザンは、若い時に魅了されたこの理論に固執し続けた。彼の1818年の『実在美と理想美』についての小論[30]にはこう書かれている、「どこにおいてもそうであるように、美における理想も、実在の否定である。イデーとは純粋な一般者なのだ」等々、と。美に関しての講義には最初の版と、再検討され修正された版があるが[31]、いずれにおいても理想美は、あらゆる特殊性を

　29）　イギリス人外交官エルギン伯が十九世紀初頭にパルテノン神殿（ペイディアスが深く関わったとされる）から多くの彫刻を母国に持ち帰る。これが「エルギン・マーブル」であり、現在も大英博物館で公開されている。次に語られるカノーヴァは1815年末にこのコレクションを目にして衝撃を受ける。ギリシア彫刻のそれまでのイメージを覆すものだったからである。

　30）　« Du beau réel et du beau idéal », in *Archives philosophiques*, 1818, tome 3, pp. 5-16.

　31）　クーザンには『真，美，善』の名で指示され得る二つの著作がある。第一のものは初期の1818年度講義に基づいたもので、弟子のガルニエ編となる *Cours de philosophie, professé à la Faculté des lettres pendant l'année 1818, sur le fondement des idées absolues du vrai, du beau et du bien*, 1836（『1818年度に文学ファキュルテにおいて講じられた，真，美，善の絶対的観念の基礎についての哲学講義』）である（ガルニエによらない先行するエディションも存在するが割愛する）。第二のものは、1853年にクーザンが新たに刊行した *Du Vrai, du*

捨象され，実在する存在とは両立できないある一般的な性質，つまりは知覚対象ではなく単なる概念対象と考えられている。実際には，ヴィクトル・クーザンもそれらの講義で，芸術は，自然から区別はされるとしても，対立するはずはないこと，芸術作品が美しいのはただそれが生けるものである場合だけなのを認めてはいる。しかし彼のように，芸術作品が生けるものとなるのは実在の生ではなく理想的な生によるのだ，と付け加えるのは，理想を実在とは相容れないものと見なし，理想を実在から排除する理論へときっぱり立ち戻ってしまうことである。したがってヴィクトル・クーザンは，カトルメール・ド・カンシーと共に，芸術作品はある生ける事物の複製を作りつつ実在する生の姿を示すべきだという考えに反対していたわけだ。しかしその考えのほうこそ，すべての巨匠たちの考えであったし，またエクレクティスムが好んで依拠する哲学，すなわちソクラテスやプラトンの哲学そのものが採用していた考えでもあった。ある箇所でソクラテスは彫像作家に尋ねている，「我々の心にこの上なく触れる効果，つまり彫像が生きていると見える効果を生み出すにはどう取り組めばいいのだい？」——そして当の彫像作家は答えている，「生ける者たちをモデルにして作らねばならないのです」と[32]。パスカルが次のように言うのも同じ意味だ，「心地よいもの，実在的なものは必要だ。だがこの心地よいものはそれ自体真から得られたものでなければならない」[33]。

ヴィクトル・クーザンはこのように，その美学においても，個体的事物の実在性の上に抽象的一般者を言わば漂わせる学説に相変わらず忠実なままであった。芸術は常にこの抽象物一般物を模範とせねばならないというわけである。そしてこの学説が彼の哲学のすべてなのであった。

ただ実際のところ，美そのものに関しても，ヴィクトル・クーザンは，「理想」というまったく一般的で無規定な概念で満足しきっていた

---

beau et du bien.（『真，美，善』）である。こちらも一応は1818年講義を踏まえたものだと書かれてはいるものの，内容には非常に大きな差異がある。一般には，多くの版を重ねた後者がクーザンの主著とされている。

　ラヴェッソンがここで言っているのは，この二つの書物における「美」の取り扱いのことである。

32）クセノフォン『ソクラテスの思い出』，「十」の6から7。
33）『パンセ』ブランシュヴィック版25／ラフュマ版667。

わけではない。リードと同じく彼は，道徳的完全性の表現，すなわち善の表現を，美に見ていた。だがまさにその善とは何であったか。彼はそれを定義しようとはしなかった。そしてそもそも一般に，クーザンの理論によれば，個別の感覚的知覚を機会として理性は我々に超感覚的な要素を示すわけだが，それについてはっきり規定されたことは何も言えない。というのも，正確に言って，それに関してひとは何らの認識も持たず，ただ概念を有しているだけだからである。善についても真についても同様であり，魂についても神についても同様である。我々は神について，魂を通じて判断するという。そして魂そのものについて我々は，あれこれの瞬間ごとに意識に現れる諸現象を通じてのみ判断するというのだ。帰納にどう訴えたところで，相対を通じて絶対を，偶有性を通じて実体を，感覚的なものを通じて超感覚的なものを，いったいどうやって了解すればよいというのか。理性が我々に，偶有性の下に実体を，結果の向こうに原因を示してくれるというのは単に，経験が与える積極的なものの向こうに，何かわからないものを指し示すだけで，しかもそれに関しては当の積極的なものから借りられたこと以外の何も肯定的に語れないということではないか。個々の人間たちの存在を説明するために，その範型だという一般的ないしイデア的人間というものに訴えるのは，単に，説明すべきことを二つに増やすことでしかないとアリストテレスは言っていた。それ自体では定義不可能で，諸事実を機会にしてその観念が概念的に捉えられるということしか言えないような，そのような存在物とは，その諸事実の，我々の知性の中への一種の反映や複写以外のいったい何だろうか。ひとはここで，感覚論的な経験論の全体の要約となる，ヒュームの見解を想起せざるを得ない。すなわち，観念とは印象が弱められたそのコピー以外のものではない，というあの見解である。

　以上の見解の原理は実際，感覚論的な経験論の本質をなすものであり，それによれば直接的認識は単なる諸現象についてしか存在しないのだ。

　1834年，ヴィクトル・クーザンはメーヌ・ド・ビランの，それまで手稿のままであったいくつかの著作の集成を出版した。これを機に，そ

れまであまり知られていなかったビランの思想をより詳細に研究することで，クーザンは以前の人々よりもいっそうその正しさと深さを認めるに至る。集成の冒頭に置かれた序文で彼は，『身体的なものと精神的なものの関係についての新考察』[34]の著者ビランと共に，次のことをほぼ認めている。すなわち，精神の学の基礎は単なる諸現象の認識ではなく，諸現象の原因についての直接的な意識である以上，そこでの方法は，ベーコンがかつて規則を描いたその方法ではあり得ない，ということである。

数年後には，ヴィクトル・クーザンの学生の中でも最も優れた者であるテオドール・ジュフロワが，それまで公言していたものに代えて，まったく反対の学説を採用する。もともと優れて省察的で非常に透徹したその精神をすべて駆使しながら，ジュフロワは以前からずっと，師クーザンが描いたプランを実行し，彼らが心理学的事実ないし内的事実と呼ぶところのものを一つ一つ注意深く収集し，そしてその上でそこから帰納を用いて形而上学的な諸問題，とりわけ魂の実在や神の実在に関わる問題の解決を引き出そうと努めていた。

おそらく，自分の企ての成果の乏しさに気づき，そしてまたメーヌ・ド・ビランによって表明された思想の影響を彼もまた蒙りつつ，ジュフロワはそれまで自分の仕事すべての基礎であった命題，すなわち現象だけが直接的認識の対象であるという命題が，ただ疑わしいどころではないことを認めるに至った。

『心理学と生理学の区別の正当性についての報告』[35]は，精神科学・政治科学アカデミー[36]において読み上げられたものだが，そこでジュフロ

---

34) II:26頁脚注参照。*Nouvelles considérations sur les rapports du physique et du moral de l'homme*, 1834 のこと。

35) *Mémoire sur la légitimité de la distinction de la psychologie et de la physiologie*. 報告されたのは1838年9月8日。*Nouveaux mélanges philosophiques*（『新哲学論集』），1842, pp. 223-277に収録。

36) Académie des sciences morales et politiques. 革命後，学士院（Institut）が設立され，その第二部門が「精神科学・政治科学」部門となる。デステュット・ド・トラシやカバニスが属するこの部門は共和主義的かつ自由主義的立場のためやがてナポレオンと対立し，1803年の再編（セクションはその後「アカデミー」と呼ばれる）に際して廃止される。象徴的な意味を持つこの組織が復活するのは1832年，そこに成立したのがこの「精神科学・政治科学アカデミー」である。尽力したのはギゾー，そしてクーザンであった。六つのセクションから成り，当初のセクションは「哲学（philosophie）」「道徳（morale）」「立法，公法，法学

ワははっきりと述べている。人間は単なる現象とは別のものを意識していること。人間は自らのうちで現象を生み出す当の原理，彼が「自我(モワ)」と呼ぶ原理に達していること。魂は自らの働きのいずれにおいても自らを原因として感得し，自らの変様〔その都度の多様なありさまのこと〕のいずれにおいても自らを主体として感得していること。そして彼はさらに言う，「神聖視されてきた命題，すなわち魂はその働きと変様を通じてしか認識されないという命題は，心理学から抹消されねばならない」[37]。

『アリストテレスの形而上学についての試論』(1837 年，1846 年)[38] の著者〔ラヴェッソン〕は，エクレクティスム学派に属してはいない。彼がこの著作で示していたところでは，超自然的なものの学の名称〔形而上学〕そのものを創造し，また実際その学を最初に立てたアリストテレスがその形而上学の原理としたのは，数やイデアといった曖昧な存在者，実在に仕立て上げられた抽象物ではなく，万物が依存する絶対的な実在を自らのうちに直接的な経験によって把握する知性であった。またこの同じ著者は，ルイ・ペス (Louis Peisse, 1803-1880) によるハミル

(législation, droit public et jurisprudence)」「政治経済学，統計経済学 (économie politique et statistique)」「一般史，哲学的歴史学 (histoire générale et philosophique)」「自由会員 (membres libres)」である。
　「道徳政治学アカデミー」など複数の翻訳が当てられてきているが，セクション名からも分かるように，道徳と政治学だけを扱うわけではなく，より広く人文社会科学一般を包摂するアカデミーである。最善とは考えないが，「精神科学・政治科学アカデミー」と訳しておく。
　研究をコンクールの形で募ったり，書評の報告や論文の発表を行ったり，社会調査を行ったり，立法に関連する答申を作成したりと，このアカデミーの活動は多岐にわたる。とりわけ哲学セクション（また道徳セクション）の活動で重要なのは，論文のコンクールである。II:26-29 頁で列挙される著作，また本書で以下言及される著作にも，受賞論文は多い。哲学セクションで出題を長年担当したのはクーザンであり，テーマの選択はその時期のクーザン派の関心を色濃く反映したものとなっている。例えば，形而上学の復興を期して「アリストテレスの形而上学」が選ばれたり (1833 年——ラヴェッソンはこれに応募して一位となる)，ラムネーに影響された教会側が，クーザン派が高く評価するデカルト哲学の価値に疑念を示すと「デカルト哲学」がテーマになり (1838 年)，ヴェントゥラがトマス哲学の名の下に哲学を断罪する説教で論争を呼ぶと「聖トマス・アクィナスの哲学」が題材に選ばれる (1853 年)，といった具合である。

　37) *Nouveaux mélanges philosophiques*, p. 276.
　38) *Essai sur la métaphysique d'Aristote*, I, 1837 ; II, 1846. 第二巻出版が 1840 年となっているのは誤記。

トン(William Hamilton, 1788-1856)の『哲学論集』の翻訳[39]に際して論文『現代の哲学』[40]を発表し,「現象についてしか直接的な認識は存在しない」というスコットランドの哲学者たちならびにヴィクトル・クーザンが掲げる格率と,メーヌ・ド・ビランが打ち立てた格率との間には,著しい差異があることを明らかにした[41]——ただその頃にはヴィクトル・クーザンもこのビランの格率をもはや斥けてはいなかっただろうし,ジュフロワもそれにはっきりと同意したところだったのだが。またこの論文の著者は以上に加えて,メーヌ・ド・ビランは,我々の絶対的な実体性を,我々が意識している能動的な力の言わば向こう側に位置づけてしまったために,魂が自らをその根底において覚知する内的生の観点に完全には到達しなかったことを示そうと努めた。内的生の観点においては,魂の根底はまったき能動性活動性であり,そこで支えとなる惰性的な実体を再び思い描くことは必要でもなければ可能でもないというのだ。いずれにしても,そしてメーヌ・ド・ビランやジュフロワが至ったところまでで留まらねばならないにせよ,ともかくひとが自然学の方法と哲学の方法との間に打ち立てようとしていたあのうわべだけの並行性を断念する理由としては以上で十分だ,というのが主張である。

　自然に関する諸科学では,結果から出発して原因と呼ばれるものへとことが進められ,そしてそれはまったく物理的な等質的系列のある項から別の項への進行として扱われるが,これはつまり,そこである事実の「原因」と呼ばれているものが,実は単に,当の事実が周囲の偶然的で

---

　39)　*Fragmens de philosophie de sir William Hamilton*, 1840. 原書があるわけではない。『エジンバラ・レヴュー』掲載の論文からペスが独自編集を行った論文集である。クーザン批判などを含む。
　40)　［原注］*Revue des Deux-Mondes*, 1840.(『両世界評論』)［訳注］ラヴェッソンによるこの論文は,«Philosophie contemporaine. *Fragmens de philosophie*, par M. Hamilton», in *Revue des deux mondes*, 1840, pp. 396-427.
　41)　ハミルトンやクーザンは,現象についてしか直接的認識はない,と言う。クーザンは加えて,理性が与える命題,「現象はある実体を前提する」「現象の現れには原因がある」を経由して,経験論が排除した「実体」「原因」という形而上学的存在を取り戻せるのだ,と主張する。対して,ビランにおいては「原因」は,この私の意志において,意志そのものとして,直接覚知されるものであり,推論の帰結などではない。「実体」については続いて言われるように話は複雑であり,ラヴェッソンのこの論文もビランに十全な結論を求めてはいない。ともかくも,我々には現象以上のものが直接与えられている,というのがビランの立場なのである。

無関係な状況から取り出された上でより大きな一般性へと還元されたもの，そしてまた事実が結びつけられているところの，事実同様に物理的な周囲の状況のことに過ぎないからである。心理学においても確かに，内的諸現象の法則を，現象相互の継起や同時性といった単純な関係においてのみ研究するためであれば，同様にことを進めることはできる。しかし真の原因，事実を生み出す原因，言ってみればその〔事実という〕身体の魂であるところの原因に至れるとすればそれは，そのような歩みを辿ってではなく，そのような道を通ってではない。

「内的現象」と称されるものを，そこから自己自身を捨象した形で考察しておきながら，その後で自己の存在をそこから結論として導くというのは，内的現象をまさしく外的現象扱いすることに他ならず，そこから自己に到達することは決してないのだ。ジュフロワは言う，「自分がそれを抱いているということを知らないままに私が有しているような思惟がまずあって，そこから私は自我へと至ったのだ，などということをどうやって理解できよう」[42]。

心理学の真の方法，少なくともいわゆる合理的ないし形而上学的心理学までをカバーできる方法とは，以上見たところからして，「内的」「意識的」と称される諸現象から，帰納を通じて，その原因へと赴くようなものではあり得ない。そうではなく，我々が意識するものすべて，言わば外から見られた現象的かつ自然的なものすべてのうちに，それのみが本来の意味で「内的」と呼ばれるべき我々自身の働きであるところのもの，そして実を言えば延長という条件より，またさらに持続という条件よりも上位にあり，その本質において超自然的ないし形而上学的であるものを，見分けていくという方法なのだ。すなわち，心理学の真の方法は，あれこれの感覚や知覚の事実から，それらを当の事実として完成させて我々のものとするもの，我々自身に他ならぬものを区別するために，まったく特別な働きを駆使する。この働きとは，反省である。ドゥーガルド・ステュワートの翻訳の無記名序文において，ファルシ（Jean-Georges Farcy, 1800-1830）は述べている，「精神を自らへと折り返させて，外的な結果から自己の存在を結論するのではなく，常に自

---

42) 出典不明。

己の生ける働きにおいて自身を把握することにひとを慣らしていく反省」[43]，と。

　今言及した小論は，おそらくはメーヌ・ド・ビランの思想の影響によってジュフロワの意見に生じた変化，そしてまたヴィクトル・クーザンの意見においても同時に生じ始めていた変化までをも報告した上で，さらにこう述べている。このジュフロワとクーザンという卓越した師によって形作られた学派は，当の師たちが進み始めたこの新しい道へと，追って進んでいくだろう，と。

　アドルフ・ガルニエ（Adolphe Garnier, 1801-1864）は，ジュフロワと同様にスコットランド学派の哲学者に精通した者だが，彼は自らの最も浩瀚な著作で魂の諸能力を論じている[44]。研究対象となる諸現象の相互の差異にとりわけ注意しつつ，彼は，繊細な手つきで数多くの現象を分類してみせた。時には，偶然的な差異を本質的なものと取り違えたこともあっただろう。実際には還元可能な諸現象を，独立別個のものと考えてしまったこともあろう。そしてまた惜しまれるのは，彼が一般に，スコットランド学派の心理学者（プシコロジスト）[45]と同じく，我々の本性の説明に際して，ただきまざまの種類の現象についてそれらが生じる状況を記述してから，それらをあれこれの基本的能力に関係づけることで満足し，かくして観察科学の最初の段階，つまり分類の段階に留まったことである。しかしながら，アドルフ・ガルニエは，公刊したものとしては最後となる当の著作において，「人間の魂は自らについての直接的認識を有している」という命題に同意してもいたのだ。仮にもっと長生きしたなら彼は，この原理を採用して帰結を引き出し，記述的物理学の観点から形而上学固有の観点へと至ったことだろう。

　43）　ステュワートの著作，*Elements of the Philosophy of the Human Mind*（『人間精神の哲学の梗概』）は，スイスのプレヴォー（Pierre Prevost（Prévost とも），1751-1839）とこのファルシによって仏訳される（*Élémens de la philosophie de l'esprit humain*, 3 vols., 1808-1825）。ラヴェッソンがいくらかの変更とともに引用しているのは，この第三巻冒頭の序文（pp. LV-LVI）。

　44）　*Traité des facultés de l'âme*, 3 vols., 1852.（『魂の諸能力論』）

　45）　psychologiste. 一般には psychologue と同義。狭い意味では，心理学的観察ないし意識の内的観察を方法とする哲学者。ここではその意味。ただし時に，伝統から出発する「伝統主義者（traditionaliste）」や，主観的経験ではない存在そのものを第一与件とする「存在論主義者（ontologiste）」との対比で用いられる（本書 XVIII を参照）。

エミール・セセもまた，テオドール・ジュフロワやアドルフ・ガルニエと同様，早すぎる死によりその経歴の半ばで斃れたが，このセセについても以上と同じことを言い得よう。

シャルル・ド・レミュザは，スコットランドの哲学者たちとフランスにおけるその弟子たちの方法に関する意見に直接異議を唱えてはいないが，その『論文集』(1842年)[46]で次のような指摘を行っている。すなわち，先の哲学者たちが叙述し勧めてきたような経験的方法がすべてだというわけではなく，哲学には彼らが言う観察や帰納以上の何かが必要である，と。さらにレミュザは最近（1857年）のベーコンに関しての書物[47]でこう言っている，「プラトンとアリストテレスの方法によってひとは自然学を超えて形而上学に到達するが，対して，ベーコンによって規則とされた帰納によっては，ひとは諸現象の最後の限界で停止しなければならず，そこを踏み越えてしまえば単なる観念的存在に至るばかりである」と。

アドルフ・フランク，ポール・ジャネ，カロ（Elme Caro, 1826-1887）も，メーヌ・ド・ビランの後でジュフロワが主張した学説〔36-37頁で紹介された，魂の原因性の直接的覚知の説〕を，その本質的なところで採用した。彼らの講義や著作に見られるのは，それぞれ多様でありながら，ともかく彼らのいずれもがエクレクティスム学派のかつての出発点から次第に遠ざかっていく傾向である。

エクレクティスム学派の統帥クーザンについて言えば，彼は一時的に揺らぎはしたものの，結局，当初思い抱いていた意見のうちに留まった。1840年以降に出版された著作，ならびに以前の著作の新たな版においては，以前にはずいぶんと繰り返されていた哲学の方法と自然科学の方法との同一視は，確かにもはや見いだされない。しかし彼は最後まで，我々が自分自身について直接認識できるのは単なる現象であって決して実体ではない，と主張し続けたのである。

直接の知覚と〔単なる〕概念との絶対的対立，あるいはカントの言葉を用いれば，経験の対象である「現象(フェノメノン)」と，単なる理性の対象である「本体ないし叡智体(ヌーメノン)」との絶対的対立，そこにすべての基礎を置く哲学

---

46) *Essais de philosophie*, 2 vols., 1840.（『哲学論文集』）
47) II:28頁脚注で言及。*Bacon, sa vie, son temps, sa philosophie*, 1857.

にとってかくも本質的な命題を放棄することなど，実際どうしてできよう。

　1840年のことである。それまで無名であった一人の著述家が精神科学・政治科学アカデミーに『デカルト哲学』についての浩瀚な論文[48]を提出した。独学で膨大な知識，とりわけ数学についての知識を獲得しており，そこに目覚ましく力強い文体を加えた彼，ボルダス＝ドゥムーラン（Jean Bordas-Demoulin[49], 1798-1859）のこの論文はアカデミーから賞を受け，1843年に出版された。この論文の著者が力強く明らかにして見せたのは，デカルトによる哲学，数学，物理学上の諸発見が持つ途方もない価値であるが，彼は同時に，それらの発見の大部分を支えたのは，かの偉大な言葉，「我思惟す，ゆえに我あり」を記したデカルトが，この言葉に要約される反省を通じて「思惟を思惟自身に呼び戻し」たその仕方にあるという，そのさまを示した。ボルダス＝ドゥムーランの著作は，帰納法の設立者〔ベーコン〕に比して，哲学の革新者〔デカルト〕の功績のほうを，いっそう高いものとして賞讃したのである。おそらくこの著作は，現代のエクレクティスムの創始者〔クーザン〕の思想や言葉遣いが蒙りつつあった変化にさらに影響せずにはいなかっただろう。

　我々が先に触れた『現代哲学』についての小論〔ラヴェッソンの1840年論文。37-38頁参照〕の公刊以後，エクレクティスムは，方法の一般的問題に関しては，ベーコンに依拠することをほとんど完全に止めていた。ボルダス＝ドゥムーランの『デカルト哲学』の出版以後となると，エクレクティスムはデカルトばかりに依拠するようになる。

　しかしヴィクトル・クーザンが援用するデカルトは，ボルダス＝ドゥムーランのデカルトではない。そしてまたそれは，『幾何学』や『屈折光学』の著者としてのデカルトでもなく，さらに『〔哲学〕原理』や『省察』を著したデカルトですらないのだ。「幾何学者の思索の対象とな

---

48) *Le cartésianisme ou la véritable rénovation des sciences*, 2 vols., 1843.（『デカルト哲学。諸科学の真の革新』）

49) 本書を通じてラヴェッソンはDumoulinと綴っているが，Demoulinに訂正しておく。

る諸真理が互いに導出し合うのと同じように，すべての真理は互いに互いを導くものでなければならない」という格率は，デカルト自身自分の仕事全体にインスピレーションを与えたと語るものであり，ライプニッツもまた採用したものだが，そこにヴィクトル・クーザンは有害な誤りを見るのである。「幾何学の悪魔は，デカルトの悪霊であった」とクーザンは言う[50]。エミール・セセにもこれと同じ表現が見いだされる[51]。デカルト哲学のうちで，エクレクティスムが手もとに残したのはほぼ，哲学は「我思惟す」から始まってそこから神にまで高まっていく，という原理だけである。しかしこの原理自体を，ヴィクトル・クーザンはデカルトのようには理解していない。当の命題によってデカルトは，我々の存在は思惟において己をそのまま〔完全な形で〕見いだし所有するという偉大な思想を，まったく新しい単純さと簡潔さをもって言い表した。しかしヴィクトル・クーザンは，いくらかの変化はあれ，結局最後までその命題のうちに，単なる現象として理解された意識的事実についての観察，ならびに当の事実を支えるための存在，ある未知の事物についての無規定な概念をそれに加えたものしか見てとらなかった。これは本来の拡がりと深さを欠いたデカルト哲学である。万物が合理的に結びついているという考えがあってこそ，理性にも無限の射程が与えられるわけだが，この考えがデカルト哲学に与える拡がりがここには欠けている。そしてまた，内的な反省は，個々の働きが持つ相対的なものを一切超えたところで，絶対的な精神的存在に自分だけの力で到達するのだという考えが与える深みが，ここには欠けているのだ。

　エクレクティスムは，感覚からすべてを説明する哲学諸体系が含んで

50）　このままの言葉としては出典不明。「デカルトの擁護（« Défense de Descartes », in *Fragments philosophiques*, 1866, tome III, pp. 333-403)」を始めとして各所でクーザンが言うところによれば，『省察』本文でのデカルトは「心理学的方法」に正しく基づきつつ，具体的経験の順序に沿って個別的で具体的な「我」の存在を示したのに対して，『省察』答弁やとりわけ『哲学原理』での彼は，この態度を放棄してしまう。一般的で抽象的な公理から「思惟するもの」の存在を導出するという，まるで幾何学の証明のような形式の下に，自説を示してしまったというのである。説得相手や読者に合わせてのことであったとしても，クーザンにとってこれは認めがたい後退であった。幾何学的観点が，デカルト哲学を歪めてしまった——これがラヴェッソンが挙げる言葉の意味であろう。次のセセが「幾何学の悪魔」の語を用いるのも，同じ意味においてである。

51）　Émile Saisset, *Précurseurs et disciples de Descartes*, 1862, p. 169 ; p. 348.（『デカルトの先駆者と弟子たち』）

いる不完全性と誤謬を，そしてそこから導かれてくる道徳上社会上，美学上のさまざまに〔不都合な〕帰結を詳しく展開してみせ，その種の哲学体系とは反対にイデーや理性的次元に属する事柄の美を賛美していたのだが，結局は，そういった上位の認識次元へと然るべき段階を経てひとを導ける唯一の方法として，観察と帰納という，かつては「心理学的」とも呼ばれていた方法を勧めることでよしとしていた。エクレクティスムは物理や数学に関わるものも含めあらゆる科学から言わば離れて引きこもり，そして哲学そのものに関しても，知性や精神に関する事実の分類についての思弁という，自らの領地としてかつて描いた円周の中へと次第に閉じこもっていった。それとてメーヌ・ド・ビランの指摘に従うなら，本当に心理学的であるというよりはむしろ論理的なだけの思弁なのではあるが。ヴィクトル・クーザンは最初，いくつかの一般的な命題を通じて，シェリングやヘーゲルに続いて一種の汎神論的宇宙論の体系へと向かうように見えていたが，やがてそのような命題は放棄し，自然の事柄を説明しようという一切の試みをも断念した。そしてついには，魂の存在や神の存在を扱う哲学の部門においては推論の通常の手続きをほとんどすっかり諦めるように勧め，幾何学と変わらぬほどに論理学をも批判するに至ったのである。最終的にクーザンの学説は単にいくつかの一般的主張にすっかり還元されたとまでは言わずとも，明らかにそうなる傾向に従っていた。心理学の中で観念の起源を扱う部門に関する一種の序論を構成するその一般論は，相変わらず以下のような文言に要約されるが，そこに再び見いだされるのは，シェリングの指摘によれば[52]ヤコービの半ば神秘的な言葉遊びから借用されたらしい表現が

---

52) クーザンの『哲学的断片（*Fragmens philosophiques*）』独訳（1834 年）にシェリングは序文を寄せ，クーザン哲学に厳しい批判を加えた。ここに言われる「指摘」はその序文中のもの。哲学に完全なる統一性と体系性を求めるシェリングにとっては，「（経験的・心理学的）観察」と「理性」という二つの異質な基盤の上に立つクーザン哲学は，本来の要求を満たしていないものとして批判されたのである。

なおシェリングはこの同じ序文で，ヘーゲル哲学とその「弁証法」についても根本的な批判を加えている。クーザンが，シェリング哲学はヘーゲル哲学の前段階に過ぎなかったかのように述べていたからである。こうしてこの序文でのシェリングは，ヘーゲルの「弁証法」が実在に届かない「消極哲学」であるのに対し，自分の哲学こそは「積極哲学（positive Philosophie）」だと宣言することになる。

若いラヴェッソンがシェリングのこうした主張から大きな影響を受けたことは，その後のラヴェッソンの思想遍歴を理解する上で，そして何より本書における彼独自の「実証主義（=

用いられているにしても，やはりリードやステュワートのものの見方なのである。経験が我々に認識させるのはただ現象のみであり，理性が現象を機会として，ある独特の手続き，言わば説明しがたい奇跡を経て，現象とはまったく異なる次元の事柄を我々に啓示するが，それは知覚対象ではなく単なる概念的把握の対象だ，というわけである。

　同時にまたエクレクティスムは魂や心情に関わる事柄からも距離を置いており，そこにいくぶんのスコラ学的な冷淡さがあることは否めない。だがその種の事柄にもまた，そしておそらくそこにこそいっそう，固有の啓示があるはずだ。エクレクティスムは哲学と宗教の一致を推奨し，そのための有効な活動をなし得ると自負していたのだが，しかし神秘主義の特徴になるというあれこれの不利な評価をエクレクティスムが投げかけると見えるその相手は，ほとんどの場合，まさに宗教であった。これはエクレクティスムと闘った神学者の多くが指摘するところである。エクレクティスムの考えでは，宗教が持つ堅固なところの一切はエクレクティスムが理性に期待するあのわずかなものに尽くされ，慈愛(シャリテ)の真なるところはエクレクティスムが正義(ジュスティス)について講じることに尽くされると思われたのだった。

　エクレクティスムは，その道徳理論の変わらぬ気高い傾向によって，あるいはまたとりわけ美を芸術において熱望する流派にもたらした助力によって，優秀な知性を備えた人々の大部分を魅了はしたが，その後結局，科学的な精神も，また宗教的な魂をも満足させないことが明らかになった。好んで用いられる一般的かつ比喩的な言葉のうちに，ひとは長い間，哲学の主要な諸問題に対する答を見いだしたと思っていた。しかし最後には，ほとんどの場合においてそうした言葉はひとが知りたいと望んでいたものをまったく含んでいないことが気づかれたのである。エクレクティスムは多くのことを予告し約束したし，またその創設者の雄弁が持つ威厳も，エクレクティスムに多くを期待させることに貢献するものだった。しかし，かくも多くの希望を生まれさせた哲学者のうちに人々が次第に認めざるを得なくなったのは一人の雄弁家であった。雄弁家というものが一般にそうなのだが，アリストテレスを信じるならば，

積極主義 positivisme)」概念の拡がりを踏まえる上で，注意されておいてよい。

真を欠いているゆえに単にもっともらしさで満足できるような雄弁家である。きちんと納得したと思っていた場合も，実際にはひとは語りと文体の誘惑に屈していたというのがほとんどであり，エクレクティスムが生まれた当時にはその誘惑はおそらく今日よりいっそう強いものだったのである。やがて別の時代が到来した。それ以後ひとは，必要であれば形式の目覚ましさにおいては劣っていてもより豊かな内容のほうを好み，おそらくは文彩は少なくともそのぶん内容は多い学説を好むようにもなれたのだ。

　原因は以上のようにさまざまであり，さらにまた別の原因もあろうが，ともかく近年においてエクレクティスムは，公教育についてはそのほとんどすべてをいまだ手中にしながらも，その信用と影響力を大きく失ったのである。

III

ラムネー

『哲学素描』の体系／無限の存在としての神。内在的三元性／創造論と自然の形而上学。認識論，人間の諸活動の理論への応用。形式的な三元性の貫徹／批判——原理の不在。「伝統主義」的観点の哲学的欠陥

　ラムネー（Félicité de Lamennais, 1782-1854）は，エクレクティスムには満足できなかった人々の一人である。エクレクティスムの，我々の認識の起源についての問題にだけほぼすべて関わる一般的な叙述に，彼は，自分の哲学観に応えるものをほぼまったく見いださなかった。哲学とは，彼が言うところの「孤立した自我」に閉じこもるのに同意などしないで，万物を説明する試みとなるべきものだとラムネーには思われたのだ。『哲学素描』[1]と題された浩瀚な著作の執筆のために彼はさまざまな学問と芸術を長い間研究しつつ準備を整えたのだが，この著作でラムネーは，ドイツで当時最新の体系を述べた〔いわゆるドイツ観念論の〕哲学者たちと同じ試みを行っている。すなわち，物理的次元においても精神的次元においても万物は，比率は異なりながらも同じ諸原理から構成されており，そしてそれらの原理は，ある第一にして普遍の原理，つまり絶対にして無限なる存在の，必然的要素に他ならないことを示そうというのである。

---

1) *Esquisse d'une philosophie*, 4 vols., 1840-1846. 最初の3巻が1840年。ラヴェッソン後述の通り，1846年に第四巻。

ひとが上昇していける最も一般的な観念，それなくしては知性が不可能で，口ではどう言おうと決して否定できない観念とは「存在」の観念だ，とラムネーは言う。そしてその存在とは，一切の特殊な種別化と制限から独立した存在，「神」と名付けられる無限の存在なのである。絶対的存在は，思惟の根底であるだけでなく，現実存在の根底でもある。それは一切の制限に先立つ現実存在なのだ。しかしラムネーによれば，存在するためには，この絶対的存在はさまざまの特性を持たねばならない。絶対的存在のうちには，その実体の根源的な一性に加えて，当の実体を現実化するエネルギーがなければならず，この現実化に一つの形相を刻印する何かがなければならず，そして最後に言えば，エネルギーが形相のうちへと展開された後でも，それをまた根源的な一性へと連れ戻す何かがなければならない。この何かというのが，生である。力と，形相と，生。あるいはまた内的視点，つまり精神の視点から言うなら，力能と，知性と，愛。この三つこそは，神の本質を構成する本質的な要素であり，またキリスト教的な三位性の要素である。

　かくして神の本質はただ一つであるばかりではなく，そこには同時に区別と複数性の原理もまた見いだされるのだ[2]。神の本質は無限なものである以上，有限なものはそこにこそ自らの根を有している。実体の単一性のうちに三つの異なる要素が存在できるのもこのためである。同様に，先の三要素のうち第二のもの〔＝知性〕，すなわち実体が自らを規定しながら形相を帯びるようにする要素においても，数限りない差異が可能なのである。形相に関する原理が現実化することのできるさまざまの形相，知性が含み持つことのできるさまざまの観念が，みな互いに区別されるのも，この差異によってである。こうしたさまざまな叡智的諸存在がなす世界を，プラトン哲学やキリスト教神学は，御言の一性のうちに含まれたものとして示していたのであった。

　区別がはっきりと行われ，さまざまの差異が決定されるのは，創造によって可能が現実へ移されることによる。深遠な神秘主義者であるオリ

───────
　2)　この段落はやや難解だが，『哲学素描』第一巻第一冊第十四章の要約である。ラムネーにおいては一と多，無限と有限の関係という問題は，それ自体は理解不可能なものとされつつも，結局「一は多をも含む，無限は有限をも含んでいる」という形でいささか強引に解かれている。

エ（Jean-Jacques Olier, 1608-1657）は語っていた，「創造とは，感覚できるようになった神なのだ」[3]と。ラムネーにとって創造とは，神のうちにあるものすべてが，空間と時間の中に順を追って現されてくることである。創造において神の一性は，言わば自らを捧げて犠牲とするように投げ出され，そこからまず拡散した延長が生じ，その次に，神自身の力能の展開を通じて，複雑性と統一性が相伴って増大していく継起的秩序が形作られる。すなわち，まずは無機的な事物，次に有機的存在，最後に知性と自由を備えた人格であって，この人格は神の力能そのものに還帰しつつまた万物をもその力能へと連れ戻すことになる。このように進んでいく展開の段階のいずれにおいても，それぞれの事物には，絶対的本質が含み持つ二つの対立した要素が常に見いだされる。事物はみな，それを区切るものによって有限に属し，その存在の根底によって無限に属しているのだ。

　制限するもの，それ自体が制限そのものであり，至るところに分割と多数性を導き入れるもの，そして実際自分の反対物の否定からしか理解できないもの，それは，かつてプラトンやプロティノス，ライプニッツが考えた通り，我々が「物質(マチエール)」と呼ぶものである。そしてこの物質によって停止させられ遮られはするが，それ自体は制限のないもの，限りないもの，それは，思惟，知性であり，精神である。物質と精神が，存在するものすべてを構成している。創造の下位の段階においては物質が，そしてそれと共に必然性が，支配する。上位の段階においては精神が，そして精神と共に自由が，支配する。これら二つの要素がさまざまな比率で結びつくことから創造の進行の中でさまざまなものが生まれ，それらは神の三つの力能をますます完全に再現していく。それゆえに，一切の存在のうちには必ず，神の存在全体のいくぶんかがあることになる。

　物質の本質的な特性で第一のものは，延長を占めることであり，これは不可入性と呼ばれるものである。第二としては，何であれ延長を占める際には，何かしらの 形(フィギュール) をとることである。そして第三には，その諸部分がある引力によって結びつけられ結合されていることである。とい

---

[3]　*Introduction à la vie et aux vertus chrétiennes*, 1657, p. 85.（『キリスト教的な生と徳への導き』）

うのも，何らかの凝集性がなければいかなる形も不可能であるから。不可入性とは，物理的次元において力が現実化されたものであり，形とは形相，すなわち知性が現実化されたものであり，引力とは生，すなわち愛が現実化されたものなのだ。

　カントはその『自然科学の形而上学的原理』において，哲学の始まりとほとんど同時に生じた発想をあらためて用いながらも，それをまったく新しい正確さで表現していた。物体や自然現象の成り立ちは二つの対立する力によって一般に説明できると主張したのである。一つは天体の放射する力ならびに天体それぞれの中心の持つ力，つまりは拡張力であって，これが延長や不可入性，弾性を生み出す。もう一つは引力であって，これはまず凝集の原理であり，ついでまた一切の親和力の原理をなしている[4]。レミュザも，彼の『論文集』の一章[5]で以上の発想を採用し，それを明晰に叙述していた。ラムネーが展開したのもほぼ同じ発想なのだが，ただし彼は存在の基本的な特性の諸観念を第一原理として，それらへと当の発想を結びつけたのである。

　〔以上のような〕自然の形而上学から自然そのものに目を転じると，すべての物体を構成している第一質料(マチエール)として見いだされるのは，ラムネーによれば，エーテルである。事物の始まりには，果てしなきエーテルの海があった。このエーテル状の実体のただ中には三重の作用があって，最初の三原理〔力能・知性・愛〕の相互作用を表し，再現している。つまり，電気の作用，光の作用，熱の作用である。エーテル状の実体はこの三つの作用者の働きで変化させられ，そこから万物の元素となるガスが形成される。そしてそのガスがさまざまに凝縮し結合することから一切の物体は生じるのだ。まず星雲であり，恒星がなす領域のある部分ではそれが今でも形成中であるのを我々は見ることができる。そして，より濃度の高い核がそこに生じてくる。これは一切の有機体の基本要素たる細胞の核に類似したものである。その周囲には，一つの外皮に縁取られた大気が生じる。こうしてさまざまの世界が生まれたのであ

---

[4] 『自然科学の形而上学的原理』第二章「動力学の形而上学的原理」が念頭に置かれている。

[5] II:41頁脚注既出の『哲学論文集』，その第二巻第九章をなす物質論。XXI:208頁も参照。

り，それらは次第に大きな空間に及びながら，果てしなく広大無辺に繰り広げられていく。そしてまたこうしてあらゆる次元の被造物が生み出されたのであり，これらは，その成り立ちがますます豊かで完全になっていく中で，存在本来の汲み尽くしがたい無限性を展開する。そして新しい次元のそれぞれにおいては，根本的な力能，すなわち絶対者の初源的諸要素を現す力能そのもののさらに新しい段階，いっそう高い段階が，展開されてもいるのである。低次の鉱物といった無機的な事物において存在しているのは，本当の統一もなければいかなる意識もない，等質的な部分の寄せ集めばかりである。対して，有機的存在は個体を形成しつつ，相対的なものについての認識と，自分自身についての曖昧な意識をいくらか有している。さらに知性と自由を備えた存在ともなれば，自分のありさまについても，また自分と絶対者との関係についても認識を持っており，絶対者自身の像として，人格を構成するに至るのである。

　無機的な事物において支配権をふるっているのは，下位の，限定ないし物質の，したがって分割の原理である。対して，知性と自由を備えた人格において支配しているのは，さまざまの多様性の一切に打ち勝つ一性を伴った無限者なのである。そしてまた同様に，生命のない事物において支配しているのは，絶対的本質の三つの力能のうちの第一のもの，つまり力であるのに対して，思考し感覚する存在，そして人格において支配権を持っているのは，第三の最も高い力能，すなわち愛なのである。

　絶対的存在は，有限な存在のあり方へと言わば身を低くして，絶えることのない自己犠牲によるがごとく，事物を生み出す。創造とは絶えることなき自己贈与であり，またそこから創造される各々のものの目的とは，次の新しい創造に資するために自ら消えていくことなのだ。みなが生きていくためには，各人は死なねばならないということだ。しかし知性と自由を備えた被造物ならではのもの，その際立った定め(デスティネ)とは，創造全体の目的のために，そして結局のところは無限なるもののために，自分自身を犠牲とすることである。かくして，愛が始まりとなって開いた円環は，愛によって閉じ完成する。神は，自らを与え，自らを伝え渡しつつ世界を創造した。創造主に倣って，万物は万物に自分を伝え渡し

ていく。それぞれの事物は他の事物によって生き，自分の番になれば今度は他の生に資するものとなる。創造とは言わば一つの祝宴なのであり，そこですべてのものは自らをすべてのものの糧として差し出し，そしてまた一切の実体は神によって生きるのであるからには，すべてのものは結局神によって生き，神を糧としているといった具合なのだ。ただし，物質の限定と不完全性から解放されて自由であるところの知性と意志に対してだけは，直接に媒介抜きで，無限かつ完全である非物質的な本質が自らを伝える。神を糧にしている，とまったく制約なしに言ってよいのは，ただこの知性と自由を備えた魂に関してだけなのである。

　諸存在についての以上のような考察から今度は認識についての考察へと目を転じても，順序と進行は同じである。ひとが感覚によって認識するのは，個別の，変化し限定された事物の実在である。ひとはただ知性によってのみ，真なるもの，不変なるもの，必然的なるもの，つまりは無限と絶対を認識する。無限，絶対と言うからにはそれはすなわち，自分以外のものすべての原因，すべての理由である。感覚の対象である個別的事物とは実際，ただ理性だけが対象とするところの叡智的な範型がさまざまに当てはめられたものでしかない。そしてそれらの叡智的な範型とは，つまるところ，無限で絶対の存在の諸特性について可能なさまざまの結合であって，それゆえ結局は，初源的な諸特性，そしてそれらの根底であるところの神へと帰するものなのだ。ラムネーは言う，「概念的に捉えること，認識すること，それはすなわち，現象を超えてその理由をなすものにまで分け入って，さまざまの現象を一つの同じ視野に収めることである。したがって，さまざまな事物の永遠の範型と併せてそれらの法則，理由，実体的な原因を自らのうちに含み持つところの一なる存在を直接見ること，無限なるものを知覚すること，それこそが知性の特質なのである」。このように事実は観念によって，観察は思惟によって，経験は理論によって，科学は哲学によって，ようやく完全なものとなるのだ。

　そして最後にこうも言おう。能動的な能力を働かせる際，人間はその物質的欲求，自分の存在のうち下位の諸要素の抱く欲求を満足させるのに必要な労働をまず行う。産業活動(アンデュストリー)と名付けられている労働がこれである。続いて人間はこの産業活動に芸術を付け加えて，有用に美を結びつ

ける。美とは，有限のうちに現れた無限，相対のうちに現れた絶対，物質のうちに現れた精神であって，それゆえそれは，存在の本性そのものを構成する叡智的な力能が，我々の感覚の対象となる事物のうちに，完全性と価値を備えるさまざまの形態(フォルム)を通じて顕現したものなのである。

以上のような思想を諸科学，中でも物理科学(シアンス・フィジック)の主要な諸領域に，そしてまた芸術の主だった分野にも適用することを通じて，ラムネーは数々の個別的な定理を統合して見せる。そこで得られるあれこれの一般性は実際しばしば目覚ましいものであり，諸定理が取りまとめられる姿もほぼ例外なくエレガントで，かつ鮮明な色彩を与えられている。科学や芸術についての一般哲学がラムネーから恩恵を受ける点は少なくないことだろう。

『哲学素描』において最も惜しまれるのは，それ以外の一切が依存するとされる諸原理，あるいは依存しているはずだとされる諸原理が，この著作では，本当の源泉からおそらく汲まれておらず，また学問的に導出されてもいない点である。規則もなく絶えず繰り返される作業の結果は以上見てきたようなくだくだしい反復だが，それは大部分，この点に由来すると見てよいだろう。

ラムネーは最初の『無関心』についての有名な著作[6]において，哲学のさまざまな不確実性に宗教の確実性を対立させながら次のような意見を表明していた——もっともそれは当時の少なからぬ著述家に共通の意見ではあったのだが。彼は理性を特に「個人的理性」と呼ぶが，それによっては何一つ確立できない。我々が道徳的な次元に関わるすべての真理を支える基本的な真理を得られるのは，普遍的伝統からのみであって，この伝統の源泉は原初の啓示であり，伝統の保管はカトリック教会に任され，そしてカトリック教会はそれを永遠にそのまま守るためにこそ設立された，というのである。こうした学説は神学者の間で大きな支持を得たが，その後教会自身から，理性が有する不可欠な権利を害するものとして，「伝統主義(トラディショナリスム)」と名づけられて公に批判されることになっ

---

[6] *Essai sur l'indifférence en matière de la religion*, tome I, 1817 ; tome II, 1820 ; tome III et IV, 1823. (『宗教に関する無関心についての試論』)

た。『素描』の冒頭部でもまた，とはいってもおそらくそれが書かれたのは『無関心についての試論』の執筆時期からそう離れていない時期なのだろうが，ラムネーは繰り返している。哲学者は，自らの個人的な判断に身を任せている限りは恣意的な仮説や誤謬推理から脱することはできない，哲学者は普遍的信仰に自らの拠って立つ原理を求めねばならない，そしてカトリック神学が唯一その真正の伝統を引き継いでいるのだ，と。こうしたわけで，『哲学素描』の著者が，普遍的な説明理論の要素でなければならないと見なす諸要素，神の本性をなす諸要素を汲み出してくるもとは，神に関しての神学的学説，三位一体の教義だということになる。信仰によって課されるこうした思想について，ラムネーはごく表面的にしか分析しておらず，その検討も性急で不十分なままである。そして原理が不完全にしか規定されないものだから，その応用や帰結のすべても同じ性格を帯び，同じ曖昧さに留まることになってしまう。結果，学問的な厳密さは乏しく，理由の連鎖の代わりに，もっともらしく見えるだけのことが多いアナロジーが連ねられることになる。仮にラムネーがその著作での考察をさらに遠くにまで広げ，もし現状その主要な対象になっている物理的世界の研究に加えて，彼自身も物理的世界に先立っていると見なしている知性的で道徳的な世界に特別の深い研究を行ったとしたら，おそらく彼はその世界にこそ，伝統と神学から引き出してくるべきだと最初は思っていた諸原理の第一の起源を見いだしたことだろう。そしておそらくそこにおいて，これらの原理はより明るい光のうちで，そしてより正確な姿をとって彼に現れたことだろうし，そこからより厳密でより密接に連鎖した帰結を導出できたことだろう。

　『素描』の最後となる第四巻は1846年になってようやく出版されたが，この時期になるとラムネーは一切の宗派から完全に離れ，それだけいっそう哲学との関わりを強めることが必要となっていた。もはや彼は伝統にも神学にも一切言及しない。判定基準(クリテリウム)として彼が持ち出すのは，精神が抱く概念に対しては自然の現象であり，その現象に対しては精神の抱く概念である。かくして彼が言うには，真の学とは，単なる現象の認識，すなわち結局はいかなる学をも形成しない諸感覚へと還元されてしまうような純然たる唯物論(マテリアリスム)でもなく，ただ絶対的な本質や原因だけの認識，すなわち検証されない論理的仮説しか含んでいないような純然た

る唯心論(スピリチュアリスム)でもなく，自然と精神双方に関わる一つの学なのである。こうした学説はこれもまた不確実で，矛盾したものですらあって，あからさまな循環によって観念が事実の証拠となり，事実が観念の証拠となっているありさまだが，ラムネーはそこからさらにもう一つ別の学説へと進む。そこでは彼の思考がその間を漂う二つの対立要素のうち，彼が「精神的要素」と名付けるほうが結局勝利を収めることになり，最高度の確実性とは理性から直接導かれる確実性だとされるのである。

最後に言えば，確かに『素描』の初めの三巻では，神の本性は幾度か「存在一般」と構想され定義されており，しかもこの存在は実際には個別の諸存在から区別されておらず，それはかつてロズミニ（Antonio Rosmini-Serbati, 1797-1855）が考えたような「存在」とほぼ同じものになっているようではある[7]。また加えて，そこで「有限」と呼ばれ，個別の諸存在の固有な内実となっているものは，普遍かつ絶対の存在である無限なるものと対等な一つの必然的原理のようにしばしば描かれてはいる。それゆえにひとはこれらの巻が含む学説を非難して，それはスピノザ哲学が敷いた道を再び開くものであり，創造物と創造者の同一視にひとを導くものだとも言えたわけである。だがそうだとしても，ラムネーはその後の著書でよりはっきりと次の点を説明している。彼の考えによれば，区別と制限の原理は神の本性に内属してはいるが，それでもこの原理が理念から現実の実在になり創造が始まるのはただ神の意志の働きによるということ，無限なるもの，絶対的なるものにのみ，必然的存在は属しているということ，そして最後に，真の無限は，存在の充溢を含む以上，知性や意志，人格性を含んでいるということ。実際もし神からでないとしたら[8]，この世界にいったいいかにして知性と意志が生まれたというのか。となれば，最後の帰結はこうだ。神は，およそ知

---

7) 本書で幾度か批判的に言及される立場。とりわけ「存在論主義」を扱う XVIII を参照。ロズミニは，我々の思惟の出発点には常に「未規定なる存在」の観念ないし直観があり，それが追って規定されていくとする。この観念は感覚に由来するものではなく，彼はこうして感覚論を論駁できると考えていたのである。*Nuovo saggio sull'origine delle idee*, 1830. =*Nouvel essai sur l'origine des idées*, traduit par l'abbé André, 1844.（『観念起源新論』）を参照。

8) 諸版において原文は si elles ne naissaient de lui. この lui は原文直前にある ce monde ではあり得ない。実際には次の Dieu を指示しており，ここはラヴェッソンの誤記とした上で訳出する。

性というものならそうであるように，ある目的のためでなければ何も行わないのであって，たとえ創造は神の本性に属する諸法則そのものから派生する必然的な法則に従うのだとしても，やはりそれは自由な御業であり，目的因すなわち善こそ，プラトンとアリストテレスが言った通りに，万物の最終理由なのである。

IV
社会主義（1）

───────

此岸の復権と進歩の理念／サン＝シモン，フーリエ，プルードン／真摯な哲学の不在

　ラムネーの望みは，彼の見るところまったく不毛なエクレクティスム学派の心理学に代えて，一般的物理学(フィジック)の諸法則がそこから導けるような形而上学(メタフィジック)を打ち立てることであり，そしてこの形而上学の証明に寄与することこそが物理学の最も高い目標なのであった。ここにそれとはまったく別種の運動が生じ，すでにメーヌ・ド・ビランならびにアンペールの著作とロワイエ＝コラールならびにヴィクトル・クーザンの教育によってその優越性を失っていたあの哲学，ラムネーも彼らと共に放棄していた哲学が，再び舞台に上がることになる。すなわち，万物を感覚から説明し，したがって万物を結局のところ物理的(フィジック)なものに還元する哲学である。この運動の起源としては，大革命によって転覆された中世の廃墟のただ中で，新しい社会体制を立てようとし，そのゆえに「社会主義的(ソシアリスト)」と呼ばれてきた哲学的諸体系を挙げることができよう。
　堕落してしまった古代の退廃にまず反対してキリスト教が掲げた教義の影響が圧倒的であったため，続く中世は常に，天上の王国への関心に支配されることになった。地上の王国，この世界が示すのはほとんど，天上の王国と相容れない反対のことばかりだとされたのだ。結果，道徳に関する理論の一般的性格をなすのは，地上の事物を時に過剰なまでに

軽蔑する神秘主義であった。それに対して、社会主義において支配的な思想、他を容れないまでに強固ですらある思想は、中世には完全に自然を超えたところでの生だけに取っておかれた完全な秩序と幸福を、この地上に実現することだった。「天」ではなく、「地」を、というわけである。

ひとはしばしば、普遍的な進歩という観念のうちに我々の時代の哲学が持つ本質的な性格を見ており、その栄誉をコンドルセ（Marie-Jean-Antoine-Nicolas de Caritat, marquis de Condorcet, 1743-1794）に帰してきた。しかし実際には、この栄誉が帰されるべきは、より高き思想家、すなわちパスカルとライプニッツだろう。人類は、常に存続し常に学んでいる同じ一人の人間として考察されなければならない、とパスカルは言っている[1]。ライプニッツはパスカルよりもいっそう広い観点を示しながら言う、「神の御業の美と完全性を十分にかなえるのは、宇宙が絶え間なく、そしてこの上なく自由な運動でもって、ますます欠けることなき秩序へと歩んでいくという、このことである」[2]。しかも彼は、天上の至福においてすら、運動と進歩があることを望んでいる。「我々の幸福とは、もはや何も欲することがなく、かくして我々の精神を愚鈍にしてしまう十全な享楽などでは決してなく、新たな喜び、新たな完全性に向けての果てしない進歩であるだろう」[3]。コンドルセには半ば唯物論的な哲学の諸原理がしみ込んでいたので、普遍的進歩の思想を開陳しながらも、その思想を、自然内部で地上の生が置かれていく条件に限定することしかできなかった。社会主義者たちも同様であるが、中でも我々の時代で筆頭として挙げられる社会主義者がまずもってこの立場であった。アンリ・ド・サン＝シモン（Claude Henri de Rouvroy, Comte de Saint-Simon, 1760-1825）である。

---

[1] 『真空論序言（Préface sur le Traité du vide）』。Œuvres complètes, éd. par Le Guern, Gallimard, tome I, p. 456.

[2] 『事物の根源的起源について（De rerum originatione radicali, 1697)』（GP, VII, p. 308.）工作舎版著作集第八巻 101-102 頁。

[3] 『理性に基づく自然と恩寵の原理（Principes de la nature et de la grâce fondés en raison, 1714)』第十八節（GP, VI, p. 606.）工作舎版著作集第九巻 258-259 頁。

IV 社会主義 (1)

　サン゠シモンによると，キリスト教は，完全に精神的〔＝霊的〕な神の名の下に肉体に不当な破門制裁(アナテマ)を加えてきた。中世は肉体を軽蔑し，抑圧していた。現代はそれを復権させねばならない。そのためには，神が同時に肉体でありかつ精神であることを理解せねばならない。肉体や物質を軽蔑したがゆえに，中世は，社会全体のなかで物質や肉体に関わる物事にもっぱら携わる人々，換言すれば民衆を軽蔑し，精神に関わる事柄に携わる者ばかりを讃えていた。現代は民衆の権利を回復しなければならない。この時代の使命は，サン゠シモンがコンドルセから借りる定式によれば，最も数が多く最も貧しい階層(クラス)が置かれている運命を改善するよう努めることだ。その発案者の名から「サン゠シモン説」と呼ばれた学説の原理となっている一般的主張の中でも一応哲学的なところは以上である。アンファンタン（Barthélemy Prosper Enfantin, 1796-1864）はさらにこれを展開するが，そこに見いだされるのは，人間と動物とで最も違いの少ない諸機能への一種の崇拝であり，そうした特徴は多くの場合ひとを面食らわせるものである。そもそも「サン゠シモン主義」とは，知られているように，一般政治学(ポリティック・ジェネラル)と経済学(エコノミー・ポリティック)の体系なのであって，そこにおいて哲学が占める場所はわずかなのだ。

　ファランステール[4]の体系の創始者，シャルル・フーリエ（Charles Fourier, 1772-1837）の目的は，サン゠シモンのそれと同じだ。すなわち，キリスト教がただ選ばれた者にのみ，しかもこの世のとは別の生へと留保している幸福を，この地上において万人に打ち立てることである。ただし，この結果を得るためにサン゠シモンがほぼ絶対的なある権威に期待したことを[5]，フーリエは万人の絶対的な自由に期待する。こ

　4）Phalanstère. フーリエが構想した社会集団で，単位となる人間集団（複数のいくぶん異なった定義があるが，例えば，「810 の基本情念×男女＝1620 人」から構成される）を「ファランジュ（Phalange）」と言う。それを収める土地や建築物を含めた実際の組織体が「ファランステール」と呼ばれる。なお「ファランジュ」「ファランステール」はいずれもフーリエ主義の雑誌名でもある。
　5）サン゠シモンは最後の著作『新キリスト教（Nouveau christianisme, 1825）』において，自分の構想する産業主義的社会の精神的土台を提示する。ラヴェッソンが念頭においているのはこの構想である。「新キリスト教」とは，これまでのキリスト教から超自然的な要素を差し引きながら，隣人愛を始めとした道徳的諸格率はおおむね保持したものである。それにより，カエサルの領分と神の領分，つまり世俗権力と宗教的権威の区別は廃され，政治的・

の場合自由とは，彼の理解するところでは，すべての情念の，一切強制のない満足のことだ。フーリエによれば，ニュートン以来物理的世界は物質の部分すべての間での相互の引力で説明されているが，精神的世界も，情念的な引力と呼べるものによって説明されるはずであり，その引力が，類似する調和的な傾向性を備えた個人を互いに近づけ協同させるというのである。さまざまの不幸や過ちはすべて，強制された情念からの結果である。万人の情念すべてを自由に解き放つならば，物理的世界を構成する分子がそれらの親和力に従って自然に調和していくのと同様に，社会的世界を構成する分子をなす個人たちは，フーリエの好む表現を用いるなら，自由な「ファランジュ」へと集まりながら互いに調和し，平和で豊かな「ファランステール」を形作っていくことだろう。

このような構想は，情念の本性についての，そしてより一般的に言えば人間本性についての，いくほどかは新しくまた独特な意見を前提としている。フーリエ主義が登場した時代の哲学上の成果に関して，当のフーリエ主義に帰されるべき寄与分はそれである。しかしこの寄与分は小さいものであった。フーリエ主義が人目を引いたのは，正当で有用な所見によってというより，世界と人類の未来についての，奇妙で，ほとんど正当化されてもいない仮説によってであった。

以上はまた，ピエール=ジョゼフ・プルードン（Pierre-Joseph Proudhon, 1809-1865）の思想について未来が下すに違いない判断でもある。

確かにプルードンは，今後も変わらず我々の時代の文筆家のなかでは際立った地位を保つだろうが，思想家のなかではおそらくそうではあるまい。学と思想に関しては一般に思われているよりもずっと優れた判定者，つまりスウェーデンボルグ（スヴェーデンボルイ，スヴェーデンボリとも。Emanuel Swedenborg, 1688-1772）はこう言っている，「悟性の証となるのは，自分の欲することをすべて口に出せるということではない。真であることを真だと，偽であることを偽だと判別できること，これこそが知性の印，知性の特性である」[6]。そしてそもそも，哲学のため

経済的領域までがこの「新キリスト教」の支配下に置かれるとされる。

6) *Vera christiana religio, continens universam theologiam novi cæli et novæ ecclesiæ*, 1771,

IV 社会主義（1） 61

には，最も一般的な意味で言われる知性だけではまだ十分ではない。哲学には，全体として連鎖する諸観念を通じて自らを示すような知性が必要だ。そしてプルードンに見られるのはそうした知性ではない。そのために，たとえ彼がその著作で幾度となく哲学的な題材に触れているとしても，一つの哲学と呼べるものを彼がかつて一度でもはっきり示したとか，そうでなくとも窺わせはした，などとはとても言えない。結局のところ，プルードンが人々に知られるもとになったさまざまな逆説的主張[7]の大胆さは，文筆上の才能と結びついて，彼に大きな名声を与えることはできたが，学が彼に負うところはわずかであって，プルードンは学に寄与しようと真摯に考えていたのかも疑われてよい。

---

p. 212.（『真のキリスト教。新しき天と新しき教会の普遍的神学を含む』）
　あとで（V:64頁）引かれるエマーソン『論文集第一巻』「超個人的魂」に同箇所からの引用があり，ラヴェッソンがそこから孫引きしている可能性は高い。スウェーデンボルグのラテン語原文には，ラヴェッソンのここでの引用に見られる「悟性（entendement）」と「知性（intelligence）」の区別に対応するものは（当然）ないが，エマーソンの英文ではそれが understanding / intelligence と区別されて書かれているからである。

　7）「所有，それは盗みである」（『所有とは何か（*Qu'est-ce que la propriété? ou Recherche sur le principe du Droit et du Gouvernement*, 1840)』），あるいは「神，それは悪である」（『貧困の哲学』（*Système des contradictions économiques ou Philosophie de la misère*, 1846)）といったプルードンのフレーズのこと。

V
社会主義（2）

―――――――

ピエール・ルルー。完成可能性と生の継続／ジャン・レノー『地と天』／超自然的なものの取り逃がし

　ピエール・ルルー（Pierre Leroux, 1797-1871）とジャン・レノー（Jean Reynaud, 1806-1863）もまた社会主義的学派に属していたが，彼らにおいては，哲学的真理の真摯な探求の跡が見られる。
　サン゠シモンは社会を三重の土台の上に再興したいと望んでいた。産業者，芸術家，学者という三つの階層がそれであり，彼によればこの三者は人間精神が従事する主要な仕事の主要な行使形態に，したがって主要な能力にそれぞれ対応している。実際，ピエール・ルルーもまた，人間本性のうちに三つの主要な部分を，産業活動，芸術，学問に対応するものとして区別するもっともな理由がある，と認めていた。すなわち，感覚，感情，そして認識という三部分である。こうした発想を展開したものが，彼の『エクレクティスム論駁』[1]の大部分を占めている。
　『人類について』と題された著書[2]においてルルーはさらに次のことを証明しようとした。人間は以上の三つの主要能力を備え，さらには完成可能な，しかも限りなく完成可能なものであるからには，もし人間が幸福に到達すべきである，それもキリスト教が教えるようにまったく超

───────
1)　*Réfutation de l'éclectisme*, 1839.
2)　*De l'Humanité, de son principe et de son avenir*, 1840.（『人類，その原理と未来について』）

V　社会主義（2）

自然的な天界での生においてではなく，サン＝シモンが言ったように，我々の置かれた条件において，まさしくこの地上で到達すべきであるのなら，それは次々と継起していく 生(エグジスタンス) の永遠性においてのみ可能だ，というのである。彼は言う，「あなたは存在している，ゆえにあなたはこれからも存在するだろう。というのも，存在するとは，永遠で無限の存在に与ることであるから」。しかしだからといって，我々の生が置かれている諸条件，人類に本質的な諸条件から脱する必要はないし，また実際その手段もありはしない。それゆえに，不死性というものは，死んだ後に再び生まれること，代わるがわるこの先ずっとこの地上を占めていくだろう後の世代へと，同じものかつ異なるものとして，生き延びていくということとなるしかない。ひとは前世の記憶を持たないが，しかし知性を持った精神的な存在にとって不死性は記憶と不可分であろうにという反論に対してルルーは応じる，「生きるとはそもそも変化することではないか，そして精神にとって，変化するとは必然的に忘却するということではないか」と。さらに彼は，ライプニッツに，そしてまた最も偉大な哲学者たち，神学者たちのうちに，自分の考えを支える思想が見つかると考えている。

しかしおそらく，ライプニッツの思想は，プラトンやアリストテレス，プロティノスやデカルトの思想と同じく，ルルーの考えとは反対だっただろう。生と変化とが同じことであるというより，むしろ生きるというのは変化に打ち勝つこと，絶えず死から自らを取り戻し続けることであり，したがって精神にとって生きるとは，常に自分をあらためて自分として発見し認識し直すこと，常に永遠に自分を憶えていることなのだ。

ピエール・ルルーの思弁のうちで特に今後残っていくのは，次のような思想だろう。これはかつてジョゼフ・ド・メーストル（Joseph de Maistre, 1753/4-1821）が「裏面性」[3] の教義から導いていたものだが，

---

3) réversibilité. ド・メーストルは，不当に見える殉教や不幸一般は必ずその裏側で何らかの救済に繋がっており，それによって償われていると主張していた。このような諸事象の言わば表裏一体的な連帯性のことを《 réversibilité 》と呼ぶのである。こうして例えばフランス革命にも一定の意義が確保される。『フランスについての考察（*Considérations sur la France*, 1796）』第三章，あるいは『サン・ペテルスブルクの夜話（*Les soirées de Saint-Pétersbourg*, 1821）』の特に第十対話を参照。

ピエール・ルルーはこれをさらに強く表明している。すなわち，人類は実在的で実体的な統一をなしており，それゆえにその成員はみな互いに内密な連帯性によって結ばれている，というのである。ただし，ピエール・ルルーが叙述するようなこの統一は，それこそが現象的存在の間の関係を説明するはずのものだったにもかかわらず，そこに実際に見いだされるのは現象的存在と異なる何かではないし，仮に異なっているとしても，それは単に言葉だけの存在物の一つでしかない。その種の存在物の空虚さについては，アリストテレスやライプニッツ，バークリーといった人々がすでにそれを明示している。精神はそれと意識しない場合ですら結局は精神自身に倣ってそうした存在物を拵えるのであって，それらが有する意味もその際に精神が付与するもの以外ではないのだ。意見の相違にもかかわらず我々が全員一致できる何か，実際こうやって互いに異なりながら，それでも我々がそこにおいて同一であるような何かがあるとすれば，それを説明するためには，ヴィクトル・クーザンが「非人称的理性」と呼んだものではまったく不十分である。いかなる人間的人格よりもいっそう深いこの何かは，人間のそれよりいっそう高く完全な人格性でなければならない。イエスは言う，「わたしはぶどうの木，あなたがたはその枝である。わたしは主人でありあなたがたはその身体の部分である」[4]。また，我々の同時代人，深い思想家であるエマーソン（Ralph Waldo Emerson, 1803-1882）は言う，「どんな会話においても，対話者は暗黙のうちに，我々の共通の本性である第三者に言及している。この第三者とは神である。すべての事物，すべての人間を創りし者が常に我々の背後に控えている。そして我々と事物を満たしているのは，その驚くべき全知なのである」[5]。

　ピエール・ルルーは，彼自身言うように，キリスト教が非常に強調してきた天と地との差を消そうと望んでおり，彼の考えではこれこそがキリスト教にその本当の意味を与えることなのだった。それはまた

---

　　[4]　フレーズ前半は『ヨハネによる福音書』(15, 5)。後半については不明。『コリントの信徒への手紙 一』(12, 27) には「あなたがたはキリストの体であり，また，一人一人はその部分です」とある。
　　[5]　『論文集第一巻』「超個人的魂」(*Essays : First Series*, 1841, Essay IX, "The Over-Soul")からのかなり自由な引用。次を参照。*The Complete Works*, Centenary Edition, AMS Press, 1968, vol. II, p. 277 ; p. 280.

ジャン・レノーの考えでもあった。ただし，ピエール・ルルーが未来の生(エグジスタンス)としての天を地へと引き戻そうとしていたのに対して，ジャン・レノーはむしろ，地のほうを天へと広げようとする。ピエール・ルルーが信じる未来の生とは，地上での生が果てしなく，人格的同一性や記憶を持たないままに反復されることであったが，ジャン・レノーは，この地球での生の後には，また別の地球上での別の生が無限に続き，しかも決して人格や記憶は失われないと思い描いているのである。

ジャン・レノーにインスピレーションを与えたのは，普遍的完成可能性を人間の運命へと適用するという考えである。彼は『普遍的百科全書』[6]の項目「ゾロアスター」を執筆するために，ウジェーヌ・ビュルヌフ（Eugène Burnouf, 1801-1852）が解釈に取りかかっていたマギ[7]の宗教のさまざまなモニュメントを研究したのだが，この宗教が示すキリスト教との類似点にレノーは驚かされる。それに加え，善が最終的に勝利するというマズダー教的信仰[8]は，キリスト教神学が地獄や永遠の罰について教えることよりも，普遍的進歩の思想にいっそう合致するものと彼には思われた。また他方，ガリアの古代の信仰〔ドルイド教〕については，その本質的な部分をなすものとして，魂の存在の永遠性ならびに魂の活動の永遠性という教義があったことを我々は知っているが，レノーはここに，キリスト教の教義学を補い拡大するのに役立つ材料が見いだせると考えたのである。

以上のような要素をレノーは，科学がますます確証していくと見える万物の連続的進歩の法則への強い信仰と結びつけながら，神学者と哲学者の対話という形で書物にした。彼はそれを『地と天』[9]と題している。

この書物によれば，この地球は，我々が順を追って辿っていく数限り

---

6) *Encyclopédie universelle* とラヴェッソンは記しているが，誤り。正しくはルルーとレノーが編集した *Encyclopédie nouvelle ou Dictionnaire philosophique, scientifique, littéraire et industriel, offrant le tableau des connaissances humaines au dix-neuvième siècle par une société de savants et de littérateurs*, 1834-1841（ただし未完）.（『新百科全書。哲学，科学，文芸，産業の事典。学者と文人の協会によって十九世紀の人間の知識の総覧を与える』）. Zoroastre の項目はこの第八巻に収められている。

7) 古代バビロニア，アッシリア，古代ペルシアの祭司者，天文学者のこと。

8) ゾロアスター教の別名。最高神アフラ・マズダーの名による。

9) *Philosophie religieuse : terre et ciel*, 1854.（『宗教哲学。地と天』。もちろん「この地上界と，天上界」という意味）

ない生の，その一つの場所だとされる。我々がこの地上に生きている時には，我々はすでに以前から存在してきているのであり，この後も我々は，宇宙を満たす数限りない多様な世界に再び，そして常により完全なものとなりつつ，存在していくというのである。我々は身体的状態から精神的状態へとすぐさま移行はしない。そして大多数の神学者は天使をそう思い描いているにしても，身体を一切持たない純粋な精神などは決して存在しないし，また厳密に言えば，非物質的な生も，たとえ神のうちにおいてであれ，決して存在しない。不死性とはある生からさらに別の生への果てしない進歩のことだ。ただしそれらの生は結局のところいずれも同種のものであり，そこでひとは次第に浄化(ピュリフィエ)されていく。神学の言い方を借りるなら，もはや楽園も地獄も存在せず，ただ永遠の煉獄(ピュルガトワール)があるばかりなのだ。

　1857年に開かれたペリグー会議[10]は，『地と天』の著者がキリスト教にもたらすと考えた補完を一切認めなかった。会議がそこに見たのはかつての異端の誤りの繰り返しだけであり，会議はそれをカトリックの信仰とは反対のものとして破門制裁に付したのだった。

　ここで我々は神学や歴史学の議論には立ち入らず，哲学の観点に留まるが，それでも次の点を問うことはできる。ジャン・レノーのように，程度だけ異なるものとして天を地に類似させて理解するというのは，結局天を抹消してしまうことではないか。そして実際，終極〔天のこと〕を消してしまうのは，進歩というものそれ自体を抹消してしまうことではないか。絶対的な完全性(ペルフェクション)を消してしまうというのは，完成(ペルフェクションヌマン)という観念をすべて消してしまうことではないのだろうか。

　未来の生が問題となる場合，天というものでひとがずっと考えてきたのは，そうはっきりと理解していたかはどうあれ，ともかく我々の今いる場所から何かしら離れた別のあれこれの場所のことではない。それはこの地上の生の不幸を免れた生，現象と運動のなすこの我々の生とはまったく異なった生のことであった。プラトンの対話編の一つをピエー

---

　10)　concile de Périgueux. フランス南西部の都市ペリグー（司教座）で開かれた司教会議（ヴァチカン公会議のような全教会規模の会議とは異なる）。キリスト教は矛盾なく革命的・民主的になれるというレノーの立場を否定した。レノーは翌年になってその結果を知らされ自己弁護の応答を書くが，無駄であった。

ル・ルルー自身が引用しているが，そこで対話者の一人が天文学とは精神をこの世の事物から高き彼方の事物へと連れて行く学問だと定義したあとで，ソクラテスはこう語る。「天文学を哲学そのものにしようとしている人々もいるが，そうした天文学の理解の仕方で，彼らは実のところ私たちの眼差しを下方にのみ向けていると思うのだよ」。そして付け加えてこう言う，「頭を上げて天井を彩る模様を見るというのが，目によってではなく思惟によってものを考えることだと思っているのか。僕の考えでは，存在に，そして不可視のものに関わるものでなければ，どんな研究も魂に上を見させることはないのだ」[11]。同じようにこう言ってもよいだろう——この我々の生と同種の生について語るばかりでは，たとえそれをどんなに離れた星々に置こうとも，あるいはジャン・レノーと意見を同じくしつつ，その彼方での生はこの地上での我々の生よりもはるかに優れた上位のもので，しかも完成に向かって際限なく続くのだと言ったところで，やはり決して天上の生について語ることにはならないのだ，と。我々の心情が求め，我々の理性が要求するものに応えるために必要なのは，ある完全なる生であって，それが見いだされるのはただ，一切の感覚的事物の彼方，空間の彼方，そして時間の彼方，すなわち神が住まうところ，地球も恒星も超えた純粋精神の領域であろう。

　スウェーデンボルグは言っている，「どこであれ主が知られ愛されているなら，そこに天がある」[12]。そしてスウェーデンボルグよりも前に福音書が言う，「我々のうちにこそ天の王国はある」[13]。この生をこの地上で生きながらすでに，我々は魂によって，精神によって，天の住人になることができるのだ。仮に我々が果てしない未来においてすら変わることなく，存在するためには物質的で感覚的な諸条件に依存しなければならないのだとしても，我々に本来定められた運命とは，永遠の栄光と至福のこのまったく内的な住まいのうちに，今よりもいっそう留まることではないか。我々は神のうちに，そして神と共に生きることになるのではないか。不死性についての本当の問いとはこれである。

---

11) 『国家』529a。

12) *De cælo et ejus mirabilibus et de inferno*, 1758, p. 22 (§56). (エマヌエル・スヴェーデンボルイ，長島達也訳『天界と地獄』アルカナ出版（1985年，改訂第五版2002年），37頁)

13) 『ルカによる福音書』(17, 21)。

したがって，超自然的なものを削除し，形而上学的なものを削除するのは，一切の思惟を天から遠ざけ，すべてを地に還元してしまうことに他ならない。

しかしながらジャン・レノーの著書には，今後も残っていくべきと思われる点がある。神学上のあれこれの論点を攻撃しながらも彼が決してイエスの精神からはるかに遠ざかってしまわないのは，その寛大な善良さと共感に満ちた優しさの感情のおかげだが，これについては言うまでもない。むしろ重要なのは，彼はおそらくあまりに狭い意味で理解してしまったにせよ，彼にインスピレーションを与えた一般的な思想のほうである。世界の他のものと同様に，そして他のものに先んじて，人間の魂は，あるいはより適切に言うならすべての魂は，前進し，進歩しつつあり，胚珠のような存在の極めて暗い深みから始まって，無数の偶然的な逸脱にもかかわらず，常に神に近づいていくという，この思想である。科学は進歩するごとにこの思想を確証しており，そして神学自身も，おそらくいつか，この思想を受け入れることになるだろう。他の者たちが宇宙のある片隅に閉じ込めておきたかった「良き知らせ〔＝福音〕」を，この地上全体への良き知らせとした彼の者〔パウロ〕はこう言った，「一切の被造物が主を求めて呻いている」[14]。そして彼が言うように「我々のうちで言葉にならない呻きで祈っているのは主の霊そのものである」[15]というのが本当であれば，いつまでたっても叶えられることのない「主を求めての呻き」などあり得ようか。

---

14) おそらく念頭に置かれているのは『ローマの信徒への手紙』（8, 19）。
15) 同（8, 26）。

VI
骨相学

ガルとブルセ／その没落

　一切の形而上学に対立する哲学，感覚と身体の哲学，その再興は，道徳論や政治学，公共経済学に関する哲学体系だけに限られるものではなかった。いつもそうであるように，生命をただのメカニズムに還元する哲学医学理論からこの哲学が勢いと力を得るということが起こるべくして起こった。今世紀においてこの哲学は，二人の著名な唱道者を持った。ブルセ（François Broussais, 1772-1838）とガル（Franz-Joseph Gall, 1758-1828）である。
　ブルセは，精神のそれも含め，すべての病気を刺激反応[1]というただ

---

　1) irritation. 仮に「刺激反応」と訳しておく。刺激に対する反応ないし興奮のこと。物理学・力学に還元されない生体独自の特性として「刺激反応性（irritabilitas=irritabilité）」を挙げたのはハラー（Albrecht von Haller, 1708-1777）だが，このハラーにおいては「刺激反応性」は「感覚性」と並ぶ一特性に過ぎず，反応を運動で示せる動物の筋肉組織だけに備わるものとされる（なお「刺激反応性」の概念そのものはより古く，フランシス・グリソン（Francis Glisson, 1596-1677）に遡ることができる）。これに対して，ブルセは「刺激反応」一元論の立場を取り，「刺激反応性」は植物をも含む全ての生体が備える普遍的な特性であると言う（彼の『刺激反応と狂気について（De l'irritation et de la folie, 1828）』第一部を参照）。その上で，病気とは，組織における「刺激反応」の過剰だとされる（彼は瀉血を治療手段として多用するが，それはこの過剰を抑えようとしてのことであった）。また本能も知性も脳髄の刺激反応から生理学的に説明され，狂気はその刺激反応の異常亢進とされる。
　なお，このような一元論的立場は決して一般的ではない。本書に登場する中で言えば，例えば生理学者ビシャ（XXIII:223 頁参照）は複数の生命特性を区分するし，コントの考察（IX:104 頁）に見られる「感覚性」と「収縮性（contractilité）」のような二元性のほうがより

一つの現象から説明するという病理学理論の発案者であるが，彼はまた，ラ・メトリ（Julien Offray de La Mettrie[2], 1709-1751）とカバニス（Pierre Jean Georges Cabanis, 1757-1808）に倣いつつ，人間の全体をただその身体機構から説明しようと考える。ただし，ブルセ自身の学説が，先行者たちの議論に何か新しいことを付け加えるわけではなかった。そこに骨相学[3]（フレノロジー）が現れ，スピリチュアリスムを土台から破壊すると主張したのであった。それまでにもすでに唯物論的生理学は，精神的なものが身体的なものに依存していることを示すあらゆる事実を持ち出して，物質だけで知性は説明できると証明しようとしていた。ガルはそれに加えて，ひとが精神だけにある性質として主張してきたもの，すなわち単純性と統一性を，精神から取り去ってしまう。彼が示そうとするのは，「精神」と名付けられているのは実は完全に区別される相互に独立の諸能力の寄せ集めであり，これらの能力は脳のそれぞれ異なる部分から生み出されるものだ，ということである。これについては，頭蓋の観察検分，すなわち頭蓋骨相学（クラニオスコピー）が，さまざまの能力や気質を示す〔当人の〕行いと比較される中で，実際の証明を与えるはずだとされる。ブルセはそこに，唯物論を支持する決定的な証拠が見つかると考えた。彼は頭蓋骨相学を採用したのである。しかしこの新しい学は，ブルセという非常に力強い補佐が有する才能と〔彼への人々からの〕信用にもかかわらず，そしてガルとその継承者シュプルツハイム（Johann Kaspar Spurzheim, 1776-1832）の実際の学識にもかかわらず，長続きするものではなかった。我々の諸能力は，実際に適用される折にはそれぞれに多様な姿をとりながらも，やはり根本的な統一性を有しているというこ

広く受け入れられていた。
 2） ラヴェッソンは Lamettrie と綴っている。
 3） phrénologie. ガル自身はむしろ後出の « cranioscopie » の語を用いたが，実際に好まれたのは弟子たちによるこちらの « phrénologie » という名称であり，ブルセが 1831 年に創設した協会の名称も「パリ骨相学協会（Société phrénologique de Paris）」である。40 年代に流行が終息するまで，一時「骨相学」は一般にも多くの支持者を有した。
 対してこの章でのラヴェッソンは，« cranioscopie » の語を使用し続けている。ガルの用語法に留まるという意味もあろうが，そもそも « phrénologie » の語は，「骨相」学と訳されはするが，本来「思惟（phrenos）」の学，という意味である。ここでのラヴェッソンの叙述自体に，単なる頭蓋骨の外的観察が「思惟の学」になるはずもないという暗黙の批判を見てとることもできよう。

とが心理学のほうで証明されたからだが，そればかりではない。生理学のほうでもまた，最も学識ある代表者，すなわちフルーラン（Marie-Jean-Pierre Flourens, 1794-1867），ロンジェ（François-Achille Longet, 1811-1871），レリュ（Francisque Lélut（Lelut とも）, 1804-1877），パルシャップ（Maximilien Parchappe de Vinay, 1800-1866），カミーユ・ダレスト（Camille Dareste, 1822-1899 ），ヴュルピアン（Edmé Félix Alfred Vulpian, 1826-1887. XXV, XXVI を参照），グラティオレ（Louis Pierre Gratiolet , 1815-1865），その他多くの学者によって，頭蓋骨相学が論拠だとした解剖学的事実や生理学的事実などは何ら実在しないことが繰り返し証明されてきたのである。一時骨相学を信じていた者の多くすら，とりわけ言えばリトレ〔VII, X を参照〕も，今日では頭蓋骨相学を完全に捨て去っている。

VII

実証主義（1）

――前期コント哲学――

―――――

　　　起源。ブルセとサン＝シモン／『実証哲学講義』の思想。形而
　　上学的な「絶対」「原因」の放棄／「三段階の法則」とその真
　　の起源／単純な一般的要素への還元の要求。数学の偏重／唯物
　　論への接近という帰結。実例としてのリトレ

　オーギュスト・コント（Auguste Comte, 1798-1857）によって立てら
れ，「実証哲学」ないし「実証主義」（ポジティヴィスム）と名付けられた学説[1]には二つの
起源がある。一つにはサン＝シモンの理論であり，もう一つには骨相学
者たち，特にブルセによる理論である。オーギュスト・コントはサン＝
シモンと共に，最善の社会秩序の発見ならびに彼が「社会学」（ソシオロジー）と呼ぶも
のの構築を主たる目標とした。同時に，自らの社会学的体系に，その土
台として一つの普遍的科学体系を用意しようとした。その科学体系は原
理においてはブルセのそれとほとんど異ならないが，やはり次のことは

---

[1]　「実証」といった訳語では，「事実を証拠とする」といった意味が特に強調されるの
は避けがたい。コントにおいても確かに「観察事実」の重視は大前提であって（『実証哲学
講義』冒頭を参照），「実証（的・主義）」の訳は決して誤りではない。ただしコントがこの
« positif » という形容詞に込める意味がそれに尽くされないことも知られていよう。後の『実
証精神論（Discours sur l'esprit positif, 1844）』に従えば，従来の形而上学の非現実性・無用
性・不確実性・不正確性・否定性ないし破壊性・絶対性への志向と対比的に，« positif » の語
は，現実的・有用・確実・正確・建設的・相対的認識に留まる，という六つの意味を包摂す
るのだという。これ自体がいくらか後付けの説明ではあるが，少なくともコントに関しては
この多重性を踏まえておく必要がある。さもなければ，後期の人類教などがどうして「実証
的」と言われ続けるのかもまったく不可解となろう。

付言しておかねばならない。ブルセは自然の第一原因を容認することについてはこれを一度も拒んでおらず，この本質的な点で彼は自らの〔反形而上学的でなければならないという〕原理に忠実ではないのに対して，実証主義の創始者たるコントにとって最重要の目標は，まずもって「第一原因」という観念をすべて捨て去ることであった。

サン゠シモンは，中世以来の社会の廃墟の上に，産業活動を土台とし，この地上での幸福を唯一の目的とする新しい社会を立てようと考えていたが，オーギュスト・コントは若くしてまず最初にサン゠シモンのこうした計画に加わった。1824 年にコントはサン゠シモンと協力して『産業者の教理問答』を出版する[2]。しかしこれ以後，弟子は師から別れることになる。師が物質的次元に関わる生産者の階層に優位性を認めるのに対して，非常に優れた数学者であった弟子は，科学のほうに第一の地位を要求したからである。

サン゠シモンはその思想体系において感情に重要な役割を与えており，彼はこの感情に宗教を関連づけていた。この点について，オーギュスト・コントはサン゠シモンにまったく従わない。コントの師のほうは，『産業者の教理問答』のなかでコントが『実証政治体系』という表題で出版した著作を確かに賞賛はしながらも，それを読んで，コントは物理学や数学ばかりを重視する観点に身を置いてしまったと言わざるを得なかった[3]。サン゠シモンがコントを非難するのは，コントが産業活

---

[2] *Catéchisme des industriels*, 4 vols., 1823-1824. 森博訳『サン゠シモン著作集 第 5 巻』（恒星社厚生閣，1987 年），あるいは同訳『産業者の教理問答（他一編）』（岩波文庫，2001 年）を参照。

[3] 『産業者の教理問答』は 4 分冊（カイエ）からなる。第一分冊の出版が 1823 年，残りが 24 年出版（第四分冊は未完）。第三分冊は実質，コントの論文である。その大きなタイトルが « Système de politique positive, Tome premier, Première partie »（『実証政治体系 第一巻 第一部』），当の部分表題が « Plan des travaux scientifiques nécessaires pour réorganiser la société »（『社会再組織に必要な科学的作業のプラン』）。内容は 1822 年に既刊のコントの論文の再録であり，ここで『実証政治体系』と名指されているコントの著作は（晩年の大著ではなく）そのように新たな総題を付されたこの既発表論文のことである。
『教理問答』収録に際して第三分冊冒頭にサン゠シモンが短い序を付すが，そこでサン゠シモンは続くコントの議論の一面性を指摘して自らの思想との違いを強調した。「プラトン／アリストテレス」云々という点に関しては，プラトン哲学はスピリチュアリスム的かつ感情重視の側面を強く有し，キリスト教の土台をも用意したのに対し，アリストテレス哲学は物理的・数学的な自然探求の性格を強く持つものであった，というサン゠シモン独特の見取り図があることに留意（第四分冊も参照）。つまりコントは後者の側面ばかりを強調した，という

動の能力に，サン゠シモン自身は与えていた重要性を割り当てなかったからだけではない。コントが科学の序列そのものについて，「プラトンが代表する方向を犠牲にして，アリストテレスが代表する方向を」推奨したからであり，要するにサン゠シモンの言うところでは，「我々の弟子は，我々の体系の科学的部分だけを扱い，感情と宗教に関わる部分を一切述べなかった」のである。言い換えるなら，サン゠シモンにはオーギュスト・コントの思想は論理と幾何学ばかりをあまりに重視する観点，魂というものが不当に排除された観点から一つの説明体系を構築しようとするものであり，その体系は「乾ききった無神論」に至ると見えたのだ。そして実際，オーギュスト・コントの哲学が最初に示した性格はそうしたものであった。

　サン゠シモンは形而上学に強い嫌悪を示していた。彼のしばしば繰り返すところでは，必要なのはそのような虚しい思弁ではなく，実証的な(ポジティフ)認識なのだ。これがオーギュスト・コントの出発点であった。師にとてと同様，コントにとっても，実証的なもの，実在するものだけが，学の対象である。「実証的なもの」ということで彼が理解していたのは，我々が経験によって認識する事実であり，彼に言わせればそうした事実は結局，まったく相対的な(ルラティフ)ものである。だが形而上学は，一切の相対関係から独立してそれだけで実在している事物，言い換えれば絶対的な(アブソリュ)仕方で存在している事物を認識しようとする。したがって形而上学とは，見かけだけの学なのだ。「絶対的な格率はただ一つ，絶対的なものは何もないということだ」。

　相対的なものしか存在しない，あるいは相対的なものしか認識できないという根本的な格率自体は，オーギュスト・コントだけのものではない。この格率は古代ギリシアのソフィストたちの哲学を完全に要約するものだが，ソフィストについては措くとしても，この格率はまた，ヒュームの哲学の土台をそっくり構成しているものであるし，またそれはハミルトン——リードやステュワートのポストに就いた[4]ブラウン

主旨である。

　4)　「リードとステュワートのポストをブラウンが引き継ぎ，それをさらにハミルトンが継いだ」というここでのラヴェッソンの叙述は正確ではない。

(Thomas Brown, 1778-1820) の卓越した後継者——にも，さらにはこのハミルトンの弟子となるマンセル (Henry Mansel, 1820-1871) にも採用された。この格率は今でも，現代イギリスの多くの優れた哲学者や科学者の思想体系の第一原理となっている。名を挙げれば，ハーバート・スペンサー (Herbert Spencer, 1820-1903)，アレクサンダー・ベイン (Alexander Bain, 1818-1903)，サミュエル・ベイリー (Samuel Bailey, 1791-1870)，スチュアート・ミル，ジョージ・ルイス (George Lewes, 1817-1878) たちである。

　スチュアート・ミルが指摘したように，先の格率は，それを支持する者たちの間で，複数の意味を担わされている。ほとんどの者にとってそれが意味するのは，「我々がある対象を認識できるのは，それを別の対象かあるいは我々自身と対立させてでしかない」ということであるか，あるいは「我々に認識されるものは，まさに認識されるという点に関して，我々の側の認識能力，認識方法に左右される」ということだ。カントの後でハミルトンが格率を理解したのはとりわけこうした意味においてであり，またマンセルやベイン，ベイリー，ハーバート・スペンサー，スチュアート・ミルにおいてもことは同様である。ではオーギュスト・コントについてはどうかと言えば，彼は認識論をほとんど扱わないままにするのが常であった。彼は，事物と我々の認識能力との関係よりもはるかに，事物そのもののほうを考える。コントはおそらく，自分が「相対的(ルラティフ)」という語に与える意味を正確に定義しようとはしなかったのだが，この語で彼は，一般的に，別のものを条件としながらそれと一定の比例関係においてしか存在できないもの[5]のことを指していたのだと見てよい。反対に，「絶対者」とは，それだけで自足したもののことであり，スピノザが実体について述べたようにその観念が別のものの観

　リードが教えたのはアバディーン（哲学・1752-1763 年），その後グラスゴー（道徳哲学・1764-1780 年。アダム・スミスの後任）。ステュワートはエジンバラ（道徳哲学）で 1785-1810 年教授職。それを継いだのがブラウンであることは正しい。しかし 1820 年のブラウンの死去に際し，後任にハミルトンも立候補はしたが，選出はされなかった。彼が哲学者としてエジンバラ大学にポストを得るのは 1836 年になってのことであり，そのポストも論理学・形而上学であった。なお，マンセルが教えたのはオックスフォードとなる。

　5）　自分以外のものに一定の法則関係によって条件付けられ制約されているもの，程度の意味。

念を一切必要としないもののことであろう。例えば別の原因をもはや要求しないような原因はそういう絶対者だろう。「第一原因」と呼ばれているのはその種のものだ。ところで厳密に言えば，「第一原因」と「原因」とは，同じものである。したがって，我々は相対的なものしか認識できないという格率でオーギュスト・コントが言わんとしたのは次のことだ。すなわち，我々には原因を認識することはできず，認識できるものとしてはただ他の事実との関係における事実があるだけで，しかも他の事実の認識もまた他の事実との関係においてであって以下同様，といった具合であり，それらの事実とはすなわち，感覚が我々に示してくるような姿での現象だ，というのである。

　付言すれば，「原因」と呼びつつコントが追放したのは，スコラ学派のようにつまりは魂や霊(エスプリ)に倣って思い描かれる力や力能ばかりではない。彼は同じようにして，生理学者が「生命特性」[6]と呼ぶ多種多様な能動的特性も，化学者たちが言う「親和力」[7]も，物理学者たちが言う「計測不能の流体」，彼らの言う「電気的流体」や「磁力的流体」も，また「エーテル」[8]までをも，追放するのだ。それらはすべて虚しい仮説，スコラ学の残滓であって，そうした仕掛けは事実を都合よく説明するために拵えられはしたが，実際にはあれこれの先行する物理的な事象についての無知を隠すのに役立つだけのものであり，したがってさらに先行事象を探求したり発見したりするには妨げになるのだ。

　実証科学(シアンス・ポジティヴ)とは，感覚的事実について，それに先行し，あるいは後続し，あるいは共に生じる感覚的事実がどういったものであるか，時間と空間のなかでそれらの事実が互いに結ぶ関係はどういったものかを確認するだけに留まるものなのである。

　こうした説明様式をよく理解するためには，これまでに用いられてき

---

　　6)　propriétés vitales. 物理化学現象に還元できない，生体（ないし各器官や各組織）に固有とされる諸性質。「感覚性（sensibilité）」や「刺激反応性（irritabilité）」，「運動性（motilité）」，「収縮性（contractilité）」，「興奮性（excitabilité）」など，様々なものが提唱された。

　　7)　affinités. 化学反応を説明するために物質間に想定された性質のこと。

　　8)　fluides impondérables ; fluides électrique et magnétique ; éther. 主に遠隔作用を説明するために想定された不可視の存在ないし媒質。

た別の説明様式と比較しなければならない。オーギュスト・コントによればそれには二つある。神学と形而上学である。

　最初ひとは，自然現象を意志的現象によって説明する。現れてくる事実を，自発的な決定の結果だと考えるのである。それらの原因として，人間と同種の作用者があるとするわけだ。そればかりか，自然現象が生じてくるもとは，人間の力能よりも上位のものであって，それは我々の直接の認識の外にあるのだが，それを包むこの曖昧さによって我々の目にはなおいっそう偉大なものとなる。こうした力能の由来とされるのは，人間的と言っても本当に人間そのままの存在ではなく，むしろ神的な存在，神々である。これが最初の哲学であり，それは宗教と区別されない。これは神学的哲学である。

　続いてひとが気づくのは，諸現象には恒常性があって，それは意志の持つ恣意性とは折り合わないということである。そこでひとは，諸現象に原因として付したさまざまの力能を，それぞれ特定の種類の結果に言わば限られたものと考える。例えば運動には運動力が，植物的機能〔栄養摂取や成長のこと〕には植物的力が，というわけである。そうした力能がそれ自体において何であるのか，それを知らないことをひとは承知している。それらは神秘的で隠れた力ないし性質であって，その結果からしか定義できず，実際のところは諸現象を抽象的にまとめて表現するだけのもの，ひいてはそれらをしっかり記憶するのに便利な言葉に過ぎないものなのだ。これこそが，オーギュスト・コントが「形而上学的存在」と呼ぶものである。確かに実際多くの形而上学者はそうしたものを用いている。しかしそれらは我々の思惟によってしか存続できない記号なのであるから，むしろ「純論理的な存在」と呼ぶのがより正確であろう。近代の哲学者の中でこの種の存在の欠陥を誰よりもよく理解して示したのは，まさに深遠な形而上学者であったバークリーである。そして古代においても，そうした純論理的なものに対して，叡智的かつ実在的である真の超自然的なるものをすでに掲げていたのは，〔他でもない〕形而上学の創始者，アリストテレスであった。

　さて，実証主義は実質上，オーギュスト・コントが「三段階の法則」と呼ぶもののうちに完全に含まれている。三段階というのは思惟ならびに科学における三つの時代のことであるが，ともかくコントの弟子たち

は一般に，この法則をコントの発見の中で最も重要なものと見なしている。

〔しかし〕サン＝シモンはすでに神学や形而上学の仮構物に実証的認識を対置させていた。そしてサン＝シモン自身，この考えを友人の一人，ビュルダン医師（Jean Burdin, 1768-1835）におそらくは負っている。1813 年にサン＝シモンは，『人間の学についての覚書』[9]でビュルダンとかつて交わした会話について述べているが，その会話においてビュルダンは，その後友人〔サン＝シモン〕になじみとなる表現を〔すでに〕使って，すべての科学は最初は推測的だったが，最後には実証的とならねばならない，と述べている。ビュルダンによれば，天文学は占星術として始まったし，化学も最初は錬金術でしかなかった。また生理学はようやく観察され議論される諸事実に基づいて成り立ち始めたところであり，心理学は生理学を基礎として，かつての基礎であった宗教的偏見から解放され始めたところである。彼は次のように付け加えるが，これこそ諸科学の比較史に関するオーギュスト・コントの学説全体の原理に他ならない。すなわち，いくつかの科学は他の科学よりも早く実証的になるのであり，それは最も単純で少数の関係のもとで事実を考察する諸科学だ，というのである。だからこそ天文学が実証的段階に最初に到達したのであり，追って物理学，そして化学，さらに生理学が続く。一般哲学が実証的段階に到達するのは当然最後になる。

しかし，もしこうした考えの最初の起源を見いだしたいのであれば，オーギュスト・コント，そしてサン＝シモンとビュルダンからは夢想家だと見なされてしまった哲学者たちの一人にまで遡らねばならない。『百科全書』における有名な「存在(エグジスタンス)」の項目において，デカルトによって据えられた土台の上で高き哲学の再興を開始した哲学者である。彼，すなわちテュルゴー（Anne Robert Jacques Turgot, baron de l'Aulne（de Laulne とも），1727-1781）は『人間精神の進歩の歴史』[10]で言う，「物理

---

9) *Mémoires sur la science de l'homme*, 1813. 森博訳『サン＝シモン著作集』第二巻（恒星社厚生閣，1987 年）所収。17 頁以下を参照。

ただし森氏が指摘する通り，このビュルダンとの会話はおそらくほぼサン＝シモンが後になって拵えたものであろう。ラヴェッソンのようにここを典拠にして，ビュルダンが実証主義の観点のルーツであったとするのは難しいと見るべきである。

10) *Histoire des progrès de l'esprit humain*. 正確な参照先は，*Plan de deux discours sur*

VII 実証主義（1）

的な諸結果相互の結合を認識できるようになる前には，次のように想定することこそが自然だったのだ。すなわち，それらが生じるのは，知性を持った目に見えない存在，我々に類似した存在によってだ，と。そうでなければ，では何に類似していると言うのか，というわけだ。かくして，人間が介入せずに生じる一切のものは，それぞれにその神を持つとされた。……哲学者たちはこうした作り話の馬鹿馬鹿しさに気づきはしたが，自然史〔博物学〕に投げかけるべき本当の光をまだ手にしていなかったので，彼らは諸現象の原因を本質とか能力といった抽象的な言葉で説明することを夢見た。しかしこれらの言葉は何も説明してはくれなかったし，これらを用いて推論したところでそれらは古代のものの代わりでしかない存在，装い新たな神々のようなものにしかならないのだった。……ひとはずいぶん後になってやっと，物体が互いに及ぼす力学的な作用を観察しつつ，数学が展開し経験が検証できるような別の仮説をその力学から引き出したのであった」。

　〔以上は諸科学についてであったが〕オーギュスト・コントによれば，思惟もまたそのようにして次の三つの時代を順に経ていく。まず第一の時代。そこでひとが事物を説明する際に用いるのは，自然よりも上位にあり，人間の意志と同種の，そして一般に人間を相手とするさまざまの意志である。第二の時代。そこにおいて事物を説明するとされるのは，本性がよく規定されていない存在物であるが，これは第一の時代の言う超自然的な原因の色あせたコピーでしかない。そして第三の時代，そこでひとが関心を持つのはもはや，諸事実がどのように継起したり共に生じたりするかを規定することでしかない。以上三つの時代のうち第一のものは宗教的時代，第二のものは形而上学的時代，第三のものが科学的時代となる。〔第一・第二の時代では〕諸現象を説明しようとしてひとは未知の原因に訴えたが，それは諸現象とは別個で，はっきり規定できる手段も規則もなしに作用する存在物と考えられていたのであって，こうした考えは「自然法則」という観念，ひいては「科学」という観念そ

---

l'histoire universelle（『普遍史に関する二つの演説の計画』）の後半, *Plan du second discours sur les progrès de l'esprit humain*, ca. 1751.（『人間精神の進歩に関する第二演説の計画』）。*Œuvres de Turgot*, édités par Schelle, 5 vols., 1913-1923, vol. I, pp. 274-323. 引用もとは pp. 314-316.

のものをすべて破壊してしまうものであった。それに対して最後の第三の時代においては，ひとはただ，諸現象が生じる際に周囲で関係してくる物理的で観察可能な条件を探求するに留めるのである。

　オーギュスト・コントによれば実際，科学の目的は，ベーコンが言ったごとく，我々を自然の主人とするか，あるいは少なくとも我々を自然から独立させることである。我々が左右できる事物については，科学はそれを我々の都合に応じて変えられるようにしてくれるべきである。我々には何ら左右できない事物については，少なくともそれを予見することで我々の側の行動を調整させてくれるものでなければならない。ところでこの二つの活用法のためには，我々が認識できるまさに唯一の事柄，すなわち現象のそれぞれがどういった周囲の状況においてなら生じるのかということ，それだけを認識できれば十分である。ある一定の事象が生じれば，別の一定の事象が生じるということ，ひとが比喩的な言い方で「自然の法則〔＝法律〕」と呼んでいるのはこれである。そしてそれをスチュアート・ミルは，必然的依存関係という観念を一切斥け，事実にのみ話を限るために，「自然の斉一性」と呼ぶのをむしろ好んだのだった。複数の自然法則の集合は，一定の種類の対象ごとに一つの個別的科学を構成するが，それに加えてひとは，それぞれの科学を要約する非常に一般的な諸法則を比べる中で，さらにいっそう一般的な諸法則となる関係を指摘することができる。オーギュスト・コントによれば，哲学を構成するのはまさにこれである。彼に言わせれば，感覚的な現象の外にはいかなる実在もない以上，そして感覚的現象の彼方に思い描かれる実在などは，それが「物質」と呼ばれようと「精神」と呼ばれようと，結局ただの空想物でしかない以上，そして特に「魂」や「神」について言うならそんなものは意味のない語なのである以上，他の科学と同じようにある特定の対象を持つ哲学といったものは存在しない。哲学は，個別的諸科学を要約するこの上なく一般的な真理の集積以外のものではあり得ないのである。

　かくして実証主義の最も高い目標とは，さまざまの科学が扱う対象間の最も一般的な諸関係を決定することとなる。さてこの時期，数学的観点，つまり量の観点にほぼすっかり関心を奪われていたオーギュスト・コントの指摘によれば，諸関係の間の差異は結局のところ単純性と複雑

性の差異に帰着し，そして単純性には一般性が結びつけられる。最も一般的な特性，最も多くの対象にあてはまる特性こそ，必然的に，最も単純なものである。したがって，複雑性が増大すれば一般性は減少する。一般性と複雑性とは，反比例の関係にあるわけだ。

　ある特性はそれが含む要素が少なければそれだけ多くの種に拡がるという法則は，論理学の基礎となるもので，論理学者はそれを観念の外延と内包の反比例関係と呼んでいる。オーギュスト・コントは自分が初めてそれを証明したと考えていたのだが，それを自然へと大規模な形で最初に適用したのは〔実は〕アリストテレスであり，彼は序列をなす存在の階層次元はいずれも自分より下位のいっそう単純な階層すべてを含んでいることを示していたのだった。だがそれに加えてアリストテレスは，新しくより複雑な次元へと下位の諸要素が結合されていくことを説明するために，種ごとに特殊なある能動的原因がある，より正確に言えば普遍的原因の特殊な現れがある，と考えていた。対してオーギュスト・コントは，少なくともその生涯の前半においては，下位のものと上位のものの間に，それぞれが含む要素の差異以上の差異はないと見る。当時の彼は，数学が考察する単純な要素以外に別の原理を認めることはない。彼の考えでは，その他の一切は，それらの要素の組み合わせ，そして組み合わせのまたさらなる組み合わさりでしかないのだ。かくして種々の存在はいずれも，自分の含むより単純な諸原理だけから説明されることになる。生命特性を有するものならどれも物理化学的特性を有しているが，逆は真ではない。物理化学的な特性を有するものならどれも数学的な特性を有しており，形を備え，空間に拡がっているが，逆は真ではない。ゆえに，数学が物理学を説明し，物理学が化学を説明し，化学が生命を説明するということになる。科学の進歩とは，段階的な分析を通じて，一切の複雑性を最も単純かつ一般的な要素へと還元することなのだ。

　さまざまの科学を通覧すれば，複雑性が増大するのに比例して拡がりと一般性が減少していくという順序で諸科学は自ずと分類されることに気づかれる，とオーギュスト・コントは言う。最初の段階にあるのは数学であり，最後の一番高い段階にあるのはソシオロジー，すなわち人間社会の科学である。実際，数や延長，図形などは自然が我々に与える最

も単純なものである。それに対して人間相互の関係は，関係のなかでも最も複雑なものである。そこでは自然の含むすべてが協働しているからだ。だからこそ，その諸法則を発見するのは困難だということにもなる。すでに天文学において，構成要素があまりに多種多様となる現象にひとは出くわす。そしてそのため，それらの現象の関係を厳密に測り，定義し，その上で計算していく，というのも容易ではなくなるのだ。構成要素がさらに数多く変化に満ちることになる化学，生物学，社会学において，その困難はどれほどのものになることか。しかしそれでもオーギュスト・コントに従うなら，デカルトが示したごとく幾何学的命題はすべて代数的命題に翻訳できるのと同様に，どんな真理も幾何学に，算術に，代数学に，解消されるべきであり，一切の質はただ量へと還元されるべきこと，これは確実なのだ。かくして，たとえ科学は現状いまだ完全な分析にはほど遠く，あるいはこれからもずっと遠いままであるしかないとしても，諸現象はいずれも最初の数学的な要素が姿を変えたものだと考えられねばならない。オーギュスト・コントは自説を要約して言う，生体が示す諸事実は，ただの物体のごく単純な現象と異なった本性を持つわけではない，と。それゆえに数学的な学こそが普遍的であって，自然哲学全体の唯一の土台なのである。

　いっそう正確に言おう。哲学とは数学以外の何ものでもない，ということだ。

　かくして諸科学が最初の段階から最後の段階へと，つまり神学的段階から実証的段階へと移行するのも，それぞれの単純性に厳密に比例しながらということになる。はるか昔より，数学はほぼ完全に実証的な学である。ラグランジュ（Joseph-Louis Lagrange, 1736-1813）が，形而上学的精神の最後の残滓を数学から追放した[11]。形而上学的仮説は，通俗的な物理学や化学においては物質ごとに特殊なさまざまの力という名目で，またとりわけ生理学においては「生命力」や「生命特性」という名で，いまだに一定の役割を担っている。この生理学においては，単に形而上学的であるばかりか，宗教的ですらあるさまざまの仮説が人間の学に混入したままなのだ。科学の最終的な勝利とは，社会学を実証的段階

11）『実証哲学講義』第六講義を参照。ラグランジュが，ライプニッツ以来用いられてきた曖昧な「無限小」と無関係な形で微積分を基礎づけたということ。

VII 実証主義（1）　　　　　　　　83

に至らしめ，そこにおいて万物をただの現象間の関係へと還元し，さらに諸現象をことごとく最も単純な現象へと還元することであるだろう。

　以上の学説は1830年から1842年に渡って刊行された浩瀚な『実証哲学講義』[12]において示されたが，フランスでは，その支持者の大半は生理学者と医師であった。コント自身は，いわゆる「物質マチエール」などは経験の対象ではない以上，実証主義はそんなものには関わる必要はないと明言し，唯物論者マテリアリストなどは反科学的な精神の持ち主だと見なしていたのだが，大多数の者はコントの学説を唯物論の体系として理解したのである。おそらく実際には，一般に「唯物論マテリアリスム」と呼ばれているのはもともと，「物質」を感覚的諸現象の何か定義不可能な基体のことだとしておいて，そこから事物を説明する，ということではないのだ。そういう理論は，感覚では知覚できないが実在する存在への信憑をむしろ含んでしまっており，それゆえに一種の形而上学にしかなるまい。そうではなく，通常「唯物論」と言われているのは，万物を感覚的諸現象に，そして感覚的諸現象を単純な力学的要素に還元することなのだ。

　ヒポクラテスの学殖ある翻訳者でもあるリトレ（Émile Littré, 1801-1881）は，他の誰よりも実証主義を世に知らしめそれが信頼を獲得するのに寄与したが，この彼は，自身の言い方では「唯物論マテリアリスムとスピリチュアリスムとの間での完全な無関心」を宣言している。しかしながら，ロバン（Charles Robin, 1821-1885）と協力して作成した版の『ニスタン医学事典』[13]で，リトレが魂や生命，有機体や物質について述べる際に用いる言葉が，すべての唯物論者の用いるそれと何ら変わらないということ，これは否定しようがない。ただ彼によれば，「神経実質[14]が思考する」が唯物論的命題になってしまうのは，さらに加えて「神経は分子の特殊な組み合わさりによって思考する」と言う場合だけ，つまりおそらく思考をある物質が持つ特殊な性質によってではなく，普通に見ら

　12）　*Cours de philosophie positive*, 6 vols., 1830-1842.
　13）　*Dictionnaire de médecine, de chirurgie, de pharmacie, des sciences accessoires et de l'art vétérinaire de P.-H. Nysten*, 10e édition revue et corrigée par É. Littré et Ch. Robin, 2 vols., 1855.（『医学，外科，薬学，付随する諸学ならびに獣医術の事典』）
　14）　substance nerveuse. 脳や脊髄の「灰白質」や「白質」のこと。

れる物質の純粋に力学的な位置関係によって説明する場合だけなのだという。オーギュスト・コントが明らかに向かっていたのは，そちらの方向だ。先に見たようにコントは，リトレは保持したいわゆる「生命特性」を，スコラ学者流の「隠れた性質」と同じだと見なし，生命的なものは，根本的には，物理的なものに，そして物理的なものは幾何学的なものに還元できると考えていた。確かに，そこにまで至るのが最も一貫した完全な唯物論なのではあろう。しかし，思考を物質の特性から説明し，名目はどうあれ身体の一機能とするというのも，おそらく自分では十分に気づいていないにせよ，やはり唯物論に立つことだ。しかもリトレは，ルブレ（Alphonse Leblais（Le Blais とも），生没年不詳）が1865年に出版した『唯物論とスピリチュアリスム。実証哲学研究』[15]という書物に序文を寄せている。著者ルブレは言う，「我々は率直に自分が唯物論者であると宣言する」。そして序文の著者リトレは付け加えて言う，自分はいくらかページを割いて「この書が支持することを同じく支持し，この書が否定することを同じく否定し」たいのだ，と。

---

15)　*Matétialisme et spiritualisme, étude de philosophie positive*, 1865.
　ポール・ジャネの『哲学の危機。テーヌ，ルナン，リトレ，ヴァシュロ（*La crise philosophique. MM. Taine, Renan, Littré, Vacherot*）』（本書 X:118 頁も参照）は1865年刊だが，それを構成する諸論文は先立って公表されている。スピリチュアリスムとしてのこのジャネの批判に対する再反論として，ルブレのこの著作は書かれている。本質的に論争書だということである。序文におけるリトレの発言はいくぶん単純だが，それもこうした背景から理解すべきものであろう。

VIII

実証主義（2）
―― イギリスでの展開 ――

───────

　イギリス哲学の傾向／実証主義的心理学。観念連合／実証主義的論理学。ミル／理由と演繹の放棄。感覚と帰納／懐疑論という帰結

　実証主義は，フランスよりもイギリスでいっそう好意的に迎えられた。イギリスに実証主義がもたらされたのは，主にジョージ・ルイスによる[1]。実証主義の諸原理はスチュアート・ミルに採用され，またベイン，ベイリー，ハーバート・スペンサーたちの著作にも見いだされる。スチュアート・ミル宛，1842年3月4日付けの手紙において，オーギュスト・コントは，自分の哲学のイギリスでの受容は，フランスでのそれまでの受容よりもよいものになろうという希望を述べている。コントによれば，イギリスの思想家たちには，フランス人におけるよりもいっそうの「実証性(ポジティヴィテ)」が見いだされるというのである。そして実際，大ブリテンの現代の哲学者たちは，実証主義には極めてなじみ深い思想，非常に近しい思想を表明してきている。ベーコンやロックにまで遡らずとも，ベンタム（Jeremy Bentham, 1748-1832）は非常に近いところにいる。マコーリー（Thomas Macaulay, 1800-1859）は言った，「現代哲学の栄誉は，それが有用なものを目指し，観念を避ける点にある」[2]。また

───────

1) 代表的には *Comte's Philosophy of the Sciences*, 1853.（『コントの科学哲学』）
2) 出典不明。

ベイリーは，ドイツの哲学者と比較しながら言う，「イギリスの哲学者は一般に，その探求を，物理学的な研究が用いる方法に合わせる傾向を有している。彼らがまだそれほど大きな成果に達していないとしても，その理由は，彼らが自分の主題を扱う際にまだ伝統的な偏見があったからか，あるいはまた，物理科学が指示する帰納的探求という方針を辿ることがどれほど必要であるかを彼らがはっきりと理解していなかったからである。しかし少なくとも，彼らは一般に，聴衆の実利的な知性に率直に（plainly）語りかける必要を感じていたのである。こうして，正確な思想とまでは行かないにしても，多くの良識が生じ，そしてそれに比して神秘主義はわずかとなったのだ」[3]。

このベイリーも言及する『論理学体系』の一節でスチュアート・ミルは言う，「神秘主義の本質は，〔バラモン教の〕ヴェーダにおいても，プラトン主義者においても，ヘーゲル主義者においても，精神の主観的な創造物，知性によるただの観念に客観的な実在性を与えることである」[4]。

ここに見られるように，ミルとベイリーが健全な哲学として認めるのはただ，プラトンの言う「目で見えるもの，手で触れるものしか存在していないと考えたがる，地から生まれた者たち」[5]の哲学だけなのである。まったくのところ彼らは，感覚の哲学以外には，精神の主観的な創造物を実在と取り違える哲学しか知らず，「実証的(ポジティフ)」なるアリストテレスが創設した哲学を知らないようである。だがこの哲学こそはデカルトとライプニッツが発展させた哲学であり，そしてその原理は精神の創造物ではなく，まさに精神そのもの，最も直接的で実証的(ポジティフ)な経験における精神それ自身なのである。

ベイン，ベイリー，スチュアート・ミル，スペンサーたちは，実証的な心理学と実証的な論理学を構築しようとした。

---

3) *Letters on the Philosophy of the Human Mind*, second series, 1858, pp. 131-132.（『人間精神の哲学についての書簡』）

4) *A System of Logic*, in *The Collected Works of John Stuart Mill*, VIII, 1974, p. 757.『論理学体系』は初版 1843 年，仏訳は原書第六版（1865 年）に基づく（*Système de logique*, traduit par L. Peisse, 1866）。

5) 『ソピステス（ソフィスト）』247c。

VIII 実証主義 (2)

　こうした哲学者にとって実証的心理学の構築とは，あれこれの感情や観念が生じてくる源泉としての「能力」(ファキュルテ)ないし「力能」(ピュイサンス)の探求は放棄して，当の感情や観念そのものに考察を限ることである。すなわち，ヒュームと同じ立場から，物理学者が外的な物理的事物に対して行うように，内的な諸現象はどのように継起したり共に生じたりするのかを規定するに留め，したがって，ヒュームが言う観念連合[6]の法則に考察を限定することである。このように構想された心理学においては，ひとは単に，ヒューム以前からバークリーが激しく攻撃していた形而上学的存在物ないし実在視された抽象的存在物を斥けるばかりではない。これまたヒュームと同じように，心的現象の土台，それらの原理そのもの，つまり思惟する主体，魂を，斥けるのだ。

　実証的論理学を打ち立てるというのは，とりわけスチュアート・ミルが引き受けた課題である。この論理学は，彼がそう理解し，また最近ルイ・ペスによって仏訳された偉大な著作〔『論理学体系』のこと〕に示されている限りは，次の原理に要約できる。それはすでにロックやホッブズになじみのものである。諸観念は，通常の論理学が教えるごとく経験の助けなしにある認識から別の認識を引き出すことができるように互いから演繹される，ということはない。観念の間にあるのは単なる随伴関係だけであり依存関係などは存在しない。したがって，それらが相互に付け加わっていくのは，経験によってであるか，経験を拡張して似たものから似たものを推測する作業，つまり通常「帰納」と称されるものによってであるか，そのいずれかでしかない，というわけである。ここから生じてくるのは，論理学をなす部分のすべて，知性の作用のすべてについての新たな理論，あるいはむしろホッブズとヒュームをあらためて繰り返すだけの理論である。例えばスチュアート・ミルによれば，定義というものは，ある対象を，それが持つすべての特性が導かれてくるもともとの本質的諸特性によって規定することではない。定義とはただ，ある一定の特性の傍らには，事実上，別のある一定の特性が見られる，と述べるだけのことなのだ。それは，純然たる記述である。また推論というものも，スチュアート・ミルによれば，ある事柄から別の事柄

---

[6] ヒュームのそれを含めて観念連合についてはXXIIでもう一度論じられる。

を引き出すことではなく，ある事柄の傍らにどのように別の事物が観察されてきたかを思い出させることであり，別言すれば，観察と帰納のこれまでの成果を別の次元であらためて再生することなのである。帰納そのものについては，ここへと一切の推論は還元されるわけだが，それも，経験の与える一連の事実に，類似した別の一連の事実を機械的に付加することでしかない。それに対して反論はある。ひとが似たものから似たものに帰納を行うとすれば，それは明らかに，そうすることを許す何らかの原理のおかげで，類似物の間にある結合，必然的とは言わずとも少なくとも蓋然的な結合を打ち立てているからではないのか。まったくそうではない，とスチュアート・ミルは言う。最初の原理として扱われているそれは，実は，後になってしかやって来ない。帰納自体は本能的な操作であって，それによって我々はある個別的事実から別の個別的事実へと移行はするけれども，だからといってそのために我々は何らの理由も必要としないのである。

　数学的概念がただ経験から由来するというのなら，それらの概念から数多くの帰結を引き出すことができ，しかも経験もその帰結を必ず正しいものと検証してくれるということがいったいどうして起こるのか。そう実証主義に対して問うことができるが，それと同様に，もし帰納が理由なき機械的作用であるのなら，かくもしばしば事実が帰納を確証してくれるのはいったいどういうことかとも問われよう。またそもそも，我々は何らの理由もなしに帰納を行っていることを証明するには，我々が現に何か理由を持っていると自分自身では気づいていないという事実に訴えるだけで十分であろうか。『人間知性新論』の著者ライプニッツは，ロックによる同様の断定に対してまったく正当にも次のように応じていなかっただろうか——我々は原理に従って推論しながら，その原理を覚知していない，あるいは少なくとも曖昧で混乱した認識しか持っていないという場合はしばしばある，と。プラトンに従いつつこの著者は言う，「我々は，それについて目下ほとんど考えていない事柄を数多く知っている」と。——そして彼はロックより上位の観点から付け加える，「我々のうちには本能的な真理が存在し，そしてそれは，その証明を持っていない場合ですら，心に感得され承認される生得的な原理なのだ。しかしその証明も，ひとがこの本能を説明しようとすれば得られ

る。ひとはそんな風にして，混乱した認識に従って，言わば本能によって，帰結の法則を用いている。しかし論理学者はそうした法則の理由を証明する。ちょうど数学者が，歩いたり跳んだりしている時にそれと気づかずひとがしていることを説明するように」[7]。──「確かに我々は初めにはむしろ特殊なあれこれの真理に気づくものであるし，またより複合的で粗雑な観念から始める。しかしそれでもやはり，自然の秩序は最も単純なものから始まるのであり，より特殊な真理はより一般的な真理に依存しており，特殊な真理は一般的真理の事例でしかないのだ。そして潜在的に，一切の覚知以前に我々のうちに存在するものを考察しようとするなら，最も単純なものから始めるのが理に適っている。というのも一般的な原理は我々の思惟の内に入って，思惟の核心と結合をなしているのだから。筋肉や腱のことをまったく考えていなくとも，歩くためにはそれらが必要であるのと同様，一般的な原理は思惟にとって必要なものなのだ。精神は絶えずこれらの原理に依拠しているが，それらを見分けて，判明な形で別々に考えられるまでになるのは容易ではない。なぜならそのためには自分がしていることへの非常な注意力が必要であり，省察することにほとんど慣れていない多くの人々は，その注意力を持っていないからだ。中国人もまた我々と同様に分節された音声を持っていないだろうか。にもかかわらず彼らは別のやり方にこだわっているために，いまだそれらの音声のアルファベットを作ろうとはしていない。ひとが，それと知らずに多くの事柄を所有しているというのは，これと同様なのだ」[8]。そして最後に，ライプニッツに対して，それについて考えることなしに，しかし我々が自分の思惟と行為をそれによって支配している生得的原理とはいったい何であるかを問えばこう答えられよう，「それらは第一真理であり，それが理性の基礎そのものなのだ」。

　スチュアート・ミルの見解は，そもそも実証主義の原理から大胆に演繹された帰結でしかないわけだが，それによると，経験は事実だけをただ並べられただけの形で示すものであり，しかも経験以外からは何も認識されないのだから，理由というものは存在せず，必然性もまた，どんな種類のものであっても，ということは絶対的必然性も相対的必然

---

7) 『人間知性新論』第一部第二章，[4]。
8) 『人間知性新論』第一部第一章，[20]。

性も，論理的必然性も道徳的必然性も，いずれも存在しない。諸科学は，相互に，オーギュスト・コントが示したのとはまったく異なる関係にあってもよかったし，そもそも相互に何の関係がなくともよかったのだ。別の未知の惑星，あるいはこの地上のどこか未知のところでは，別の物理学，別の幾何学，別の論理学が存在することもあり得る。さらには，この地球上の我々が知る領域においても，明日，物理学や幾何学，論理学がどのようなものになるのか，それを誰が言うことができよう。そして結局，明日，あるいはこのわずか後にでも，何であれともかく科学が存在するかどうか，二つの似た事物が存在するかどうか，そもそも何かが存在するかどうか，誰に分かるというのか。

　実証主義が斥けた神学的ないしスコラ学的原因が，実質上，自然法則や自然科学という観念を排除するとすれば，諸現象は一切の理由なしに継起していくという仮説においてはなおさらいっそう，不変の法則や確実な秩序，科学的な確実性といったものは問題になり得ないのだ。

　かくして，フランスではオーギュスト・コントの弟子たちが実証主義からその当然の帰結として唯物論を引き出したのだが，同時期イギリスで，弟子のうち最も卓越した者が実証主義から導き出したのは，これもまた当然なことに，懐疑論だったのである。

IX

実証主義（3）
── 後期コント哲学 ──

───────────

コント自身の別の歩み／スペンサー，ソフィー・ジェルマン／体系と秩序を求め続けるコント／その含意。理由と理性の再肯定，ライプニッツ的観点への還帰／コント哲学の転換点。生命現象／全体的統一の観点。「上位のもの」が「下位のもの」を説明する／数学から精神科学への支配権の移行。物理的実証主義から精神的実証主義へ／コント哲学の到達点。心情と愛の重視。『実証政治体系』と「人類教」

　しかしオーギュスト・コント自身は，リトレやスチュアート・ミルが彼の歩みに沿って進んでいったのとはまったく異なる道へと徐々に入っていった。彼はその最初の実証主義から，次第に形而上学に，そして宗教へと，移行したのである。

　ハーバート・スペンサーは，イギリスで実証主義の諸原理に賛同した者の中でも最も注目すべき学者の一人であるが，彼は「我々は相対的なもの以外の何も認識しない」という大格率を唱えつつも，ある重要な留保をつけていた。スペンサーの指摘するところでは，「相対的なもの」という観念自体，それに対置される観念なしには理解できないというのだ。そして実際我々は，現象間のすべての関係を超えたところに，絶対的なものを思い描く。それは，一切の科学の彼方に位置づけられる何かであり，宗教の対象となるものである。ただしこの神秘的で曖昧な何か

を照らすものとしては,我々はどんな光も持てないのだとスペンサーは言う[1]。

　一切の認識の根底には絶対的なものがあり,相対的なものは対立項としてそれに対応していること,それは二十世紀以上前に,当時支配的であった普遍的な相対性と流動性を唱える学説に反対してプラトンの問答法(ディアレクティック)が確立した点であり,それが形而上学への道を用意したのであった。問答法は加えて次のことも示した。この絶対的なものによってのみさまざまの相対的関係は理解可能なものとなるのであり,それというのも,絶対的なものこそ我々が関係を評価する際の唯一の尺度だからだ,というのである。そして形而上学は,その不滅の創始者〔アリストテレス〕の手の中でさらに次のことを示すまでに至った。すなわち,知性が相対的なものを測る尺度となすところの絶対的なものとは,知性自身なのである。「知性のうちには,まず感覚のうちになかったものは何もない」という,スコラ学派から引き受けてロックが繰り返した主張に対して,ライプニッツが「ただし知性を除いて」と応じた時,そしてまたアリストテレスに賛同して知性のうちにこそ感覚を判定する上位の尺度があることを示した時,ライプニッツが述べていたのはまさにこのことであった。

　現代では,このような学説について深い感情(サンチマン)〔感得〕を有した女性,豊かな学識と透徹した精神を備えた一人の女性がいる。それがソフィー・ジェルマン(Sophie Germain, 1776-1831)であり,彼女は数論ならびに曲面計算についての独創的な業績によってガウスとラグランジュの賞賛を得たのだが,功績はこればかりではない。死後まもない1833年に出版された『その涵養のさまざまな時代における,科学と文芸ならびに芸術の状態についての考察』[2]で彼女は,思考と表現の驚くべき正確さでもって,いまだハーバート・スペンサーでは到達できなかった観点を示した。まず最初に事物はどのように考察されねばならないか,そして結

---

1) 彼の『第一原理(*First Principles*, 1862)』の第一部「不可知者」(Part I : The Unknowable)を参照。仏訳は *Les premiers principes*, traduit par É. Cazelles, 1871.

2) ラヴェッソンの記すこの書名は正確ではない。正しくは,*Considérations générales sur l'état des sciences et des lettres aux différentes époques de leur culture.*(『その涵養のさまざまな時代における,科学と文芸の状態についての考察』)

局最後に事物はどう理解されねばならないか，これらを共に説明する観点である。

　ソフィー・ジェルマンは言う，「我々のうちには，統一と秩序，均整についてのある深い感情が存在しており，それが我々のすべての判断の導きになっている。我々はこの感情に，道徳上の事柄においては善の規準を，知性上の事柄においては真の認識を，純粋な心地よさに関する事柄においては美の性質を，見いだすのだ」[3]。そして，相対的な真理しか存在しないとする理論に含まれている矛盾を指摘した上で彼女が示すのは，我々が判断し，比較し，測定する際のよりどころとなる範型が必然的に存在しており，この範型を我々はまさに自分自身の存在について有している意識に見いだす，ということだ。「計算の言語が，たった一つの実在にまず従うことで，そこから共通の本質で結びついている実在をことごとく湧き出させていくのを目にしていながら，存在の範型が絶対的な実在性を有することをなお疑うというのか」[4]。科学の進歩とは，観察と計算を介して，万物をこの範型の持つ統一性へと帰着させていくことに存する。そしてこの範型は「その典型を，我々自身の存在の感情のうちに持つ。存在は我々に属しており，我々の知性を貫きながらそれを真理の炎で照らす。美と善の観念についてはより複雑である。それらの由来となるのは，後天的に獲得してきたさまざまの認識と，我々の内的な典型との比較であろう」[5]。そしてまたこうも言われる，「類比の感情こそは我々の知性のすべての働きを導くものだが，この感情は存在の諸条件の斉一性へと関係づけるべきものである。物理学の多様な分野が数学の領域に入ってきた今日，同じ積分が，種類の異なる諸現象によって与えられた定数に支えられつつ，それまで少しも類比が想定されなかった諸事実を表すのを見て人々は驚嘆している。それらの事実の類似はこうして感覚にも認められるものになるわけだが，それはもともと知性的なものであり，存在の法則から派生するものだ。そして，かつては，大胆ではあれ，それがあえて帯びようとする形すら不確かなままの想像力の抱く夢であったもの，すなわち非常に異なった存在における諸関係の

---

[3] 同書 37 頁。
[4] 56 頁。
[5] 引用最初の文は 60 頁。それ以降は 62 頁。

同一性，秩序と均整の同一性は，いまや厳密な科学の明証性をもって，眼に，そして同時に思惟に，姿を現しているのだ」[6]。

オーギュスト・コントは一度もそこまで進みはしなかった。知性が自分自身について無媒介で直接の認識を持つことを彼は決して認めようとはしなかった。それがゆえに彼は，知性が自分自身のうちに真，善，美の規準となる尺度，相対的なものの評価基準となる絶対的なものを見いだすのだという考えに至ることもなかった。相対には絶対が応じるという必然性についても，コントはそれをすら理解しなかった，少なくとも決してハーバート・スペンサーのように明晰には理解しなかったのである。

にもかかわらず，コントは当初から，彼自身には原理の分からないある傾向に従いながら，万物のうちに統一性を希求していた。ダランベールは言った，「宇宙は，それを全体として包摂できる者にとっては，ただ一つの事実，一つの偉大な真理であることだろう」[7]。それにソフィー・ジェルマンが付け加えるのは，このただ一つの事実は必然的なものであるはず，ということだ。そのように言えば実証主義全体を否定することになってしまうのでオーギュスト・コントはそこにまでは進まないが，やはり彼はその思考の努力の全体を挙げて，常に諸事物を一つの総体をなすものとして理解しようとしていた。この点に関しては，スチュアート・ミルのほうが，ただ事実のみを扱うに留めよという実証主義的原理にいっそう忠実であって，彼はオーギュスト・コントのうちにこの〔統一性への〕変わらぬこだわりを指摘し，それを激しく批判する。コントが絶えず「体系（システム）」，「体系化する（システマティゼ）」，「体系化（システマティザシオン）」，あるいはそれに類した語を用いることが，このこだわりをどうしようもなく顕わにしているというのだ。ミルはそのことに驚いて見せ，その後でそこにフランス的精神，すなわち常に秩序と統一性の友である精神が生まれながらに持つ傾向からの結果を見てとる。秩序と統一性を求める心，コントにおけるそれをミルは我々フランス人の国民的性格の特質から理解するわけだが，しかしソフィー・ジェルマンの指摘したように，その要求は本来，すべての優れた精神に見いだされるものである。

---

6) 引用最初の文のみ 62 頁，それ以降は 65 頁。
7) 『百科全書』序論。

IX 実証主義（3）

「純然たる経験論は不毛である」とオーギュスト・コントはどこかで述べている。そして次のように加えてもいるのだ。無数の限りなく多様な事実の中で自らの方向を定めるためには，たとえ単なる仮説であっても，ともかく何らかの指導的な考えがいつも必要であって，観察に道筋をつけるのは想像力の務めである，と。これはデカルトの考えである。すなわち，事物が我々に対して何らの秩序も与えていない場合でも，当の事物を認識できるようになるには，ある秩序をそこに想定しなければならない，というわけだ[8]。

オーギュスト・コントはまたこうも述べた。「科学とはおよそ，諸事実の秩序だった配列のことである。一般に次のように言ってもよい，科学は本質的に，可能な限り最も少ない直接的所与から最も多くの帰結を演繹できるようにすることで，あくまで現象が許容する限りではあるにせよ，直接の観察を不要にすることを使命としているのだ，と。実際これこそが，我々が自然の諸現象の間で発見した法則についての，思弁上のであれ実践上のであれ，実際の利用法ではないか」[9]。

かくして，ベーコンとロックの弟子であるコントは，次の本質的なところでデカルトとライプニッツに同意しているわけである。すなわち，思惟こそが，暫定的な秩序を媒介としながら，実験にその道筋を用意するのであり，科学の目的とはまさに，決定的な秩序によって観察を不要とし，最後には経験を推論に置き換えることだというのである。

あらゆる科学それぞれの一般的考察に関して百科全書的な作業を進める中で，オーギュスト・コントは，無機的な事物の考察から生命的次元に属する事物の考察へと移っていくが，そこで彼はさらに大きな一歩を進めた，あるいはむしろ自分の前にまったく新しい道が開けるのを目にした。この道は，最初に身を置いていた観点とはほぼ正反対の観点へと彼を導くことになるものであり，また，幾何学的な唯物論から一種の神秘主義(ミスティシズム)へと彼を次第に移行させていくものでもあった。

---

8) コントのこのままの文章については不明。仮説の重要性については『実証哲学講義』第二十八講義ならびに『実証精神論』を参照。デカルトに関しては『精神指導の規則』，そしてとりわけ『方法序説』第二部。

9) 『実証哲学講義』第三講義。Édition Anthropos, tome I, pp. 107-108.

実のところ，こうした移行に寄与したのは，コント自身の人生におけるあれこれの特殊な事情であり，彼の心情の動きが彼の精神の動きへと影響を及ぼしたのだった。しかしそれらは転回をただ早めたに過ぎない。当の転回は，あらゆる事物のうちには秩序と統一性の何らかの原理があるはずだという彼の生まれ持っての感情が展開していけば，研究の進展によって機会が与えられるにつれて，遅かれ早かれ生じるはずであったものなのである。

　まだ無機的な事物しか扱っていない場合ですら，現象のそれぞれについて，これまでの経験でそれに常に先行したり共に生じたりすると示されてきたのがどんな現象であるかを決定するだけでは，科学にとっては十分ではない。まさに実証主義自身が，科学を予見によって定義していたのだから。未来においても事態はこれまでと同じであるのは必然的であるとか，そうでなくても蓋然的ではあるとか，誰がその点を我々に教えてくれるというのか。答は明らかだ。自分の原理から彼自身が当然にも引き出す懐疑的帰結のことを忘れて，スチュアート・ミルが（そして彼と共にベインやベイリー，スペンサーやリトレが）いかなる努力をしたところで，現象の観察と蓄積だけで現象が今後も反復するという予見を十分説明できるとの証明は不可能である。この場合，そうした狭い意味での経験では足りないことは明らかなのだ。
　これまであったことが今後もあるだろうと，はっきり反省した上で確かに信じているとすれば，それは，当のことに理由があると我々が判断している場合に限られる。まさにその点において，人間の知性的な予期は動物の機械的な期待とは本質上異なるのである。
　ライプニッツは言う，「動物に見られる理性の影は，過去のものに似ていると見えるケースにおいてまた類似の出来事が起こるという期待であるに過ぎず，同じ理由があるかについては知らないままである。人間とて，単に経験的である場合には，それと別の仕方で行為しているわけではない。しかし真理の結合を見てとる限りで，人間は動物よりも上に立つのである」。そしてまた別の箇所ではこうだ，「動物は，かつて感覚した結合によって，ある想像から別の想像へと移っていく。例えば，飼い主が棒を手にすると，犬は殴られるのだと理解する。そして多くの場

合において，子供たちも，そして他の大人たちも，ある思考から別の思考へと移行するにあたって別のやり方を持っているわけではない。それを，非常に広い意味で，（ロックがそうしたように）論理的な帰結や推論と呼ぶことはできるかもしれない。しかし私としては，一般の用法に合わせてこの帰結や推論という語を人間だけにとっておいて，それを知覚の間の結合についての何らかの理由の認識に限定したく思う。その認識は感覚だけで与えられるものではない。感覚の結果と言えばそれはただ，以前に目を留めたのと同じ結合を，また別の機会に期待するようにさせるということだけであって，その場合，おそらく理由は別のものであったとしても関係ないのである。感覚にのみ支配されている人々がしばしば欺かれるのはこのためである」[10]。——「それゆえに，かくも容易に人間は動物を罠で捕らえるのであり，そしてまたかくも簡単に，単に経験に依拠する人々は誤りを犯すのだ」[11]。さらに別の箇所ではこうだ，「ある普遍的な真理についていかに多くの個別的な経験を持てるとしたところで，その必然性を理性的に認識しない限りは，その真理が今後永遠に正しいと帰納から確信することはできない」[12]。これはなにも，経験の数が一切役に立たないということではない。以上が言わんとするのは，ある事物の連結が今後もずっと生じることを保証しようとすれば，経験の数は，たとえそれがいかに多くなったとしても，連結の理由の認識がない限りは十分なものとはならないという，ただこのことなのである。「確かに，理由が知られていない場合には，一定の事例をその頻度に応じて考慮に入れる必要がある。なぜならその場合，ある知覚に続いて，通常それに結びついている別の知覚を予期するのは理性的なことであるし，とりわけ何かに備えて用心するという場合にはそうなのだから」[13]。しかし事実に関する理由を認識できるならば，その理由は本質的に言って数多くの経験を不要にし，程度に差はあれど結局は蓋然性だけを与えるのではなく，必然性と完全な確実性を与えることで，経験よりも優れたものとしてそれらの代わりをなすものである。「証明というも

---

10) 『人間知性新論』第二部第一章，[12]。
11) 同書序文。
12) 同書第一部第一章，[5]。
13) 同書第二部第三十三章，[18]。

のは，ひとが際限なく続けることはできるが決して完全に確信を得るには至れない試行を不要にしてくれる。そしてまさにこのこと，すなわち帰納の不完全性そのものは，経験される事象例（実例のこと）によって確かめられる。というのも，ある種の事象の進行においては，変化と，そこに見いだされる法則をそれとして指摘できないうちから，ずいぶん先にまで進んでいくことができるという場合があるからだ」[14]。

おそらくこう言ってよいだろう，帰納の基礎は，類比に従いつつ，物事を必然的に生じさせる理由を前もって想定することであり，「科学」と呼ばれる十全な認識とはその理由の認識のことなのだ，と。

実証的論理学全体の骨格をなす学説によれば，事物についてそれらが引き続いて起こるということ以外に何も認識できないとされるわけだが，この学説を展開していくうちにスチュアート・ミル自身，予見が可能であることを認めようとすると，単なる継起の観念に，まったく別の要素を付け加えるしかなくなってしまった。彼は言っている，「事物がこれまで常にかくかくであったと観察したというだけでは十分ではないのであって，将来もそうであるだろうということを示さなければならない」。彼によると，そこにまで至るには次の指摘が必要だ。すなわち，ある出来事には，この出来事が続いて起きないわけにはいかない前件があり，したがってその前件の後には当の出来事を当然予期してよい，という指摘である。それは，自分とその出来事との間に他のいかなる出来事をも認めない前件であり，それゆえそれは「無条件的前件」と呼ばれてよい。明らかにこれこそは，物事を必然的に生じさせる何らかのもの，つまりは原因の観念を，新たに別の名前をつけて再導入することである。しかしそれは同時に，原因を求めるにあたり，かつてバークリーが，そしてその後ヒュームが，さらに実証主義の創始者が主張したのとは反対に，それを感覚的で物質的な事実，単なる現象のうちに探し当てようとすることでもあった。

事物の間にいかにして理由を見てとればよいのか。ライプニッツは我々に次のようにも語っていた。諸事実がその適用例であるような必然的真理，永遠の原理の光によって，と。「必然的かつ永遠的な真理の認

---

14) 同書第一巻第一章，[23]。

IX 実証主義（3）

識こそは，我々を単なる動物から区別するものであり，我々に理性(レゾン)と科学を所有させてくれるものである」[15]。

理性が我々に教えるのは，時間と空間のうちに現れるものはすべて，そこに現れるというまさにこのゆえに，一つの結果でしかない，ということである。これがいわゆる原因性の原理ないし公理だ。これは取りも直さず，理性は，自身のうちに絶対的なものの観念，完全性の観念を有しており，次の点を理解しているということである。すなわち，結局のところ，事実すべての現象がそうであるごとく，絶対でも完全でもないものが存在できているのはそれ自身によってではない以上，少なくとも，その不十分さをその充溢で満たしてくれる何かまったく別のものによってであるはずなのだ。

理性は永遠の相の下でなければ何も理解しない，とスピノザは言った。またハミルトンが語ったところでは，我々がある事実について原因を探すのは，我々には始まりというものが理解できないので，始まったと見えるものを先行する存在へと結びつけるからである[16]。ハミルトン自身はそこに，我々には無条件なもの，絶対的なものは何も認識できないというお気に入りの原理の一応用例を見ていたのだが，むしろ彼が見てとるべきだったのは，条件を順に遡りながら，絶対的なもの，言い換えれば欠けることのないものへと至る必要を我々は理解している，という重要な原理である。

だからこそソフィー・ジェルマンは次のように言うことで事柄をいっそううまく述べていたのである。事実というものが常に我々には一つの切片ないし部分として現れるということ，我々にはその全体が必要であるということ，これらのために我々は，事実すべてについて原因を求めるように促される，というのである。

かくして，理性は我々を強いて，顕在的な行為や潜在的な力能を次々に遡って，ついにはある一つの自足した力能，つまり第一原因にまで至

---

15) 『モナドロジー』§29。
16) ハミルトンの考えでは，我々には「条件付けられたもの（被制約者 the conditioned)」しか認識できない。そのため，何の先行存在も持たない絶対的な開始は我々には思考できず，あらゆるものはそれに先立つ何かの新しい変様，その何かからの結果であるとしか考えられない。これが因果律，原因性の原理の基礎だ，と言うのである。『形而上学講義 (Lectures on Metaphysics, 1860)』を参照 (Lecture IV, pp. 47-48.)。

ることを求めるわけである。そしてこの第一原因は，明らかに，完全な自発性以外のものではあり得ない。

　仮にひとが，任意の現象から第一原因にまで遡る必要を意識していないとしても，さらには現象からそれを説明してくれる直近の原因に遡るという必要すら意識していないとしても，それでもやはり，ある一群の現象から類比を介して別の一群の現象を結論するすべての推論においてひとがそのように推論し得るのも，常に一緒になって現れる諸現象を互いに結びつける原因性が存在するという，暗黙のものであるか明示的かはともかくそうした原理があってこそであり，そしてただこの原理だけによってなのだ。扱われている現象がどのようなものであっても，原因性の公理こそは，すべての帰納の隠された核心なのである。

　必然的に原因が存在する，ということを理性は我々に教える。帰納が行うのはただ，諸事実の中で，類比を光として，それぞれの現象にとってはどの現象が原因性の手段ないし作用条件であるのかを探求することに過ぎない。

　真の原因，事実の存在そのものであり実体であるところの原因は，一つの能動的作用(アクシォン)であって，その限りで空間内にも，そして時間の中にすら位置づけられないものなのであるから，本来の意味では，現象が別の現象の原因になることはあり得ない。この点から振り返ってみれば，原因性をただ意志にのみ認めるバークリーの語ったこと，そしてバークリーの後でヒュームが語ったことの本当の意味もそれだったのだ。ただしだからと言って，バークリーが考えマルブランシュが言い表したように，現象はどれも能動的な原因に対して単なる機会を与えるだけであって，理由を与えるものなどではない，ということにはならない。ここでもいつもと同じようにライプニッツは言う，「理由なきものはない」。現象は，他の現象の本来の意味での原因ではないにしても，原因の作用にとっての条件ないし手段ではあり得る。創造的な力能にとっても，後の程度や状態を作るためには，まず最初の程度，最初の状態が必要であるのと例えば同じ話だ。完成作品に関しても取りかかりの下絵が要るようなものである。

　さて，ただ力学的で物理的な法則に従って互いに結びついた現象しか

まだ問題になっていない場合であれば，どういう点である現象が別の現象に役立ちそれを準備しているかは見ないでおくこともできる。原因性自体は，現象間の明白な従属関係によって言わば目に見えるものにはなっていないので，それと気づかれないままでもあり得るわけだ。したがって，力学や物理学，さらには化学に留まっている間は，あらゆる科学を経験が示す諸事実の継起を列挙するだけのものに制限し，一切の必然的な結合と理由を否定するほうにひとはしばしば傾きがちである。こうして生じるのが唯物論的な，そしてその次には懐疑論的な学説であり，実際これこそが，まずオーギュスト・コントの学説であったし，また彼の弟子の大半の採る学説であった。

しかし生物を考察するに至れば，もはや話は同様にはいかない。生物においては，自分自身を目的として他の諸現象を決定していると見られる性格を示す現象がある。例えば，運動や感覚という現象は，それが果たされるために不可欠の，より低次の諸現象を決定し統括しているように見える。我々は自分で目的を立て，自分の持つすべての力能はそこへと役立てられるものだが，運動や感覚の現象は，そうした決定し統括する性格によって，我々のうちにおける目的のあり方に類比的なものとして現れてくるのだ。

このように生物においては，多数の結果を決定する一つの一般的な原因が姿を現してくる。すでにごく表面的な観察に対してすら，生物は，自分の能動的な統一性によって，自らが含む多数的かつ受動的なものに存在と形式を与える何か，この点で思惟する存在に似た何かとして，現れてくるのだ。

生命を前にして，唯物論の不十分さは明白となる。

バークリーは，初期の著作においてはほとんど力学的現象しか扱っていなかったが，深淵で独創的な著作『シリス』[17]において〔生命諸機能

---

17) *Siris, Philosophical Reflexions and Inquiries Concerning the Virtues of Tar-water, and Divers Other Subjects Connected Together and Arising from One Another*, 1744.
バークリーは『視覚新論』（1709 年）の知覚理論や，『人知原理論』（1710 年）での観念論（「存在するとは知覚されることである」）などがよく知られるが，認識論以外にも，ニュートンを批判する物理学書『運動論（*De motu*, 1720)』を著しており，初期から物理学ないし自然学への関心は高かったのである。しかし晩年のこの著作『シリス』はタール水の薬効を論じながら宇宙論や宗教論に説き及ぶという奇妙な著作であった。研究者を悩ませる変化であ

のうちの〕植物的機能を，そして一般に生命を，より詳細に考察することになる。そして彼が以前よりもよく理解したのは，自然においては諸事物が調和を保って進みながら互いに連鎖をなしているという一般的な性格であった。わけてもこの点に当の書名『シリス』は由来している。シリスとは「系列」ないし「連鎖」という意味なのだ。かくしてバークリーは，生涯の最後に，宇宙とはばらばらの事実の集積が神の恣意的な力能の下に置かれたものだと見る初期の理論から立場を移して，宇宙においては諸形式が完全性に沿って連鎖をなしており，そしてこの鎖がつり下げられている先は絶対的な善だという考えへと至ったのだった。

オーギュスト・コントはその哲学の第二の時期において，最初からの目標である社会的世界に接近しつつ有機的存在に辿り着いたが，彼もまた，世界はさまざまに複雑な事実の単なる集積であり，ただしそこにバークリー的な至高の制御者はいないとしていた最初の理論から立場を移し，進歩していく秩序と宇宙を満たす普遍的調和を語るまったく別の理論へと至った。生命を前にしてコントは理解した。力学的で物理的な事物の領域であれば，諸現象を単に相前後したり相伴ったりする形で考察すれば十分だと思うこともできたのだが，もはやそれでは十分ではなく，それ以上に，そして何よりもまず，秩序と全体を考慮しなければならないのである。

コントは言う，「有機的存在を前にすれば，以下の点が理解される。諸現象の細部についてはどうにか十分に説明できたとしても，細部がすべてなのではないし，また最重要なことなのでもない。重要で，ほとんどそれがすべてだと言ってよいのは，空間における〔まとまった〕全体，時間における〔継続する〕進歩のほうである。生物を説明するとは，この全体と進歩，まさに生命そのものである全体と進歩が拠って立つ理由を示すことなのだ」[18]。

『〔実証哲学〕講義』の最終巻末尾において，オーギュスト・コントは，相変わらず「現象の本質的な諸原因や内的本質についての空想的な探求」を拒絶しながらも，次のような考えを示している。幾何学者には，あるいは物理学者や化学者にも，細部にこだわる精神で十分だと仮

るが，ラヴェッソンはそれを思想の積極的な深化と理解するのである。

18) 出典不明。

に言えたとしても，真の生理学者には，全体の把握が必要だというのである。彼は言っている，「化学においてすら，扱われる対象の全体にもともと固有の内的な連帯性が目に見えて増大してくる。こうした連帯性は，物理学においても，そして根本的に言えば数学においてすら，ごく不完全なものであった」[19]。

コントはまたこうも言う，「無機的な事物についての科学においては，細部から全体に至る演繹によってことは進められる。対して有機的存在を扱う科学においては，全体のほうから，部分についての真の認識が演繹によって導かれる」[20]。

さらに彼は，いまやプラトンやアリストテレス，ライプニッツと意見を同じくしつつ，こう述べる。全体とはある何らかの統一性からの結果とその表現であり，すべてはこの統一性に向かって協力し相互に調整され，この統一性こそはすべてが歩んでいく目標なのであってみれば，この統一性，目標，目的ないし目的因にこそ，有機体の秘密は存しているというのである。

スチュアート・ミル宛の1843年7月16日の手紙で，コントは次のような見解を述べている。コント自身が以前から歩んでいるところのより広い道へとミルが付き従ってこないのは，ミルが数学や物理の研究に非常に通じているものの，生命現象には十分に親しんでいないからなのだ。生物学をいっそう学ぶなら，事実の細部に加えて，諸事実を支配し，結合し，調整する何かが必要であることをミルもよりよく理解できるはずなのだ。

有機体というものは，こうしたまったく独特の性格にかんがみれば，実証主義の創始者〔コント〕がすでに述べたごとく，存在の下位の次元に属するばらばらの要素が単に複雑に組み合わさった結果に尽くされるわけではなく，有機体が構成されるためにそうした要素がいかに必要であろうと，要素をもっては有機体を説明できないと見なければならない。有機体を説明するためには，要素に加えて，何らかのまったく別の原理があって，それがより複雑な集合に新しくいっそう強力な統一性を課すのだと認めねばならない。

---

19) 『実証哲学講義』第五十九講義。Édition Anthropos, tome VI, p. 761.
20) 出典不明。

『〔実証哲学〕講義』第一巻でコントは，有機体の示す現象は無機的現象の単なる変様だと述べた。その後 1838 年刊行の第二巻になると，植物的生命に関する諸事実については彼はその最初の見解をまだ保持しているものの，動物的生命に関する諸事実については，それを否定するようになった[21]。感覚性が，あるいは筋肉の収縮性までもが物理的ないし化学的事実に還元され得るという考えを，彼は否定するのである。さらに彼は付け加えて言う，例えば知覚を物理学から説明しようとする数多くの試みは虚しいものであったが，そのことは「生理学がいまだに幼年期にあることの証明である」。さらに後になると，例えば 1842 年の『講義』第六巻，あるいはよりはっきりと強い形では数年後の『実証政治〔体系〕』[22]において，コントはすべての段階の生命現象を物理学的現象から深く分かつことになる。そこで彼は次の重要な命題を口にしたのだった。すなわち，キュヴィエ（Georges Cuvier, 1769-1832）が述べたごとく，生物学においてはすべての現象が内的で連続的な連帯性によって特徴づけられるのであるから，本質的なものを我々に与える方法は，対象をその部分に分解する「分析」ではもはやなく，むしろ全体を対象とする「総合」であること，またしたがって「いかなる分析的操作も，それぞれに不可欠なものではあれ，最終的には総合的である規定のための前置き以外のものには決してなれない」[23]，というのだ。

　では，その秩序と全体を説明するために総合によって現象を結びつけるべきその先の統一性とは，一般的で抽象的な語を用いずに言うなら，いったい何のことであろうか。それは，観念の統一性，思惟の統一性である。したがって，生物学全体を支配し説明するところの最も高度な総合的規定とは，コントによれば，人間本性のそれだということになる。ただしこの規定を与えてくれるのは，魂の直接の研究ではない。そのよ

---

21) おおよそのところ，「植物的生命 (vie végétative)」とは栄養摂取，生長，繁殖のことであり，「動物的生命 (vie animale)」は，感覚知覚，運動のこと。
　区分そのものは古いが，とりわけビシャがこの区別を「有機体生命 (vie organique)」と「動物的生命」の二分法に更新したことが今日では知られていよう。しかしこの二分法は，その後の医師や哲学者にとっては，この区分が実際にはそれほど明確ではないのではないかという批判の対象になっていく。ラヴェッソンの評価については本書 XXVI:247 頁を参照。

22) *Système de politique positive ou traité de sociologie*, 4 vols., 1851-1854.

23) 『実証哲学講義』第五十八講義。Édition Anthropos, tome VI, p. 724.

うな研究をコントは最後まで不毛で，そもそも不可能なものだと考えて譲らなかった。そうではなく，必要なのは歴史における人類の研究だというのだ。

　全体が細部を支配し，かつその全体自身も本来の意味で人間的な要素と呼べるものによって支配されているということ，それは芸術が我々に現に示していることである。そしてこの点をオーギュスト・コントは見逃さなかった。『〔実証哲学〕講義』末尾で彼は言っている，「人間的観点の普遍的な優越性と，それに伴う全体の精神の高まりは，美的な心情の一般的な発展について，深く寄与してくれるものである」[24]。当時コントは詩と音楽に非常に関心を寄せていた。かつて数学の研究によって科学を考察するように導かれたコントだが，いまや彼は芸術のおかげで科学をよりいっそう高いところから見直すことになったわけである。

　オーギュスト・コントは，最後に到達した観点から，ある科学はそれより下位の科学からは説明されないということを発見した。「物理学は，数学の侵犯から，化学は物理学の侵犯から，そして社会学は生物学の侵犯から，身を守らねばならない」。すでにかつてアリストテレスが示していたことだが，存在の次元のそれぞれは，上位の次元にとっては質料（マチエール）であり，上位の次元がそれに形相（フォルム）を与えるのである。オーギュスト・コントは言う，そうである以上，ある事物を説明しようとして下位の次元の事物へそれを帰着させるのは，当の事物をその質料（マチエール）から説明することだ。したがって，唯物論（マテリアリスム）とは，上位のものを下位のものから説明することなのである。

　深い定式である。コントを「哲学者」と呼ばれるに値する人間とした重要な理由の一つは，彼がまさにこの定式を述べた点に存すると今後見なされるはずだ。そればかりではない。オーギュスト・コントによれば，以上の格言には次の第二の格言が付け加えられる。上位のものこそが下位のものを説明するのであり，言い換えるなら「人類」にこそ自然の説明は探し求められなければならない，というのだ。『実証哲学講義』最終巻にはすでにこう記されている，「人間ならびに人類の研究こそは最重要の科学であり，特にこれこそが高度な知性の当然の注意と，公衆

---

24)　『実証哲学講義』第六十講義。Édition Anthropos, tome VI, p. 828.

の理性からの絶えざる援助を呼び寄せるのでなければならない。ここまでの思弁が単に準備でしかないことはすでに十分に察知されていたのであって，だからこそ思弁の全体はこれまでのところ，『無機的』や『惰性的』などのまったく否定的な表現[25]を借りてでなければ述べることができなかったのだ。こうした否定的表現は，ある対照項がまずあってそれとの対比でようやく定義されるものだが，当の〔肯定的〕対照項となるのは我々の直接の観照すべてにとっての最も優れた対象なのであって，目下の最後の研究がそれなのだ。社会学，すなわち人類についての精神科学こそが最後の科学であり，生物学自体，その直前となる前置きに過ぎないのだ」[26]。

したがって，「科学的至上権，哲学的支配権」は，人類についての精神科学にこそ属するのである。「普遍的支配」を行うのは，数学ではなく，反対に，精神科学なのだ。

『実証政治〔体系〕』の複数の箇所で，オーギュスト・コントは無機的現象のうちに，生命現象の萌芽を示している。例えば，力学の第一法則である慣性〔＝惰性〕のうちに，生物においては習慣というあの行為への固執となるものの萌芽があり，ある動物種の持つ社会性のうちに，人間の社会性の萌芽を見る，という具合である。コントによれば，「有機的な進展一般がはっきりと定義できるのは，その最後の項が知られる時に限られる」[27]。――「動物的生命の総体は，社会学だけが評価し得る上位の諸属性なしには理解できないだろう」[28]。――そして最後に，「最上位の範型が，生物学的統一性にのみ固有の原理である。そして基本的に，動物種はそれぞれ，人間がさまざまな段階までで発育を止めたものに還元される」[29]。この命題は，ほとんど同じ語彙のままに，『動物誌』ならびに『形而上学』の著者〔アリストテレス〕にも見いだされる。ア

---

[25] inorganique, inerte. 前者は言うまでもなく「非・有機的」ということであり，後者も語源的には iners = in + ars，すなわち「不・活性の，非・活動的な」という否定的表現からの語である。

[26] *Cours de philosophie positive*, Édition Anthropos, tome VI, p. 764 からの自由な引用に，p. 775 の文章の一部を付け加えている。

[27] 『実証政治体系』「基本的序言」に拠ると見られる。Édition Anthropos, tome VII, p. 619.

[28] 同書 p. 623.

[29] 同箇所。引用は正確ではない。

IX 実証主義（3）

リストテレスこそは，知性が人間の本質であり，自然全体を説明する目的因であることを最初に発見したのであった。

しかしコントによれば，ここで彼はかつて排除した目的因を持ち出しているわけではまったくなく，自身の最初の原理から何ら逸れてはいない。むしろ逆であって，ただその原理を展開しているだけ，初めから重要視していた諸対象に最初の原理を適用しているだけなのだ。コントが，いかにも彼風の〔重たい〕言い方で「論理的かつ科学的であると共にまた政治的かつ道徳的な当然の優越性」なるものを社会的観点に確保するに至ったのも，かつて支配的であった神学的精神や形而上学的精神の代わりに，彼が言うところの「合理的実証性」を最上位の次元の思弁にまで拡張する中で，というのはつまり観察可能な法則に従う関係を物理的次元の事実におけると同様，精神的次元の事実のうちにも示していく中でのことなのである。生物学が有機体と物理的環境との相互的な作用反作用の認識であったごとく，哲学的歴史学とは有機体と社会的環境との相互的な作用反作用の認識である。もともと人類のまったく相対的な本性の形成と進展も，この作用反作用の結果なのだ。人間本性の相対性と実証性。この二つの発見によって，『〔実証哲学〕講義』で堅固な基礎を築いた建造物を『実証政治〔体系〕』において完成させるのだ，とオーギュスト・コントは言う。

言い換えよう。人類とその歴史を説明するのに，神学者のように超自然的な力能の恣意的な作用を持ち出すのでもなく，形而上学者のように現象から完全に分離した何か，ある意味外部から現象を決定する独立した存在物，現象と何ら結びつけられていない存在物として考えられるような原因を持ち出すのでもない。実証主義の創始者が現象を説明しようとするのはここでもまた現象によって，なのである。

ミルはコントとともに目的因を排除していたが，彼も同じように，目的因とはある特別な次元の存在であって，それは実在の外，実在する関係と法則の外部にしか思い描けないものだと見なしていた。

自然界の運動の原因と考えられる「理念（イデアル）」について[30]通俗的理論が与える概念とはおそらくまさにこういったものであろう。しかしそれは，

---

30) 原書本文中 ... en donne ... の en は誤記であろう。省略する。

形而上学の創始者の抱いた概念ではないし，またこの創始者の思想を最も深く理解した解釈者たちのそれでもない。

　アリストテレスは，例えば人間が，プラトン主義者たちがおそらくそう理解していたごとく，ある理念(イデア)の説明しがたい影響力から形成されるとは考えなかった。彼は言う，「人間を生むのは人間である」。自分のうちに完全性を有して欠けることのない人間が，不完全な胚を運動させ，その形相へと導くのである。すなわち，その完全性とは現勢的作用(アクシォン)なのであり，この作用こそが，ある一定の現象の形相へと制限されつつその形相の限りで，ある一定の運動の目的かつ源泉をなしているのだ。

　実在に対して完全に外的な理念(イデアル)を原因だと見なしても，自然を説明するに足るものは何も得られない。実証主義が反対を唱えたのはこの種の観念論(イデアリスム)に対してでありそのことは必ずしも不当ではなかった。しかし逆に，実在としてただ現象以外に何も認めないのなら，実証主義自身はそう確言したとはいっても，いったいどうすれば原因性を，別の現象についての説明を，現象において見いだせようか。そして結局，上位の次元の現象が下位の現象の理由であり，それというのもまさに後者がその端緒でしかない完全性を，前者がすでに示しているからだ，と考えるのならそれは，自分でおそらく気づいていないのだとしても，完全性というものに実効的作用があるのを認めてしまっているということだ。そしてオーギュスト・コントの理論は，その最後において，目的因の概念がどのようなものであるかを解明している。それは，人間の技術を範型にして自然を思い描くようなありふれた観念論(イデアリスム)が論じるそれではないが，少なくともアリストテレスが創設した「形而上学的実在論」ないし「形而上学的実証主義」[31]と呼べる立場には見いだされる概念ではある。アリ

---

31) un réalisme ou positivisme métaphysique. おそらく「形而上学的実証主義」という訳語は奇妙に思われよう。しかし本書のラヴェッソンの主張を把握する上では，これは最重要語だと言ってよい。

コントと同様にラヴェッソンにとっても，「実証主義」とは空虚な概念や想像ではなく，リアルな経験に根ざした正しい哲学の名である。しかしコントやその他多くの哲学者（そこには唯物論者や感覚論者ばかりか，スコットランド学派の哲学者，さらにクーザンたちが含まれる）が言うのとは異なり，我々の経験は（形而下の）感覚的現象の羅列以上のものに及んでいる。ビランにおける意志の「直接的覚知」，さらにはシェリング的な「知的直観」が言わんとしたのはそのことである——こうした見通しにおいて成立するのが，この「形而上学的実証主義」なのである。

IX 実証主義 (3)

ストテレスはその立場の基礎として、経験的でもあれば超感覚的でもある現勢的作用(アクシォン)の思想を掲げたのであった。

オーギュスト・コントは、事実の説明を常に事実に求めるという点では、実証主義の最初の思想に忠実であり続けた。しかし彼は、ある事実に関して、何かまったく別の現象が先在している(それとて説明不可能なものだが)という以外の説明をしないような実証主義から、それとは正反対の実証主義へと到達した。これによれば、ある事実は上位の次元の事実から説明されるのであって、上位の事実の完全性こそが前者の事実の理由であり、この完全性が含んでいるところの上位の事実の作用こそが下位の事実の原因なのである。コントは、表面的な物理的(フィジック)実証主義から、精神的(モラル)実証主義へ至ったのだった。

1851年から1854年にかけて刊行された『実証政治〔体系〕』において、コントは以上と同じ方向で、いっそう遠くへと進んでいった。いまや研究すべきは単なる生命一般ではない。精神的(モラル)生、すなわち知性と心情の生が探求されるのだ。

そこで彼はこう考えるに至る。人間において一切のことは、善へと導く何ものか、つまり愛によって説明される、というのだ。

人間において物質(マチエール)はすべてを説明しないのであり、むしろ反対に知性のほうが物質について、少なくともその大部分に関して説明を与えるということを彼はそこで了解する。そればかりかコントは、パスカルと同様に、知性というそれ自体はある意味で言わば精神のうちの身体的(フィジック)なところの上に、精神の優れて精神的なところ、本来の意味で「モラル」なる能力、すなわち情愛的(アフェクティヴ)な諸能力を置く。コントには、人間とはその心情から説明されるべきものとなったのだ。こうして彼は言う、知性は従

ここにはラヴェッソンのギリシア哲学解釈が合流する。アリストテレスは、プラトン的な「イデア・理念」を実在から遊離した実効性のない虚構として批判した。それは人間の拵える空虚な一般観念に過ぎないのであって、そのようなものが目的となって諸存在を司ることはあり得ない。イデア論とは、実は、非実在論なのである。それに対してアリストテレスは、「思惟の思惟」に極まる現勢的な実在があり、それが諸存在をそれぞれの潜勢態から立ち上げ、それぞれの「エンテレケイア」へと実効的に導いているという立場を提示した。実在論だ、ということである。ラヴェッソンがアリストテレスから好んで引く例で言えば、実在する人間を作るのは人間のイデアではない。その完全性を自らのうちに携える実在の人間だけが、人間を実際に産み出すのである。

者となるべく作られ、心情は主人となるべく作られたのだ、と。知性が存在するのはただ、我々の情愛の目的に仕えるためである。そしてその目的はただ一つのことへと要約される。愛の対象たる善、である。愛こそが、人間本性をひとことで表す語、人間本性の隠された核心なのだ。そればかりではない。愛が、世界の隠された核心なのである。万物は最終的には主観的方法によって説明されねばならないと語りつつオーギュスト・コントが言わんとしたのは、このことである。

以前の彼の言い方はこうであった。人間のために宇宙は作られたとして人間から宇宙を説明しようとする形而上学や宗教とはまったく反対に、実証主義は宇宙の側から人間ならびに一切の事物を説明しなければならない。コントが「客観的方法」と呼んだのはこれであって、それは思惟の客観対象のほうから、対象を思惟する主観へと進んでいく方法であった。しかしいまや彼は認める、この主観の側にこそすべては結びつけられねばならない。すべては主観から説明される。すべては主観を目指しており、また目指さねばならない[32]。彼はこの新しい道をずいぶん先にまで進み、直接人間に役立ち得るところを超えるような科学研究は一切禁止する、というところにまで至った。

コントの生前最後の著作（1854年）は、『数学の主観的総合』[33]であったが、そこで彼は、諸科学のなかでも情愛の領野から最も遠い、〔数学という〕量の科学までをも、特別の目的、すなわち人類の道徳的(モラル)かつ社会的な目的に従属させる形で展開しようと試みた。

ここで忘れることができないのは、その数年前にオーギュスト・コントが幾何学者たちと激しい応酬をしたことである[34]。おそらくこの結果

---

32) この場合の「主観」というのは、個人的で心理学的な意識のようなものではない。歴史的かつ集団的な実在としての人間、人類である。コントの言う「主観的総合」や「主観的崇拝」も、個人の恣意的な活動ということではない。

33) 正確にはこのような書名（*Synthèse subjective des mathématiques*）ではない。コント最後の著作は一般に『主観的総合』とのみ呼ばれる。四巻が予定されていたが最初の一巻だけが刊行された。書名は *Synthèse subjective ou Système universel des conceptions propres à l'état normal de l'humanité. Tome I. Système de logique positive ou Traité de philosophie mathématique*（『主観的総合。人類の正常状態固有の諸構想の普遍的体系。第一巻、実証的論理学体系、数学哲学論考』）。ラヴェッソンはこの第一巻のタイトルを誤記しているのだと思われる。

34) コントは理工科学校（エコール・ポリテクニック）の解析力学講座のポストを長年欲していた。幾度かの機会はあったものの、最終的に彼のこの望みは1840年において断たれ

として，コントはそれまで以上に，すべてを説明するために数学的概念には何が欠けており，そして加えて，数学的精神が排他的になるか，そこまで行かずともただ支配的になるだけでもどんな不都合が生じてしまうのかをいっそうはっきりと了解するようになったのだろう。また他方，燃えるごとき情愛が彼をとらえ[35]，それで彼はこの上なく知性的な生に対してであっても，情感的な生のほうにより大きな優越性があると考えるようになった。さらに付け加えるなら，休みなき著述活動の並外れた緊張や，その人生上のあれこれの波風によって疲弊した彼の理性は，ますます燃えさかっていく想像力とますます愛に満ちて熱烈なものになっていく魂の，圧倒的で時には混乱したものともなる動きを，時につれていっそう自由に駆けめぐるにまかせるようになったと見える。

晩年のコントは，著作活動を行わない時には，ただイタリアやスペインの詩人，またそれにまして『キリストにならいて』[36]を読み，音楽に耳を傾けるばかりであった。他人のために生きる，というのが彼の標語となり，中世の騎士道が彼の理想となったのである。

徐々に彼の哲学は一つの宗教へと変貌していった。それは以前の彼なら幼少時代の人類の夢だとしか思わなかったまったく原始的なものである。最初の人間たちは万物を人間にかたどって捉え，事物にはすべて魂を付与し，あらゆる運動に意志的働きを見てとっていた。フェティシスムである。その後，自然が次第に意志からは独立したものだと理解されていくにつれて，まず多神教が続いて生じ，最後に一神教が成立する。そしてオーギュスト・コントは言う，いまや必要なのは，新しいフェティシスムである，と。諸事物において，意志と愛を，至るところに現前し，至るところで働いているものとして再び崇拝しなければならない

る。採用人事に際して必要な科学アカデミーからの推薦が得られなかったのである。アラゴ (François Arago, 1786-1853) を中心とした学者たちの策謀のためだ，というのが少なくともコントの側での解釈であった。そうしたいささか被害妄想的な見解は，『実証哲学講義』最終巻の序文に見ることができる。数学者たちへの常軌を逸した批判が災いして，理工科学校でコントは1844年には入学試験官の職を失い，51年には復習講師の職を失う。

35) 1844年，コントは当時29歳のクロティルド・ド・ヴォー夫人と出会い，翌年彼女に愛を告白する。コントからの思いを受け止めぬままに1846年に夫人は死去するが，その後コントは彼女を神格化していく。

36) *Imitation de Jésus-Christ.* 十五世紀のトマス・ア・ケンピスによる著作，*De imitatione Christi* のこと。

というのである。

　オーギュスト・コントの宗教において，神は一切存在せず，また魂も，少なくとも不死の魂としては，存在しない。その点で，かくも多くの変化の後にも，コントはコントのままであった。彼にとっての「至高存在」とは，ピエール・ルルーや我々の多くの同時代人にとってと同じく，人類のことである。コントはそれを「大存在」と呼んでいる。

　大存在の起源は地球だが，この地球はすべての存在の共通の源泉であり，かつ，個別のフェティッシュの母であって，それは「大フェティッシュ」と呼ばれてよい。地球は宇宙の中に存在しているが，宇宙の諸法則はあらゆる存在の第一の条件をなすもので，それには「大環境」の名がふさわしい。大環境，大フェティッシュ，大存在。実証主義的宗教が崇拝するのはこの三位一体である。大環境はまず自分のうちで大フェティッシュが生じてくるのを見る。大フェティッシュを構成するものはどれももともと今日の姿よりも活力において上位のものであった。そしてこの大フェティッシュは，大存在の到来を用意するために自らを小さく低いものとし，自らを犠牲となす。地球に対して我々が感謝に満ちた崇拝心を当然抱くべきなのも，この自己犠牲のためである。ただし，大フェティッシュがそのために自らを犠牲とした至高の完全性を人類が讃えるのは人類自身においてであり，そして人類において最も完全な形が何かと言えばそれは，そこで情愛的な能力が優越しているような形であるわけだから，それはつまり女性なのだ。だが人類というものがはかない個人たちの繋がりにおいてしか存在しないのであれば，どのような崇拝をこの人類に捧げるべきだろうか。オーギュスト・コントが言うところの，「主観的崇拝」である。そしてそれは死者たちの敬虔な追悼のことに他ならない。存続するに値する人々に向けての，そしてとりわけもともとの使命であった献身と愛情の理想を堂々と具現して見せた女性たちに向けての，今生きている者からの追憶。コントによれば，この追憶にのみ，生命の最後の完成としての不死性は存しているのである。

　実証主義のこのような変貌においては，実証主義全体の基礎であったあの格率，すなわち自然全体において一般性は単純性に結びついているのだから，複雑性が増大するのに応じて一般性は減少するという格率はどうなってしまうのか。この点に関してオーギュスト・コントは意見

を述べていないが，おそらく彼のこの沈黙をこちらで補うことは不可能ではないだろう。いまや明らかに次の点を付け加えるべきである。第一に，複雑性と共にある種の単純性が増大していく。すなわち，要素の複雑性と共に，諸要素を一つの全体とするところの単純な統一性は増大するのだ。そして第二に，この統一性と共に，そこからの必然の帰結として，ある種の一般性もまた増大していく。これは，その基礎を『形而上学』の著者に持つ指摘だと言える。下位の諸要素は，その貧しさにおいて非常に単純なものであり，まさにそれゆえに全体においては，上位の原理の質料(マチエール)として存在することになる。至高の原理のほうもまた全体において存在するが，それはこの原理が，さまざまな段階において，さまざまな形(フォルム)を取りながら至るところで活動し，すべてのことをなすという意味である[37]。『シリス』の著者〔バークリー〕は言う，「存在するものすべてのうちに，生命がある。生きているもののすべてのうちに，感情がある。そしてものを感じる存在すべてのうちに，思惟がある」[38]。かくして原因というものは，ありのままに存在できる〔本来かつ上位の〕事物の次元においても，そして割合ではさまざまであれ原因の影響を受けつつ原因を分有しているより下位の次元においても，等しく見いだされるのだ。魂は，ある意味で，万物のうちに存在している。そして魂以上に神は，これと同じ意味で，普遍的な存在なのだ。これは，「汎神論」と言われる学説が考えるように，万物を構成する質料(マチエール)という意味で神がすべてである，といったことではない。神とは至高原因であるのだから，それは万物の実在と真理だ，ということだ。「彼のうちに我々は生き，彼のうちに我々は存在する」[39]。

　オーギュスト・コントは，最後期の著作の一つである1852年刊行の

---

[37] 内包の豊かさ（複雑さ）と外延の広さ（一般性）とは反比例する，というのが先の格率であった。ここでラヴェッソンが言っているのは，この格率は自然においては普遍的ではない，ということである。確かに「下位の諸要素」は，単純で貧しい素材として，万物に広く関与できる（例としては，古代の原子論における原子）。しかし，例えば生物体の統一は，諸器官などの複雑な要素が複雑に関係していてこそ成り立つものであり，しかもそこにおいて生命は一つの生命として，多様な諸要素に一般に広く関わり，働いている。複雑さを伴ってこそ成り立つ単純性，一般性と矛盾しない複雑さがある，というわけである。

[38] 出典不明。『シリス』にこのようなフレーズは見つからない。この種の遍在をいうのは273段落，しかし古代のエジプトやギリシアの発想として語られているだけである。

[39] 『使徒言行録』(17, 28)。

『実証主義の教理問答』[40]でもなお，ヒュームを名指して自らの哲学上の先駆者だと述べている。しかしこの時期，コントは我々が「精神的実証主義〔スピリチュエル〕」ないし「形而上学的実証主義」と呼んだものにかなり接近している。「相対的なものしか我々にとっては存在しない」という命題を，コントは一度も手放さなかった。そしてまた，我々自身という原因のうちに，一切の相対的なものが最終的に測られるその規準としての絶対者が現れてくる観点，つまりは精神の自分自身への反省という観点に，一度もコントは身を置きはしなかったし，身を置き得ることを認めようともしなかった。ただ外的な事物の観察のみ——あるいはコントがそれのみと言っているだけかもしれないが——を通じてではあれ，外的な事物は我々自身の内的な光で照らされて，歪んだ形ではあれ我々自身の像を示しているものであることからして，結局コントは長らく原因の観念をことごとく斥けてきた後で，再びこの原因，しかも目的論的かつ意図的とされた原因に，ますます多くの取り分を与えるに至ったのだ。このような思想の本当の性格を知るためには，その真の起源を見てとらねばならない。もし時間が残されていたならば，『キリストにならいて』と十五世紀の神秘主義者たちの熱心な読者であり，「利他主義」[41]の使徒であったコントは，この真の起源にまで至れたことだろう。

---

40) *Catéchisme positiviste*, 1852.
41) 「人類教」の大きなスローガンのひとつは「他者のために生きる（vivre pour autrui）」であったが，コントはとりわけ『実証主義の教理問答』で「利己主義（égoïsme）」に対するものとしてこの「利他主義（altruisme）」の語を繰り返し用いている。リトレなどの考証によれば，この語がそもそもコントの発案に由来するものである。

X
リトレ

無神論者かつ唯物論者／別の展開の徴候。目的論の容認

　先に述べたように，コントの経歴の後半に関しては，リトレはそれに追随しなかった。リトレはコントが乗り越えたその手前のところに留まり，スチュアート・ミルよりも厳格に最初の実証主義の条項を維持することを欲したのである。しかしながら彼自身，そこに閉じこもって済ませるわけにはいかなかった。

　すでに見たことだが，ハーバート・スペンサーは，「我々には相対的なものしか認識できない」という実証主義の大格率を勧めながらも，相対的なものの向こう側に何らかの絶対的存在を認めていた。それについて我々は，真の意味での認識ではないにせよ，少なくとも漠とした概念を持っているというのだ。この思想によってスペンサーは，スコットランド学派やカント，そしてまたエクレクティスム学派の哲学者たちの哲学体系へ立ち戻ったも同然であった。スチュアート・ミルは，『オーギュスト・コントと実証主義』の表題で1865年に刊行された著作[1]において，コントを次の点で批判している。実証主義が命じるように経験だけに留まらずに，事物の起源や第一原因についての一切の構想は不可能だと宣言することで，コントはかえって，否定を通じて経験を乗り越えてしまっている，というのである。スチュアート・ミルの希望では，

---

1) *Auguste Comte and Positivism*, 1865.

この世界を研究するために実証的方法に従いながら，そして自然というものを継起したり随伴したりする諸現象からの構成物だと見なす観点に留まりながら，それでも，何らかの超自然的な原理，すなわち自然的[2]世界の総体がその帰結であり結果であるような普遍的前件〔＝先行存在〕が可能だということは認められてよいのだ。そしてミルは，そのような原理が知性だということも可能だと認められて欲しいようである。つまりある神の，実在性と言わずとも，その可能性は認めてもらいたいようなのだ。

　スチュアート・ミルがコントに投げかける批判にはもう一つある。コントが生理学の外に何らの心理学も決して認めようとしなかったこと，そして感情や観念，意志といったもの，実証主義学派がドイツ哲学から用語を借用しつつ通常「主観的」と呼んでいるもの[3]について，何らの直接的な研究も決して認めようとしなかったこと，これへの批判である。

　以上二つの批判について，リトレは最初のものも第二のものも受け入れない。第一の批判についてリトレはこう応じる[4]。もし実証主義の原理を認めるのであれば，第一原因や，創造し指導する知性，神や摂理の実在に関する問いは，ミルが言うような未決の問題であるなどとは考えられない。

　第二の点に関しては，さまざまな感情や観念，意志が直接的研究の対象であって，そのための個別的諸科学の素材(マチエール)となることはあってよいとリトレは認める。ただしやはり彼の考えでは，それらは脳における現象であって，その限りでやはり生理学に属する。しかし，主観的な現象とは，まさに主観的である点で，さまざまな認識のうちでも実に独特の一様態，すなわち本来の意味での意識の対象なのであるから，ただこの点からしても，視覚や触覚によって〔単に外から〕認識される脳の諸変様

---

　2)　原文は surnaturel，諸版で変わらず。しかし内容からしてここは naturel の誤記だと思われる。訂正して訳出しておく。
　3)　ここの「主観的」は通常の，「心理的・内的」といった意味。ドイツ哲学に固有の意味ではもちろんないが，「絶対／相対」や「主観／客観」といった対立的用語法を固めたのはドイツ講壇哲学ではある。
　4)　〔原注〕*Revue des Deux-Mondes*, 1866.〔訳注〕É. Littré, « La philosophie positive », in *Revue des deux mondes*, 1866, 15 août, pp. 829-866.

とはそうした主観的現象をすっかり構成しているものではなく，単にその条件ないし手段であることは自明である。しかるに，事実をその単なる条件から完全に説明するというのは，上位のものを下位のものから説明することである。ゆえにそれは，オーギュスト・コントの深い文言[5]に従えば，物質(マチエール)についてどういった見解を有していようとも，さらには物質というものについて一切の概念を認めないとしたところで，いずれにしても事物に関して唯物論的(マテリアリスト)な説明，ゆえに不十分な説明を，与えることなのである。

では，言われてきたように，無神論と唯物論がリトレの学説のすべてなのであろうか。

有機体と生命を前にするに至って，実証主義者の創始者自身，言い方の明白さはともかくも，原因，しかも目的因の実在を承認したことを我々は見た。リトレも，別の言い方においてではあるが，同じ見解に至ったのである。

エピクロス以来，唯物論の通常の格率の言い方はこうであった。自然のうちに計画の印を見てとる人々が言うごとく，翼は飛ぶために作られた，というわけではない。そうではなく，翼があるからこそ鳥は飛んでいるのだ。言い換えれば，機能のほうが器官を説明するのではなく，反対に器官のほうが機能を説明する，というのである。

リトレはかつて，器官が機能のために作られたなどとは決して認めないような一人であった。そして『両世界評論』で彼はある論考を発表しているが[6]，それは明白に目的因の学説に反対して書かれたものであった。当時，彼はまだ実証哲学の側に与してはいなかった。実証哲学は当初，リトレが以前から一定の学説に対して抱いていた反感を補強するものであり，その学説が，覆すべき第一の相手だと実証哲学が見なしたそれとまさに同じものだったのである。だがそれ以来，オーギュスト・コントの経歴後半を満たす諸観念のいくつかからの影響もあろうが，お

---

5) IX:105頁で言われた，「唯物論とは，上位のものを下位のものから説明することだ」という定式のこと。

6) リトレの次の論文を指している。« De la physiologie. Importance et progrès des études physiologiques »（「生理学について。生理学の諸研究の重要性と進展」），in *Revue des deux mondes*, 15 avril, 1846, pp. 200-238. 目的因批判は p. 236 以降。

そらくはただ自分自身による考察から、リトレは別の観点に到達する。我々の諸器官のなかでも、その構造の複雑さならびに統一性によって、目的因の支持者に絶えず最も強力な論拠を与えてきた器官、すなわち眼について詳しく考察を行ったリトレは、この眼という器官において、さまざまな手段の総体が否定しがたく一つの目的に適合していることを承認した。そして同様の適合が、程度に差はあれ有機体全体においても明らかに存在していることをも彼は認める。以前は批判していた普遍的目的性の学説、師であるコントがまさに実証主義の名において自らのものとした学説は、リトレ自身の学説となったのだった。

しかしそのような学説を採用しつつも、リトレは自分が実証哲学に忠実でなくなると考えてはいなかった。ポール・ジャネは1865年の『哲学の危機』[7]のなかでリトレに割いた箇所で、その点を批判したのであった。リトレ側の言い分はこうである、「手段が目的に適合していることを説明するにあたって魂や摂理を用いたり、あるいは物質の一般的な特性を用いたりすれば、それは実証主義に忠実ではないことになろう。しかし有機化された物質がさまざまの目的に適っていると述べるのは、原因を探求せず単に事実を言い表すだけのこと、ただ最初の現象に話を限定しておくことである」。彼によれば、生体の組織には成長するという特性が、筋肉の組織には収縮するという特性があるといった事実はすでに認められたことであり、有機化された物質にはさまざまの目的へと適合していく特性があるというのは、生理学が確証済みの諸事実にまた加えられるもう一つの事実に過ぎない、というわけだ。——しかしおそらくこう指摘できよう。筋肉の収縮や器官の成長は、感覚が確かめることのできる経験的事実だが、物質的な諸部分が一つの目的へと適合していることについては事情は異なるだろう、と。ある器官がかくかくの形態を持っており、かくかくの位置にあるということは、感覚で確かめられることである。しかしそれが「ある目的のため」であるというのは、

---

7) *La crise philosophique. MM. Taine, Renan, Littré, Vacherot*, 1865.（『哲学の危機。テーヌ、ルナン、リトレ、ヴァシュロ』）
　本書で何度か言及される著作だが、実際、いわゆる実証主義や唯物論が広まっていく1850年以後の思想動向に対するアカデミズム的スピリチュアリスムからの対抗言説として重要な位置を占める。

我々の精神による判断であり，この判断が含意しているのは，身体のうちにはその運動が目指す目的についてのある感得ないし把握が，どれほど曖昧なものとしたところで，やはり存在しているということだ。「ある目的のために」というのと，「ある目的を目指して」というのは同じ意味の表現であって，ただ第一のものが抽象的で曖昧な言葉で含意している内容を，第二のものはよりはっきりした形で表明しているだけである。であるなら，ルブレの著作序文〔84頁参照〕でリトレは「諸器官が生じるのはただ，それらの目的へと有機的存在が適合することによって，あるいは適合するために，でしかない」と言うが，彼のように述べるのは，生物に意図的な運動を帰することであろうし，生命現象の一切は思惟を表していると認めることなのだ。

カドワース（Ralph Cudworth, 1617-1688）[8]やライプニッツが言うような，そうした物質のなかに沈み込まされた知性は，それだけで自足したものではあるまい。生命現象の充足原因については，おそらく，形而上学者たち，とりわけアリストテレスと共に，その上位の原因を，自らを完全に所有している知性のうちに探し求めてやる必要があろう。
師範学校(エコール・ノルマル)での哲学教育の一端を以前より任されている若い教師（ラシュリエ（Jules Lachelier, 1832-1918））は神の存在証明に関しての公開講義を行っている（1864年）が，彼の表現を用いるなら，自然とは自らを思惟していない思惟だ，自らを思惟する思惟へつり下げられる形で依存している思惟なのだ，と言うべきである。そこまで言わずとも，またオーギュスト・コントが歩んでいった地点までにも進まないとしても，生ける自然においては計画なしには，ということは思惟なしには何も理解できないことを承認するというのは，実証主義のかつての出発点からははるかに距離を置くことである。当初の実証主義は上位の要素について，

---

[8] カドワースは *The True Intellectual System of the Universe. The First Part,* 1678（『宇宙の真の知的体系。第一部』）で，機械論的な学説と，世界に神が直接介入するという説の双方を批判し，神と世界の間であたかも技術者ないし道具のように機能して物質に生命的な作用を行わせる「造形的媒介（plastic medium）」の概念を導入する。ライプニッツ自身はこの概念を批判しているが，「物質の中に沈み込まされた知性」と語るラヴェッソンがここで念頭に置いているのは，少なくともカドワースに関しては，この「造形的媒介」のことであろう。

なお，本報告出版の数年前にはポール・ジャネがこの「造形的媒介」を批判的に論じた小著（『カドワースの造形的媒介についての試論（*Essai sur le médiateur plastique de Cudworth*, 1860）』）を出版している。

その観念を研究して深める代わりにそれを削除しようとしていたわけだが，以上のような展開は確実に，この上位の要素を，そのすべての権限に関してではおそらくないにせよ，ともかく再興することであるはずだ。

　学識あるリトレが，自分の師だと認めるコントが進んでいったあの方向にさらに進んでいかないとは考えがたい。コントの他の弟子たちのうちでも特に卓越した者たちは，師を追ってこの方向へとそれぞれさらに歩んでいったのであり，すでにリトレ自身も，以上のように決定的な一歩を進めているのである。

XI
テーヌ

『十九世紀フランスの哲学者たち』。エクレクティスム批判／「イギリス実証主義」研究／ミルとテーヌの差異，「普遍的科学」の構想／スピリチュアリスムへの合流の可能性

　1857年刊行の『十九世紀フランスの哲学者たち』[1]において，テーヌ (Hippolyte Taine, 1828-1893) は，実証主義にごく近い立場から，当時エクレクティスム学派が占めていた強固な陣地に大きな痛手を負わせようと試みた。
　エクレクティスム学派に対してオーギュスト・コントは次のように一般的な言い方で非難するに留めていた。この学派は，それが言うところの「意識の諸事実」と「心理学的方法」に関する考察のうちに閉じこもるがそれは不毛であり，論理学の探究にも閉じこもるがそれもまた必然的に空しい。というのも，この探究が扱うのはさまざまの科学の対象への正確な応用ではなく，まったく抽象的なばかりの一般論でしかないからだ，というのである。
　テーヌは，ロワイエ＝コラール，ヴィクトル・クーザン，ジュフロワ，またさらに加えてメーヌ・ド・ビランらの学説や著作を吟味しながら，次の点を証明しようとした。すなわち，公教育を当時ほぼ独占的に

---

[1] *Les philosophes français du XIXe siècle*, 1857.
　初版での攻撃的な表現をいくらか緩和した第二版は1868年。1870年の第三版以後，*Les philosophes classiques du XIXe siècle en France*（『十九世紀フランスの古典的哲学者』）と改題。

支配しており，現在でも最も大きな地位を保ち続けているあの哲学には何ら科学的なところがなく，その文学的な形式は程度に差はあれ一応卓越した長所になっているものの，当の哲学は何も実質的に解明せず，何にも説明を与えていないのだ。同時にテーヌは，この哲学の理論ならびに方法に取って代わるべきと思われる理論と方法を，少なくとも概略において指し示そうとしている。

　先に見たことだが，かつてバークリーは，通俗的な哲学が現象を説明するのに使えるとした「能力」や「力能」，「原因」や「実体」といった観念の不完全さと空しさを示した。そしてまたヒュームはそこから結論して，感覚される現象がそれだけで実在のすべてを成しているのだと述べた。その後で，スコットランド学派が，かくして禁止された諸観念はその禁止によって懐疑論に広い活動の余地を用意してしまうものであること，かつそうした観念はやはり重要な真理，正当な信憑に応じたものであることを感知した。とはいっても，この学派もそれ以上のことはほとんど述べていない。フランスにおいてそれを継承する〔エクレクティスム〕学派が行ったのも，バークリーによってすでにその欠陥が指摘されていた理性的存在[2]を，認識されないかあるいはほとんど認識されないような，必然的になされる概念的把握の対象となるものとして，再興する以外のことではなかった。

　ロワイエ＝コラールやヴィクトル・クーザン，ジュフロワやダミロン (Jean-Philibert Damiron, 1794-1862)，そして彼らの後継者たちが，感覚される現象の言わば上方に再興しようとした諸原理のまったくの無益さを示すこと，これがテーヌの批判の主要な目的である。「衣服の下に隠されるごとく，現象の下に隠された小さな精神的諸存在」に彼が見てとり，そしてまた見てとらせようとしたのは，純然たる仮構，あるいは少なくとも存在に仕立て上げられてしまった単なる抽象物なのである。そしてテーヌは複数の点にわたってかの心理学ならびに心理学的方法の不十分さを顕わにした。それらは，あれほど推奨されながら，結局，我々の内的な状態と作用についての貧しいいくらかの観察を経て，〔当の状態や作用と〕同じ名を繰り返すだけの能力ないし力の単なる列挙に終わ

　　2）êtres de raison. 思惟にとってしか存在しない非実在物のこと。ここでは上記の「原因」や，実体視された「能力」のたぐい。

るのだ。

　テーヌが，自分の論敵とする抽象的存在物の支持者のうちにある一人の思想家を含めてしまっていること，すなわち実際にはそうした支持者とは反対に抽象的な存在者を拒絶し，そのような存在者に至る原因になってしまうような「心理学的」なる方法の誤りを誰よりもよく見分け，自らの省察を通じて内的人間の学にまったく別の方法を準備した思想家を紛れ込ませているのを見ると，いくらかの驚きを抱かざるを得ない。この思想家メーヌ・ド・ビランは，確かに彼もまた「心理学的現象」と呼ばれてよいものを規定する経験的諸条件の分析について多くの点を果たせずに残したにせよ，それらの現象を説明するにあたって，能　力や力　能といった，概念的把握や信憑にとっての不可視で未規定な対象を持ち出してそれでよしとはしなかった。むしろ彼は，形而上学の創始者が最初に正確に敷いた道，彼の後ではプロティノスが，聖アウグスティヌス，デカルト，ライプニッツが進んでいった道に，いっそう深く分け入りつつ，心理学的事実をそれらの直接の原理としてのある能動的作用へと結びつけ，そして我々はこの作用をこの上なく内的な経験によって認識しており，それゆえに実証的〔＝積極的〕実在性の点ではそれを凌駕するものどころかどうにか比肩するものすら存在しない，としたのである。抽象的な一般者を現実の存在だと見なし，ただの言葉を事物そのものだと取り違えてしまうこと，それこそメーヌ・ド・ビラン自身が非難していたことではないか。

　十九世紀の主要な哲学者たちの中でも，テーヌによって最も好意的に扱われているのは，今世紀の中でも最初となる者の一人，ラロミギエール（Pierre Laromiguière, 1756-1837）である。テーヌはラロミギエールを，多くの点で前世紀の哲学を継承する者，コンディヤックがその『論理学』や『文法』，『計算の言語』で示した方法の明白な支持者であると認める。この方法は，エクレクティスムがスコットランド学派から原理を借り受けてきた方法のように，ほぼ手当たり次第に選ばれた何らかの事実にいったん依拠しつつ，別の次元に属する原理へとすぐさま移行していくことなどではない。それでは決して，フィヒテ（Johann Gottlieb Fichte, 1762-1814）がそう呼ぶところの「ただ一つの部屋からできてい

る哲学」を作れはしない[3]。そうではなく，この本来の方法とはむしろ，我々の認識を分解すること，すなわち認識を，次々と行われる抽象を通じて最も単純な構成部分ならびに部分相互の関係へと還元し，かくして我々の有するすべての観念を，次々と立てられる等式を用いながら，いくつかの要素の合成の所産へと解消していくことなのである。

この「諸観念の分析」と呼ばれる方法が，テーヌによれば，今世紀の初めにフランスで「観念学(イデオロジー)」と名付けられたものの基礎なのである。彼の意見では，これこそは，フランスの国民的精神に適合した唯一の方法である。

『十九世紀フランスの哲学者たち』の著者によると，分析は，我々の知性の研究において用いられるべき方法であるのみならず，事物を認識する方法でもある。実証主義はこのことを十分に理解していなかったとテーヌには見えるのであり，彼はこの点において実証主義を補足しようとするのである。

テーヌは 1863 年に『両世界評論』上で「イギリスの実証主義。スチュアート・ミル研究」と題された論文を発表した[4]。そこで彼は実証

---

[3] une philosophie d'une seule pièce. フィヒテ自身の表現だというのはラヴェッソンの誤記。もとは 1799 年にヤコービがフィヒテ宛の書簡において用いたもの (*Jacobi an Fichte*, 1799, S. 14, "eine Philosophie aus Einem Stübe")。その後も，唯一の原理から体系的に整えられた哲学を指す呼称として用いられる（ヘーゲル『哲学史』，フィヒテの項を参照）。

ラヴェッソンがこの表現を学んだのはおそらく，クーザン『哲学的断片』独訳にシェリングが寄せた「序文」からであっただろう（II:44 頁脚注を参照）。シェリングは，意識事実の観察と，理性的諸原理という異質な二要素から構成されたクーザンの哲学が「ヤコービが言うところの，ただ一つの部屋からできている哲学」たり得ていないと批判するのである。ラヴェッソンは本書 II:38 頁に紹介される自身の論文においては，この表現を正しくヤコービに帰しながら用いている。

なおこの表現はヘーゲル『哲学史』既存訳では例えば「一丸となった哲学」と訳されるが，フィヒテ自身が初めから，知識学が繋がりのない「多くの部屋（Kammern）」の集合であってはならないことを述べている（1794 年『知識学の概念』SW1, S. 53）。もともとの由来はこのあたりにあるという仮説を立てつつ，より即物的に「一つの部屋からできている」と訳しておく。

[4] *Le positivisme anglais, étude sur M. Stuart Mill.* とラヴェッソンは記すが，このあたりの叙述は混乱している。まず論文として，H. Taine, « Philosophie anglaise. John Stuart Mill »（「イギリス哲学。ジョン・スチュアート・ミル」）, in *Revue des deux monde*, 1861, pp. 44-82. が書かれる。それを冒頭に再録しつつ単行本が刊行される。これが H. Taine, *Le positivisme anglais. Étude sur Stuart Mill*, 1864.（『イギリス実証主義。スチュアート・ミル研究』）。ラ

主義，少なくともオーギュスト・コントが最初に開陳した種類の実証主義の，その土台となる理論を，テーヌ自身同意し確認しながら示している。だが同時に彼はそこに付け足しを行い，それによって彼はすべてを変様させ，すっかり別のものにしてしまう。

　先に見たように，まずバークリーも強調したがやはりヒュームこそが特に哲学の唯一の基礎とした原理，すなわち近代の哲学者が言う「実体」や「力」などの形而上学的なる存在は，そのいずれもスコラ派のまったく論理的なだけの存在者の空しい残滓であるという原理を，テーヌはスチュアート・ミルと共に認める。そしてまた，実在するのは我々の感覚に与えられているような諸事実ならびにそれらの時間的場所的序列だけであり，結局のところそうした事実とは我々の感覚そのものに他ならず，それゆえ科学とはただ，あれこれの感覚的事実，つまりはあれこれの感覚が継起したり随伴したりするその認識のことである，といった点についても，テーヌはスチュアート・ミルと同意見なのだ。

　しかしスチュアート・ミルの論理学はテーヌには不完全なものと映った。

　テーヌが指摘するところでは，我々は付加していく能力のみならず，差し引く能力をもまた有している。数学は加算だけから成るのではない。減算もまた固有の役割を果たしている。我々は部分を集めて全体を形作るばかりでなく，全体を部分へ分解もする。この第二の操作，第一の操作の逆となる操作を，テーヌは「抽象」と呼ぶ。彼によれば，この抽象によってこそ，我々はある一つの真理から他の無数の真理を，ある一つの原理から無数の帰結を，演繹する。すべての科学は抽象によって作られる。だからこそテーヌは，抽象し減算する能力のことを，「言語の源泉，自然の解釈者，宗教と哲学の母である偉大なる能力，人間を動物から，偉大な人間を卑小な人間から分かつ際の唯一なる区別をなすもの」と呼ぶわけである。

　スチュアート・ミルも，観察と帰納により要素的諸事実がひとたび見いだされれば，そこからさまざまな帰結を引き出してよいと認めてはいたはずである。だがミルによれば演繹とは，やはり外見を装っただけの

ヴェッソンによる続いての長い引用は，こちらの単行本からのものである。

帰納，あるいはむしろ反転された帰納，でしかない。彼の意見では，帰納が形成した命題から帰結を引き出す際に実際に行われているのは，命題のほうにあらかじめ入れておいたものを少しずつ取り出すことなのである。テーヌによるなら，少なくとも彼が好んで飾り立てる文彩の下にある思想を我々なりに把握できる限りでは，演繹とは，ある一般的な概念の中で最初に結びつけておいたものを個別のさまざまな命題へと細分化していくことに留まらない。それは，ある命題から，その形成には何ら寄与し得なかった別の諸命題を引き出すことなのである。それは例えば，円の一特性から，それまで知られていなかったさまざまの諸特性を導き出すことだ。──しかしそのような演繹，ある観念から別の観念を引き出す演繹は，第二の観念が第一の観念に収められており，部分が全体に含まれるごとくその第一の観念に含まれていたのだと把握していなかったとしたら，いったいどうやって可能だというのか。そしてこれはまさに，もはや単なる接近関係ではない，尺度の関係〔＝規準との照合に基づいた関係〕である。それは，関係や理由についての，もはや感覚の受動的な事実ではないような把握，比較し評価する能動的作用の所産であるような把握であり，あるまったく別の次元の事柄であり，これが「理性」と呼ばれるのである。抽象作用の最後の結果は推論だが，それを含め諸結果込みでの「抽象」ということでテーヌが考えていたのは結局，こうした作用に他ならない。それは実際人間固有のものであって，それによって人間はまったく感覚的な状態から身を起こして，さまざまな相対関係を計算し，相対的なものを相互に照らして測り，結局はそれら相対者のすべてを，どれほど明示的できっぱりしたものかはともかく，ある統一性を持つ絶対者に照らして測るのである。

　したがって，抽象や分析についてテーヌのような仕方で語るというのは，スチュアート・ミルやヒュームによって唯一公認された単なる経験の上に，理性の諸権利を再興することなのである。

　それだけではない。スチュアート・ミルの主調をなす思想とは，「原因」という観念を至るところから排除して，現象の単なる継起ないし並置をそれに代えるというものであった。それに対してテーヌは，彼言うところの「原因の公理」を普遍的なものとして援用するが，それは通常，「原因性の原理」と呼ばれているものである。テーヌによれば，一

切には原因があり，だからこそ一切は証明され得るのだ。

　テーヌは確かに，スコットランド学派やエクレクティスム学派が思い描いているような原因，すなわちいかなる事実からも区別されつつ，それらの背後に隠された小さな存在のように想像された原因を却下している。オーギュスト・コントと同様テーヌにとっても，事実の原因は，結局，別の事実でしかない。しかし，原因性が存在しているのは現象そのもののうちであってそれ以外のところにではないのだと言いたいにせよ，それならやはり彼は「原因性」を，「理性」についてと同様，そのすべての権利と力を備えたままに再興しようと主張しているのだ。

　通俗的な実証主義によれば，探求すべきは，形而上学がもっぱら関心を寄せている事実の神秘的原因なるものではなく，当の事実に通常先立っている事実である。だがテーヌに従えば，相互に不可分な諸事実のグループがそのように形成されたところで，それらがどういったより単純な事実へと還元され得るかをさらに探求しなければならない。重いものの落下，蒸気の上昇，複数の液体の平衡，それらの共通の原因は重力だ，とひとは言うではないか。通俗的な実証主義は，寄せ集めないし総合の作業によって，経験が与えてくれる諸現象を結びつけるに留めるが，それに加えて必要なのは，抽象ないし分析の作業によって，それらの事実を周囲の偶然的で可変的な条件から切り離して，あたう限り最大の単純性へ，ということはつまり最大の一般性へと，還元することだ。それが，科学が科学たり得る条件であり，また同時に科学の目指す終極なのである。一定の類に属する特殊的諸事実がただ一つの事実へと還元されたもの，ひとが「科学」と名付けるのはそれだ。そして一般的な諸事実がまたさらに唯一の同じ事実へと還元され得たとすれば，それは「普遍的科学」ということになろう。

　テーヌは言う[5]。「科学の進歩とは，諸事実の総体を，一切の経験の外にあるとされる仮想上の原因によってではなく，当の諸事実を産み出すある上位の事実によってこそ説明できるようになるということだ。こうして上位の事実からさらに上位の事実へと上昇していけば，一定の類の対象に関してあるただ一つの事実へと到達するはずであり，そしてそれ

---

5) Taine, *Les philosophes francais du XIXe siècle,* 1857, pp. 368-369.

は普遍的原因である。かくしてさまざまに異なる科学は，各々，それを構成する真理すべてがそこから演繹され得るような定義へと凝縮されていく。それに続いて，我々がさらなる一歩へとあえて踏み出す時がやって来る。それらの定義が複数あり，そしてそれらの定義もまた他と異ならない事実なのだと考えることで，それらの演繹の出発点となりそれらを産み出す初源的で唯一の事実を我々はそこに見てとり，他の事実において用いたのと同じ方法によって，その唯一の事実をそこから取り出すのである。我々は宇宙の統一性を発見し，何がこの統一性を産出するのかを理解する。この統一性の由来は，世界の外にあるものではなく，世界の中に隠された神秘的なものでもない。由来となるのは，他の事実と同類の，しかし一つの一般的な事実，すなわち自余の諸事実がそこから演繹されてくる発生的法則なのである。例えば，引力の法則から重力に関する現象すべてが派生し，波動の法則からは光に関する現象すべてが派生し，範型の存在から動物の諸機能が派生し，ある民族の主要なる資質からその民族が作る制度の構成部分ならびにその歴史上の出来事すべてが派生する，それと同じことである。科学が目指す最終目的は，この至高の法則である。そして仮にひと飛びにその法則のただ中に身を移し置くことができる者がいるとすれば，彼はそこで，一つの泉から別々の細分化した水路を通じるようにして，出来事の永遠のほとばしりと，事物の無限の海が繰り広げられていくのを目にすることだろう。まさにその時，ひとは自らのうちに自然の概念が生まれることを感じる。必然性のこうした階層構造によって，世界は唯一不可分の存在をなしているのであって，諸存在とはみなその分肢なのである」。

　こう言いながらテーヌは次のように考えているのだろうか。我々の認識が進展するにつれて，ある次元の事物の諸特性はそれよりも下位の次元に属するいっそう単純な諸特性へと還元されるべきであり，非常に低い段階のさまざまな次元における諸特性も，まだそこに何らかの多様性が存在する限りは，最終的にこの上なく要素的な共通の諸特性にまで還元されるべきである，と。もしそうならそれは，オーギュスト・コントの判定に従う限り，事物をその質料をなすものによって説明することである。したがって，以上のように適用された分析は，科学を諸段階を経つつ第一原因と見えるものへと導いていくが，その原因なるものは結局

のところあらゆる事実のなかでも最も単純で抽象的なものにしかならないのである以上，当の分析は科学を純然たる唯物論(マテリアリスム)に還元するばかりなのである。

　ここで加えて説明すべきこと，そしてこれこそテーヌがまだ試みていないように思われる点なのだが，それは，例えば重力のようなこの上なく単純で抽象的な事実が，ただ単に複雑化していくだけで，上位の次元の諸事実，すなわち化学的結合，有機化，生命，思惟といった事実を産み出したということをどうやって理解できるのか，ということだ。さらに最後に言うなら，最も基本的で単純な運動の事実も，あるいは延長ですら，その質料(マチエール)以上の何ものかなしに，何らかの形相(フォルム)や統一性の原理なしに，理解され得るものかどうか，これもまだ不明なのだ。こうした困難は，今に至るまで，どんな唯物論的(マテリアリスト)学説にも解決できていない。

　しかし，我々が先ほど引用した文章やそれと類似の他の文章から，テーヌが哲学全体に関して唯物論で満足していたのだと考えてしまうのは誤りである。実際それどころではない。オーギュスト・コントにかつて起こったことが，テーヌにも起きたのだ。有機的な存在，生命を前にして，常に引き続いて生じたり共に生じたりする事実のうちには，自身以外の諸事実を要求し，かつそれらに命令を下しているものがあることが，彼にもまた，見えてきたのである。分析によって諸事実が単純化され，周囲の偶然的でさまざまに変化する状況から引き出されてみると，それだけいっそうよく分かってきたことがある。生命を持った存在においてはある一定の事実が存在しており，この事実は他の事実に対して，端緒に対しての完成，不完全性に対しての完全性となる関係にあるというただこの点からして，そうした他の事実が存在することを必然とし，強いているという，このことである。栄養摂取は，消化や嚥下，咀嚼や食物補足のために一定の諸器官が存在し，それらが一定の仕方で組み立てられていることを，要求する。しかしこの栄養摂取自体，体力の消耗がそれを必要なものとしており，またこの消耗についても，何ものかがそれを必要としている。すなわち〔生体の〕範型の保存である。つまり範型の保存こそが原理的事実，支配的事実なのであって，他の事実はみなそれに依存しており，そこから命令を受けているのである。

　こうした考えにまで至ればそれはもはや，通俗的実証主義のごとく

「原因」という観念の一切を「物理的前件」という観念に限定するという話ではないし，複雑な事実を分析が分解していく先となる「単純な事実」という観念に限定するとかいった話ですらない。これはまさに，確かに物質ないし物体のうちに位置づけながらのことではあり，そしてそれはおそらく矛盾なしというわけにはいかないにせよ，しかしともかく，実証主義が追放するはずであった完全な原因性，能動的で意図的な原因性を再興するということなのだ。実際，完全性がまさに完全性として命令をなし〔何かを〕必然とする，と考えるのは，どう見ても明らかに，完全性が欲求を生み，この欲求を通じて運動を生む，と考えることだ。テーヌのように語るというのは，言葉遣いはより明確にすべきではあれ，取りも直さずこう言うことだ。すなわち，事物を決定し，事物の存在を基礎づけているところのものとは，通俗的な学者が思い込んでいるごとくそれらの事物の質料(マチエール)ただそれだけ，というわけではまったくなく，反対に，質料が向かっている当のもの，質料が受容し得る完全性であるところのもの，なのである。

　テーヌの諸研究の拡がりは二つの異なる認識次元を包摂しており，それは我々を二つの対立する方向へと導く。一つには唯物論(マテリアリスム)に至る方向であり，数学と物理学は我々をそちらへと入り込ませていく。もう一つにはスピリチュアリスムに導く方向であり，生物学が，そして何より道徳や美に関わる学が進んでいく方向である。テーヌはこの二つの方向の間で迷ってはいるものの，おそらくは，どんな美をも感じ取るその高い知性で，次第に第二の方向に同意していくことだろう。

XII

ルナン

反形而上学的な実証主義との親近性／最近の小論の検討。進化論理解のうちに垣間見られる別種の要素／形而上学への復帰の可能性

　エルネスト・ルナン（Ernest Renan, 1823-1892）はフランスの最も著名な碩学，また最も才気ある著述家の一人であるが，彼は哲学を職業としているわけではなく，哲学について方法的かつ詳細に論じたことはない。とはいえ，互いに結びつけてみると一つの哲学的学説の構成要素となる多くの特徴的な意見を，彼の著作から引き出すことは確かに可能である。
　ルナンの初期の研究は神学を対象としていた。だがそうした研究の途上で，一つの考えが彼に衝撃を与え，それが彼の変わらぬ関心事となったと見られる。自然科学や歴史科学は万物のうちに恒常的な諸法則があることを次々と示しているが，そうした成果を，神学的な見解と調和させることは困難だ，というのである。神学的見解では，自然にはそれよりも上位の力能があれこれの個別的な決断によって介入してきて，一切の予見を当惑させるように自然における物事の進行を中断するとされるからだ。ルナンの仕事は宗教や歴史，言語やあるいは哲学そのものにも及ぶ実に多彩なものだが，それらにおいて彼がまず第一に引き受ける課題は，諸現象は自然法則から説明されるのであって，それらの法則の規

則性は上からの例外的な介入を，つまり奇跡を，ことごとく排除するということの証明であった。

そればかりではない。多くの場合ルナンは，恣意的な決定により自然法則を一時中止する全能の意志といった超自然的なものを排斥するに留まらず，より広い意味でのそれ，すなわち物理的で感覚的な存在が服する諸条件を超えた上位の存在という意味での超自然的なものをも同様に排斥し，つまりは一切の形而上学を否定する向きに傾いていると見える。そのため，ルナンは人間の魂やその運命，神とその摂理といったものについて自分の考えを述べるわけだが，その際の言葉遣いが，それらの諸観念に密接に結びついているはずの道徳的信仰とは相容れぬものではないかと非難されることが多かったのである。

そして実際ルナンは，「実証主義的学説」と名付けられるものに一度も明白には賛同していないにしても，いつも行っている主張から見れば，実証主義的学説を唱える学派に非常に近づいている。彼は，絶対的な学などはなく，我々の観念はすべて相対的だ，としばしば繰り返すのだ。この原理から論理学者のごとくすべての帰結を引き出そうとまでは考えていないとしても，少なくとも，彼は多くの場合，この原理から容易に導かれる懐疑主義で満足しているように見える。彼はかつて，真と偽とはほぼニュアンスにおいてしか異ならないと述べた。彼はかつて，哲学を単なる「批判クリティック」へと置き換えよと語っていたのだ。すなわち，吟味や比較はするが自分の意見を述べるわけではないような批判へ，である。

とはいえ，以上がルナンの最終的な考えであったなどと簡単に考えてはならない。この著述家は，1855年の万国博覧会について新聞記事を書き[1]，そして当然にもその後この記事は有名なものとなったのだが，そこで彼は物質の優位に反対して，道徳的な次元に関わる諸権利ならびに知性の優位を非常に格調高い言葉で要求していた。また彼は，あれこれの著作においても，精神に関わる事柄について水準の高い思想を数多く述べてきている。

---

1) « La poésie de l'Exposition »（「万国博覧会のポエジー」）, in *Journal des débats*, le 27 novembre, 1855. 後に *Essais de morale et de critique*, 1859（『道徳批評論集』）に再録。

1863年にルナンは，卓越した化学者ベルトロ（Marcelin[2] Berthelot, 1827-1907）宛の手紙[3]で，科学と形而上学の未来に関する見解を示した。彼が素描するのは，自分が思い描く自然と人類の過去ならびに未来の歴史であるが，そこで支配的なのは二つの思想，すなわち事物の連続的進歩という思想と，そしてその進歩の原因に関しての思想である。

テーヌが見事に言い表したのは，科学は進歩するにつれて，相互に独立の二つの事実の間に中間的な事実をますます数多く挟み込んでいくという考えであった。中間項のこうした挿入によって，科学は，原因と結果の関係にある二つの両極の間にいっそう完全な連続性を絶えず打ち立てながら進んでいく。そしてこの連続性によって，諸事実の系列において，あるいは諸形式の系列においても，何か外的な力能の介入によって埋めるしかないと思われた空隙ないし中断は消え去るのだ。ある変様からごく近接した変異への気づかれないほどにわずかな移行，まさにこれによってダーウィンは，その著名な論考『種の起源』で，原始的な有機的一形態から非常に異なるさまざまの有機的諸形態への移行が長い間にどのように生じ得たのかを理解させようとしたのだった。グローヴ（William Robert Grove, 1811-1896）は論考『有機的諸力の相関』[4]の学識ある著者だが，彼もまた同じ考えをより一般的な形で述べ，この思想が自然界の現象すべての説明の鍵を与えるのだと言う。それが，1866年にブリティッシュ・アソシエーション[5]の会合で発表した『連続性についての講演』[6]である。ここでついでに思い起こして欲しいのは，アリストテレスにまで遡らないとしても，アリストテレスの後としては初めて連続律を普遍的法則だと明言して数学や他の諸学でのその利用法を広く理解させた人物である。彼は『形而上学』の著者の偉大な思想を多く

2）lを重ねてMarcellinとも綴られる。

3）［原注］*Revue des Deux-Mondes*, 15 octobre．［訳注］論文 « Les sciences de la nature et les sciences historiques »（「自然科学と歴史科学」），pp. 761-774.

4）ラヴェッソンによるこの *Corrélation des forces organiques* という書名は何らかの誤解によると見られる。正しくは *On the Correlation of Physical Forces*, 1846．（『物理的諸力の相関について』）

5）The British Association for the Advancement of Science（英国科学振興協会）。1831年設立。

6）"Continuity", in *British Association Reports*, XXVI, 1866, pp. 53-82. 上記の *On the Correlation of Physical Forces* の第五版（1867年）にも収録されている。

引き受ける堂々たる後継者であった。つまり深遠な思想家，ライプニッツのことだ。

　ダーウィンの著書はルナンの精神に強い印象を与えた。それは，世界のうちにある万物は宇宙の諸法則の展開だけから説明されるというルナン好みの思想を支持してくれる膨大な資料であった。イギリスの博物学者が生物界に関して詳細に行おうとしたことを，ルナンは今度は諸事物の総体に関して，一般的で簡略な言葉を用いつつ，行おうとした。世界は長い時間をかけて，まだ原子とその力学的な特性しか存在していない最初の状態から，一連の連続した転形を経てこの現在の状態にまで移行してきたのであり，生命は，さまざまの形態を経ながら次第に複雑かつ統一されたものへと高まりながら，この惑星上で人類の最良の部分が目下置かれている状態であるこの完全性にまでついに到達した。そしてその最も卓越した性格が，知性と自己意識であると見られるわけだが，ルナンはこの見方をどうしたら理解できるようになるかを示そうとしたのだ。彼は言う，「そのためには，言わばぎくしゃくと進んでいく継起的創造といったものは一切必要ない。通常の諸原因の緩慢な作用があれば，かつてなら秩序を外れた特別の諸原因で説明されていた現象すべてを説明できるのだ」。そして彼はこう付け加える，「時間こそが，優れて作用者であった」。

　となれば，単純な原子をなす物質がまず物理化学的特性を獲得し，それに続いて生命特性，そして最後には知性的で道徳的な特性を獲得するためには，非常に長い時間があればそれで十分だということになるのだろうか。そのような主張は何らかの補足修正もなしに支持できるものではなく，そもそも無意味だということを，ルナンの透徹した目は見逃さなかった。ラムネーはかつて，自然の諸存在を展開するように後押しする内的な促しについて語っていた。ルナンは時間というこの「普遍的係数」に副次的ファクター，すなわち彼が「進歩への傾向性」と呼ぶものを付け加える。彼は言っている，「内的な一種の原動力があって，それが万物を生へ，しかもいっそう展開した生へと押しやっていること，これは，なくては済まされない仮説だ」。こうも付言される──「宇宙のうちには，植物や動物において見てとれるもの，すなわち胚が，あらかじめ描かれている枠組みを満たしていくようにする内的な力があると

認めなければならない」。さらにまた彼はこうも言う——「生成していこうとしている宇宙の曖昧な意識，可能なものを現実に存在させようとする隠された原動力が，存在する」。続いてより正確にこうも言う，「宇宙とは巨大な争いであり，そこでは，可能で，可塑的で，調和的なものが勝利を得る。器官は欲求を作るが，器官はまた欲求から生じた結果でもある。いずれにせよ欲求それ自体は，神的な意識以外の何ものでもなく，それが動物の本能に，人間の生得の傾向性に，良心の命令に，そして万物が〔計測できる〕数と重み，尺度に満ちたものにする至高の調和へと，自らの姿を現したものなのだ。自らの存在理由を持つものしか存在しない。しかしそれにこう付け加えることができよう，自らの存在理由を持つものはすべて，かつて存在したし，さもなくば今後存在することになるだろう，と」[7]。

これは結局，オーギュスト・コントやリトレ，テーヌが垣間見つつそれぞれなりに語っていたごとく，宇宙の普遍的原因は諸事物が熱望している理想(イデアル)だということ，そして世界の大いなる原動力とは思惟だということ以外の何だろうか。

とはいいながらもルナンは，テーヌと同じく，そしてリトレやオーギュスト・コントと同様に，完全に形而上学へと赴いてしまうわけではない。彼によれば，形而上学に関しての事情は，数学や論理学についてとほぼ同様なのだ。数学は，単なる同一律の展開による量の変形に関しての数学的公式によって我々に認識を与えはするが，それが認識させてくれるのは，諸存在が何であるかということではなく，仮にそれらがひとたび存在するならば必然的に服することになる諸条件，必然的に含まれることになる諸々のカテゴリーだけなのである。論理学についても，形而上学についても，同様である。「それらは進歩していく別個の科学ではない。単に不動の概念の総体である。それらは何を教えてくれるわけでもなく，すでに知られていることをうまく分析させてくれるだけのものだ。永遠で不動のものについての諸科学があることは否定しないようにしよう。ただしそれらは，一切の実在の外にきっぱりと分けて置いておこう」。こうした言い方からすると，「完全」「絶対」「理想(イデアル)」と名指

---

7) この前後の引用は，先に言及された1863年の（書簡の形での）論文からのもの。

される形而上学の対象は確かに何ものかであって，通俗的実証主義が考えるような空虚な語ではないことになる。それは一切の実在の拠り所となる何かである。しかもそう言いながら，それには実在的なところが一切ないとされるのだ。これは実証主義的な経験論と形而上学の間の中間的な見解だが，もし深められていくなら，理想こそは実在の原因として，それ自身完全かつ絶対的な実在だという一貫した理論へと必ずや帰着していくはずである。

　すでにルナンは，より最近の出版物においては，理想だけが真の実在であって，その他のものは見かけ以上の存在を持たないと語っているのである。

XIII

ルヌーヴィエの「批判主義」

反形而上学的な現象主義／感覚論との相違点。表象の条件としてのカテゴリー／原因，目的，人格性／範型としての自由／自由の命運と不死性／神の問題。絶対者へのひそかな志向

 シャルル・ルヌーヴィエ（Charles Renouvier, 1815-1903）もまた，ルナンと同様，一般に「哲学」と呼ばれているものに代えて，「批判」ないし「批判主義(クリティシスム)」と称するものを提案する。それが彼の『一般批判試論』[1]の目的である。第一巻は 1854 年，第二巻は 1859 年，第三巻ならびに第四巻は 1864 年の刊行となる。
 ルヌーヴィエが目指すのは，『純粋理性批判』の有名な著者の企てを引き継ぐことである。ルヌーヴィエはカントと共に，「経験的」と言ってよいすべての学派の格率，すなわち「我々の認識は現象を超えない」という格率を認める。感覚的経験の領域とは別の領域に想像される一切の存在は，ルヌーヴィエにとって単なる空想物である。我々の感官が認識させてくれる諸関係の外でそれ自体において存在するもの，大部分の形而上学者が考える，あるいは考えているつもりの「実体」，神や魂こそはそういうものだと彼らが想像しているような「実体」なるもの，そんなものは空しい偶像でしかないのであって，形而上学とは「偶像学(イドロロジー)でしか」ないのだ。何らかの完全で欠けるところなきもの，無限，純粋な

---

[1] *Essais de critique générale*, 4 vols., 1854-1864.

一性,自分自身を考える知性,等々の諸概念,あるいは普遍的な一つの秩序ないし一つの学知についての構想に関しては,ルヌーヴィエはそこに矛盾した不条理なものしか見ない。彼に言わせれば,絶対というのが何であるにせよ,そんなものを追求してしまえば,誤謬の,あるいはより正確には無意味の深みに至るばかりである。以上の思想は,ほとんど異ならない言葉,まったく同一ではないにしても結局同じ意味の言葉でハミルトンが述べていた思想,またとりわけオーギュスト・コントが,またリトレ,ベイン,スチュアート・ミル,テーヌが述べ,そしてルヌーヴィエと同じく形而上学に宣戦布告をした者たち全員が口にしていた思想と同じものである。

とはいえ,ルヌーヴィエはいわゆる実証主義的な学説に与するわけではない。彼は,その種の学説が含んでいる「至るところで仮定されながらどこにも証明されていない感覚論」を批判している。この感覚論は,彼には「粗雑」なものと見えるのである。彼の意見では,カントが学にもたらしてくれたものを一切考慮に入れないというのは後退である。感覚〔感性〕的なものとは,現象すなわち我々に現れるものにおいて,その一要素に過ぎないのであって,そこには感覚的なものが現れるために不可欠なもう一つの要素が存在している。つまり諸形式であり,我々は感覚的なものを,我々の側のものであるこの形式の下で把握する。こうした了解方式をカントは,アリストテレスに従いつつ「カテゴリー」と呼んだのだった。実証主義は,唯物論的な学説一般と同様,諸現象を我々の意識の外にあってそれだけで自足するものと考え,我々がそれに与える形式と統一性については一切考慮していない。逆にカントに同意しつつルヌーヴィエが指摘するのは,現象が我々にとって現象であるのは,それについて我々が形成する表象においてのみだ,ということである。しかも他方,この表象自体,我々はそれを意識することで表象するのである。したがって表象には二つのファクターを区別することができる。表象(ルプレザンテ)されるものと,表象(ルプレザンタン)するものないしルヌーヴィエの言い方では「表象者(ルプレザンタティフ)」であり,言い換えるなら,表象の対象と主観,である。そしてこの区別される二つの項は,ある観点では対立するものであるが,しかしその第一の観点と言わば対となる第二の観点においては,それぞれがまさに自分の対立者が持つ性格を有することになる。実

際，主観は意識において，少なくとも意識が反省にまで高まった場合には，主観自身にとっての一対象となる。そして対象も，意識においては一つの表象，すなわちそれを考えている思惟自身つまり思考者とは別の実在として区別されるわけではない一つの観念である以上，対象とは主観なのである。ルヌーヴィエの表現に従うなら，表象されるもの(ルプレザンテ)はいずれも，表象者(ルプレザンタティフ)でもあるのだ。したがって表象の二つの要素は，同じ一つの事柄の二つの不可分な側面，一つの関係の二つの項なのである。以上の所見から『一般批判試論』の著者は結論する。唯物論的実在論は，表象されるもの(ルプレザンテ)を見るばかりで表象者(ルプレザンタティフ)がそこに結びつけているものを捨象しており，唯心論的観念論は表象者ばかりを考察しているが，これら二つの理論はいずれも同様に誤っている，というのである。ルヌーヴィエによれば，正しい学説は，双方を合わせたところ，二つの項の関係のうちにこそ，実在を据えるのである。

以上の経緯は，かつて，エピクロス派の唯物論とプラトンならびにアリストテレスの唯心論の間に，ある中間的な学説が割り込んだ時の経緯とほぼ同じものだ。つまりストア派の学説であって，それは受動的原理と能動的原理が，一つの不可分をなす全体の共に等しく不可欠な部分だとしたのである。

ルヌーヴィエは唯物論的実在論を容易に反駁してみせる。しかしおそらくその反対の学説に対しては，まったく同じようにはいくまい。物質的要素(マテリエル)が自らに形式(フォルム)と統一性(ユニテ)を与えてくれるものなしで済ませられないことは自明だとしても，その後者のほうが完全に自足することができないということはそこまで明らかではないからだ。多数性は，多数性を一つの数にする何らかの統一性なしには考えられない。だが逆に，一性(ユニテ)はそれのみで考えられる。それだけでは何ものでもない否定的な(ネガティフ)ものについて正しいことは，だからといって積極的な(ポジティフ)ものについても正しいとは限らないのだ。

カントに従いつつルヌーヴィエが指摘するところでは，「カテゴリー」と名付けられる表象様態という条件の下でしか，表象は可能ではない。そして彼は，これまたカントを追って，カテゴリーの列挙と分類という困難な仕事を再開する。ルヌーヴィエの意見では，表象においてすべては相対的な(ルラティフ)のであるから，他の諸々のカテゴリーすべてを支配するもの

として最初に彼が置くのは，関係(ルラシオン)のカテゴリーである。それに続いて彼が並べていくのは，数，延長，時間，質のカテゴリーであり，これらは現象的な諸関係が我々の経験に現れてくる際の性格を規定するものである。そして最後に置かれるのは，実証主義者が，そしてカント自身も消去しようとし，あるいは先のカテゴリーへと還元しようとしたカテゴリー，すなわち原因と目的の観念であり，その両者を共に含んでいる人格性の観念である。実際我々は，ある原因が運動を規定すると考える際には，その原因が自らにある目的を立てると考えないわけにはいかない。そしてある目的を自らに立てること，すなわち意志するということは，よく考えてみれば，我々と同様，「私」と言う，あるいは言い得るものにしか帰属しない。これこそは「人格」と言われるものである。

　ルヌーヴィエは，自ら試みる分析によって，次の帰結にまで導かれる。すなわち，一定の表象においては一定のカテゴリーが支配的であるとはいえ，しかしすべてのカテゴリーがそこで協働していない表象などただ一つもなく，表象されたもののうち，すべてのカテゴリーがその規定に寄与しないものも決して存在しないのである。かくしてルヌーヴィエは重要な指摘をしているわけだ。すべては上位のカテゴリーに従っている。そして我々の認識のもとに入ってくるのはどれも，そこに我々が力と目的因を見いだせるものであり，程度はどうあれ人格性の幾分かを見いだせるものである，というのだ。これはすなわち，我々が自然を表象できるのはただ，精神の側に備わる諸条件においてだけだということである。これこそは，ルヌーヴィエの熱心な探求のオリジナルかつ非常に重要な帰結である。ただしかし，以上に対応した逆向きの命題，すなわち，我々が表象できるのは物理的なカテゴリーないし表象条件においてのみだ，という命題に関しては，上位の原理の独立性について我々が先ほど示した見解[2]からして，おそらくまだ次の指摘を行う余地があろう。我々の表象は，一般的には，実際に自然のカテゴリーに従っていることを認めるにしても，しかしそうしたカテゴリーをまぬがれるものが一つある。それらの表象を形成する際に働く能動的活動性，我々自身に他ならない能動的活動性の，観念である。

　2）先ほど言われた，一性と多数性との間の非対称性（多数性は一性を必要とするが，逆は真ではない）についての所見のこと。

XIII　ルヌーヴィエの「批判主義」

　一切の絶対者ならびに一切の完全な統一性に敵対するルヌーヴィエによれば，思惟する存在とは，テーヌもまたいつもそう語っているように，継起するさまざまな思惟の集合ないし系列でしかない。ただ言っておけば，人格の同一性や記憶は，この命題とは容易に折り合いがつくまい。ルヌーヴィエにとって，人格性もまた，他の一切と同様，関係でしかない。しかしこの同じ彼はまた次のようにも言うのであって，その命題によって彼は唯物論的な実証主義よりもはるか高くに位置している。すなわち，関係とは思惟であり，意志であり，人格性である，というのだ。

　これはつまり，魂は至るところに魂を，少なくとも素描の形において再発見するということであり，魂は自らが携え，自らのうちに覚知する範型に合致したものしか捉えはしない，ということである。

　この範型をより詳細に研究することが『一般批判試論』第二巻の目的なのだが，その研究において，『純粋理性批判』の不滅なる著者カントの後を追って，ルヌーヴィエが，その範型ならではの本質的かつ支配的な特質として認めるのは，自由(リベルテ)である。彼によれば，自由こそが，人間の本質的な土台となるものなのだ。そして自由は，我々の行為の原理であるばかりか，我々の確信の原理でもある。

　デカルトの語ったところでは，明証性が一切の確実性の基礎である。対してルヌーヴィエによれば，明証性は単なる現象についての単純な知覚にしか属さない。それ以外のものに関しては，確実であるということは，信じているということに帰着するというのがルヌーヴィエの意見である。そして信の基礎となるのは，さまざまな欲求であり，またわけても自由な選択なのだ。我々が確信するのは，結局のところ，我々が目指す自分の道徳的な使命に合致していると承認するものであって，この承認こそが自由行為なのである。そのような確実性は多くの不確実性まで含まずにはいないだろう，という反論もあろう。ルヌーヴィエもそれは認めている。彼は言う，「愚か者の特徴は疑うことが稀だということであり，狂人の特徴は決して疑わないということである。良識ある人間

は，多くを疑うという点でそれと見分けられるものだ」[3]。

　以上のような思想は，ルヌーヴィエの与えた姿のままではいくつかの批判の対象になり得るが，確実性と信，そして信と自由との間に密接な繋がりを確立するこの理論は，確かに考慮に値するものである。かつてプラトンが語ったように，善こそが第一原理かつ最終原理であるなら，善は究極的には真についての至上の規則でもあろう。だとすれば，パスカルと共に[4]，心情こそが諸原理の判定者であるとどうして言ってはいけないのか。しかるに，心情とは愛であり，真の愛と真の自由とは同じものではないのか。キリスト教は言う，「霊(エスプリ)とは愛である」。また別のところではこうも言う，「霊(エスプリ)はそれが望むところに吹く」[5]。

　ここで付言しておかねばならないことがある。ルヌーヴィエは，自由についての思想の一部分を，彼の友人であったもう一人の思想家と分かち合っていた。ジュール・ルキエ（Jules Lequier, 1814-1862）であり，ルヌーヴィエはその死後残された多くの著述物を敬愛に満ちた細心さをもって公刊したのだった。

　人間は自由であることが発見され，その自由は自然の事物の運動の中でも維持され，むしろそれらの運動を自由が辿っていく命運に従わせるのだとして，ここで一つの問いが生じてくる。当の命運は，時間の内部に限られるのか。あるいは反対に，それは無限に続いていくべきなのか。すなわち，不死性の問いである。

　ルヌーヴィエは際限のない生について，証明できるとまでは言わないが，それは正当な帰納推論で保証されているとみている。その帰納推論が引き出されるもとは，自然においては何も消滅せず，形を変えつつ万物は持続していくというその自然からのアナロジーであり，そしてとり

---

3) Renouvier, *Essais de critique générale, deuxième essai*, 1859, p. 322.
4) 『パンセ』ブランシュヴィック版282／ラフュマ版110。
5) 『ヨハネによる福音書』(3,8)。
　新共同訳では「風は」と訳すが，もともと pneuma は神の息吹（ruagh）でもあり，のちの esprit の語もこうした含意を引き継いでいる。ラヴェッソンはこの連鎖を意識してここで esprit の語を用いているのであろう。
　なお研究によれば，多くの場合ラヴェッソンは新約聖書についてはギリシア語版を用い，自分で適宜翻訳しているという。

わけ，道徳的な次元で想定される適宜性ならびにアナロジー[6]である。常に続いていくよう命運を定められ，おそらくいっそう光に満ちたものとなっていく意識は，言わばそれぞれが神のようなものである。そしてルヌーヴィエは考える，さらに我々の存在よりも上位のもので，目下の現象が自らの原理であるがごとくにそれへと結びつけられているような存在がどうしてあってはいけないのか。かくして，神々が，またあるいは何らかのいっそう上位の神が，現象をすべて支配しているとされるのだが，しかしキリスト教ならびに形而上学が理解しているような神，一切の限界と欠陥を持たない神，無限の力と知恵と愛〔である神〕というのは，ルヌーヴィエの容認できないものである。今日のもう一人の優れた著作家ルイ・メナール（Louis Ménard, 1822-1901）と同じく，ルヌーヴィエも，民主主義政治という彼のお気に入りの思想を仲立ちとして，神学においてもそれと似た〔民主主義的な〕思想へと導かれているようである。すべての形而上学者が信じてきたところでは，自然をそこにおける多様な調和と併せて考察してみても，あるいはまた道徳が要求することに応じて自らを統御してみても，原理を探求するならばひとは必然的に，一性へと導かれる。それに対してルイ・メナールとルヌーヴィエによると，複数性で十分だと考えておかなければ，専制政治や暴政が人間社会にもたらすようなありとあらゆる不都合へとひとは陥ってしまうのだ。——しかしおそらくそれは，神の一性というものの捉え方次第であろう。スピノザが考えたように，結局はまったく物理的な観点から，神の一性を言わば普遍的な物質〔＝宇宙の素材〕として考え，個体とはその必然的な諸変様だとし，一切の個体性と自由に何らの余地をも残さないとすれば，上の不都合は避けられまい。だが，真にその名に値する形而上学が考えるように，神は完全な美であって，それが諸事物のうちに置く愛のゆえにこそこの美は諸事物の原因となっているのだと考えるなら，美はそれが事物を決定するそのやり方ゆえに，諸事物を独立した自由なものとなし得るということになろう。かつてパスカルは言ってい

---

6) ここでの「適宜性（convenances）」とは，ある種の報償がこの生の後にも用意されているというのが道徳的観点からはあるべき望ましいことだ，ということ。「アナロジー」というのは，この次に述べられるように，諸存在の間の道徳的な階層秩序を，来世や彼岸にまで同じように拡張して考えてよいということ。

た,「統一ならぬ多とはアナーキーである。多ならぬ統一とは暴政である」[7]。ギリシアの詩人も言う,「いかにして万物が一であるのか,しかもそれでもいかにしてそれぞれの事物が独立しているのか。これこそが問題なのだ」[8]。

ルヌーヴィエは汎神論を嫌悪していた。神とされるものの一性のうちに万物を混ぜ込んでしまうからである。汎神論に引きずられるくらいなら,彼はむしろ無神論に傾く方を選んだだろう。彼は〔『試論』の〕第一巻では,ある意味プルードンの極端な逆説と競うように,無神論こそが真の科学的な方法であるとまで述べていた。しかし続く巻でルヌーヴィエは,ライプニッツがスピノザについてどこかで言っているように「温和になり」,無神論者の一人とされることを望まなくなる。ただやはり,少なくとも,彼は変わることなく,結論として一性や無限性,完全性に至るような一切の神学ないし哲学に対しての公然たる反対者ではあり続けている。

しかしながら,ルヌーヴィエはその『試論』第一部では「現象主義」ないし「表象主義」と呼べる立場を採ってはいたものの,それ以降の箇所では形而上学者の考えからそれほど遠くない思想へと回帰していると見られるのも事実である。

自然を構成するさまざまな部分,特に人間についての研究を行うなかで,ルヌーヴィエは次のことを認めるに至る。「明らかにすべての存在には定められた使命があって,目的性という一般的な法則は世界の秩序の本質的な部分であり」,したがって「世界の秩序を構成している個人はすべて,終わりのない進歩によってますます完全なものになって行かねばならない」のだ。これはルヌーヴィエの探求の出発点であった諸原理から当然期待すべき事柄を超えた主張である。個別のさまざまな目的の実現の手段に保証を与え,世界の道徳的秩序を構成しかつ維持するた

---

7) 『パンセ』ブランシュヴィック版871／ラフュマ版604。
ただしこの断章をこのように「アナーキー」かつ「多ならぬ」と読む『パンセ』のエディションははっきりしない。十九世紀以後の多くのエディションでは,「アナーキー」の部分は「混乱(confusion)」,「多ならぬ統一」の部分は「多に依存しない統一」とされる。
8) XXVII:256頁末尾の引用と類似するが,出典不明。

めには，あらゆる善の終局となる実在的で至高なる神への信仰，「神の存在と支配への」信仰にまで結局は至らねばならないというこのことを，ルヌーヴィエは認めるわけである。彼は付け加えて言う，「道徳的完全性の理想のうちに，世界の法としての善の肯定，ならびに経験を含みつつ支配する道徳的秩序の肯定のうちに，かくして有神論が，そして絶対者すらもが，再び現れてくる」。確かにルヌーヴィエは付言する。この絶対者については，我々の意識の条件となる諸関係の外では何も知ることができないし，したがってそれは言わば相対的な絶対者でしかなく，この言い方そのものにおいても，絶対が意味するのは単に否定，未規定性，無知でしかない，と。いっそう道徳的な性質を帯びつつも，これは，認識されざる偉大なものについてのハーバート・スペンサーの語り方とほぼ同じである。先に見たように〔91-92頁，115頁〕，スペンサーによれば，この認識されざるものについても，唯物論的実証主義が閉じこもろうとする地平，感覚的現象の地平を超えたところに，その存在を認めねばならないのであった。しかし，認識されていようといまいと，あるいはより正確に言えば認識しているその程度にかかわらず（というのも，まったく認識されず規定もされないようなものだったなら，いかにしてそれについてほんのわずかな想定すらできようか），オーギュスト・コントやハーバート・スペンサーの思索，テーヌやルナンの思索と同様，ルヌーヴィエの思索が最終的には向かっていき，どうしようとも結局到達するだろうその先はやはり，絶対者，無限者，道徳的完全性を備える絶対者なのである。

XIV
ヴァシュロ

――――

『形而上学と科学』／レエルとイデアルの相互排除性という原理／エクレクティスムとの根本的な合致／現象を超えるもの。無限性と，完全な秩序への進歩。形而上学と神学の対象／批判的考察。イデアの存在とは何か／レミュザの見解／ヴァシュロの見解／『心理学論考』。スピリチュアリスムの兆し

ヴァシュロ（Étienne Vacherot, 1809-1897）の最初の仕事は，道徳と自然法についてのヴィクトル・クーザンの講義の編集であった[1]。その後ほどなくして彼は，第一原理についてのアリストテレスの理論に関する博士論文[2]，続いて『アレキサンドリア学派の歴史』によって名を知られることとなる。後者については我々もすでに言及した〔28頁〕が，この著作は精神科学・政治科学アカデミーから賞を受けている。すでにヴァシュロはこの博士論文と『歴史』において，彼が属する〔エクレクティスムの〕学派の見解からいくぶん離れた諸見解を述べている。

その後彼は『形而上学と科学』[3]と題された大部の著作を出版し，一

---

[1] ヴァシュロ編として該当する講義が出版されるのは，*Cours d'histoire de la philosophie morale au dix-huitième siècle : professé à la faculté des lettres en 1819 et 1820*（『十八世紀道徳哲学史講義。1819年と1820年に文学ファキュルテで行われた』）においてであろうと思われる（内容には自然法も含む）。しかしこれは1839年以降のことであり，以下の記述とは食い違う。編集作業にずっと以前から携わっていたという意味であろうか。

[2] *Théorie d'Aristote sur les premiers principes*, 1836.（『第一原理についてのアリストテレスの理論』）

[3] *La métaphysique et la science*, 1858.

つの体系に到達するのだが，そこに再び見いだされるのは，テーヌやルナン，ルヌーヴィエの理論に共通の主張である。神学者や形而上学者は一般に，神についてのある観念，すなわち神とは無限かつ完全な存在，全能なる意志，そして自らを完全に所有している人格性であるという観念を作り上げてきたが，テーヌやルナン，ルヌーヴィエ，そしてヴァシュロは，それぞれ内容は異なりまた依拠する観点も一定程度異なりはするものの，そうした〔神についての〕観念を作り直そうとしたのだと言えよう。何より斥けるべきは，自然を支配しその進行を思いのままに変えることのできるような意志という観念だ，と考えたのがルナンであり，無限かつ完全な実体という観念だと考えたのがルヌーヴィエであるなら，ヴァシュロは完全な人格性という観念をとりわけ認めがたいと考えており，この点はテーヌと同意見である。ヴァシュロに固有であるのは，完全性は無限性と，そしてまた同時に実在性と，両立し得ないという主張である。

　ヴァシュロは『形而上学と科学』第二版（1863 年）の序文で言う，「形而上学が扱う二つの主要な対象は，神と世界である。世界とは，感覚の対象となる実在(レアリテ)であり，これは無限である。神とは，知性の対象となる完全性であり，すなわち理想(イデアル)である」。またこう付言されている――「この書の主張とは，完全なるものと無限なるものとの根本的な区別である。前者は至高の理想とされ，後者は普遍的な実在とされるのである」。あらゆる時代の主要な哲学体系の分析，あるいはまた知性そのものの分析，我々の有しているさまざまの認識についての批判的検討，それらによってヴァシュロが証明しようとしているのは何よりもまず次のことだ。すなわち，万物が要求し，万物が導くその先となるのが完全性の理念(イデー)であるとしても，この理念はそれ自体，実在性と相容れない，というのである。したがって，実在性はただ世界へと限られる。世界が実在(レエル)のすべてなのであり，神は理想(イデアル)なのだ。

　ヴァシュロは言っている，「実在(レエル)は認識され，理想(イデアル)は概念的に思考される」。彼の意見では，〔実際に〕認識することと，概念的に思考することというこの区別に，哲学の未来全体が懸かっている。

　知覚で捉えることと概念で考えることとの間でのこうした区別は，先に見たように〔31-35 頁〕，特にスコットランド学派が打ち立てたもの

であり，そしてそこから，当時支配的であった美学理論〔理想主義(イデアリスム)としての新古典主義〕の影響の下，理想は実在と両立しないと考えるエクレクティスムの学説が生まれてきたのであった。ただしヴィクトル・クーザンはある意味で，神に関しては例外を設けていた。彼によれば，神には，実在となった理想が見いだされるのだ。対してヴァシュロは，実在だけが認識され，単に概念的に考えられるものは実在性なき理想に過ぎない，という一般原則をより厳密に適用する。こうして彼は，経験論的諸学派にいっそう接近し，クーザンは認めていた例外を抹消してしまうのである。

ヴァシュロによれば，空虚とは矛盾した観念であるから，実在は〔空虚による断絶のない〕連続的かつ無限な一つの全体をなす。この宇宙論的な命題が自分の著作の主要な結論なのだと彼は言う。そして実際，ヴァシュロの体系において，無限で普遍的なるものとして世界は，他の多くの体系においては神が占めている地位を持つことになる。神に残されるのは，完全性と，ただ単に理想(イデアル)上の存在だけだ，ということになろう。それゆえヴァシュロは，神を世界から区別しながらも，自分の考える限りでの世界には「神」という偉大な名をしばしば与えているわけである。ヴァシュロは，神とは理想的なもののカテゴリーだと述べた点ではルナンを賞賛するが，思惟にとっての理想でありながらも神はそれ自体やはり何か実在的なものではないかという疑いに余地を残した点ではルナンを非難している。

ボシュエは，同時代あるいは先代の偉大な形而上学者すべての学説を要約して，次のように記している。それが向けられるのは，今日ヴァシュロがまた繰り返す意見を当時述べていた人々である。「ひとは言う，完全なものは存在しない。完全なものとは，我々の精神が作る観念でしかなく，ただその観念が自分の目に見える不完全なものから，思惟においてしか実在性を持たない完全性にまで高められたものに過ぎない。完全なものこそが，それ自体においても，我々の諸観念においても最初のものであり，不完全なものなどはどうしたところでこの完全度が弱められたものでしかないとは考えもしないのだ」[4]。別のところではこうだ，

---

4) *Élévations à Dieu sur tous les mystères de la religion chrétienne*, in *Œuvres complètes de Bossuet*, éd., par F. Lachat, 1862, vol. VII, p. 4. (『キリスト教のすべての秘蹟に関する，神への

「完全なものは不完全なものに先立つのであり，不完全なものは完全なものを前提としている」[5]。またさらにはこうだ，「不完全なものは存在し，完全なものは存在しないなどということがあろうか。それが完全であるがゆえに存在しないと言うのか。そして完全性は存在する上で障害になるのか。いや，反対に，完全性こそは存在理由なのだ」[6]。『モナドロジー』の著者〔ライプニッツ〕においても，同様に次のような言葉が見られる。「完全性とは，積極的な実在性の大きさが，それを有する諸事物における限定ないし限界を取り去ってただそれだけで捉えられたものである。したがって，何の限界も存在しないところ，つまり神においては，完全性は絶対に無限なのだ」。そしてこうも言われる，「可能的なものは各々，まさにそれが含む完全性に応じて，現実存在への権利を持っている」[7]。

　以上のような深い見解に，ヴァシュロは何ら堅固なものを見ない。そればかりか彼はそれらへの論駁が何か有益な仕事だとも考えない。それほどまでに，彼にとってはこうした見解の不条理は明白なのである。この点についてポール・ジャネは『哲学の危機』でこう述べる。「ヴァシュロは至るところで『完全なものは現実に存在することはできない，理想は実在となり得ないという理由によって』ということを，自明の公準であるかのごとく前提している。確かにひとは，現実存在が一つの完全性であるという点についてはデカルト主義者に異議を唱えることはできた。しかしながら，現実存在が不完全性だというのは奇妙である。結局のところ，存在しないことよりも存在することのほうに価値がある」[8]。

　ヴァシュロの考えは，文字通り本当に「現実に存在することは一つの不完全性だ」ということではおそらくなく，「実在性が持つ諸条件は，どうしても不完全性を含意する」ということだと思われる。つまり彼は，実在するものとしては，感覚経験が我々に認識させてくれるものし

上昇」）。ボシュエの死後（1727 年）に刊行された。
　5) *De la connaissance de Dieu et de soi-même*, in *ibid.*, vol. XXIII, p. 191.（『神と自己自身の認識について』）
　6) *Ibid.*, vol. VII, p. 3.
　7) 『モナドロジー』§41。
　8) *La crise philosophique*, pp. 158-159.（一部省略あり）

かない，と前提しているのだ。そしてカロが『神の観念とその新たな批判者たち』[9]で，またポール・ジャネが『哲学の危機』でそれぞれ指摘したように，この前提こそ，ヴァシュロの哲学全体の暗黙の原理なのである。

　カロは言う，「ヴァシュロの証明の前提は，一切の経験は変化するもので，時間と空間において展開していくということ，一切の経験は自然ないし歴史のただ中でしか生じないということだ」。そして彼は付け加える，「ヴァシュロが言うところの完全性と実在性との両立不可能を生み出しているのは，ただ経験にのみ基づいた定義なのである。すなわち，『一切の実在は，過ぎ去っていく現象である』という定義だ」[10]。ポール・ジャネも同意見である。「私の感覚に入ってきて私自身の不完全な存在と接触する実在がそれ自身不完全なものだということは，確かによく理解できる。しかしどうしてそこからして，一切の実在が，つまり一切の現実存在までもが必然的に不完全なものだと，結論しなければならないのだろう」[11]。

　ただし，こうした指摘に対しては，おそらく次のように言い添えておくのが公平というものだろう。まず，ヴァシュロが物質的で感覚的な現象とまったくそうではない現象との二つを認めず，現象とはすべて，エクレクティスム学派が「心理学的事実」と呼ぶ現象についても例外なしに，何らかの点では感覚的で物質的なものであることを認めたとして，しかしその点がまさにヴァシュロの功績なのだ，と言うしかない。そう見るなら，直接の知覚で捉え得るものは現象だけであるというあのスコットランド学派とエクレクティスムの原理から出発して，一切の実在は感覚的な現象以上のものではないという帰結をヴァシュロが導き出したのも，あながち不当ではなかったのである。また他方，エクレクティスム的哲学は，それが考える意味で現象を超えているものを特徴づけようとする場合，「理想」や「完全性」といったまったく相対的な語で満足してしまうことがおそらくあまりに多いのであり，実際のところそうした語の下に，何らか積極的なもの，実在的なもの，我々の精神が行う

---

9) 　*L'idee de Dieu et ses nouveaux critiques*, 1864.
10) 　*Ibid.*, p. 325 からの自由な引用。
11) 　*La crise philosophique*, p. 159.

比較の産物である抽象的で一般的な概念以外のものを見てとることは難しい。そこで言われる「理想」や「完全なもの」,「完成したもの」とは，それ自体として結局何のことなのか。ひとはそれをあまりに漠然としたままに放置している。少なくとも感覚は我々に規定された現実のものを与えてくれるのであるから，一切の実在性は感覚のほうに見いだされると思われたとしても，驚くことはない。かくして，エクレクティスムの幹からヴァシュロの哲学という，エクレクティスムが否認する芽が生じたところで，それもまったく当然と思われるのだ。

もしアリストテレスやライプニッツと共に，完全性を能動的作用(アクシオン)から定義し，この作用を，単なる概念的把握ではなく内的意識の対象としての意志から定義するならば，完全性の実際の存在に反対するヴァシュロの論は崩れ去る。この時，ひとは一つの哲学の原理を手にしているのであり，そしてヴァシュロ自身も，おそらく今日ではそれに決して同意しないわけでもあるまい。最近の『心理学論考』[12]では，我々は自分自身のうちに能動的作用の直接経験を持ち，この作用は単に諸感覚のような実在であるばかりか，諸感覚の優れて実在的なところでもあるとヴァシュロ自身言っていたのではないか。しかしこの哲学は，『形而上学と科学』全体が述べている哲学ではない。

『形而上学と科学』で示される限りでのヴァシュロの考えでは，実在的な対象とは，感覚対象だけである。

そうすると，本来，感覚的世界を構成する多様な諸現象以外には何も存在しない，と結論しなければならないように思われる。

しかしながら，実証主義者のするように，宇宙のうちに多数の現象しか見ないというのは，ヴァシュロの考えではない。この多数性は科学の対象であるが，彼によるとその下には統一性があり，そしてそれは形而上学の対象だというのである。事物のうちにも外にも空虚は一切ない。現実存在は一つの連続をなしており，それを中断したり限界づけたりするものは，空間においても時間においても何もない。世界は無限で，永遠で，必然的である。ただし，一切の事物が空間においても時間におい

---

12) *Mémoire sur la psychologie*, 1859.

ても示す調和からして，一切の事物の根底に統一性があることは明白なのだ。したがって，現象だけですべてが尽くされるというわけではなく，すべては限界なき唯一の存在なのであって，現象はそのさまざまの変様に過ぎないのである。

　そればかりではない。唯一で無限の存在がその全体をなす実在性は，また別の原理を要求する。神学の対象となるのはそれだ。事物の調和は不変不動のものである。対してこの世界のうちの一切は必然的に変化し，そして変化しながら悪から善へ，混沌から秩序へ，しかも次々と上位の秩序へと進んでいく傾向を持っている。世界は進展，永遠の進歩のうちにあるのだ[13]。この進歩には原因がなければならない。この原因とは，完全性のことである。事物の秩序とは，唯物論が思い描くような，下位の秩序の要素が単に複雑になったものではない。それは，普遍的で無限の存在が，完全性への恒常的な傾向性のおかげで上昇して辿り着いた新たな一段階なのである。

　かくして無限なる存在の観念は，無限なる存在を引き寄せる完全なるものの観念によって補完され，形而上学は神学によって補完されるわけである。

　オーギュスト・コントの言葉のごとく「全体を見る観点」に身を置くことで〔102-103頁参照〕，ヴァシュロは，言わば宇宙の細部をなす個々の事物に，ひとつの神を加えねばならないことを認めた。彼は神を一個の存在，人格とするのを何よりも嫌っており，この神を二つに分けた。一つには，諸事物の上方にある完全性であって，これは目的因である。もう一つには，諸事物の根底にある絶対的な現実存在であって，これは作用因であり，目的因はそれを自らへと呼び寄せるのである。

　レミュザは，プラトンについてのグロート（George Grote, 1794-1871）の著作に関して発表したごく最近の論文[14]において，次のような

---

　　13)　原文：Le monde en est progrès, en progrès perpétuel. 諸版で異同はないが，Le monde est en progrès ... の誤記だと見る。

　　14)　〔原注〕*Revue des Deux-Mondes*, janvier 1868.〔訳注〕Ch. Rémusat, « Platon. *Plato and the other companions of Sokrates*, by G. Grote, Londres 1867. »（「プラトンについて。G. グロート『プラトンと，ソクラテスの他の仲間たち』（ロンドン，1867年）」）in *Revue des deux mondes*, pp. 43-77.

見解を示している。プラトン自身ではないにせよ、プロティノス派のプラトン主義者たちは、彼らの考える「イデア」に、まったく特殊な存在、諸実在のそれとはまったく別の存在を帰していたというのである。そしてレミュザは、彼自身、その種の存在を、事物の範型たるイデアのみならず、プラトンの言い方では「イデアのイデア」、つまり神についても、認める用意があると述べている。レミュザは言う、「動機というものは、観念(イデー)でありつつ、力を有しており、力能を行使するものであることをひとは認めるのではないか。それは、動機が作用するというのを認めることだ。であれば、動機は存在ではないにもかかわらず、やはり現に存在しているとまさに認めねばならない」。しかしこれには以下のように応じることができよう。「作用(アクシォン)」は、「存在(エグジスタンス)」と同じく、それが観念(イデー)に帰される場合には、あくまで間接的かつ比喩的な意味にしかならない。そしてこれは、「作用」や「存在」という抽象的な語には漠然として曖昧なところがあることの証拠でしかない。実際そのせいで、プラトン本人ではないにせよある種のプラトン主義者たちは、性質や量や関係についても、現実に存在しているもの、少なくとも真の存在に並ぶものだと考えることになってしまったのだが、まさにこの漠然として曖昧なところを消し去るために、アリストテレスは『カテゴリー論』で、真に実在的にあるもの、すなわち実体と、単に実体のうちで実体によってのみあるものとを区別したのであり、それは我々もすでに述べたところである〔4-5頁〕。そして実体はどうやって実体だと見分けられるか。それが能動的に作用する点で、である。しかし作用というのもまた比喩的には観念(イデー)や動機にも帰することができる以上、この能動的作用そのものは何をもって本当の能動的作用だと見分けられるのか。努力であること、意志であることによってだ、というのがライプニッツの補足である。以上で結局レミュザの疑念には答えたことになろうし、現実存在という概念にもその最終的で必然的な正確さが与えられた。ある精神のうちの現実化しないままでの観念自体に、努力や意志を帰するところまで進む者はさすがにいないだろう。

　レミュザの提示した見解は、観念(イデー)や理想(イデアル)を知性の働きへと帰着させずに、一切の実在の外に置こうとする理論の、おそらくはこの上なく厳密な表現である。そしてそれは最も首尾一貫した観念論(イデアリスム)をなすのである。

対してヴァシュロが属するのは，デカルトやライプニッツ，ボシュエその他多くの者の側であり，そこにはレミュザの見解に反して，プラトン，そしてとりわけプロティノスをも位置づけるべきである。ヴァシュロの考えでは，観念(イデー)は何らかの知性のうちでしか存続できず，しかも彼は先の形而上学者と共に神的なる存在と知性の実在を認めるわけではないのであるから，ヴァシュロとしては，観念をただ人間の知性のなかに置くしかなかった。この『形而上学と科学』の全体から見れば，理想(イデアル)は目的因として自然における生命と運動を説明しているのだとしても，多くのきっぱりした文言からして，理想はただ人間精神のうちにのみ存在できるという結論になってしまっており，とすれば理想というものは人間自身と同様に偶然的なものであり，人間と一緒に滅ぶものだと言うしかない。ヴァシュロはどこかでこう書いている，「人間を消してしまえば，もはや神は存在しない。人間がなければ思考もなく，理想もなく，神もない。というのも神は思考する存在にとってしか存在しないから。普遍的な存在，もしこう言ってよければ実在する神は，必然的な存在である以上，そして思考する存在のほうはいかに上位のものであれその偶然的な一形態に過ぎない以上，この意味での神ならば相変わらず存在するだろう。しかし〔思考対象としての〕真なる神では，存在をやめてしまうことだろう」。

以上の学説には多くの異論を立てることができようが，ここでは次の点だけを問うておく。もし理想が我々の精神のうちにしか存在していないのであれば，いかにしてそれは自然に働きかけられるのだろうか。特に，人間が生まれる前に，どうやって自然に働きかけ得たと言うのか。結局，理想というものは人間精神のうちにしか存在しないというのがヴァシュロのはっきりした見解であるとするなら，自然は厳密に言って自足しており，彼の名付けるところでは「実在する神」〔無限なる自然のこと〕はそれだけで自らの運動の唯一かつ全体的な原因である，というのが彼の学説になろう。しかしヴァシュロによる「普遍的存在」の現実存在とは何のことであるのかを調べてみれば，それは一つの潜在性へと帰着し，個別の事物はそれがさまざまに現実化したものとされているのが分かる。ここで問われよう，まったく潜在的な存在がそれ自体，ただ自分だけで，実在になれるということをどうやったら理解できるの

か。単に潜在的に存在するというのは，仮にそれが存在することだとしても，いったいそれは何のことであるのか。〔実在しない理想として考えられた〕神には拒むところの実効的な力の一切をヴァシュロがそこへと据えたい無限なる存在，「潜在性」へと還元されたこの存在とは，実は当の〔単なる理想としての〕神と同様に，ただの概念なのであって，その限りで当の存在が取って代わるはずの相手である通俗的形而上学流の「実体」とささかも変わらないものなのではないか。そして結局これは，先に引用した〔119頁〕『公教育雑誌』[15]（1864年6月23日）の論考でラシュリエが言ったように，「存在一般なる抽象物，つまりは抽象物のうちでも最も空虚なものへ」還元されるのではあるまいか。

以上が正しければ，おそらく次のように考える者もいよう。ヴァシュロは，神の本性をなす半身それぞれ[16]についてすでにそれらは単なる概念の対象だとしていたわけだが，彼はその哲学の引き続いての展開において，そうしたものまでも放棄し，結局は唯物論者たちに和して，感覚的現象へと，物理的世界の細部へと，話を切り詰めていくのではないだろうか，と。

しかしヴァシュロは自然現象についての唯物論的な説明に対しては相当距離を置いている。まさに彼の著作の目的は，実証的認識を形而上学で補完する必要があることを証明し，それに適うと思われる手段を与えることであった。制限された不完全な一切の事物は無限や完全性なしには理解できないことを，ヴァシュロは非常に力強く示している。最近の著作『心理学論考』で彼は，我々が今しがた指摘したごとく能動的行為——我々の内的意識の対象であり，現象の領域を超えながら他の現象がおよそ示し得る以上の完全性を持つことを認めないわけにはいかないこの能動的行為——に，感覚を超えた上位の実在性を帰する立場だと述べている。最後に言えば，彼は非常な熱意をもって，スピリチュアリスムとまず切り離せないはずの気高い道徳を擁護している。以上を考え合わ

---

15) *Revue de l'instruction publique.* 教育関係の出版に以前から深く関与していたアシェット（Hachette）社が1842年に創刊した雑誌。ユニヴェルシテと教会の間での教育権をめぐる長い対立の中では，ユニヴェルシテ側に立つ。

16) 先のXIV:151-152頁で確認された，連続的「統一性」と，進歩の原因たる「完全性」のこと。

せるならば，むしろ我々は次のように思わされるはずだ。まだその間で躊躇している二つの道のうち，『形而上学と科学』の著者が次第に好むようになっていくほうの道の先には，学の高き座，頂点があろう。ヴァシュロは現在のところ彼らの真の哲学的天才をしばしば否定してしまってはいるが，しかしそうした高みに喜びを見いだす思想家は存在した。それは『国家』と『パイドン』の著者プラトン，『形而上学』の著者アリストテレス，そして『省察』の，『弁神論』の，『上昇』の著者，つまりデカルト，ライプニッツ，ボシュエなのである。

XV
クロード・ベルナール

───────

『実験医学序説』／ベルナールの実証主義／帰納とは実は演繹である。理性の権限／普遍的決定論の原理。生気論批判／「有機的観念」。上位の決定論／精神の哲学の萌芽

　非常に重要な数々の発見によって著名となった生理学者，クロード・ベルナール（Claude Bernard, 1813-1878）は，研究を続ける中で絶えず原理と方法に関する問いに注意を払っていたが，1865 年出版の『実験医学序説』と題された著作[1]で，この問いを展開された形ではっきりと扱った。この著作は，この分野に限られない哲学一般の関心をも大いに引くものである。
　この著作の目的は，次の点を確立することである。医学は，物理学や化学と同様，単に観察だけではなく実験をも認めるものであり，医学はまさに実験のみを通じて，自分が扱う現象を正確に決定しつつ，まだ大部分推測的な科学である現状から，一つの実証的な科学，すなわち諸現象を確実に予見するとともにある程度までそれを変化させることのできるような科学へと移行するだろう，というのである。
　このテーゼを証明するためにクロード・ベルナールは，生命科学が考察する対象を自分がどのように理解しているかを詳細に述べ，それに続けて自分の方法を示している。彼のような大学者が，自ら行った実験か

---

1) *Introduction à l'étude de la médecine expérimentale*, 1865.

ら引いてくる事例や，真理を次々と見いだしてきた中での自身の精神と作業の歩みについての叙述は，〔生命科学にとって〕教えるところの非常に多いものだ。しかしここでは，彼が示している一般的な思想と主要な成果を，本来の意味での哲学との関係において報告するだけで足りよう。

　この観点からクロード・ベルナールの業績を要約するなら，こう言えるだろう。最初に彼が依拠したのは，オーギュスト・コントに倣って「実証主義的学説」と呼んでよいもの，すなわちコントがまず構想し，多くの医師や生理学者も了解している意味で「実証主義」的な学説の，その基礎をなす一般的な諸原理であった。ほどなくしてこの目覚ましい科学者はそこに彼固有の構想を加える。それは〔コントたちとは〕まったく異なった思考様式に従うものであった，と。

　自らを実証主義者と称する者たち，さらには我々の全認識をただ感覚の与えるものだけから引き出すと主張するすべての者たちと同様，クロード・ベルナールもまた，絶対的なものには我々の手は一切届かないのであって，我々が認識できるのは現象が表現する関係だけだと主張する。その種の関係の法則を，量の正確な決定も含めて見いだすこと，彼にとってそれこそがあらゆる科学の最終的な目的である。オーギュスト・コントが述べたように，現象を予見したり，現象を我々の役に立つように変化させたりするためには，それで十分なのである。

　しかし，クロード・ベルナールが科学について，実証主義とはまったく別の考えを持っているのも事実である。スチュアート・ミルが示したような実証主義の体系によるなら，科学が形成されるのは帰納からであり，そして帰納は観察された関係を観察の限界を超えて拡張するものだが，この帰納は決して演繹ないし推論ではなく，いかなる理由にも基づかないとされる。〔対して〕クロード・ベルナールはライプニッツと同じく，帰納とは「やはり帰結を引き出すことだ」という点を理解していたし，帰納とは結局一つの演繹であることを正しく見てとっていた。そしてスチュアート・ミルが，ベーコンやロックに倣い，演繹の最も単純な表現である三段論法を無益なものだと断じているのに対して，生理学者クロード・ベルナールは，非常に多くの実り多き帰納によって科学を豊かにした上で，一切の帰納とは三段論法以外のものではないと，臆す

ることなく述べるのだ。

　帰納とは，クロード・ベルナールによれば，演繹による推測である。では，推測はいかにして検証されるのか。推測によって得られる帰結を検証することによって，である。したがって彼の考えでは，帰納とは，暫定的で条件付きの演繹に他ならない。これが実験の検証を経て，無条件で決定的な演繹へと変じるというわけだ。

　スチュアート・ミルに従えば，帰納を行うことで，ひとはある事実についての肯定から類似の事実の肯定へと移行するのだが，それは純然たるメカニズムの働きによるのであって，このメカニズムの理由を探し求めても仕方がない。クロード・ベルナールによれば反対に，この移行の基礎にはある原理が，アプリオリな公理が，正真正銘の生得観念が存在するのであって，それは実のところ我々の知性の成り立ちそのものに含まれている。すなわち万物には均整と秩序がある，言い換えると何ものも理由(レゾン)なしには存在しない，ということだ。付言しておけば，この卓越した生理学者は形而上学に対してしばしば厳しすぎるところがあるが，当の形而上学を支配しているのはまさに以上の思想である。〔ともかくも〕クロード・ベルナールはどこかで，デカルトやライプニッツやプラトンにも見いだせそうな言葉遣いで，そしてスチュアート・ミルのあからさまな機械論的学説とこの上ないコントラストをなす言い方で述べている。どこでもそうであるように，実験的方法においても，決定的基準は理性(レゾン)なのだ，と。ここで，別の哲学者医師[2]が，唯物論的生理学に対して幾度も正当で水準の高い考察を差し向けていることを指摘しておこう。ガロー（Paul-Émile Garreau, 1811-1880）のことである。彼は 1842 年の『人間の学の存在論的基礎ならびに人間生理学研究に適した方法に

---

[2]　médecin philosophe. 「哲学にも明るい医師，哲学者兼医師」といった意味であり特別な術語ではないが，以下のような文脈を意識して，あえて「哲学者医師」というぎこちない訳語を用いておく。なお後出 (XV:166頁) のクロード・ベルナールについての「哲学者生理学者 (physiologiste philosophe)」，また「哲学者神学者 (théologiens philosophes)」(XVIII:185頁以下) というぎこちない訳語についても同様。——制度的区分の厳密な成立以前には，神学者が哲学者であることが稀ではなかったのと同様に，医師が哲学者であることも珍しくなかった。先立つ世紀ではシュタール，ラ・メトリなどが例となるが，十九世紀にも積極的に哲学に関与する一群の医師が存在する。カバニスやビシャ，ブルセを始めとして，後の章で言及される医師や生理学者の多くもここにカテゴライズされるであろうし，ラヴェッソンも彼らから多くの哲学的示唆を受け取っている。

ついての試論』[3]で述べている，帰納と仮説とは，実際にはただ一つのものであり，秩序についての必然的な観念が我々に常に現前しているからこそ，我々は帰納を行いながら既知の秩序から未知の秩序へと至れるのだ，と。彼がここから引き出してくる結論は，帰納の原理と範型は理性と同じものであり，すなわち秩序そのものだ，ということになる。

　アドルフ・フランクは，確実性を主題としたジャヴァリ（Auguste Javary, 1820-1852）の論文[4]についての精神科学・政治科学アカデミーへの報告において，まったく同様の意味のことを述べている。「統一性と同一性，あるいはむしろそれらをともに含んでいる存在の概念，これこそが演繹的推論の原理であると同様，帰納の原理なのである」。

　万物にはその理由があるという一般的原理が言わば自身を示すその物理的な姿とは，一切の物理的現象が一定の物理的な条件において生じている，ということである。この原理をクロード・ベルナールは，かつてないほど力強く正確に提示した。彼はそれに名前を与えて，「普遍的決定論」の原理と呼んでいる。

　この原理を有機体に適用して得られるさまざまの結果から生じる理論は，ひとまず，有機体を無機的事物の状態へと還元して唯物論に軍配を上げるものであるように見える。しかしほどなく，この原理の発案者であるクロード・ベルナールは，こうした理論を変更することになる。理論を当初構成するために用いていたごく限られた要素に，まったく異なる一要素を新たに加えたのである。

　無機的な物体が示す現象はすべて周囲の一定の状況に続いて生じるもので，その状況を当の現象の物理的な原因と呼ぶ，という点では人々の意見は一致している。しかし生理学的な現象については同様の一致はない。むしろ反対に，生理学的現象はある特殊な力の結果であり，その力は「生命力」と名付けられ，これは外部の状況とはある程度独立して作

　3）　*Essai sur les bases ontologiques de la science de l'homme, et sur la méthode qui convient à l'étude de la physiologie humaine*, 1846.
　　ラヴェッソンはここで 1842 年と記しているが，初版は 1846 年。翌年に改訂第二版。
　4）　*De la certitude*, 1847.（『確実性について』）これは 1843 年出題の精神科学・政治科学アカデミーのコンクールでの受賞論文である。

用するものだ，と言われることもしばしばである。いっそう複雑で完全になるにつれて，有機体はそれが置かれた環境から独立し，正真正銘の自発性によって自らを決定するように見える，というわけである。だがクロード・ベルナールの意見では，それは有機体がある内的環境を有しているということであって，そこでの物理的条件は，確かに表面的な観察には捉えられないが，より深い観察はこれに達するのだ。植物は，その生命と機能のために，自らが置かれた環境の側にある一定の温度や湿度といった条件に依存している。対して動物は，自分を取り巻く状況からいっそう独立しており，そればかりか自発的な生命力によって状況からすっかり解き放たれるかに見える。しかし実際には血液があって，これは動物の体内に閉じ込められてはいるものの，血液に浸っている諸器官にとってはやはり自らを取り巻く外的な環境なのであり，ここに動物は諸器官の機能の一定の物理的条件を有しているというだけのことだ。それらの条件が満たされれば，動物の持つ機能もまた，植物のそれと同じ必然性で達成されるのである。このようにしてクロード・ベルナールは今まで決定論には決して還元されないと思われていた数多くの事実を，決定論の法則の下へ回収していく。この種の事実を盾にして要塞に籠もるようにしていたのは，生物のうちで生じる現象の少なくとも一部分を無機的秩序よりも上位の一つあるいは複数の力から説明する学説，つまりヴィタリスム〔生気論〕的な学説であった。もちろんそこにも程度はあって，器官とその構成要素に「生命特性」なるものを付与するに留まる学説から，生命を説明するのに，例えばバルテズ（バルテスとも。Paul-Joseph Barthez, 1734-1806）のように，器官から本当に区別される「生命原理」を持ち出したり，さらにはシュタール（Georg Ernst Stahl, 1659-1734）のごとく「思惟する魂」を持ち出すような学説までさまざまである[5]。しかし有機体において観察される現象が，内的環境のそれを含めて有機体を取り巻くさまざまの状況にひとたび関連づけられるなら，有機体内の現象も，当の状況がなければ決して完全な形で生じることはできず，反対にそれがあれば必ず生じる，ということになる。したがって生物は，一般には想定されている独立性や自発性を実は

---

5) この点に関しての論争の継続と展開については，XXIII を参照。

一切持っていないのであり，生物の示す諸現象も，生物の中で，物理的現象や化学的現象と同じ仕方で，同じ必然性をもって生じているということになるわけだ。

かくして，「生」や「死」，「健康」や「病気」といった言葉はいかなる実在にも対応していない，とクロード・ベルナールは述べる。「それらは，無知を意味する語である。というのも，我々がある現象を『生きている』と形容する場合，それはつまり，これはその近接原因や条件を我々が知らない現象だ，と言うのと同じことだからだ。それらはまったく言葉の上だけの表現であって，我々がそれらを用いるのは，我々の精神にはこういう言い方が一定の諸現象を示すように見えるからだが，それらは実際のところ何らの客観的実在をも表現していないのだ」。

もしそうだとすれば，カバニスやマジャンディ（François Magendie, 1783-1855），ブルセやガルがかつてそう考え，実証主義的学派に属しているすべての生物学者が今日そう考えているごとく，生物とは，他のものよりは複雑なだけのただの物体に過ぎないことになる。世界に存在するのはただの物体だけ，複雑さに差はあれどもただの機械だけであって，普遍的決定論とはすなわち普遍的機械論なのだ。

ところで決定論とは，一切の現象はあれこれの物理的状況に結びついているというものだが，それがヴィタリスムが想定するよりもはるかに遠くにまで拡がっていることを認めるとしても，この決定論，少なくともクロード・ベルナールが定義するような決定論が，生物が示す現象のすべてについて成り立つと証明されているかと問うことはできる。決定論がすべての運動現象に広く及んでいるとの証明，例えば〔動物が行うような，身体の〕場所移動は常にもっぱら物理的で機械的な現象へと還元されるといった証明は，いまだ一切存在していない。なおこの問いは，現代の生理学による発見と理論について，この生理学が反・射・運動と名付けるものをめぐってまた見いだされることになろう〔XXVI 参照〕。

しかしもし仮に，有機的存在の示すさまざまの現象はみな一切の点でただの物体が示す現象，そして我々の技術で複製を作れる現象と同様であるとしても，クロード・ベルナールによれば，当の有機的存在そのものについては，それに似たものを作ることは我々の力量を超えているのであって，有機的存在がただの物体といかなる点においても異ならない

とは言えない。実際，個々の諸現象だけでなく，それらが形成する全体を，そして諸現象が完全な形で生じている場合のその秩序を考察せねばならないのであって，物理学や化学では十分に説明できないのはまさにここなのだ。

オーギュスト・コントが言っていたように，細部だけに話を限れば，有機的存在の特性を無機物のそれに還元するのは，程度に差はあれまずは容易なことだ。対して全体の観点に身を置くならば，話は別となる。

クロード・ベルナールほどの思想家であるから，物理化学的な事実によって自分が説明している多様な現象のほかにも，有機体のうちに当の諸現象が形成する秩序と協働が存在していることは誰よりもよく理解していた。彼をとりわけ驚嘆させたのは，有機的存在に固有の漸進的成長という事象において示される秩序である。かくも規則的で恒常的な調和が，周囲の物理的で外的なさまざまの状況の不規則で変動する作用から説明されることはあり得ないことを認めて，彼はそこに，規定された形であらかじめ存在している範型からの結果を見る。芸術作品があらかじめ規定された思惟に従って成り立つように，有機体は，この範型に形を合わせていくのである。それゆえにクロード・ベルナールはこの範型を「有機的観念」と呼ぶのだ[6]。そして彼は付け加えて，この有機的観念は，世代を経て継承されていくと言う。この考えは，ハーヴェイ（William Harvey, 1578-1657）がその不朽の著作『発生について』[7]で示したそれを想起させる。

クロード・ベルナールはどこかで[8]，生命は創造と定義されるという思想を述べている。だから彼は有機的観念をまた創造的観念とも呼ぶわけである。では何を創造するのか。繰り返すが，個々の現象ではない。それらは遅かれ早かれみな，例外なく，科学によって物理的事実や化学

---

6) 『実験医学序説』のベルナール自身は，むしろ「創造的観念（idée créatrice）」の語を用いる。

7) *Exercitationes de generatione animalium*, 1651.（『動物発生論』）
ハーヴェイはこの書の論文56（Exercitatio 56, p. 190）において，生物の発生には「精神，先見，知性（mens, providentia, & intellectus）」が先立って存在しており，それが諸器官の配置などを司るという見解を示している。

8) この段落で参照されているのは，『実験医学序説』第二部第二章。引用にはいくらかの改変が見られる。

的事実へと還元されるはずだろう。そうではなく、それら個々の現象を含む有機体という機械を、創造するのである。「したがって、生きた機械を特徴づけるのは、たとえいかに複雑な特性があるにせよ、その特性上の性質ではなく、まさに当の機械が創造されるというただこのことなのである」。卵の中で鶏が発生していく時、生命力に帰するべきは諸要素の化学的結合では決してない。そうした結合は、物質の物理化学的な諸特性の結果でしかない。化学にも、物理学にも、他の何にも属さず、ただ生命に固有であるもの、それは有機的発生を司る指導的観念である。いずれの生きた胚にも、一つの創造的観念がある。生物は、生き続ける限りその影響の下にあり、創造的観念がもはや自らを現実化できなくなった時に死が到来するのである。「かくしてすべては観念から派生してくるのであり、観念だけが指導し創造する。この観念が自己を現すに際しての物理化学的な手段は、自然のすべての現象と共通したものであり、ちょうど箱に入ったアルファベットのように乱雑に混じったままである。かの力は自己を現す手段をそこに探しに赴き、この上なく多様な思惟やメカニズムを表現するのだ」。

　このように、クロード・ベルナールの言う創造は、彼にとって生命そのものであるが、その内実は、機械をなす諸部分を同時的にあるいは継起的に整えて一つの有機体となす配置であり、オーギュスト・コントが好むフレーズを用いるならば諸部分の「秩序と進歩」、とりわけ後者の「進歩」、なのだと言える。この秩序、この進歩には一つの原因がある。この原因は一つの観念であり、諸部分はそれに応じ、形を合わせていくのである。

　〔ところで〕ポール・ジャネが『両世界評論』（1866年4月15日号）に発表したクロード・ベルナールの著作に関する批評で指摘することだが、以上は結局、形而上学者たちが「目的因」と呼ぶものについての理論以外の何であろうか。

　目的因とは、「なぜ」という問いに答えるものである。クロード・ベルナールは、実証主義学派を模範としつつ、我々が知り得るのはただ自然現象の「いかにして」、つまりそれらが存在するための物理的な条件であって、「なぜ」は決して認識できはしないという命題を幾度となく繰り返しはする。だが、ことが以上の通りであるならば、その命題は彼

XV クロード・ベルナール

の哲学においてどうなってしまうのか。彼自身が言うように，生命が問題となるや，指導的で創造的な観念への考慮は不可欠だ。否むしろ，この考慮こそ主題であり，科学の本来の目的なのである。

　クロード・ベルナールの思想体系のこうした上位の部分においては，彼の思想はすっかり相貌を変えてしまうわけだが，それを前にすれば，普遍的決定論に関する一般的理論もまったく別のものになる。

　クロード・ベルナールが「普遍的決定論」に与えていた解釈，そして彼が生命現象を物理学と化学へ帰着させるために行ったその実際の応用例においては，普遍的決定論は，一切の現象は同じ本性を持ち同じ秩序に属する他の諸現象，物理的原因と名付けられる諸現象の後に必然的に生じるということを意味していた。しかし生命の調和と統一性についての彼の反省からは，別種の決定論があるという帰結が生じる。有機体は，その調和した全体において，物質的な要素ないし諸部分とはまったく異なる原因を持っているのだという決定論である。ただしクロード・ベルナールはその原因を〔直接には〕定義せず，単に物質的な部分や要素が，その原因の影響で，ちょうど一つの同じ思想の統一性の中にあるかのように互いに調和し協働するという性格を通じて定義したに留まる。いずれにせよ，それこそは第一の決定論とはまったく別の決定論であり，クロード・ベルナール自身がそれを「上位の決定論」と呼んでいる。

　さて，では「有機的観念」はいかにして実効的な仕方で創造的観念であるのか。別の言い方で問うなら，物理化学的現象とは，それによってのみ有機体が形成され維持されるものであり，しかしまた常にまったく物理的な周囲の状況からの必然的な結果でもあるのなら，有機的観念はいかにしてそうした現象を，自らが範型となる秩序に適合した形で，決定するというのか。おそらくこの点を理解するためには，次のように想定するしかないだろう。有機的観念が決定するある活動性が存在しており，それが適切な運動によって，観念が範型となる秩序に沿って，諸部分を一定の位置や距離にうまく配置するのであり，この位置や距離を条件として物理化学的現象が生じるようになっているのだ。この基本的な

活動性は，シュタールの言う「緊張的活動」[9]と比較してよいものだが，それは言ってみればあるより高度の活動性の素描，最初の状態なのだろう。やがて生物は，この高度の活動性によって自分自身を完全に支配し，赴く先を自分で作っていく。この活動性とはつまり，自分の場所を移していく〔動物の身体移動に見られるような〕活動性なのである。

　以上をどう判断すべきかはともかく，そしてまたある目的に向かう力能として運動とは別の作用様態を考えることができるかどうかについても措くにせよ，観念，とりわけ指導的で創造的な観念は，それを思い抱く知性やそれを追求する意志なしには理解できない。唯物論より高みに立ち，唯物論を不条理で意味のないものとするクロード・ベルナールの理論に，言ってみれば比喩から真の意味へ，抽象から実在に至ることのできる唯一の理論の，まさにその萌芽を見ないわけにはいかないだろう。「創造的観念」から出発しながら，生理学者哲学者クロード・ベルナールが，精神(エスプリ)へと至らずに済むとは思われないのだ。有機化し，創造するのは，精神だけなのだから。

---

[9] activité tonique. 生気論的医師・哲学者であるシュタールが «motus tonicus» と呼んだものだと見てよい（ラヴェッソンの『習慣論』第一部第三十四段落脚注も参照）。

«motus tonicus» とは，シュタールが1692年の *De motu tonicus vitali*（『生命の緊張的運動』）で提出した概念。これはストア派の言う「緊張／弛緩」の概念を踏まえつつ，身体の移動や有意的運動ではなく，一般に緊張と弛緩の交替として現れるいっそう基本的な生命現象をそれとして分節するためのものであり，この概念のもとで，まず拍動による血流や呼吸といった運動が，あるいはさらに排泄や分泌といった活動が叙述される。より具体的には，主著『真なる医学理論（*Theoria medica vera*, 1708）』を参照。

XVI
グラトリ

グラトリのヘーゲル批判／批判の妥当性について／グラトリの方法論。有限から無限への飛躍としての「帰納」，微積分学／「帰納」概念の批判的検討／数学的無限と形而上学的無限／超越と飛躍の誤謬。グラトリにおける別種の観点。「神の感受」と自己犠牲

　カトリック教会に属する神学者の多くは，ここまでで扱ってきた学説のほとんどに抗して戦ってきた。それらはキリスト教の教義と，さらには自然宗教や道徳とすら，相容れないというわけだ。ただ，神学の観点にもっぱら身を置いている人々の著作を報告することは，目下の報告作業のもくろみには含まれない。

　しかしオラトリオ会のグラトリ神父（Alphonse Gratry, 1805-1872）については別である。このグラトリ神父は，現代ドイツのある哲学者〔ヘーゲル〕の構想にこそ，近代のさまざまの学説において彼が誤りだと見なすことすべての原理があり，それとは正反対の構想にこそ，一切の真理へと至るための原理があると考えたのであった。かくして彼は，一つの完全な哲学理論を立てたのである。

　まだ十数年前のことだが，現代哲学の諸体系——そこにはエクレクティスムも含まれる——のうちに，神と万物とを同一視する学説，すなわち汎神論が見てとれると考える人々がいた。この考えを展開したの

はとりわけ，のちにスラ[1]の司教となったマレ神父（Henri Maret, 1805-1884）の『汎神論についての試論』（1852年）[2]であり，また，ボータン神父（Louis Bautain, 1796-1867）[3]，ならびに彼の後では，大部分が教会に属しているさまざまな著作家たちであった。アドルフ・フランクもまた，大きく異なった観点からではあるが，同時代の多様な理論について，同じような考えをしばしば表明している。グラトリ神父によれば（そしてビュシェ（Philippe Buchez, 1796-1865）もその『論理学』[4]ですでに同様のことを述べていた），我々の時代のさまざまな誤謬の第一の源泉は汎神論ではない。汎神論とは，ヘーゲルから借りられた哲学的命題からの一帰結に過ぎず，またヘーゲル自身も古代の懐疑論者たちからその命題を引き継ぎ新たにしただけである。誤謬の源泉である命題とは，根本において万物は同一であり，したがって肯定と否定，存在と非存在は一つのものだという格率なのだ。そして一切の理性を破壊するこの原理と，その展開である方法に反対して，グラトリ神父は，彼の言う「現代の詭弁術」に脅かされかねないことすべてをもう一度強固に立て直すための原理と方法を打ち出す。彼が1851年から1864年にかけて出版したさまざまの著作の主な目的はそれである。列挙しよう。『現代のソ

---

1) Sura. 古代ローマ期の司教区の名。現在のシリアを中心とした地域。イスラム征服以後は名目においてのみ残された。
自由主義的カトリックの立場を取るマレは，ピウス9世の下で権威主義的な傾向を強めるヴァチカンにとっては警戒対象であった。そのために彼は当時，国内の正式な司教区ではなく，この名目的な教区の司教に任命されていたのである。

2) *Essai sur le panthéisme dans les sociétés modernes*, 1840 ; 3ᵉ éd., 1845.（『現代社会における汎神論についての試論』）ここでラヴェッソンは「1852年」と記しているが，理由は不明。

3) エクレクティスムは混淆主義に過ぎず，その哲学は汎神論に帰着するという批判を30年代から発表している。『キリスト教の哲学（*Philosophie du christianisme*, 2 vols., 1835）』の第二十七書簡，またドイツ哲学が助長した汎神論的傾向への批判については特に第二十九書簡を参照。

4) このタイトル（*La logique*）の著作については未詳。おそらくは，*Essai d'un traité complet de philosophie du point de vue du catholicisme et du progrès*, 3 vols., 1838-1840（『カトリックと進歩の観点からの，余すところなき哲学論考の試み』全三巻）の第二巻「汎神論について」（tome II, 1839. Du panthéisme (pp. 312 et sqq.)）の諸考察を指している。「相反するものの同一性」という概念への批判についてはとりわけ pp. 333-353.
なお同書には「論理学（Logique）」と題されたパートがあるが（Livre II, tome I-II にまたがる），上記の箇所はそれに重なるものではなく，Livre III. De l'ontologie et de la métaphysique の一部分となっている。

フィストたちについての研究, あるいはヴァシュロ氏への書簡』[5]』『神の認識についての論考』,『魂の認識についての論考』,『論理学』[6], そしてルナンの『イエスの生涯』をきっかけに編まれた著作『ソフィストたちと批判』[7]。

　グラトリ神父が標的とする著述家たち, ヴァシュロやルナン, シュレル (Edmond Scherer, 1815-1889) は, ヘーゲル哲学に関して多くの点で好意的な意見を示してはいる。確かに彼らの理論の中にも, ヘーゲルの哲学の持つ傾向と主要な帰結に類似した一定の傾向や帰結が見いだされはする。しかし彼らが自らヘーゲルの原理を採用し, その方法に従ったとはいささかも思われない。とりわけ, 矛盾するものの同一性, 矛盾律の否定を, ヘーゲルに倣って規則としたなどとは思われないのである。

　先に見たように, ヴァシュロは, 実在と理想(イデアル)ないし合理的(ラシォネル)なものとをまったく両立しないものとして分離し, さらに対立までさせるがゆえに, 神に一切の実在性を認めないことになる。しかしヘーゲルは反対にこう言っていたのだ, 「合理的〔＝理性的〕なものは実在的であり, 実在的なものは合理的である」, と。理想が持つ完全性そのものが, それ

---

5) ここでラヴェッソンは *Étude sur les sophistes contemporains, Lettre à M. Vacherot* と記しているが, これは *Une étude sur la sophistique contemporaine, ou Lettre à M. Vacherot*（『現代の詭弁術についての研究。ヴァシュロ氏への書簡』）の誤り。
本書は当時人々の目を引いた大論争に関わる。発端になったのは, (II:28 頁で言及されている）ヴァシュロの著作（『アレクサンドリア学派の文献批判の歴史（*Histoire critique de l'École d'Alexandrie*, 3 vols., 1846-1851)』）である。まずグラトリからの批判, *Lettre à M. Vacherot*（『ヴァシュロ氏への書簡』）が出版され, 続いてヴァシュロとの応酬（7月）を加えた形で本書が出版された。キリスト教とは人間精神の自然な発露であるという見解を述べるヴァシュロは, キリスト教が本来有する超自然的性格を否定してしまっている——そしてこの否定は, エクレクティスム学派のみならずヘーゲルを含む理性主義的哲学一般の誤謬である——というのが, グラトリからの批判の骨子である。
この応酬は, 以前からの教会側とクーザン派との対立をあらためて激化させ, 二月革命終了後極めて強い緊張状態にあった公教育大臣（キリスト教側）とクーザン（ヴァシュロ側）自身のとの間での論争を引き起こすまでになる。ヴァシュロは当時パリの高等師範学校の校長, グラトリは同じ高等師範学校付きの司祭（aumônier）であったが, 共に職を辞する言わば「痛み分け」の結果となった。ヴァシュロの罷免を望む大臣に対して, クーザンも反グラトリの立場を譲らなかったのである。

6) 出版年順に, *La connaissance de Dieu*, 1853 ; *La logique*, 1855 ; *La connaissance de l'âme*, 1857. グラトリの「哲学三部作」と称されるこれらの正確な書名は, 実は曖昧である。表紙においてのみ総題のように *Philosophie* と記されたり, 各著作表題が同じ書物内でも De la ... や La ... と記されたりする「ぶれ」が見られるからである。

7) *Les sophistes et la critique*, 1864.

が実在性を有することへの障害になると語るような理論を，ヘーゲルは表面的で誤ったものと扱っていた。彼の言い方はここでライプニッツのそれに立ち戻っているのだが，神は「最も高き実在，そして実際には，唯一の実在なのである」。したがって，ヴァシュロの哲学とヘーゲルの哲学が同一のものであるなどとはおよそ考えられないのだ。そしてまた，対立するものの同一性という格率の本当の意味が何であるかは措くとしても，ともかくヴァシュロがこのヘーゲルの格率に訴えたりそれを利用していたりすると見える箇所はないし，したがって絶対的同一性の体系の支持者に彼が現に自分から加わっているとか，そうでなくとも加えることは可能だ，などとも思われないのである。

シュレルについても同様である。『両世界評論』（1861年2月15日）掲載の『ヘーゲルとヘーゲル主義』[8]でシュレルは確かにこの哲学体系の偉大さとその著者の精神の力に対して高い賞賛を与えているのだが，しかし自分自身の意見としては，ヘーゲル哲学は「その本質において，そしてその用語において，矛盾しており，結局は不毛な体系」だ，とも述べているのだ。ある断定は反対の断定と同じく真ではないという，ドイツの哲学者〔ヘーゲル〕に普通帰されている見解をシュレルが認めているように見えるとしても，それは対立する語の矛盾は常に上位の和解へとひとを導くものだという意味であって，彼によればこうした和解が帰着する原理とは，「すべては相対的」であるから「絶対的判断は誤っている」というものなのだ。これはシュレルとルナンに共通の格率であり，先に見たように，実証主義学派の根本的格率でもある。ヘーゲルの意見からこれほど遠いものがいったいあるだろうか。

というわけで，ヘーゲル哲学がヴァシュロやルナン，シュレルの理論に共通した源泉であるという指摘や，矛盾するものの同一性というヘーゲルの原理が，グラトリ神父言うところの「現代の詭弁術」の鍵であるという意見に関しては，グラトリ神父が正当なのかは疑わしい。

ヘーゲル哲学全体の要約をグラトリ神父がそこに見いだすところの〔矛盾物の同一性という〕格率に関して言えば，それを正しく評価するためには，彼がするように，古代のソフィストたちでも言えるような類

---

8) ラヴェッソンは「1862年」と記しているが，誤り。« Hegel et l'hégélianisme », in *Revue des deux mondes*, janvier-février 1861, pp. 812-856.

似の主張にその格率を近づけるだけではおそらく十分ではないだろう。ヘーゲル自身，その『哲学史』でこの類似を指摘してはいる。しかし同時に彼が注意することだが，二つの哲学体系を同一視するためには，相互に非常に似通った命題，たとえそれが重要なものであっても，ただ似ただけの命題を採り上げるのでは足りない。それぞれの命題がどこに向かうのか，どこに由来するのかをさらに吟味しなければならないのだ。キケローは言う，「ひとりびとりが述べてくれることがらだけでなく，またその考えているところ，さらに進んでそう考える理由にも注意してよく考えなくてはならない」[9]。外見上か実際上か，ともかくヘーゲルの方法に詭弁術的に見えるところがあるとしても，万物が思惟へと還元されるというこの現代の学説と，プロタゴラスやゴルギアスの古代の感覚論とを同じものだと考えるのは難しい。ヘーゲルの見解の根本は，存在についてであれ認識についてであれ下位の段階が示す対立やさらには正反対のものは，上位の段階において調和や統一を見いだすということであり，加えて言えば，反対のもののそうした婚姻のごとき調和[10]，密接な合一を行うことこそは，最も高い完全性における思惟ならではの機能なのだ。こうした構想は，近いところではシェリングとフィヒテを経てカントをその起源とするが，古代においても，ソフィストに対立した最も偉大な者たちの学説そのものがすでにこの構想と無縁なものではない。そのような構想は単にくだらないものであろうか。確かに，対立と調和が交替していく継起をヘーゲルが言い表す際に用いた定式をさらに探って，その原理が何であるのかを問うことは残されている。そしておそらくヘーゲルはここで形式を内容と取り違えてしまい，万物をただ論理的なもの，合理的なものへと還元するという誤りを犯した。しかしそれでもなお，言わば知性的世界のメカニズムをなしている論理的諸条件の合理的な連鎖を，それまでにまったく類のない正確さで，そしてまれに見る視野の広さにおいて示したという功績は，今後もヘーゲルに帰さ

---

9) 『義務について（*De officiis*）』第一巻41。ラヴェッソンはラテン語で引用。泉井久之助氏の訳文を使わせていただいた（岩波文庫版，80頁）。

10) mariage. 古代の芸術や神話を探究していく中で，ラヴェッソン哲学のキーワードとなっていく語。対立者（例えば戦争の神である男性神マルスと，愛の女神であるウェヌス）が相互の差異を保持したままでなお調和と統一のうちに存在する，という一種神秘的な結合を象徴する。

れるものである。

　グラトリ神父が考える限りでは，普遍的同一性を言うヘーゲルの体系と演繹的方法との間には密接な関係がある。彼によれば，演繹的方法とは実際，ある概念を何も加えないまま展開し，同じものから同じものへと進んでいく一連の変換のことである。そこからひとは何も学ばない。学ぶというのは，以上とは反対に，ある概念に，そこにまったく含まれない別の概念を付け加えることであり，そこにひとが至るのは「超越」の方法による。

　この方法は演繹の対極に位置づけられるものだが，グラトリ神父にとってそれは帰納のことである。それは彼にとってプラトンの問答法(ディアレクティック)と同じものでもあるのだが，その最も完全な形は，数学の最も高度な部分をなす種類の計算に見いだされるという。すなわち微積分計算，微積分的解析[11]と名付けられている計算である。演繹や同一性の方法と正反対の真の哲学的方法とは，したがって，無限計算の方法であり，それが形而上学ならびに自然神学へと応用されるわけである。

　グラトリ神父の言うところでは，哲学の重要な問題とは無限，すなわち神に到達することである。同じものから同じものへと進む演繹的方法は，彼の見るところ，無限に至るために有限から出発して，無限を有限と同一視することしかできない。これは汎神論である。対して微積分的方法は，帰納を経て，彼によるなら有限から無限へと跳躍するものであって，ゆえにそれは哲学の主要な問題を解決してくれる方法に他ならないのである。「我々のうちに見いだされる有限なる完全性，意志や知性から，デカルトによって引かれた道を辿って神における無限なる完全

---

　11) ここの「微積分計算」は calcul différentiel et intégral, 「微積分的解析」は analyse infinitésimale。特に後者は今日では単に「微積分（学）」と訳されるが，その他この前後でのいくつかの数学用語は現在の用語用法からはいくぶんずれている。同種の語としてこの章では「微分計算（calcul différentiel）」「微積分計算（calcul infinitésimal）」「微積分的方法（méthode infinitésimale）」の訳語を用いるが，それらもあくまで便宜的なものとされたい。
　グラトリ自身の議論においては，変動する値を次々に与えてくる関数においてコンスタントな微分係数を求めるという作業が興味の中心となっており，積分についてはほとんど主題とされない。彼にとって重要なのは，多様な有限の値が産出される根底に無限小的要素があり，しかもこの要素自体は一定不変のものである，という知見であった。以下のグラトリ的「帰納」操作の論述については，このような「微分」に関してのかなり特殊な捉え方，すなわちさまざまに規定された「有限」値からそれらを規定しつつ産出する「無限」小へと「跳躍」する作業，というイメージがあったことをひとまず踏まえておくのがよい。

性を結論する時，いったいひとは何をしているのか。微積分計算におけるように，有限から無限へと進んでいるのである。したがって，微積分計算こそが，神の存在とその本性を証明する方法なのだ。自然神学は，高等数学とまったく同様にことを進める。いずれの側にも，同じ歩み，同じ確実性がある」。

普遍的同一性の体系と演繹的方法との間にこの学識豊かで雄弁な著作家が立てる関係に関しては，おそらく次の点を指摘する余地があろう。実際，演繹とは，ある概念から帰結を引き出して，概念が含んでいるものを展開することであり，さらにはその帰結のいずれもが，実は，原理そのものが単に異なった条件において異なった形で提示されたものに過ぎないのを示すことであるとしよう。またどんな通常の演繹，どんな証明も，結局は定義に帰着するものであり，定義とはそもそも相互的〔循環的〕命題ないし自己同一的〔同語反復的〕な命題，すなわち主語と属性が同じ一つのこととなる命題である[12]，とアリストテレスとライプニッツと共に付言してよいとしよう。さらに加えて，すべての演繹が普遍的な規則として従っている公理は自己同一的真理に帰着するとしよう。しかし以上からは，異なった演繹系列それぞれに特別の原理となっている諸概念までもが同一の概念だ，したがって万物は同一なのだ，といった帰結は出てこない。

また他方，グラトリ神父は，演繹を用いれば必ずあの普遍的な同一性に至ると思い，この同一性から逃れるために哲学ではただ帰納だけが用いられることを望むと言う。帰納は，ある概念から別の概念を引き出すのではなく，経験が行うように，ある概念に別の概念を付け加えるはずだというのだが，こうした考えにおいて彼は，現象の観察だけを出発点とする者たちすべてと，そしてとりわけスチュアート・ミルと，意見

[12) 演繹や証明は合理的な連鎖に沿って行われるが，その連鎖の中で自明な前提となる基本的な概念は他から導き出されないので，それを説明しようとしてももはや循環的命題や同語反復的な命題となるしかない，そして「定義」と言われているのはその種の命題である，という意味。例えば，「線は点の集合である／点は線の最小要素である」（相互的），あるいは「一点から等距離にある点の集合が円周である／円周から中心への距離は一定である」（同一的）。こうした定義をさらに追求しても，「点は点である」「円は円である」のように，主語と属性が同じ命題にしかならない，という観点をラヴェッソンは取っている。「推論」の一般的構造が問題とされるXXXIII:288-291頁でも同様の考察がなされるので，ここであらかじめ補足しておく。

を同じくしている。これに対しても，次の点を指摘する余地があるはずだ。すなわち，クロード・ベルナールの見解によれば，そしてそれはライプニッツの意見とも合致することだが，帰納とは結局のところ演繹に還元されるのであって，ただしそれは，経験と結びついた，仮説的で暫定的な演繹なのである，と。

　さらに言うなら，帰納には暫定的で仮定的なところがあり，そのためにその帰結においても単に蓋然的なところがあるというまさにそのために，グラトリ神父はそう主張はするものの，帰納を解析〔＝分析〕と，とりわけ微積分的解析と，同一視し得るのかは疑われてよい。学識ある著者であるグラトリ神父は，この点に関して，ウォリス（John Wallis, 1616-1703）やニュートン，ラプラス（Pierre-Simon Laplace, 1749-1827）といった大きな権威に依拠できると考えている。しかしながら彼が参照するこれらの偉大な著作家たちの文章を仔細に見てみれば，グラトリ神父による解釈を受け入れるのは難しい。ライプニッツの評価では，カヴァリエーリ（Francesco Cavalieri, 1589-1647）が，ガリレイによって与えられた手がかりに基づいて，図形の考察を行う中で微分計算に道を開いたのと同様に，ウォリスは『無限の算術』[13]において，数についての考察からその道を開いたのであるが，実際，彼は，収束数列の形成において，帰納を大いに用いてはいた。ウォリスは帰納のうちに，優れた探求方法を，そしてある場合には十分に満足できる（*satisfactoria*）証明方法を見ていたのである。しかしそれでも，彼が帰納を，厳密な証明となり得る解析と同一視した箇所など，どこにもない。また，帰納ではなく，古代の幾何学的方法による厳密な証明を至るところに要求したフェルマー（Pierre de Fermat, 1607?-1665）に反対して，ラプラスはウォリスの側を擁護してはいる。ラプラスは帰納の使用を，探求の方法として，さらには証明の方法としても承認していた。しかしそれでも，彼が解析と帰納とは同じものだと言ったわけではない。ニュートンも，『自然哲学の数学的諸原理』末尾で，自然法則を発見するための方法は帰納であり，それは類比例を収集しながら複雑な事実をより単純な，ということはより一般的な事実へと還元していくものだ，と述べてはい

---

[13]　*Arithmetica infinitorum*, 1656.

る。しかし彼はまた，帰納は経験の数に応じた蓋然性しか与えないことを誰よりもよく分かって強調していたのである。我々が間違っていないならば，ニュートンが帰納と解析を同一視した箇所はどこにもない。彼が言ったのは，あるいは分かってもらいたかったのは，解析とは，帰納をその一つの種として含むところの類である，ということなのだ。

　グラトリ神父がとりわけ繰り返し展開するのは，微積分的計算の方法とは有限な被造物から神の無限性へと上昇する方法に他ならない，という思想である。今までのところ，この点に関して彼には賛成者より反対者のほうが多い。確かに，微積分的方法が基礎としているのは，とりわけこの方法についての優れた貢献者によって言われた原理，「有限なものの比ないし関係は，無限においても成り立つ」という原理である。そしてその方法の内実とは，ある法則に従いつつ相伴って変化する二つの量の関係から出発して，それら二つの量が指定可能な一切の値よりもさらに小さい値へと減じた場合にその関係がどうなるか結論を導くことであり，さらには，有限な大きさの間の関係を用いつつ，それらの無限小の要素の間の関係を決定することである。そしてそこからもたらされるのは，当の大きさの発生法則と合わせて，大きさの有する多くの特性についての発見であり，その種の特性は通常の幾何学や解析学には手の届かぬものなのである。しかしながら，そのように幾何学者が計算する無限小は，一つの論理的存在でしかなく，微分計算の重要な発明者が言うように，算術における虚数根^(イマジネール)[14)]に比すべきものである。この〔微分の〕方法が我々を導く先は，実数的^(レエル)な大きさが連続的漸近的に減少していく理念的^(イデアル)極限であるわけだが，このような方法こそが，取りも直さず，実在する絶対者，まさに形而上学と神学が考察する無限である絶対者へと上昇していく方法だとでも言うのだろうか。

　一般的に言えば，下位のものが上位のものを，例えば感覚的なものが叡智的なものを我々に見てとらせる役に立つことがあるとしても，上位のものを理解したり証明したりするのに下位のものは本来の意味では役

---

　14) racines imaginaires. 特にそのようなタームは存在しない。ラヴェッソンが念頭に置いているのは，実際には $\sqrt{-1}$ のような，つまりは「虚数（nombre imaginaire）」のことであろう。「イデアル」な極限や「イマジネール」な数を扱うような方法が「レエル」＝実在に届くはずがない，という主張である。

に立ちはしないのであって、反対に上位のものによってこそ、下位のものが理解され証明されるのである。それと同様に、数学において無限と名付けられるもの、真の無限の影でしかないものが、形而上学の対象たる真の無限の科学的な証明に役立つのではない。むしろ反対に、真の無限によってこそ、幾何学者の言う無限小も理解可能なものとなるのだ。

　デカルトは確かに、我々の精神が自らの限界づけられた完全性について考察することから神の限界なき完全性へと上昇していくさまを描けはした。しかしそれでもデカルトは、我々が何よりも先に真の無限の内的な認識を有していることをよく知っていたしそれを強調してもいたのだ。我々がこの認識を有していなかったとしたら、いったいどうやって我々は、あれこれの姿をとり、あれこれの限界の中に現れる無限を、それでもやはり無限なのだと見分けられるというのか。無限とは内的な光であり、それによって我々は本来、その光とともにそれ以外のすべてを見ることができるのだ。ならばなおさら、我々が神の無限性のより完全な認識とより厳密な証明を獲得できるのも、数学的な無限小を通じてなどではないのである。

　微分計算において扱われているのは本来、無限ではなく、無限の不完全な模造とでも言った何か、任意の値のいずれよりもいっそう小さい度合いで考えられた量であり、我々はそれを無限に小さいものというフィクションないし記号で表現する。フィクションだというのは、無限小が厳密に言って可能であるためには、無限小に至るために用いられる除算ないし減算の数が無限でなければならないからであり、そして無限の数とは一つの矛盾だからである。それにしても我々が、二つの量が一切の規定された値よりも小さくなり、あるいは一切の限界を超えたとしても、その量の間にある同一の関係を無際限に追求していくことができるのは、同一の比が常に存続しているがゆえに我々には始めたのと同様に継続していく権利が常にあるからだ。時間にも空間にもこれと指示できる限界はないと我々が考えるのも、同じ仕方によってである。ある事柄についていかなる限界や量からも独立にそのような観念を我々が持てるその源泉は、したがって、一切の限界から独立した絶対的完全性について我々が自分のうちに持っている観念なのだ。ライプニッツは言う、「真の無限は、部分から合成され、継起的加算によって形成されるよう

な合計においては決して見いだされない。しかしそれは別のところ，すなわち絶対者においてなら必ず見いだされる。この絶対者は，自分自身は部分を持たないままに，合成された事物へと影響を与える。なぜならそれらの事物は当の絶対者の限定から帰結したものであるから」[15]。また別の箇所では，我々が空間や時間の観念を無際限に広げていくのは我々が常にそうしていく同じ理由を思い抱いているからだということを説明した後でこう補足されている，「このことが教えるのは，この種の観念を完全な形で把握させてくれるものは我々自身のうちに見いだされるのであって，感覚経験には決して由来しようがないということである。絶対の観念は，存在の観念と同様，我々のうちに，内的に，存在している」[16]。さらに別の箇所ではこうである，「我々は完全なる絶対者の観念を持っている。なぜならそのためには，絶対者を，一切の限定とは切り離して概念的に考えるだけでよいからである。また我々はこの絶対者の知覚的把握をも持っている。なぜなら我々は，完全性をいくらかなりとも分有している限りで，この絶対者をも分有しているからである」[17]。このように，微分計算についての考察が何らかの形で無限の証明に寄与するどころではなく，むしろ神という真の無限についての概念，我々の理性に生得的に備わる財宝である概念のほうから，量に関する外見上かつ想像上の無限の概念が形成されるのだ。その種の無限の本当の名，すなわち単に常に一切の有限を超える可能性を表現するだけの名称とは，デカルトが述べたごとく，「無際限」なのである。

　さて，では微積分的解析は，ある概念からそれとは秩序の違う別の概念へと「言わばひと飛びで」移行するという性格，グラトリ神父がこの解析に帰するあの性格を，本当に示しているだろうか。ライプニッツによればそうではない。微積分的方法の本質は連続性にある。ライプニッ

---

15) Leibniz, *Réflexions sur l'Essai de l'entendement humain de Mr. Locke* (1696), in *Opera philosophica omnia*, hrsg. v. Erdmann, 1840, p. 138.（『ロック氏の悟性論についての考察』）『人間知性新論』第二部第十七章，[1] も参照。

16) 『人間知性新論』第二部第十七章，[3]。一部省略あり。

17) *Entretien de Philarète et d'Ariste, suite du premier entretien d'Ariste et de Théodore* (1711), GP, VI, p. 592.（『フィラレートとアリストの対話。アリストとテオドールの最初の対話の続編』。これは Erdmann の哲学著作集では *Examen des principes de Malebranche*（『マルブランシュの諸原理の吟味』）と題されているもの）

ツは言う，「ある公準がその基礎をなしている。すなわち，何らかの極限で終わる連続的な移行が問題である場合にはいつも，その当の極限自身も含まれるような推論を立てることができる，という公準である」[18]。グラトリ神父がいつもそう言うように，「飛躍」や「跳躍」，「躍動」によって進んでいくというのが，一般に言って本当の方法の性格だなどと認めることは結局できるのか。本当の方法が持つ性格とはむしろ，気づけないほど滑らかに連続した連鎖によってある概念を別の概念へと結びつけていくということではあるまいか。「自然は何ごとも飛躍によってはなさない」と述べていたのは，連続律の応用である感嘆すべき計算，そしてこの連続律自体を我々に与えてくれたその当人〔ライプニッツ〕である[19]。そして同じことを学知についても言えることだろう。「学知においてすべては結びついている」[20]とはデカルトの言であった。

　方法に関するグラトリ神父の理論には彼ならではの特色が示されているが，それもやはり先に見たごとく前世紀より広く認められてきた格率から十分説明されるものだ。我々が積極的な形で直接認識できるのは経験の対象としての諸現象だけである，という格率だ。そこからして，〔現象とは〕異なる秩序に属する原理に我々が到達できると言うのであれば，それはただ，我々が脚を置いている地面のごときこの感覚的世界から，純然たる叡智的な諸存在からなる上位の世界へと，言わば飛躍することによってだ，ということになる。エミール・セセはグラトリ神父に対する厳しい批判者だが，その彼もこの点ではグラトリ神父と完全に同意見である。セセは，微分計算の方法を形而上学的な事柄に応用しようというグラトリ神父の試みには反対している。しかし，有限から無限への移行，感覚的なものから叡智的なものへの移行は，一種の「飛躍」によってでなければ不可能だという点については，セセも疑念を一切示さないのである。

　エクレクティスムは，グラトリ神父の表現を用いれば「超越」の方法

18）　出典不明。

19）　『人間知性新論』序文第二部，「自然は飛躍しない（natura non facit saltum）」。同第四部第十六章，［12］，「自然においてはすべては徐々に起り飛躍はありません」。

20）　『精神指導の規則』第一規則，sunt enim omnes inter se conjunctae... のラヴェッソンなりの仏訳か。

XVI グラトリ

に基づいて長らく掲げていた希望を次第に失い，その最後の時期には，エミール・セセの『宗教哲学』[21]にとりわけ見られるように，「超越」の方法に代えて，叡智的なものの直接の経験，直接の観取を主張するほうに傾いていった。それと同様にグラトリ神父も，自身の変わらぬ理論を保持しつつも，かつてのオラトリオ会の著名な著作家であるトマサン神父（Louis Thomassin, 1619-1695）からインスピレーションを得て——このトマサン神父自身，またさらに聖アウグスティヌスと新プラトン主義者たちからインスピレーションを得ていたのだが——，我々は単に神を概念的に捉えるだけでなく，正確な意味で神の感得サンチマン，神の経験を有しているという主張を確立しようとした。グラトリ神父はトマサン神父と共に，魂のうちにはある秘められた感覚サンス[22]があり，それによって魂は神を見たり理解する，というよりむしろ神に触れるのだ，と述べている。そしてまた彼はこう言う，「知性のうちにはまず感覚のうちになかったものは何もない」という周知の格率は，しかるべき仕方で理解するならば，再び正しいものと立証することができる。一切の認識は感覚に由来するという主張は可能だというのである。スコラ的理性主義ラショナリスム〔9-10頁参照〕はかつて，いくつかの抽象的な格率を用いて自然をアプリオリに構成すると主張していた。そしてそれは，純粋理性レゾンの名の下に「創造者が被造物に対するように」「目に見える世界と渡り合う」[23]ヘーゲルにおいて再び姿を現すのだが，経験はそうした理性主義を自然科学から追い払った。経験はやがていつか同じように，魂の学から，そして神の学からも理性主義を一掃することになるだろう。抽象的な観念と一般的な格率の結合や分析に留まるのではなく，我々は，自らの意識のうちに，そこに映された上位の原理を再び見いだせるようになる。そして我々は

---

21) *Essai de philosophie religieuse*, 1859, 3ᵉ éd., 2 vols., 1862.（『宗教哲学試論』）

22) トマサンは，晩年の体系書『神学教説（*Dogmata theologica*, 3 vols., 1680-1689）』の第一巻（第一冊・第十九章のI）で，それによって神に触れるところの「神秘的な感覚（感官 sensus）」について論じている。

グラトリの理論では，(a) 知性，(b) 感覚ないし感情，(c) 意志，の三能力それぞれが，(i) 魂より下のもの，(ii) 魂自身，(iii) 魂より上のもの，の三方向に差し向けられる。かくして (b) については，(b-i) 物体への感覚，(b-ii) 自己についての感覚・感情，そして (b-iii) として神についての感覚（sens de Dieu）が構想される。トマサンの着想がここに合流するわけである。

23) 出典不明。

自分自身の奥底に，我々固有の人格性がもはや献げられ犠牲となったその向こう側で，自分よりも優れたものを直に感じ，それに触れられるようになることだろう。

　グラトリ神父はまたこうも語っている。「神自身が我々の自由の第一の根である。意志する力，善く意志する力を汲み出すのは神においてであり，神においてこの力を汲み出すのは愛によってである。――しかし愛するとはどういうことか。それは合一すること，合致することである。自己犠牲は道徳的方法そのものなのだ。――自己犠牲とは，我々を神に近づけてくれる唯一の道である。それは，無限な生命への，有限な生命の必然的な関係である。犠牲となる，というのはすなわち自分よりも先に神を欲する，そうした自由からの行為は，かえって神に近づかせ，自分に近づかせ，自由をさらに増していく。対して逆の行為，すなわち犠牲を払わず，神よりも先に自分を欲する行為は，神から遠ざけ，自分から遠ざけ，自由を減らしていく」[24]。――これは福音書の言葉である。「自分の命を救いたいと思う者は，それを失うが，命を失うことに同意する者は，それを救うのである」[25]。

　この雄弁なオラトリオ会士はおそらく，方法についての巧みだが異論の残る理論によるよりも，キリスト教の最も純粋な精神に満ちたこの高邁な格率についての拡がりある展開によってこそ，哲学ならびに自然神学に大きな貢献を果たしたのである。

---

24)　*Connaissance de l'âme*, tome I (ch. VI « Étude de la volonté », IV « Rapport de la volonté humaine et la volonté de Dieu », pp. 393-396) からの抜粋。

25)　『マタイによる福音書』(16, 25) ないし『マルコによる福音書』(8, 35)，『ヨハネによる福音書』(12, 25)。ラヴェッソンの引用はこれらの福音書間の微妙な差異にはこだわっていない。

XVII
宗教哲学

カロ,ジュール・シモン,セセ。神の存在証明の限界についての自覚／神の人格性という問題／カロ。自然の秩序と精神の秩序の一致の源泉としての神

グラトリ神父は宗教と哲学の共通の関心の名において語ったわけだが,同様に,〔今度はもっぱら〕哲学の名において,同様の課題を引き受けた者たちもいる。それは,早世のため哲学から去ることになった惜しむべきエミール・セセに加え,ジュール・シモン,そしてカロである。セセは『宗教哲学』〔179頁既出〕,シモンは『自然宗教』[1]の一部,カロは著書『神の観念とその新たな批判者たち』〔150頁既出〕という,それぞれ注目すべき仕事において,一切の実在を相対的な存在の限界内に閉じ込めてしまおうとする理論に反対しつつ,神的本性の絶対性を維持することを目指している。

ジュール・シモンとエミール・セセはもともと,形而上学が幾度となく繰り返してきた論証を使って再び神の存在を証明し直すことには関心を持っていない。この二人を自分の抱える最も優れた教師だと見なした学派の統帥〔クーザン〕が晩年にはそうであったように,シモンもセセも,カントによる批判を前にして,〔神という〕偉大な存在についての

---

1) *La religion naturelle*, 1856 ; 2ᵉ éd., 1856 ; 3ᵉ éd., 1857.

通常のさまざまな証明を放棄する考えを示しており，とりわけ，カントによれば他の証明の核心であるという証明，デカルトが評価ないし再評価した証明，つまり神的本性の観念そのものから導かれる証明〔いわゆる存在論的証明のこと〕に関してそうであった。また二人とも，神の存在というものはむしろ一切の証明よりも言わば上位のものであって，論証はその明証性をかえって暗くするばかりと考えられるべきだ，という態度である。そして最後に言えば，二人ともがとりわけ証明しようとしたのは，神が人格であることだ。特にエミール・セセについて言えば，彼は，現代の，さらには過去の主要な哲学体系から，汎神論を生み出す原型的思想と呼べるものを取り出して当の諸体系の欠陥を指摘し，神を自然や人間と同一視する汎神論的体系に対する形で，完全なる知性と意志を備える上位の存在の必然性を立証すると認めてよいいくつかの論証を明示しようとした。ジュール・シモンもセセも，神の人格性に反対する者たちがいつも用いる次のようなお決まりの論証の弱点をはっきり見えるものになし得た。人格性とは一つの規定であるが，スピノザが言ったごとく一切の規定は否定であり，否定は無限性と両立するものではないのだから，無限なる存在は何ら人格的なところを持ち得ない，と言われる。あるいはまた，これはハミルトンとスチュアート・ミルが選んだ心理学的観点で支持される当の思想であるわけだが，人格性の属性であるところの意識は神において存在しようがないとも言われる。意識とは，思惟対象と思惟主体との二元性，ひいては両者の相互限定を含意するものであって，しかるに神の一性と無限性はそうしたものを一切許容しないのであり，このことは〔意識についてばかりでなく〕意志や愛についても同様である，というわけだ。この論証の欠陥は，我々の有限な本性の一定の状態にのみ関わる条件，無限においては消失する条件をもって，存在の絶対的な条件だとしてしまう点にある。これは，後で扱う〔XIX〕『究極的オルガノン』の著者〔ストラダ〕もまた明らかにしたことであり，現代ドイツの最も優れた哲学者の一人であるロッツェ (Rudolf Herman Lotze, 1817-1881) がその『ミクロコスモス』[2]ですばらしく明晰に説いたことでもある。

---

[2] *Mikrokosmus. Ideen zur Naturgeschichte und Geschichte der Menschheit. Versuch einer Anthropologie*, 3 Bde. 1856-1864.（『ミクロコスモス。自然史と人類史の構想。人間学試論』）

ジュール・シモンとエミール・セセが神の人格性への信仰を擁護した際に，その相手とされたのは，程度に差はあれこの信仰に反するものとしてスピノザやカント，ヘーゲルの体系のうちに，そしてさらにはデカルトやマルブランシュ，ライプニッツの体系にまでも見いだされると思われた要素であった。カロも神の人格性への信仰を擁護するが，彼の相手は，その著作の書名が示すように，より近年の理論である。また加えて，カロは神の人格性の問題に，人間の魂の不死性の問題を結びつけている。

　『神の観念』においてカロは特に，一連の学説に関して，その表面的で誤ったところ，矛盾さえしているところを示すのに努めている。実証主義から派生してきたか，あるいはその原理から多かれ少なかれ発想を得ている諸学説であり，それらについては我々も先に言及した。それらの学説はスピリチュアリスムの〔人格神的で道徳的な〕神を，自然的な諸力，結局は単なる物質とそう異なるわけでもない力へと置き換えようとする。カロには，この著作で，自分が擁護する学説を自分自身で探求して根本から更新するつもりはまったくない。とはいえ，自分の主要目的たる〔諸学説への〕批判に導かれてカロが示す議論展開のうちには，当の学説の通常の地平を超える見解がすでに指摘できる。それは，学識ある数学者ソフィー・ジェルマンから引用した折に出会った思想であるが，カロはこの『神の観念』で，あるいはゲーテの哲学についてのさらに最近の著作[3]においても，彼ならではの筆致で同じ思想を幾度となく繰り返しているのである。すなわち，経験を通じて事物のうちに示される秩序について，理性は，一切の経験に先立って，その秩序の諸原理を理性自身のうちに所有しているという思想である。カロの指摘では，そこにこそ帰納の基礎がある。「宇宙が理解可能であること，そこにおける諸現象は合理的統一性へと本性上帰着させ得ることを，我々は予感しており，アプリオリに肯定している。我々の知性の構造と世界の合理的な構造との間での，我々の精神と自然との間での，このような前もっての一致というのは，少なくとも，一つの奇妙な事実ではないか。そして

---

[3] *La philosophie de Gœthe*, 1866.（『ゲーテの哲学』）

秩序についてのこのような感得(サンチマン)とは，漠然とした曖昧な姿においてではあれ，知性ある原因が存在することへの信以外の何だろうか」[4]。

　我々には秩序についての概念が生得的に備わっており，それが証しているのが，当の秩序を理解して欲する知性ある原因への生得的な信なのであれば，これはすなわち，秩序とは，単に知性にとっての対象と目的であるだけでなく，知性そのものだということである。人間の人格性に関する最近の講義では，カロは事実上，エクレクティスム学派の半端なるスピリチュアリスムではなく，真のスピリチュアリスムを採る用意ができているようだ。すなわち，物質のうちにまで非物質的なものを再び見いだし，自然そのものを精神から説明するスピリチュアリスムである。

---

4) *L'idée de Dieu et ses nouveaux critiques*, pp. 305-306 からの自由な引用。

XVIII

存在論主義

その系譜と主張者たち／「存在」概念の問題

　最近，哲学者神学者の間で一つの注目すべき運動が生じた。それは「伝統主義」ならびに「心理学主義」と対立した形で，「存在論主義」と呼ばれる。
　伝統主義の学説が「心理学主義」と呼ぶのは，デカルトが哲学の出発点となった意味での「反省」ではなく，むしろロックとその後継者たちの考える意味での「反省」を用いることから生じた立場，すなわち真理と確実性を各人それぞれの見解に過度に依存させると見える立場のことである。伝統主義はこれに反対して，全員が一致する同意，普遍的な伝統を掲げることができると考えた。しかしながら，複数の伝統の間で判定を下し，特殊で一時的な伝統から真に普遍的かつ不変の伝統を区別しようとすれば，否そればかりか，「普遍的で不変の伝統は必ず真理を含んでいる」という原理そのものを確立しようとすれば，立ち戻るべき先はやはり理性なのである。こうして伝統主義が，自分自身の原理の含む矛盾によって破壊されてしまうと，また一つ別の学説が生じた。この学説はもはや理性から独立した真理を示そうとはせず，むしろ人格から独立した理性があることを示すことで，理性自身の権威を立て直そうとする。この学説は，理性をして，我々の外にあって我々よりも上位の対象としての「存在」と直接の関係に置く，というものであり，そこから

してこの学説は「存在論主義(オントロジスム)」と呼ばれたのである。それは最初にルーヴァン〔＝ルーヴェン。ベルギーの都市〕大学の神学者たちによって述べられ，ボードリ神父（Charles Baudry, 1817-1863）の〔神学校での〕教育の基礎となった。サン＝シュルピス神学校〔パリにある大神学校〕の哲学教授であった彼は，先頃，ペリグー〔フランス南西部の都市，司教座〕の司教となった後に没している。続いてこの学説は，ユゴナン神父（Flavien Hugonin, 1823-1898）が1856年に刊行する『存在論。思惟の法則についての研究』[1]という著作で展開された。ユゴナンは当時，カルメル会神学校の教会部長であった。ボードリ神父ならびに自分自身の思想に沿いながらこの著作においてユゴナン神父が述べたところでは，我々の知性がその最も高い直接の対象とするのは観念(イデー)だが，それは知性の働きそのものでも知性の所産でもなく，知性から独立したもの，結局のところ存在そのもの，普遍的存在，絶対的存在，つまりは神なのである。

〔彼らに先立つ〕ロズミニ神父〔55頁〕の考えでは，知性は，個別かつ偶然的なすべての対象において，彼が「未規定の存在」と呼ぶものを普遍的かつ必然的な対象としているのであった。この未規定の存在は，精神がそれを覚知する以上は存在しているのだが，ただしその存在は言うなら「計画中の」，潜在的な存在であって，これは我々がここまでに報告してきた現代の複数の理論においての「理想(イデアル)」とかなり似通ったものである。したがってこの彼の構想においては，我々の知性に生得の普遍的存在は，何らかのしっかりとした実在的なものではなく，ただ単に，論理的な一原理，我々の精神を導くための一規則に過ぎない。それを考えそれに導かれる精神を仮に取り除くなら，それはもはや何ものでもなくなるはずである。

ロズミニの思想と，ヴァシュロやレミュザの思想とは確かに異なるものだとはいえ，それらの原理がいかに似通っているかが気づかれよう。知性の対象となるのは一切の実在から切り離された存在物だと理解してしまう点では，ほとんど同じなのである。

知性が自らを規整する拠り所とし，観念(イデー)以外の一切を理解し測るため

---

[1] *Études philosophiques. Ontologie, ou étude sur les lois de la pensée*, 2 vols., 1856-1857. （『哲学研究。存在論，すなわち思惟の諸法則についての研究』）

に用いるところの諸観念(イデー)は，ただ単に概念上の対象ではなく，まさに神であるところの実在的で現勢的な存在の諸様態なのだということ，これを存在論主義者(オントロジスト)たちは何とか示そうと努めてはいる。また彼らの見解に加えて，マルブランシュについての神学博士論文[2]の著者であるブランピニョン神父（Émile-Antoine Blampignon, 1830-1908）にも従えば，以上はマルブランシュの，そして聖アウグスティヌスの学説である。それはさらにまたプラトンの学説だともされる。ユゴナン神父がどこかで言っているが，アリストテレスは心理学主義者(プシコロジスト)であったが，プラトンは存在論主義者(オントロジスト)であったのだ。

　確かに実際プラトンは，我々が事物を理解する際に用いる諸概念は，互いに区別された諸実在であるとし，一つの全体的な存在，つまり神が，それらを含み持っていると考えていたようだ。しかし，プラトンが結局神のうちにまでそれらの限定と多様性を置いたのかは疑われてよい。「存在」と言われるものすべての彼方にまで，すなわち絶対的な一性のうちに神を探し求めたこのプラトンを，ルーヴァンの博士たちやユゴナン神父の言う「存在論主義者」に数え入れることができるものか，それも疑われてよい。

　確かにアリストテレスは，諸観念(イデー)に区別と多様性があるのはただ我々のうちにだ，と考えようとした。しかし，神が，存在論主義が「存在」について言うのと同様に知性の最も高い対象であるに留まらず，一切の思惟の源泉たる至高の思惟でもあることを理解した，しかも最初に理解したのは，アリストテレスだった。この彼を現代の存在論主義が定義し批判する意味での「心理学主義」へと還元するべきかは，疑われてよい。

　そして最後に言えば，ロズミニのように「存在」を原理とした上で，このイタリアの哲学者のようにそれはただ潜勢的に存在すると言うのではなく，さらに付け加えて，それは現実に存続している，それは実際にある，と言えばそれでロズミニの考えを十分に補完したことになるのかも，疑われてよい。「存在」の観念は最も貧しい観念であって，それ以上の何も備えていない存在などは存在しないことと等価だ，とヘーゲル

---

2) *Étude sur Malebranche, d'après des documents manuscrits*, 1861.（『手稿資料によるマルブランシュ研究』）

が言っていたのは，理なきことでもないと思われる。

　おそらく存在論主義とは，存在を生と思惟によって定義するいっそう迷いのない学説の，最初の一形態でしかない。しかしながら，存在論主義を説く哲学者神学者においては，グラトリ神父やスラの司教〔マレ神父〕においてと同様，精神と実在の間に割り込んでくる論理的一般者から実在そのものへと移行することを相変わらず困難にしてしまうさまざまの原因が見られ，さらにそこに，十分に定義されない観念や表現に多くの場合留まっておきたい特別の動機が加わってくる。理性によって信仰の領域に取り組むことへの不安があり，そしてただ理性に関わるように思われる事柄においても，教会決議の権威から介入してきた，あるいは今後なされ得る決定と十分に合致しなくなることへの絶えざる不安があるのだ。グラトリ神父やマレ神父，ユゴナン神父は，キリスト教が与えてくれる光を拒む哲学に「切り離された哲学」(フィロゾフィー・セパレ)という名称を与えている。〔だがそれならば〕神学者たちの哲学は一般に，中世におけるよりも今日においてこそ，よりいっそう「依存した哲学」(フィロゾフィー・デパンダント)と呼ばれてよい。しかるに，哲学というものが求めるのは，完全な自由だと思われる。

　おそらくそう遠くない時代に，例えばカトリックの卓越した博士であるニューマン（John Henry Newman, 1801-1890）が述べたような，すべての科学における発展に劣らない宗教における発展という思想が支配的になることだろう。そうした思想は日々いっそう多くの人々を捉えつつある。その時には，解釈にいっそう寛容な学説が確立することだろう。より自由なものとなることで，神学は，哲学からこれまで以上の利便を引き出し，またその返礼として哲学へといっそうの貢献をなすことにもなろう。そしてその時には，聖アウグスティヌスのかの偉大な言葉がついに真のものとなるのが目にされるだろう。真の宗教と真の哲学は何ら異ならない，ということだ。

XIX
ストラダ

───────

『究極的オルガノンの試み』／現代の問題的状況。「存在」の取り逃がし。感覚と知性との対立／ヘーゲル批判。否定に対する肯定的存在の先行性／精神の第一義的対象は存在である／方法と基準の問題。既存の諸基準の欠陥／神的なものの顕現としての「事実」／存在と精神との結合

　ド・ストラダの変名でさまざまの散文・韻文の著作をすでに出版している著述家[1]は，1865年に『究極的オルガノンの試み，方法の科学的構成。第一部，形而上学の基礎』[2]を公刊した。そこで彼の示す思想は，内容としては存在論主義者の思想と類似していなくもないが，しかしその観点はまったく別のものであり，その精神はこの上なく自由なものである。

　著者の言葉遣いはしばしば奇抜だが，彼が表明したい思想をその下に探し求めるなら，この著者はこの我々の時代を少なくとも一見したところ支配している諸傾向に反対して，形而上学，すなわち超自然的なものの学を，再建しようとしているのが見てとれる。

　彼は言う，「我々の時代の病とは，思惟が努力に倦み，どこに身を落

───────

　1）　本名は Gabriel-Jules Delarue, 1821-1902. 彼が用いた変名は，Jules de Strada・J. de Strada・J. Strada・J.-Gabriel Strada・José de Strada, あるいは単に Strada であった。
　2）　*Essai d'un ULTIMUM ORGANUM ou Constitution scientifique de la méthode*, 1ère série, *Bases de la métaphysique*, 2 vols., 1865.

ち着けるべきかも分からないままに，物質的な実在に執着しつつそこに休らってしまっていることだ。もはや真理は存在せず，そして真理と共に高尚なる思想も死んでいる。真理を評価する判定基準も，真理に到達するための方法もないままに，精神は言わばめまいのままに歩み，最後には無神論的唯物論へと倒れ込むのである」[3]。

　万物を物質と感覚に還元する諸理論の不十分さと皮相さはあまりに明らかであり，ストラダはそれらを「疑似(プセウド)実証主義的」と呼ぶが，この呼称は残っていくべきであろう。彼はそうした理論の批判にほとんど立ち止まらない。むしろ彼が示すのは，形而上学(メタフィジック)そのもののうちに，それを変質させてしまう物理的(フィジック)な要素がいかに滑り込んでくるのか，である。

　彼は言っている，「認識の対象とは存在である。しかし存在は，それがどのような姿で現れようと，それを構成する一定の諸性質を持っているのであり，それゆえこれらの性質は，存在がそこで現実化されている一切の現実存在にとっては，その条件，その法則である。だからこそ，万物は演繹され，万物は証明されるのだ」[4]。形而上学をその論敵から守ろうというつもりで，我々が先に指摘した理由ゆえに，〔飛躍なき〕規則に沿った理性推論(レゾンヌマン)などにはほとんど信頼を置こうとせず，それよりもむしろ，彼らの言い方だと飛躍や跳躍によって進んでいく帰納や，さもなければある神秘的理性の説明不可能な啓示のほうを好むような最近の人々〔先述のグラトリや存在論主義者たち〕の多くとは異なり，ストラダは，理性推論が及ばないようなものなど存在しないとの立場を保つ。存在が必然的に持つ性質は，彼によると，次の三つに還元される。力の拡大による規定，持続における同一性すなわち恒常性，そしてこれら二者がそこで一体となる本質，である。ストラダの言うところでは，必然的な構成的諸性質は思惟の対象であり，偶然的なさまざまの実現態は経験の対象である。一切の偶然的実現態は必然的に，構成的諸性質をその内に含んでいる。したがってある対象を感覚的なものとして知覚しているならそれと同時に，我々は当の対象を理解可能なものとして思考して

---

3)　冒頭部からの自由な引用。
4)　出典不明。

もいるわけである。

　おそらく，ボシュエとカントと共に，こう言い添えるのがいっそう適切だろう——加えて我々はそれを想像(イマジネ)している，と。カントの理論は知られたものだ。感性的な諸要素はまず想像力〔構想力〕(イマジナシォン)によって一つの全体へと結合されるのであって，ついで悟性による高次の総合が行われるのは，その想像力の総合の所産に対してだ，というのである。すでにボシュエも，感覚で何かを知覚するやいなや我々はその像を描く，と述べていた。感覚と思惟の間に「想像力」という中間項をそのように挿入したならば，ストラダは自説をおそらくより完全な形で正当化できただろう。彼の説によれば，対象の側の特性に対応して三つの認識手段がある。すなわち実在的なものに対しては経験，数的なものに対しては計算，観念的(イデアル)なものに対しては三段論法であって，こうした説はプラトンやアリストテレスによる学の三分法，自然学(フィジック)と，数学すなわち「中間物」の学と，そして哲学，という区分を想起させるものだ。実際，古代のそうした思想家の考えをライプニッツやカントの考えに結びつけつつ，おそらく次のように言ってもよいだろう。すなわち，数学ならではの対象たる量とは，本来，想像力が関わる世界であり，それは感覚の領域と純粋知性の領域の中間にあるものなのだ，と。

　いずれにしても以上が，ストラダによるところの，我々の置かれた条件である。我々は相互に独立した諸能力によって，事物の異なる諸部分を同時に認識するが，我々にはある部分を別の部分から導出することも，また我々の認識様式の一つを経て別の様式へと至ることもできないのである。唯物論者は知性的なものを感覚的なもので説明しようとするだろうが，それは無駄である。しかし，スピリチュアリストたち[5]が単なる観念によって自然について予言したりそれをアプリオリに構成したりしようとしても，それもまた無駄なことなのだ。時に彼らが，例えばヘーゲルのように，それに成功するように見えるとしたら，それは，彼らが知性的なもののうちにあらかじめ感覚的な諸特性を移し入れてお

　5）「スピリチュアリスム」と言われるが，ここでのラヴェッソンは，以下に解説されるストラダの図式とそこでの用語法にひとまず従いながら叙述を進めている。ラヴェッソン自身がそのまま積極的に引き受ける種類の「スピリチュアリスム」ではなく，むしろ内容的には，実在そのものに達していない抽象的な「イデアリスム」のことである。

き，そのあとで自分は知性的なものからそれらの特性を引き出しているとまず自分自身が思い込んでおり，そしてまた引き出していると他人からも見えてしまっているという，それだけのことだ。ただしヘーゲルとて，自分の論理学すべてをもってしてもいささかも説明できないような無数の細部が自然のなかに存在することに気づくであろうし，彼はそれらを単に無視するしかないだろう。すでにヴァシュロがほぼ同じ指摘を行っている。

ストラダの言うところでは，我々はみな，偶然的な実現態と共に，それが含む必然的な性質を知覚しているが，ただしみなが同じ度合いで知覚しているわけではない。偶然的な実現態のうちに必然的な性質を明晰に見てとるというのは，天才だけが持つ特質である。通俗的な知性は周囲の外的な状況に，あるいは言われるようにその「環境（ミリウ）」に依存し，また当の知性はそうした状況や環境からほぼ説明できてしまうものだが，天才はそうした状況を超えたところにまで上昇し，「絶対的なもののうちへとまっすぐに迂回なしに身を投じるのであって，そうであってこそ彼の作品はすべての時代と場所において真なるものとなるのだ」[6]。かくして至る所で，そして常に，天才こそが発見をする。天才は絶対的なもの，神との，直接の交流を持つからである。そして群衆はそれに付き従うだけなのだ。

さて，経験的な事物すべてのうちに，理念的（イデアル）なものが含まれていることを示すだけでは十分ではない。形而上学（メタフィジック）を打ち立てるためには，理念的なもの，絶対的なものが，物理的（フィジック）なもの，感覚的なもの，偶然的なものから独立していると示す必要がある。しかしほとんどの場合，ひとは逆に下位の要素を上位のものに，物理的なものを形而上学的なものに，入り込ませてしまうのだ。カントは，自然において一切のものは対立と二律背反（アンチノミー）の姿で現れること，万物はそこにおいて言わば反対物から成っていることを非常によく認識していた。ヘーゲルはさらに進む。彼は二律背反を絶対者のただ中にまで持ち込んで，その構成要素としたのである。この二人の思想家，とりわけヘーゲルについて，ひとはその大胆さを非難してきた。まったく違う，とストラダは言う，彼らを非難するべ

---

6) 第一巻，30頁。改変あり。

きは，形而上学的な臆病さにおいてなのだ。「彼らには，二律背反の巨大な光景があまりに重荷となったのだ」[7]。彼らは二律背反を経験から受容し，それらを普遍的かつ必然的な原理に仕立て上げる。かくして彼らの哲学は，形而上学を物理学的に扱うことになる。同じことを，互いに分離され，それゆえに有限な諸概念を神のうちにおくスピリチュアリストたちにも言わねばならない。彼らは神のうちに多数性を置くことで，神そのものを有限なものにしてしまっているのだ。

『究極的オルガノン』の著者はまたこうも言う[8]。哲学は二律背反(アンチノミー)を対象とはする。しかし二律背反は二番目にのみ，絶対的なものの下にのみやってくるのであって，絶対なもの自身は二律背反を逃れていることを哲学は理解しなければならない，と。確かに，否定的(ネガティフ)なものを前にしそれによって制限されれば，肯定的(ポジティフ)なものはそれ自身否定的になり，両者のいずれも相手を条件としてしか存在せず，相手に相対的なものとなるように見える。これはすでに見たように，ヘーゲルが述べたことである。ストラダによれば，少なくともヘーゲルはこうした観点の持つ不十分さを感じ取っており，彼の抱える二律背反の解決を熱望してはいた。しかし同じことを述べたのはこのヘーゲルだけでなく，それはまたカントであり，ハミルトンであり，対立と相対性を普遍的法則に仕立てようとするすべての者でもあるのだ。しかしさらにストラダが言うところでは，すべての事物において見いだされる否定的なものと肯定的なものが互いに等しいのは，あるいは等価であるのは，ただ数学的な意味においてでしかなく，すなわちちょうど，抽象的な限りでの「1」と「1」は，それがどういった実在に対応しようとも，数の上では等しいとされるごとくである。否定的なものは，その実在的なところのすべてを肯定的なものから得ている。否定とは，肯定の派生物なのだ。「ある肯定がなされ，私がそれを否定する。私の否定はたちまち肯定に，私の否定が持つ否定という質を与える（これがヘーゲルの議論である）。しかし肯定はそれ自体によって否定であるのか。そうではない，それは否定による」[9]。したがって，否定と非存在を存在と肯定に等しいところにまで高めよう

---

7) 第一巻，167 頁からの自由な引用か。
8) 第一巻，169-170 頁。
9) 第一巻，172 頁。

としても無駄な話である。否定的なものは,実在において,そして実在によってしか,存在する権利を有しない。否定的なものは第二のものであり,肯定的なものが最初のものなのだ。肯定的なものに対して否定的なものは,ちょうど「1」に対する「0」,実在に対しての無と変わらない。ストラダは言う,「今日物理学において物質と真空との結合によって物事を説明するのが子供じみているのと同様に,形而上学においても非存在と存在との結合で説明するのが子供じみたものとされるような時がやがて来る。自然においては実在は至るところで制限されているとしても,だからといって制限が自然の本質なのではないということを,いまや理解すべきである」[10]。かくしてストラダによれば,形而上学的精神とは,二律背反と矛盾の状態,自然が置かれている状態,そして一定程度には我々自身も置かれている状態のその上方に,ある絶対的状態が存在していることを理解することなのだ。この世においては否定は我々にとって存在の条件そのものと見えるにせよ,この絶対的状態においては否定の居場所は一切ない。そこには実在しかない。それが存在の本来の状態なのである。

　存在こそは精神の対象である。精神は存在から願われて,存在を,同時に必然的かつまったく自由に,「抽象と抽出によって」[11],我が物にする。胃に対する食物のように,肺に対する空気のように,存在は精神を益する。そういった具合に精神は存在に応じており,存在の異なる諸特性には精神の異なる機能が対応しているのだ。いずれの実在においても,比率は異なりつつも,存在の諸性質すべてが見いだされる。「人間は万物のうち,一つひとつの事実のうちに神を聞いているのだが,言わば絶対者の永遠で止むことのないざわめきとどよめきで耳が聞こえなくなっているのだ」[12]。それと同様に,精神の働き一つひとつには,最初のごく単純な働きのうちにすら,展開の度合いに差はあれ,精神のすべての諸能力,すべての働きが見いだされる。いかに基本的なものであれ,

---

10) 第一巻,189-190 頁からの自由な引用。
11) abstraction, extraction. ストラダは特に内容上の区別を設けていない。いわゆる「分析」の操作。
12) 第二巻,457 頁。

理性推論全体と方法全体を含んでいない知覚などはない。その上で理解せねばならないのは，いかにして，いかなる仕方でなのか，である。すなわち，以上の原理からいかなる方法が導かれてくるかを知らねばならないのだ。

　ストラダにとって「方法」とは，精神の運動，精神の歩みのことである[13]。個人にも民族にもそれぞれ自分の方法がある。それは発明してことを開始する何らかの天才から到来し，時代や場所といった外的な状況よりもはるかに，当の個人や民族の辿る歴史を説明するものだ。人類は我々の諸能力のように互いに異なった複数の領域，ある程度までは相互に独立した領域で同時に展開していく。例えば宗教，芸術，科学，社会的政治的制度，である。ちょうど肺や心臓，脳がある程度までは独立に生きているのと同じだ。ただ，そうした自由でありながら調和を保つそれぞれの展開には，一つの同じ原理があり，それらの凝集と統一性はこれに由来している。この原理が「方法」のことなのであって，そしてそれは思惟である。「実際，真と認められた観念は人間のあらゆる結集の基礎かつ結節点である。ひとはしばしば祖国はどこにあるのかと問うてきた。それは，ここにある」[14]。つまりこれは，「方法」というものはそれ自身，事物のうちにも展開している必然的諸法則が人間精神において展開したものだ，ということである。「神と人間が歴史を作る。神は必然的な諸法則から，人間は自らの方法によって。したがって知性は，方法に他ならない自らの成り立ちから，そして必然的諸法則から引き出されてくる認識から，さまざまの出来事の物質性をそっくり生み出すが，それは外皮でしかない……歴史とは精神である。さまざまの宗教，制

　13）　以下のいくぶん難解な論述を理解する前提として，簡単に補足しておく。
　「方法」とは本来，内容に拘束されない形式的手続きでもなければ，差し向けられる対象や得られる成果とは別に用意される「道具」のようなものでもない――これがストラダの「方法」論の基本発想である。真理を探究する主体は，探求される真理から先行的かつ実質的に導きを受け取り，それに沿ってこそ歩み出せるのであって，この意味で，単に主体の中で確認されるだけの言わば内在的な基準（信仰（信），明証性など）は，真の基準にはなり得ず，それらは「方法」を構成できない。この後で紹介されるように，ストラダが「事実（Fait）」と呼ぶのは，そうした内在を超えたところに由来する別次元の事柄であり，彼の方法論はこの意味での「事実」に依拠している。
　14）　第一巻，51頁。

度，哲学における変化の原因は，方法を探し求める精神なのである」[15]。

〔ところで〕方法自体もまた基準(クリテリウム)に帰着する。基準とは，我々が真を評価する際の拠り所となる原理，確実性の絶対的な原理である。歴史の根底をなすのが「方法」であるのは，方法の根底には確信と情熱の源泉となる「基準」が存在しているからだ。諸国民は基準を探し求めている。諸国民が次々に変化していくのは，基準を追い求めてのことなのだ。「人間の移ろいやすさを生むのは何か。絶対的なものの探求，である。理性と同じく，さまざまの情熱が人間をその探求へと押しやっていく。かくして人間が変化するのは，もうそれ以上変化しなくなるという目的があってこそのことなのだ。これは，安定し不動のものの高き魅惑，崇高なる不安と移ろいやすさであって，それにとっては，見いだされ確認された必然的諸法則のうちに休らうこと以上に崇高なことはない」[16]。

これまで数多くの基準，確実性の原理と称されるものが，代わるがわる支配してきた。原始の諸民族においてそれは「力」であった。ギリシア人においては「観察」と「論理」，中世では「信仰」，デカルト以降になると「明証性」。いずれも不完全で不十分である。「力」は精神と無縁である。「観察」と「論理」はさらに原理を必要とする。「信仰」には証明が必要であり，「明証性」と言われるものは各人を至高の判定者にしてしまう。今日では対立する諸基準が戦い，相互に破壊し合っている。「かくして次のような矛盾に満ちた現象，問題でありしかも恐ろしい問題である諸現象が説明される。絶対的なものを熱望する社会において唯物論が力を増してくる。独立性に燃える時代において自由は自分を確立することができずにいる。形而上学的諸学は死に絶えつつあり，高き学知や思索は崩壊している。すでに人々は，我々のこの時代の努力がみな，古代世界の不道徳さと隷属状態の深淵において終焉を迎えるのかと恐々としている。では我々は精神と自由の廃墟のうえに座しているのだろうか。これまでの世紀が我々に持ち来たったのは，ただの空しい塵に過ぎないのだろうか。人間に関わる事柄すべて，絶対的真理に向けて努力した天才の思索すべてを，絶望の風が吹き払う定めであるのだろう

---

15) 第一巻，44頁，45頁。
16) 第一巻，99頁。

か」[17]。

　否，とストラダは続けている。さまざまの矛盾を解決し，不確実性の揺らぎを落ち着かせるはずの一つの基準がまだこれから発見されるべきであり，実際発見されようとしている。方法を決定的に基礎づけつつ，新しい堅固な基礎の上に科学と文明を打ち立てるはずのこの原理，無謬で絶対的なこの原理とは，「事実(フェ)」である。

　諸事物に関して，二律背反にとらわれた下位の観点に満足するのは誤りであるが，認識を通じての諸事物への精神の関係についても，これまでのところでは支配力を持ってきた特殊な諸基準，限界ある個々の人間が自分のことを原理かつ規準と見なしてしまう原因となった特殊な基準で満足するというのもまた同種の誤りである。デカルトの時代以来際立ってきているのは実にその種の基準，すなわち信仰と明証性であり，それと引き換えにひとは理性推論を放棄してきたのだ。

　「信仰」に訴えるのは，理由を説明できない一感情で満足することである。「明証性」という，視覚という語から派生した語[18]についても同様である。何でも明証性を信頼するというのは，それ以外の保証者なしに，精神の単なる状態で満足してしまうことである。したがって，信仰は結局外的な視点を求めているのだ。「ある学説について，それが与えるあらゆる肯定についてとは言わずとも，少なくともその一般的な正しさについて明証性がある場合にのみ，信仰というものも存在する。そして明証性に関しては，もしそれに異議があれば，明証性は理由(レゾネ)に準拠することになる」。ゆえに，信仰や明証性は，ひとが理性推論せずに信じている場合でも，また理性推論せずに目にしている場合でも，結局理性推論なしには機能しないのである。次のように語ったとき，聖アウグスティヌスはこの真理を正しく感得していた，「もし我々に推論ができる理性的な魂がなかったなら，我々には信じることすらできなかったことだろう」。したがって，理性があってこそ，そして理性推論の働きすなわち実験と計算と三段論法があってこそ，信仰や学知を有することもできるようになるわけである[19]。

---

17) 第一巻，102-103 頁。
18) 「明証性 (évidence)」が，ラテン語の「見る (videre)」に由来するということ。
19) 以上は第二巻，79 頁からの自由な引用。

ストラダはまたこうも言う。「かくして，デカルトは思惟を反方法的状態に，すなわち信仰にも似た状態のままに放置すると主張した点で，私は事柄を正しく言い当てていたのである。だが，信仰は人間を神に結びつけるのに対して，明証性は，人間を人間自身にしか結びつけない。デカルトは人間を，信仰のうちでも最も狭量で子供じみた，最もあり得ないもの，つまり自己信仰のうちに放置する。そこからの帰結は社会のあり方に如実に表れる。中世は，本能的で感動に満ちた絆で自分の神に結びついているという高揚を有していた。現代が有するのは，個人主義ならびに個人的専制という堕落である。現代は野卑なる男プロタゴラスに和して言う，人間が万物の尺度だ，と。脆い下劣さ」。──「そもそも精神について，それが明証性によってものを見るに至るというのはどういうことなのか。ものが見えるから見えるのだ，ということだ。思惟のかの美しい秘密のメカニズム，存在と思惟のかの美しい合致，存在の帯びる一切の様態に思惟がかみ合っているあの目覚ましいありさま，それらすべてをやり過ごしておいて，最後にただ，まるで秘密に触れたかのように『ものが見える力があるから見えるのだ』と叫ぶというのは，実に都合のいい話である」[20]。

　信を置かれているというほとんどそれだけの理由で認められた原理から，一連の果てしない無用な帰結を引き出してくる中世の三段論法的方法に対して，デカルトは明証性という単純な光を掲げた。より後の話としてスコットランド学派の哲学者たちやエクレクティスムが言う「常識」もこの明証性の光に帰することになったわけだが，デカルトについてライプニッツはすでに正しく指摘していた。それこそは実に手短な方法というものであって，学知に代えて恣意を立ててしまうのだ。真の明証性が最終的な理由(レゾン)だとしても，そこにまで到達できているのか納得しているのでなければならない。同一的〔トートロジー的〕な命題以外，本当に明証的なものはない。これは理由(レゾン)そのものである。外見上の真理はどれも，その正しい価値において判定され評価されるために，分析を介しながらそうした同一性へと還元されねばならなかったのだ。
　同様の意味でストラダも「すべては証明される，ただし科学ばかりに

---

20) 第二巻，80頁。

よってではないが」と述べる。「二次的な諸学は，自らが拠って立ちつつも自身で定義することはない諸概念を，一次的な諸学から受け取る。例えばその意味で形而上学は時間や空間などの概念を定義し，それを幾何学に手渡す。幾何学は自分の目で吟味しないままにそれを受け取り，その上で，幾何学ならではの公理や定義，仮説を打ち立て，それらに適した方法的な道具を用いて証明にまでことを進める。このようにして，知の円周全体の内部では一切が定義され，証明されるのである」[21]。さらに加えて，公理ほど理性推論を重ねられたものはない。公理というのは，もはやそれが気づかれないほどにいつもなされている不可欠の理性推論からの結果なのだ。我々が絶えず空気を呼吸しつつも，それについて注意も意識もしないのと同じである。

かくして，我々のもつ能力のすべて，計算や知覚にも結びついた理性推論によってこそ，我々は，必然的にかつまた自由に，自分の認識を，そして何よりもまずその認識の最も単純な要素を，形成するのである。

しかしいかなる原理の名において，いかなる原理によってであるか。「事実」の名において，「事実」によって，である。

ストラダにとって「事実」は，感覚を刺激するものに限られない。事実というのは実在のことであって，向けられた先が感覚であるのか精神であるのかは問題ではない。ストラダの関心を絶えず引いているのは，確実性にある原理を与えること，すなわちそれ自体では何ものでもない物質性よりも上位で，そしてそれだけではやはり無でしかない個体性〔主観的個人性〕よりも上位の原理を，与えることである。ストラダはその原理を，彼の言う「必然的諸性質」に満たされ，つまり絶対的なものに満たされ，普遍的存在の実体を自らの奥底に含み持つところの，総体として捉えられた「事実」に，見いだす。彼は言う，「事実とは，自然的なものと超自然的なものとの絆である。ひとは一切の驚くべき奇跡を否定したがる。しかし思惟の生は絶えることのない奇跡なのだ。神は，すべての事実それぞれのうちで自ら自然本性となる。概念一つひとつにおいて無限の精神は自ら人間精神となる。一切の事実のうちで，精神は神を手にしているいるのである」[22]。

---

21) 第二巻，154-155 頁からの自由な引用ならびに再構成。
22) 第二巻，456 頁の自由な改変。

このように基準とは事実のことであり，それゆえに基準は神である。「事実によって触れ得るものとなった基準としての神，そこにすべては含まれている。これこそが，一切の学説，一切の方法的革命の基礎だ。やがてこの真理を感得した日には，人間は，必要なもので自分の知らぬことなど何もないということをも感得するだろう」。——我々が分析しているこの著者はこうも言う，「この真理を理解して以後，私は明晰さと休息のうちにいる。一切の事実が神を顕わにしているからであり，事実を通して人間は神の実体でわが身を養っていることを理解するからである。またそれゆえに今では私はこの真理を，精神で聞くと共に心情でも聞いている。真理は，研究すると同時にまたそれを愛さねばならない。科学の基礎となるのは，見事な三段論法でもなければ，見事な経験でもない。それは，心情の奥の秘められたところへの一撃を通じての，存在との，そして神との交わり（コミュニオン）であり，その一撃を与えてくれるのは，事物であり，観念であり，偉大な芸術作品，偉大な科学の成果，偉大な徳の業だ。これは二人がかりの生であって，認識と愛の二つがなければ働かない。これこそが方法の魂となる核心であり，経験や信仰，三段論法などはその外面，外皮に過ぎない」[23]。

　事実を前にして，精神は，それを所有したい，そして所有するために事実を自らに解明したいという熱望を抱きつつ，まずアプリオリなもの，仮説を作る。これが科学の第一歩である。そしてアポステリオリなものが続く。検証であり，証明であり，それを通じての所有，である。以上が，方法の必然的な歩みである。仮説，大いなる欲求，確実性，そして安らぎ，終わりなき喜び。方法とは生そのものなのであって，そして生とは存在を思惟へと同化し，実体変化させ，転換させることなのだ。

　存在と精神とのこうした結合，婚姻のごとき調和を言い表そうとして，ストラダは燃え立つような言葉を選ぶ。自身が言っているごとく，彼の著作は科学と形而上学についての一種の『雅歌』で結ばれる。「おお，熱なる神，おお，思惟なる神，おお，血なる神，おお，声，真理，生である神，揺るがず常にいます監督者たる神よ，来たれ。人間はあな

---

23) 第二巻，462-463頁。改変あり。

たを呼ぶ。人間の弱さはあなたの力に飢えている。その無知はあなたの知に，その小ささはあなたの果てしなさに，その誤りはあなたの確実さに，その否定はあなたの肯定に，飢えている。来たれ，あなたなしには，人間はあなたのところにまで登れない，あなたは事実を通して常にそこにいますのに。来たれ，そしてあなたの呼び起こす思惟，あなたがかき立てる愛によってあなたと一つとなって，我々が絶対との交わり(コミュニオン)のうちに，学と芸術と徳による生のうちに，溶け合わんことを」[24]。

　さらに最後に短い「後書き」でストラダは，同じ時代を生きる哲学者たちに呼びかけながら言う，「私はあなた方をみな，攻撃した。私はあなた方の方法に対する，生身の反応だ。私は言った，あなた方はみな誤っている。私はあなた方をみな攻撃したのだ。あなた方の誰も私を支持はするまい。そこで話しているあなた方は，神権政治家であるか。では戦おう。物理学者であるか。ならば戦おう。明証主義者であるか。では戦おう。私は戦うが，それもあなた方と一つになりたいからだ。私は戦うが，それは私が人間と戦い，神を護っているからだ。私は哲学者のなかでもこの上ない実在論者だ。誰もそれをあえて言わないできたが，私はまさに『事実が基準だ』とまで言い切るのだから。また私はこの上ないスピリチュアリストでもある。基準としての事実によって判定する人間は，神以外によって判定してはいないということはもはや証明済みなのだから。事実というものを理解し，それが存在と，すなわち絶対的真理と結びついていることを理解し，事実とはその真理を常にありありと，至るところで生き生きと，絶えることなく現しているものなのだと理解したなら，古くからのさまざまの対立は消え去ろう。もし私の言うことが曖昧だったなら，説明しよう。もし欠けたところがあるなら，力の限りそれを埋め補おう」。そしてストラダは，自分と共に「存在と，認識の土台であり媒介者であり基準である事実とを掲げる学派，存在の普遍的実在性を説く学派，方法としての神ならびに絶えることなき基準としての事実に支えられる学派」を創始しようと望む人々を呼び招く[25]。

　実際，ストラダの言明は曖昧であることが非常に多く，おそらく彼に

---

24) 第二巻，472頁。
25) この段落の引用は第二巻，477-478頁。

とっては自分の思想を明晰に述べることよりはそれに持てる限りの力を与えるほうが重要で，また思想の含む諸要素を順序立てて展開するよりは思想をその無数のまばゆい相面において示すことのほうが大事であったのだろう。ただそれにもかかわらず，少なくとも彼の目指す目標は明晰に理解できる。存在については自然や人間のそれだけ，あるいはそれだけとは言わずともほぼそればかりを考察する立場のせいで，学は狭い輪のうちに閉じ込められていたが，学をそこから引き出して，〔自然や人間という〕雲を貫きつつ光を発している超自然的なもののほうへと向け直すという目標である。その先にあるのは絶対かつ無限なるものであり，有限で相対的な諸事物などは，ライプニッツの表現を借りるなら，その「放射閃光」[26]でしかないのだ。

しかしストラダがかくも熱心に支えた企てに関して，おそらく彼は自分がそう思うほど孤独ではないはずだ。過去を振り返ってみれば次のことが分かろう。物理学者のうちでも特に偉大な者たちは，経験は確かに我々に有用で必要でもあるが，最後のところでの判断はやはり理性によるということを弁えていたのだ。ルネサンス以後の証人としては，ガリレイ以前であればレオナルド・ダ・ヴィンチがこう言っている，「我々は経験から理性へという向きに進むしかない。しかし自然は理性から経験へと進むのだ」[27]。また神学者のうちでも特に偉大な者たちは，信仰は知を最初の原理とし，また最後の目的ともしているということを認めていた。ここでの証人は聖アンセルムスであり，彼はその最初の著作を『理解を求める信仰』と題していた[28]。また哲学者に関してであればデカルトであり，空回りする理性推論を前にして確かに彼は単純な明証性に過大な価値を与え，かくして学知をいわゆる常識なるものの裁量に委ねたかに見えるにしても，それでもデカルトはこう言っていたのだ。一切の真理をそれと評価し一切の明証性を与え得る本当の基準とは神の観念

---

26) fulgurations.『モナドロジー』§47。
27) 杉浦明平編・訳『レオナルド・ダ・ヴィンチの手記（下）』（岩波文庫 1958 年），11 頁。加藤朝鳥訳『レオナルド・ダ・ヴィンチの繪画論』（改訂版 1996 年），31 頁。
28) アンセルムスの著作『プロスロギオン（*Proslogion*, 1077-1078）』は，当初『〔知性による〕理解を求める信（*Fides quærens intellectum*）』と題されていた。ラヴェッソンが言っているのはそのことと思われる。ただしこの著作はアンセルムスの「最初の」著作ではない。『モノロギオン（*Monologion*）』執筆が，先立つ 1076 年。

であり，この至高の真理から始まってすべての真理は互いを導き合い，連鎖をなしているのだ，と．
　我々のこの時代について言うなら，我々がここまで報告してきた形而上学ならびに一般哲学に関しての著作全体から，以下の帰結が導かれよう．今までのところ人々は二種類の理論の間で意見を対立させているように見える．すなわち一方には〔190頁で確認された〕疑似実証主義的理論があり，これは唯物論へと傾いていくものである．また他方には〔クーザンたちの〕半端なスピリチュアリスムの理論があるが，これは〔疑似実証主義よりも〕高い原理を持ち出そうとはするものの，結局は，理性推論を用いても当の原理からの結果を一切導出することができないような一般的概念か，不十分さにおいてその種の概念とほとんど変わらない感情しか有していない．だが注意深いまなざしにとっては，この二つとは別のある学説の登場が見えるのも事実なのだ．まだ幾人かだけがその全体のごく一部を素描し始めたところではあっても，その学説の密かな影響を以上の異なる二種類の学説は被りつつあり，それによって諸学説は，それぞれなりに程度に差はあれ，次第に，相互に接近しつつある．当の学説は，諸事物に一つの原理を与える．この原理は叡智的かつ同時に実在的なものであり，疑似実証主義が甘んじている外的で感覚的な現れよりも上位のもの，そしてまた知性がその種の現れを説明しようとして拵える抽象物よりも上位のものだ．『究極的オルガノン』の著者自身が，そして存在論主義学派(オントロジスト)もまだ不完全で曖昧な「存在」という呼称によってではあれ，この原理を確かに視野に収めていたのである．我々に残されているのは，本報告が扱うべき時期に関して，哲学の多様な部門ならびにそれらに関係する多様な問題を扱う主要な著作について紹介を行うことだが，我々が誤っていないとすれば，以上のことはその紹介をしていく中で確認されるはずである．

XX
マ　ジ

『科学と自然』／ボルダス・ドゥムーランとの対比／大きさと完全性，延長と力／形而上学的原理としての力／その他の形而上学者たち

　それらのより個別的な著作に移る前に，最近刊行されたある書物にやはり言及しておかねばならない。それは特に物理学の最も一般的な諸原理を決定するというもくろみの下に書かれたものだが，おそらく本質的なところで，形而上学の対象のより正確な定義に寄与するものだ。紹介したいのは，マジ（François Magy, 1822-1887）の『科学と自然』[1]である。

　かつてデカルトは実体に二つのものを容認していた。延長を本質とする物体と，思惟を本質とする精神である。スピノザは延長と思惟を，唯一の実体の二つの属性であるとした。ライプニッツは，延長と時間を我々の認識様式の一様態へ還元した。彼が実体と見なそうとするのは，作用するものだけ，力だけなのであった。ライプニッツによれば，物体のうちにも何か実体的なものはある。それは，物体において延長とは別に見いだされる，能動的なもの，運動の源泉である何かである。さらにライプニッツが付け加えるところでは，力の基礎は知覚と欲求なのだ

---

[1]　正確な書名は，*De la science et de la nature. Essai de philosophie première*, 1863.（『科学と自然について。第一哲学試論』）

が、デカルトはこの二者を「思惟」の一語で呼んでいたのである。

マルブランシュはスピノザを嫌悪していたが、それにもかかわらず彼は、ライプニッツほどにスピノザのものの見方から離れているわけではない。マルブランシュに言わせると、観念には二種類あり、一つは大きさの観念であり、これは数学の対象である。もう一つは完全性の観念であり、これが形而上学の対象である[2]。しかし結局この区分は、延長と同一視される物質と、善ないし完全性によって自己決定することをその固有性とする思惟、それ自身完全性であるところの思惟とに二分するデカルト以来の通常の分割である。異質なこれら二つの要素は、神のうちで一つになっている。神のうちには思惟という至高の完全性のみならず、延長もまた存在すると考えねばならないのだ。もちろん物体が我々に与えてくるような物質的で感覚的な延長ではなく、叡智的延長であり、物質的延長はその根源をこの叡智的延長に持っているのではあるが。

ボルダス＝ドゥムーラン〔42頁〕はその『デカルト哲学』で、マルブランシュの思想を採用し、それを一般化する。彼によれば、マルブランシュが神について語ったことを、一切の実体についても言わねばならない。すべて実体は、二つの要素から合成されている。一つは正確な測定と計算を受け入れる、つまりは大きさである。もう一つは一切の厳密な計測を逃れるもので、それは完全性であり、あるいは完全性というのは完成の同義語であってみれば、それはまたこの完成の原因たる生ないし力である。無機的な世界において優勢なのは量ないし延長であり、有機的世界において優勢なのは力である。というわけで、諸学のなかでも、量だけを対象とするものがある。算術と幾何学である。しかしまた量が、力と完全性の観念に対して補助や記号の役にしか立たない学もある。それはまず生物を考察する科学、例えば博物学〔自然史〕や医学であり、またさらには知性的で道徳的な事柄に関する学、すなわち形而上

---

[2] マルブランシュは、必然性を持つ秩序（ordre 序列）に、「大きさ」に関するものと「完全性」に関するものの二種類を区別する。前者は数学に見られるもので、ただ知的に把握される。対して後者は道徳や美において把握されるもので、その折に自らを愛させるという特徴を有する。『真理の探究（De la recherche de la vérité）』第十解明、あるいは『キリスト教的省察（Méditations chrétiennes）』IV, 7 などを参照。ラヴェッソンは続く XX:206-207 頁、またややずれたかたちで XXXV:305 頁で同様のことを語るが、以上を踏まえての話である。

学や神学，道徳や政治学である。これら二種の観念のうちでも，第一のものは把握と取り扱いが最も容易なものである。それらは記号や数字，文字によって厳密に思い描けるわけだ。それゆえ，非常に単純な一定の規則に従ってそうした記号を操作することで，誤りの余地のない正しい帰結に至ることができる。こうした特性は，量というものが本質上，等しい諸部分へと分割可能であることに由来している。人間精神はこのことに促されて，常に一切のものを大きさの観念へ結びつけ，至るところにただ延長とメカニズムばかりを見るようになる。しかし反対に，完全性の観念は，一切の厳密な定義を逃れており，どんな記号を用いても，厳密に表現されることはない。ボルダス＝ドゥムーランの見立てでは，まさにそれゆえに，デカルトやライプニッツが夢見たような，それを用いれば一切が証明でき計算できるような普遍的哲学言語の企ては，空しいものなのである。──以上の考えのいくつかは，デステュット・ド・トラシによっても示されていた。トラシは論理学とは計算の空しく不毛な模造物に過ぎないとして論理学へ戦いを布告したのだが，ボルダス＝ドゥムーランはその点にまでトラシに付き従ったのである。

　マジはその小論において，以上のボルダス＝ドゥムーランに似た思想を支持し，さらに自然へと応用することで独創的な仕方でそれらを展開して見せた。ただし，ボルダス＝ドゥムーランはマルブランシュから借りた語を用いて[3]，自分が言う二つの原理を「大きさ」と「完全性」と呼んだのだが，マジはそれらを「延長」と「力」と名付けている。さらにマジは，このうち第一の原理〔＝延長〕が第二の原理〔＝力〕から，運動を介して生じてくる[4]のをどう理解できるかについても説明を試みている。それが，彼が言うところの，空間の動力学的説明である。そして最後に言えば，これら二つの原理が共に一切の実体にとって本質的だと考えるのではなく，かつてライプニッツがしたように[5]，マジも次の

---

　3)　前頁の脚注を参照。
　4)　ラヴェッソンの原文では「第一の原理」と「第二の原理」が入れ替わってしまっている。諸版で異同はないが，誤記であろう。実際，マジの著作には「力の派生物である延長」(p. 324) といった表現もある。訂正した上で訳出しておく。
　5)　延長それ自体を実体ないし物体的実体の主要属性とした機械論者デカルトに対して，力動論者ライプニッツはむしろ「力」ないし傾向性を第一義的なものとし，それに対して空間的な延長は想像的なものに過ぎないと主張する。『形而上学序説』などを参照。

点を示そうとした。すなわち，二つの原理の第一のもの，感覚的諸現象に対応する原理〔＝延長〕は主観的なもの，あるいはライプニッツの言い方では想像的なものに過ぎないのに対して，本来叡智的な原理である力こそはすべての実在の根底そのものだというのである。

次のように言ってもよい。ボルダス＝ドゥムーランは，自分の言う二つの原理がどこにおいても不可分であると考えている点で，自分が形而上学(メタフィジック)においてはむしろ物理学者(フィジシャン)であることを露呈したのであり，その点で彼には，かつてのストア派と，またスピノザと，あるいはさらに一定程度まではマルブランシュと似たところがある。対してマジは，一般物理学(フィジック)の論文を書きながらも，下位の原理〔感覚的延長〕から独立したものとして上位の原理〔叡智的力〕を示した点では，自分が際だって形而上学者(メタフィジシャン)であることを示したのである。もし自分の省察の特別な対象として形而上学を取り上げることになれば，おそらくマジは，そこでもまたライプニッツの跡を追いながら，上位の原理の完全な独立性を明らかにし，その上で，当の原理の本質的に精神的(スピリチュエル)な本性を証明し，それを深く探求できることだろう。

最後に，我々の時代の形而上学が誇りとなし得る著作の中から以下のものを挙げておこう。ノワロ神父（Joseph Matthias Noirot, 1793-1880）がリヨンで長年に渡って行った『講義』[6]。現在に至るまでごく概略的な要約しか与えられていないのは惜しまれる。そしてノワロ神父の学生の一人であるブラン・サン＝ボネ（Antoine Blanc (de) Saint Bonnet, 1815-1880）による浩瀚な著作。多くの独創的かつ力強い思索を見ることのできるこの著作は，すでにかなり以前に『精神的統一について』[7]という表題で出版されている。また，ルフラン（Louis Lefranc, 1808-1872）やシャルマ（Antoine Charma, 1801-1869）たちのさまざまな著作も加えておこう。

---

6) ここに言われる『講義』とは，*Les leçons de philosophie, professées au lycée de Lyon par l'abbé Noirot, publiées avec son autorisation*, 1852（『哲学講義。リヨンのリセにおいてノワロ神父によって講義され，その許可の下に出版される』）のこと。

7) *De l'unité spirituelle, ou de la société et de son but au delà du temps*, 3 vols., 1841.（『精神的統一について。社会と，時間を超えた社会の目的について』）

XXI
物理学の形而上学

―――――

レミュザとマルタン

　我々が扱っている時期において，支配的な哲学は諸科学からひどく離れてしまっているため，いわゆる物理学の形而上学に関して目にできる重要な書物はわずかしかない。それでも注目に値するものとして，シャルル・ド・レミュザによる『物質』に関する研究[1]は挙げておかねばならない。これは彼の『哲学論文集』〔41頁既出〕に収められているが，そこにおいてレミュザは，先に見たように〔50頁〕，カントが『自然科学の形而上学的原理』で述べた思想を特に論じている。またもう一つ，アンリ・マルタン（Thomas-Henri Martin, 1813-1884）の『スピリチュアリスム的自然哲学』[2]も挙げよう。彼は古代における数学と自然学の歴史について多くの学識豊かな書物を著している。

　1）『哲学論文集（*Essais de philosophie*）』の第二巻第九論文（Essai IX）のこと。
　2）*Philosophie spiritualiste de la nature. Introduction à l'histoire des sciences physiques dans l'Antiquité*, 2 vols., 1849.（『スピリチュアリスム的自然哲学．古代における自然学の歴史への序論』）

XXII

心理学

———————

観念連合の問題／メルヴォワイエ『観念連合についての研究』／ヒューム以降の流れ／知性の発生というテーマと感覚論的傾向。ヘルバルト，スペンサー／グラタキャプ『記憶の理論』／能動的習慣としての記憶／含意の展開。知性の真の起源としての精神

　心理学に関する著作は多いが，その中でも，エクレクティスムを話題にした折にすでに言及したもの以外で挙げておくべきは，ボータン神父[1]とヴァダントン＝カステュス[2]による心理学についての著作，そしてパフ（C. M. Paffe, 生没年不明）の『感性についての試論』[3]等であり，またさらにはアドルフ・フランクの『哲学事典』〔29 頁〕中の多くの項目——そのいくつかはフランク自身によるものだが——である。ただそれらの中でも最近とりわけ注目されたのは，パリの文学ファキュルテ[4]で審査された二つの博士論文であり，その一つはメルヴォワイエ

---

[1]　*Philosophie. Psychologie expérimentale*, 2 vols., 1839.（『哲学。経験的心理学』）新版において改題，*L'esprit humain et ses facultés*, 2 vols., 1859.（『人間精神とその諸能力』）

[2]　ラヴェッソンの念頭にあるのはおそらく *De l'âme humaine. Études de psychologie*, 1862.（『人間の魂について。心理学研究』）

[3]　*Considérations sur la sensibilité, mise à sa place et presentée comme essentiellement distincte du principe intellectuel*, 1832.（『本来の位置に置かれ，知性の原理とは本質的に異なるものとして提示された，感性についての諸考察』）

[4]　faculté des lettres.「文学部」とも訳されるが，十九世紀末までは極めて強い独立性を持った組織である。総合大学を構成する部局，ということではない。現在のイメージが重ね

(Pierre Maurice Mervoyer, 1805-1866?)[5]により，もう一つはグラタキャプ（Antoine Gratacap, 1831-1896）による。そこで主題となる問題は観念連合，そして記憶であるが，そこには，知性の〔現にそれが備えている〕構成，ならびにその発達の仕方という一般的な問題が密接に結びついている。

　先に思い起こしてもらったように〔14-16頁〕，ヒュームは存在する一切のものを，印象と，またヒュームの考えではその印象のコピーでしかない観念へと還元していた。またこれも示しておいたことだが，以上の発想こそは「実証主義的（ポジティヴィスト）」という名を引き受ける哲学の原理なのである。さらにヒュームは，一定の諸観念の系列には通常一定の諸観念が引き続いて現れるということに気づいた。仮にヒュームが，一切の因果性を単なる錯覚に還元する自らの一般的理論に完全に従おうと考えていたならば，彼はこの観念連合という現象を確認するだけで話を終えただろうし，実際スチュアート・ミルはそうした還元を望んでいるわけだが，ヒュームは次のように想像したのだった。ニュートンによると化学的諸現象は物体間の一種の相互引力から説明されるが，それと同様に，一定の観念には通常一定の観念が続くという事実は，観念の間に同様の引力があると仮定することで説明できる，というのである。おそらく，そこで問題となっている連合現象は周囲の一定の状況に左右されるものであり，実際に連合する諸観念の特性に応じてさまざまに異なるものである以上は，それを万有引力に比するよりも，化学者の言う「選択的親和力」に比したほうがいっそう正当ではあっただろう。ではその際の周囲の状況とは何であり，観念相互の引力，あるいは事実の原因に関する理論を一切含意しない語を用いて言うなら観念の「連合」，それが服している特性とは何であるのか。ヒュームによればそれは，類似であり，場所と時点の近接であり，因果性である。スコットランド学派の哲学者たちは，そうした事物間の関係に加えて，事物が我々に対して持つ関係をもさまざまに指摘することで，ヒュームが列挙したリストをさらに補って完全なものにしようとしていたが，類似と近接との間の密接な関係，またハミルトンが指摘した類似と因果性との密接な関係に照らしてみる

───────────

られるのを避けるために，あえて「ファキュルテ」とする。
　5) *Étude sur l'association des idées*, 1864.（『観念連合についての研究』）

なら[6]，当初のリストも実際には，さらに単純な分類へとたやすく還元されようものなのである。

　ヘルバルト（Johann Friedrich Herbart, 1776-1841）は，ドイツで一つの心理学体系を論じていた[7]。その体系はヒュームのそれとかなり似た発想を原理としてはいるものの，ヘルバルトの発想そのものはより判明なものである。それは要素の一つとして量というものを含んでおり，ただその点のみをとっても，〔すでにヒュームたちとは〕まったく別の展開，まったく別の多様な応用が可能とされているのである。ヘルバルトによれば，我々のうちのすべてはさまざまの観念ないし表象に還元される。そしてそれらは集合したり妨げ合ったり，平衡状態で支え合ったり引き合ったりしているが，それも静力学と動力学の厳密な法則に従ってのことであり，したがって法則からの諸結果も計算可能なものとされるのである。基本的に言って，すべての表象は同時に存在している。ただし，そのあるものは他のものを妨げ，あるいは協働する。表象は妨害し合ったり，あるいは寄り集まったり溶け合ったりする。そこから我々の観念すべてが生じる。そしてまた我々の感情や欲求のすべてもそこから生じるのだ。表象の結合によってこそ，「理性」と呼ばれるものも，「感性」や「意志」と名付けられるものも，形成されてくるわけだ。同じ発想を我々はイギリスでも見いだせる。洗練のされ方はそれぞれ異なるが，その担い手は実証主義的学派に属している哲学者，ないし属すると見なし得る哲学者たち，すなわちスチュアート・ミル，サミュエル・ベイリー，アレクサンダー・ベイン，ハーバート・スペンサーである。とりわけこの最後のスペンサーは，我々の認識の広大な全体の一切は経験的な知覚が集まり蓄積されたものだという理論を，注目すべき明快さでもって述べたのだった。それはちょうど，もはや知覚できないほどに小

　6）　実際，ハミルトンは観念連合（特に想起）を規定する関係をひとまず七つ列挙し，その上でさらにそれらを二つに還元している（同時随伴と，類縁性）。最初の七つのうちには，「原因と結果の関係」も含まれているのだが，それは結局類縁性の一種として処理される。彼の『形而上学講義』を参照（*Lectures on Metaphysics*, 1860, Lecture XXXI, pp. 429-435.）。

　7）　念頭に置かれているのは『経験，形而上学，数学に新たに基礎づけられた，科学としての心理学（*Psychologie als Wissenschaft, neu gegründet auf Erfahrung, Metaphysik und Mathematik*, 2 Bde. 1824-25)』。

さな生体[8]が次第に積み重なっていくことで，島が，そして大陸全体が形成されるようなものだというのである。

　スペンサーの言うところでは，自然が我々に与えてくれるのは，規則的な系列をなす諸事実である。それらの事実に我々の側では表象が対応し，事実の系列には表象の系列が対応する。事実の系列が反復されればそれだけ表象の系列も反復され，不動のものになっていく。かくして，個別命題の反復から，一般命題が形成される。さて，後天的に獲得された観念が知性の構造の一部となり，それが遺産として受け継がれ，後の世代においては生得的観念になるのだと考えてみると，一般には本能というものが，そして特に言えばしばしば「アプリオリな判断」と呼ばれる知性の本能というものがどういうふうに説明され得るのかも分かるようになる。アプリオリな判断とは何か。それは当然ながら，最も基本的な現象に関わる判断である。最も単純な現象とは，オーギュスト・コントが指摘しまた彼よりはるか前にも言われていたように，最も一般的な現象，至るところ万物において与えられる現象のことでもある。したがってそれは，その表象が我々のうちに最も早いうちから，最も強く刻まれるような現象なのである。〔表象の〕最も基本的な継起ないし連結を写し取る判断が幾世代も前からの遺伝を経て根づいたものを我々は自らのうちに見いだすが，我々にはその起源は分からず，またそれを追い払うこともできない。そうした判断の逆は，我々には考え得ないものと見えるのであって，結果，それを我々は「抗えない信憑」，「絶対的判断」，「必然的真理」と呼ぶのである。以上が，諸観念の形成の理論，あるいはスペンサーの言い方では「知性の成長（growth of intelligence）」の理論であるが，これはごく些細な相違を除けば，スペンサー，ベイリー，ベイン，スチュアート・ミルに共通の理論であり，実質上，「実証主義的で経験的な心理学」と呼べるもの全般の土台なのだ。

　これは結局のところやはり，ヒュームの哲学体系である。我々にとって諸事物がそれに服していると見える必然的な関係を説明するために，ヒュームは，そうした事物の観念間の関係を次第に還元していきながら，ライプニッツが言ったように自己同一的な真理，さらには神の属性

---

8) zoonites. スペンサー自身が好んだ語ではないが，十九世紀の生物学において多細胞生物の説明に際してしばしば用いられた概念。

XXII 心理学

そのものにまで至るなどということはしない。ヒュームは時間ないし空間における我々のさまざまな知覚のまったく外的で偶然的な関係に訴えるばかりなのだ。

　メルヴォワイエがその『観念連合』についての博士論文（1864年）[9] においてあらためて論じたのは，以上の学説の主だった特徴のいくつかである。彼はこの学説，とりわけベインが述べたような形でのそれを，承認している。

　グラタキャプは，その『記憶』についての博士論文[10]（1865年）で，以上とはまったく逆の観点に身を置いてみせる。

　観念の連合は習慣に帰着するはずだ，とリードはかつて語っていた。ただし彼はそれを証明しようとはしなかったが。ドゥーガルド・ステュワートは，師〔リード〕よりもさらに，物事をただ現象によって説明するという向きに傾いており，後継者たるブラウンはほどなくそうした説明方式にほぼ専念することになるのだが，ドゥーガルド・ステュワート自身はリードとは反対に，むしろ習慣のほうを観念の継起と連合で説明しなければならないという意見であった。対して1838年にパリの文学ファキュルテに提出された博士論文『習慣』[11]の著者〔ラヴェッソン自身のこと〕は，習慣という現象へと観念連合の現象を還元した上で，さらに習慣そのものをもひとが生得的に有している傾向性，すなわち自己を反復し，自分を模倣しようとする傾向性から説明していたのであり，そしてこの傾向性も，存在している一切のものが，自らの存在そのものたる活動(アクション)のうちに固執し続ける傾向性ないし努力へと還元されるだろうと述べていたのだった。

　グラタキャプが示そうとするのは，記憶にしても，またそれとほとんど別のものではない観念連合にしても，それを説明するのは習慣だとい

9）　210頁既出。ラヴェッソンの「1865年」は誤記。
10）　*Théorie de la mémoire*, 1866.（『記憶の理論』）
　　ラヴェッソンは「1865年」と記す。誤記かもしれないが，以下の引用で66年出版の著作に見つからない（グラタキャプのもう一つの著作，*Analyse des faits de mémoire* にもない）フレーズが複数ある。実は出版以前の65年提出の博士論文そのものが参照されている，という可能性は残る。
11）　*De l'habitude*, 1838.（『習慣論』）

うことである。彼は言う，「ひとが記憶というものを説明するのに用いたがるのは，ほとんどの場合，外にある事物が我々に刻む印象の，脳内で残り続ける痕跡であり，あるいは継続される運動，後にも続いていく振動，である。しかし記憶の秘密を問い尋ねるべき先はむしろ，魂である」[12]。「連合」と名付けられる事実，すなわちある観念が我々に現れてくるや別の観念をすぐさま引き連れてくるという事実を説明するために，ひとは，当の諸観念が対応する対象の特性を持ち出して，それが我々の身体のなかでは運動とか刻まれた印象とかに翻訳されているのだと考えたがる。グラタキャプの考えでは，それとは反対に，連合は認識主体のなす働きによってでなければ説明されない。リードとロワイエ＝コラールが指摘したように，我々が思い出すのは正確に言うなら事柄そのものではなく，その事柄について我々がかつて有した知覚のほうである。それと同様に，ある事柄に関して我々が別の事柄を思い出すとすれば，それは我々が両方の事柄を同じ一つの知覚，同じ一つの意識においてかつてすでに結合していたからなのである。そして実際，知覚が一つのものであればあっただけ，連合はほぐしがたく，記憶は壊しがたいものになる。つまりひとは，自分がなしたことをもう一度行う傾向を自然に持っているのだ。外からやって来るものは早々に消えて滅する。対して，我々自身に由来するものは次第に増大し強まっていく。言ってみればそれは，働けば働くほど，緩むのではなく反対に緊張していく発条(ばね)なのだ。そのようにして習慣なるものは形成されるのであり，そのようにして記憶は形成されるのだ。グラタキャプは言う，「思惟する原理に押しつけられ，外からやってきて〔思惟原理に〕自分の慣性に対する障害を見いだすもの[13]は必ず，いったんはこの原理を不安にし，混乱させはするものの，たちまちその原因と一緒に消え去り，それが過ぎ去った痕跡を一切残さない。しかしこの思惟する原理が自発的に働く時には，この原理は，働きつつ，いっそう〔能動的に〕働くことのできる秘められた素質を身につけていく。これが能動的習慣であり，そしてこの習慣が

---

12) 出典不明。

13) 思惟原理に外から衝撃を与えにやってくるもの，の意。この場合思惟は受動的な位置にあり，記憶や想起はできない。続いて言われるように，グラタキャプにおいて記憶は，能動的に身につける習慣として理解されている。

まさに記憶力なのだ」[14]。あるいはまたグラタキャプはこうも指摘する，「記憶の想起は，それがより知性的な働きによるものであるだけいっそう，素早く，確実で，我々の意のままとなる」[15]。

　以上のような理論に，おそらくグラタキャプは，さらにこう言い添える必要を感じるのではあるまいか。二つの知覚が互いを喚起するのは，ただ単に，事実上その二つがかつて一緒に与えられた場合に限られはしない——実証主義は知覚間の関係をすべてそうした〔事実上の〕場合へと還元しはするが。そうではなく，二つの知覚がこう言ってよければ権利上，同じ一つの意識のうちに含まれ，それらが同じ一つの観念の言わば部分をなし，その一方によって精神が他方を補って完成させる場合にこそ，二つの知覚は互いを呼び起こすのだ，と。眼がある色を目にすれば，その周囲にすぐさまその補色を見てとるように，そしてまた，耳がある音を知覚すれば，それと和音をなす別の音をすぐさま聞き取るように[16]，知性も同様に，あるいはそれ以上に，ある概念が示されるなら即座にその概念を何らかの仕方で補完するものを思い浮かべる。だからここで知性が思い浮かべるのは，かつて知性がその概念を考えたその折の周囲の外的で偶然的な状況だけではなく，むしろそれ以上に，当の概念に類似しているもの，また反対に類似していないもの，その概念に依存するもの，また反対に概念のほうが依存しているもの，でもあるのだ。これを言い換えるならつまり，連合と記憶の原理とは，まさしく理性(レゾン)だということだ。

　さらにこう付け加えてもよいだろう。認識における，そして実在における諸関係によって，万物はさまざまに隔たりながらも支え合っているのだから，精神はある対象から別の第二の対象へと移っていくばかりでなく，そこからさらに第三の対象へ移り，以下同様に果てしなく移行していくのであってみれば，揺さぶってくる一つひとつの印象に際して，精神は自分の有するほとんど無限数の諸観念を，十全な意識の光のもとにすべてもたらすことはないにせよ，おそらく全体として喚起しているのだ，と。

---

14) *Théorie de la mémoire*, pp. 184-185. 省略あり。
15) 出典不明。
16) 倍音の現象を指す。

我々の感覚は一部分物質性に依存しているわけだが，この物質性こそが我々のうちに忘却を置くのである。反対に精神は，まったき活動(アクシォン)であり，それゆえにまったき一性，まったき持続，まったき記憶であって，常に一切に対してまた自分自身に対して現前しており，決して自分を取り逃がすことなく，現在の自分のすべて，過去の自分のすべて，そしておそらくは，ライプニッツが達したところにまであえて歩むなら将来の自分のすべてまでをも，視野に収めている。純粋精神は一切の事物を，すでに引いた言葉に従えば「永遠の相の下に」，見るのである。

　実証主義的学説，あるいは狭隘な経験論的学説は，我々の認識と我々の記憶を，蓄積された諸感覚だけで説明できると思っている。そうした学説が忘れているのは知性の活動であり，これこそが感覚的諸要素から知覚をあれこれ構成し，しかる後に複数の知覚をさまざまな類や集合にまとめ，こうしてやっと，そのさまざまな部分が互いを喚起するようになるのだ。グラタキャプは言う，「唯物論(マテリアリスム)とは，奇妙な誤りだ。唯物論は魂からそのさまざまな存在様態を奪い取り，それらを魂の外に投げ出し繰り広げ，そこから物質を構成する。魂のほうはかくして物体の得になるようすっかり身ぐるみをはがされ，そして唯物論がこの魂を否定し去るというわけだ」[17]。

　先に見たように〔XV〕，生命の働きは身体器官から説明できるとする諸理論はその土台から揺るがされたのであり，どうやら人々は，生命の働きこそが器官を作るのであって，クロード・ベルナールの表現によれば「生きるとは創造することだ」という点に関して以前よりも意見の一致を見始めているようである。しかし何を創造するのか。まさしく有機体を，である。これと別の話ではない――諸感覚は知性の器官だと言ってよいが，この感覚によって知性そのものを説明できるとする理論は，ヘルバルトによって，あるいは彼以外のドイツやイギリスの生理学者たちによって，目覚ましい進歩を遂げはした。またその理論は，これまでにない正確さで，知性の発達の経験的な諸条件を説明するものではある。しかしまさにこのゆえに，人々には以下のことがよりよく見える

---

17) *Théorie de la mémoire*, p. 9.

ようになった，あるいはもう少しで見えるようになっていると思われるのだ。この知性そのものの発達において，ある一つの部分がいつも立ち戻ってくるのであり，そしてこの部分こそ〔実際には〕ほとんどすべてなのだ。結局のところ精神の働きとは，至るところに精神自身を再発見すること，万物に関して精神自身を顕わにすること，そしてそれゆえに，自然を対象としている場合ですら，自然を機会かつ手段としながら，精神自身が何をなし得るか，自分自身は何であるのかについていっそう広い認識を獲得すること，遭遇する一見自身とは正反対のものにすら助けられて，精神自身のより深くより内的な所有へと進んでいくことなのである。諸感覚などは，知性の能動的働きにとっての素材(マテリアル)に過ぎないのであり，しかもその素材は，これまた知性の能動的働きが，先立つ段階において自らに用意したものなのである。彩りをまとうために魂は外的世界が与えてくれる布地を必要とするとしても，この布地を自らの実体から織り上げたのはやはり魂自身なのだ。

　『人間知性新論』の著者〔ライプニッツ〕は，かつてこう述べていた。「事物の諸原理が我々の知性へと，一種画布へのごとく溜まっていくことにしたいのであれば，その場合，それは可塑的かつ能動的な画布で，受け取ったものを変様するような画布でなければなるまい」[18]。

　18）　出典不明。『人間知性新論』第二巻十二章「複合観念について」に近い表現が見られる。

XXIII

アニミスム論争

―――――

オルガニシスム，ヴィタリスム，アニミスム。系譜と最近の論争の経緯ならびに背景／ブイエのアニミスム／批判的検討

　今世紀の初めから半ばにかけて，哲学は生理学とほとんど関係を持っていなかった。メーヌ・ド・ビランは，感覚に対する独立性を確立するために，人間というものをただ意志だけから定義していたし，またエクレクティスムも「意識的事実」と名付けたものの観察のうちに閉じこもっていたので，生理学的事実を扱ったとしても，その目的は，心理学の対象となる事実を生理学的事実から区別してくれる相違を指摘することにほぼ限られていたのである。
　先に言及した『習慣』についての著作〔ラヴェッソン自身の『習慣論』のこと〕において示されたのは，この習慣という現象は，本能的で自然なさまざまの働きの間での一種の中間項だということである。そしてこの習慣が示すと思われるのは，かつてシュタールが言っていたごとく，多様な結果の下に同じ一つの原理が存在するということであった。
　身体と精神の関係に関する問いは，それとほぼ同じ時期に，まったく新しい諸研究の主題となっていた。
　1843年には，『医学心理学年報』[1]が創刊される。これを刊行したの

---

1) 初の精神医学専門誌。今日にまで引き継がれる。
　原文ではラヴェッソンは年報書名のほぼ全体を長く引用しているが，それでも省略があるのでこちらに正確な書名を記しておく。下線部はラヴェッソンが脱落させた箇所：*Annales*

は，1843 年から 1848 年まではバイヤルジェ（Jules Baillarger, 1809-1890）とスリーズ（Laurent Cerise, 1807-1869）であり[2]，1849 年から 1854 年まではバイヤルジェとブリエール・ド・ボワモン（Alexandre Brierre de Boismont, 1797-1881）ならびにスリーズ，1855 年以降はバイヤルジェとモロー（ド・トゥール）（Jacques-Joseph Moreau (Moreau de Tours), 1804-1884）[3]であった。ここには数多くの報告が掲載されてきており，人間精神を扱う哲学はそこに有用な資料を見いだすことができよう。同様のことが以下についても言える。ブリエール・ド・ボワモンによる著作『幻覚』[4]。1862 年において第三版に至っている。また彼の『自殺，ならびに自殺の狂気について』[5]。これはその第二版が 1865 年に刊行されている。またファルレ（Jean-Pierre Falret, 1794-1870）やデュラン（ド・グロ）（Joseph Pierre Durand (Durand de Gros), 1826-1900）たちの数多くの刊行物，そしてその他さまざまの小論。それらのうちには唯物論に好意的なものもあれば，また唯物論に反対するものもあるが，その後者のうちでも特に人々の注意を引いたものとしては，ジュール・フルネ（Jules Fournet, 1812-1888）による『二実体の法則と両者の階層的協働について』[6]，ショファール（Paul-Émile Chauffard, 1823-1879）の『実証主義』講演[7]，ならびに『医学批判論集』[8]を挙げることができる。こうしてついに，オルガニシスム，ヴィタリスム，アニミスム[9]をめぐる論争が再び始まったのである。

---

médico-psychologiques, journal de l'anatomie, de la physiologie et de la pathologie du système nerveux, déstiné particulièrement à recueillir tous les documents relatifs à la science des rapports du physique et du moral, à l'aliénation mentale, aux névroses et à la médecine légale des aliénés. （『医学心理学年報。神経系解剖学，生理学，病理学のジュルナル。とりわけ，身体と精神の関係に関する科学，精神異常，神経症，狂人の法医学に関するすべての文献を収集することを目的とする』）。「ジュルナル」という誌名だが，当初は隔月刊であった。

 2）このあたりの医学者の周辺に残される複数の記録からする限り，1843 年の創刊にはロンジェ（Longet, VI:71 頁）や次に挙げられるモローも関わっていた。続くこの箇所におけるラヴェッソンの限定の根拠と意図には，やや見通しがたいものが残る。

 3）ハッシシによってもたらされる意識変容を手がかりに，精神異常の研究を行ったことで知られる。*Du hachisch et de l'aliénation mentale*, 1845.（『ハッシシと精神異常』）

 4）*Des hallucinations, des causes qui les produisent et des maladies qu'elles caractérisent*, 1842.（『幻覚について。幻覚を引き起こす諸原因ならびに幻覚を特徴とする病』）

 5）*Du suicide et de la folie suicide*, 1ère éd., 1854. 版により *folie suicide, folie-suicide* などいくらか書名表記に揺れがある（ラヴェッソンが記す *folie du suicide* は確認できない）。

 6）*La loi des deux substances et de leur concours hiérarchique*, 1863.

アリストテレスは次のように考えていたが，この点については彼もプラトンと意見が一致している。すなわち，生物のさまざまな働きにおいて見られる協働ないし秩序は，個別の現象それぞれについての説明の仕方はどうあれ，ともかく，ある一つの目標への傾向性を示し，となれば，何らかの知性に依存した働きを示している，というのである。加えてアリストテレスは，生命的な現象と，思惟する魂に属する現象の間に，結合と連続性を見てとり，それぞれを二つの別個の原理に帰することはできないとした。したがってアリストテレスの考えでは，生命は魂

　7）　ラヴェッソンは「講演（conférence）」と述べるが，公刊されたものとしては，*De la philosophie dite positive dans ses rapports avec la médecine*, 1863（『医学との関係における，「実証的」と言われる哲学について』）がそれに該当すると思われる。これはショファールの「講義（cours）」の記録として出版されている。ショファールは医学者の立場から，リトレとロバンの「実証主義的」生命論（VII:83-84頁参照）を唯物論でしかないものとして厳しく批判する。

　8）　*Fragments de critique médicale. Broussais - Magendie - Chomel*, 1864.（『医学批判論集。ブルセ，マジャンディ，ショメル』）

　9）　organicisme, vitalisme, animisme. 第一の語は，現在では病因論の文脈で，病の原因が特定の生理学的器官の不調に還元できるという立場を指示することがほとんどである。第二の語は，生命現象を物体一般の作用から区別しない機械論に対して，別個の生命原理の存在を主張する立場であり，一般に「生気論」と訳されて構わないものである。最後の語は，今日ではもっぱら宗教学上の概念を表すものとして通用していよう。

　これらの通例の語義はいずれも，ここでラヴェッソンが紹介する文脈に対しては誤解のもとになる。ここで三つの概念をあえてカナ表記にするのは，その不都合を避けるためである。

　以下のラヴェッソンの叙述の理解のためにあらかじめ簡単に整理しておく。「オルガニシスム」とは，生命現象がさまざまの器官（organe）あるいは組織（tissu）が各々有する生命特性に還元されるという立場で，それ以上の「生命原理（principe vital）」といった独立の存在を容認しない。ビシャ以来のパリ医学派の立場であり，十九世紀初頭から優勢となる。これは論者によっては唯物論的な立場にも接近する立場である。

　「ヴィタリスム」は十八世紀に南仏モンペリエ大学を中心に発展させられた理論体系であり，デカルト的な「身体＝延長を有する物体」／「精神＝自己意識的な思惟」の二元論の中間項として，「生命原理」を立てる。源泉とされるのは多くの場合十七世紀末以来の反機械論的な医学論であり，十八世紀中にバルテズが体系化したが，パリ医学派が優勢となる十九世紀になってもモンペリエ大学ではこの理論は長く継承された。後出のロルダはモンペリエ学派の権威ある継承者である。目下の文脈で重要なポイントは，「ヴィタリスム」が機械論に反対したということであるよりもむしろ，それが「生命原理」と「（デカルト的な）思惟原理」とをあくまで別個のものとした，という点である。

　「アニミスム」はこのヴィタリスムに対して，生命現象と思惟の両者を同一の原理＝「魂」に帰する立場である。意識を伴わない代謝や生長という現象と意識的な思惟とを連続的に捉えるわけにいかないだろうという強力な（ヴィタリスムが依拠する）論拠ゆえに，必ずしも多くの支持者を有しなかった。しかし続いて見られるように，ラヴェッソン自身はこの連続主義的な立場に好意的である。

に，感覚しかつ思惟するものに，由来するのである。

　デカルトの言うところでは，魂とは思惟するだけのものである。したがって，意識されていない生命現象を魂に帰することは不可能なのであった。

　しかしながら，混乱し判明ならざる知覚というものがあり，それは覚知されるものではないというのが，ライプニッツの所見であった[10]。シュタールも同じ主張だが，さらに先に進む。知性に由来するものでありながら，記憶の対象にも反省の対象にもなり得ない働きがあるということを彼は示したのである。その種の働きは，延長や形を持つものには一切関係していないゆえに，想像力の対象にはなり得ない。想像可能な事物は形と延長を含みもっており，それのみがいわゆる「理性推論(レゾンヌマン)」の対象になり得る。対して体内での生命の働きは，それと測れる距離の知覚を一切含んでいないがゆえに理性推論を逃れはするわけだが，それでもこれらはやはり「理性(レゾン)」の働きなのだ[11]。意識なしに，というのか。そ

---

10) ライプニッツにおいて「知覚（perception）」と「覚知（aperception）」は，グラデーションの中に位置づけながらも区別される。「覚知」は，はっきり意識しつつ捉えること，ないしそうやって捉えられたもの。目覚めた人間が有するのはこれである（後の時代に言われる「自己意識」に大きく重なるもので，特にドイツ哲学においては「統覚」概念へと引き継がれる）。対して，「知覚」は必ずしも判明な意識を伴ってはいないものの，意識の一種ではある。例えば失神した人間，あるいは動植物に帰されるのはこれである。
　「知覚」概念を用いることで，一方では断続的に見える意識存在の継続性ないし実体性が確保され，他方では人間的自己意識を超えて心的存在の遍在を主張すること（いわゆる汎心論）が可能になる。

11) いささか錯綜した主張を述べるここでのラヴェッソンが，「理性・ロゴス（raison=logos, ratio）」と「理性推論・ロギスモス（raisonnement=logismos, ratiocinatio）」の語をシュタール独自の意味で用いていることに注意。
　シュタールがこの区別を提示するのは De differentia rationis et ratiocinationis, 1701（就任講義『理性と理性推論の差異について』）であり，同じ区別は，主著 Theoria medica vera, 1708（『真なる医学理論』），さらにライプニッツとの論争書——あるいはむしろ批判者ライプニッツへの回答の書——である Negotium otiosum [...], 1720（『「真なる医学理論」のいくつかの基本的主張に対してなされた反論への論駁 [後略]』）でも繰り返される。なおこの最後の著作は，ラヴェッソンがすでにその『習慣論』において重視していたものである。
　シュタールは，知性的で意識を有する魂と生命活動に関わる魂とを二つ別個のものとして区別しないが，そうするとやはり問題になるのは，多くの生命活動が意識されていないのはなぜかという点である。シュタールによれば，通常の意味での思考（＝「理性推論」）は想像力ならびに記憶を必要としており，そして我々が想像できまた記憶できるのは，外的な大きさや形を備えた——« figurabilis »な——対象に限られる。付言しておけば，このシュタールの主張は本書のラヴェッソンが幾度か引用している（XXXII:281 頁，XXXVI:325 頁）ものだ

うではない。明白で判明な意識が反省や記憶は関わることができるのだが、そのような〔はっきりした〕意識はないままに、ということだ。

この点でライプニッツはシュタールと異なっていた[12]。シュタールの考えだと魂(アーム)は、それが生気(アニメ)づけている身体における運動について、十全な意味で真に、その原因である。ライプニッツの考えだと、魂は身体に直接作用はしない。魂は自分の意志と意識を運動に伴わせるだけであり、運動そのものは先立つ別の運動の結果なのである。しかしライプニッツにとってもシュタールにとっても、魂において何かが対応しないようなことが身体に生じることはない。そして「魂において」とは「思惟において」ということであり、さらに言うなら、いかに弱く曖昧にではあっても「意識において」ということである。

ビシャ（Marie François Xavier Bichat, 1771-1802）の時代以後、まさ

が、ラヴェッソンにおいてこの論点はカントの認識論的構図、すなわち「想像力＝構想力」を対象認識の成立条件とするシェーマと重ねられる形で活用されている。

ともかくもこうした理由で、体内で生じる生命現象の多くについて、我々はそれを意識的に思考することはできない。にもかかわらず、拍動や呼吸、代謝や妊娠出産などの生命現象もそれぞれ合目的的な活動を行っていることに変わりはない。例えば出産に備えて母体は母乳分泌の準備を始めるごとく、生体は今後の事態の予期の上で活動していると見られるが、その種の生命活動をシュタールは「理性」と呼ぶのである。彼のこのような「理性」概念が通常の語義とは大きく異なっていることに注意されたい。いずれにせよここであえて「理性」の語を付されるような生命活動は、意識的な理性推論と基本的に同種のものであり、異なっているのは単に、そこに（シュタールが、そしてカントが要求するような）意識的思惟の条件が存在するかどうか、という点だけである。『習慣論』以来のラヴェッソンの課題の一つが、カント的な悟性認識を超えたところで「生ける自然」の哲学を、そして究極的には「形而上学」を再興する点であったことを思い合わせるなら、こうしたシュタールの「理性」概念がラヴェッソンにどれほどの示唆を与えるものであったかは明らかである。

12) ライプニッツとシュタールの論争ないし対立に関しては、前注に挙げた *Negotium otiosum*, 1720 を参照。二実体間の相互作用を容認せず「予定調和」による対応のみを主張するライプニッツは、身体に直接作用するというシュタール的な「魂」の概念にも否定的であった。そしてまたシュタールにおいては、機械論的な秩序と、魂が関わる目的論的な秩序が対立することになるが、ライプニッツにとってはその二つの秩序は何ら排他的ではなくまさに調和しつつ並存できるものであった。シュタールの理論は、究極的には神に由来する普遍的秩序を言わば攪乱してしまうものだったのである。

ラヴェッソン自身は先述のごとくシュタールのアニミスム的発想、すなわち知性的／生命的などに複数化されない魂の本源的統一性という思想に好意的であり、アリストテレスの「プシュケー」理論をも同じ方向で解釈している。続く本章の論述とともに、彼の『習慣論』第二部の第六十九・七十段落、ならびにシュタールの名を引く脚注を参照（*De l'habitude*, 1838, p. 38.）。

XXIII アニミスム論争　　　　　　　　　　223

にこの偉大な生理学者を後ろ盾とするオルガニシスムは，パリ医学派[13]において支配的となり，異議をほとんど唱えられなかったが，対してモンペリエ学派では，バルテズによって体系化されたヴィタリスムのほうが支配的であった。オルガニシスムは生命を諸器官の特性[14]から説明する。ヴィタリスムは生命を物質とは異なり，そして精神とも異なる，ある特別な原理から説明する。アニミスムは生命を魂から説明するものだが，これについては支持者はほぼ途絶えていた。そんな中，さまざまな哲学的著作によってすでにその名を知られていた一人のイタリア人神学者が，カトリックの信仰の名において，モンペリエのヴィタリスム的学説を攻撃する。テアティノ会[15]のヴェントゥラ（ヴァントゥラ，Gioacchino Ventura (Joachim Ventura) de Raulica, 1792-1861)，1853年のことであった[16]。彼によれば，カトリックの信仰は，思惟の原理と

---

13)　école de medecine de Paris. 国民公会期の改革のなかで 1795 年に設立された「健康学校（École de Santé)」を拠点として，以後，主流派として形成されていく臨床医学派。この時期を代表する医師，ピネル，ビシャ，エスキロール，またブルセたちはみなこれに属する。次に言われるモンペリエの生気論学派とは実質的に対立する。十九世紀半ばになっても，南仏で学んだ医学生がパリで医師となるには困難があったほどである。

14)　propriétés. ビシャは諸器官がそれとして「生命特性（propriétés vitales)」，すなわち感覚性（sensibilité）と収縮性（contractilité）を備えているとする（『一般解剖学』）。モンペリエ学派は，モノとしての器官とは別個の原理をより実体的なものとして主張するため，当の原理を単にビシャのように器官の「特性」と呼んで済ませることには反対である。

15)　宗教改革の流れに対抗して 1524 年にイタリアで創設された修道会。

16)　この「1853 年」でラヴェッソンが指示したい出来事は同定しがたい。「1851 年」の誤記だという仮説を提出しておきたい。以下，簡単に経緯を記しておく。

1851 年の講演（*La raison philosophique et la raison catholique. Conférences prêchées à Paris dans l'année 1851*, 2 vols., 1851『哲学の理性とカトリックの理性。1851 年にパリで説かれた講演』）として公刊）でヴェントゥラはボナルドを批判（ボナルドは III:53-54 頁で言われた「伝統主義」の代表的論客である）。これに対して，ボナルドの息子（Monsieur le Vicomte Victor）から抗議の書簡が送られる。孫（Gabriel de Bonald）も 51 年にモンペリエにいったん逗留しているヴェントゥラを訪ねて，祖父を「喜劇役者のごとき哲学者（philosophe comédien)」と呼ぶ無礼な文言に対して抗議。しかし，その上で翌 1852 年にヴェントゥラが出版した *De la vraie et de la fausse philosophie*, 1852（『真なる哲学と偽りの哲学について』）は，息子の抗議に逐一返答する形で，より徹底的にボナルド批判を繰り返すものであった。ヴェントゥラの批判は，ボナルドのスコラ哲学に対する無知にも向けられるが，特に目下の文脈において重要なのは，ボナルドの人間観に対してのそれであろう（この批判は『哲学の理性とカトリックの理性』第二講演，ならびに第七講演で述べられる）。ボナルドは人間を二元論的に，「諸器官に仕えられる知性」として，つまり身体器官と知的原理の二つが協働して形成するものとして定義するが，ヴェントゥラはそれがカトリックの教義である「人間存在の一性」に反している，と見なすのである。もちろんヴェントゥラも身体と魂の区別を

生命の原理がただ一つのものであることを要求しているというのである。バルテズの生徒であり後継者でもあるロルダ（Jacque Lordat, 1773-1870）はその『人間の力動性が持つ二元性の原理へ加えられた異論への返答』[17]において，師の学説，そしてロルダの同僚のほとんどが支持している学説を擁護した。モンペリエの司教が公にロルダを賞賛したことも付け加えてよいだろう。フロット神父（Abbé Flottes. Jean-Baptiste Marcel Flottes, 1789-1864）はモンペリエの哲学教授でもあったが，彼はある小冊子[18]において，ヴィタリスムもアニミスムも宗教や道徳と両立し得ることの証明を少なくとも試みてはいた。しかし，ウィーンの

認めないわけではないために話はいくらか錯綜するが，本質的なのは，彼の見地からは「人間（homme）」ないし「人格（personne）」とは，「思考する」「食べる」などの（デカルトであれば区別するはずの）心身双方に関わる多様な述語が等しく帰される主語，「実体的一性（unité substantielle）」を有した存在だ，ということである。心身の区別はせいぜい形相と質料の相関的区別なのであり，それ以上の実体的区別に仕立て上げられてはならない。「人間」を分割し二重化してはならない。イエスはまさしく一人の人間となった神なのであって，この人間＝人格というペルソナの一性はそれ自体固有なものとして保たれねばならないのである。こうして，ボナルドのみならず，デカルト以来の諸理論が批判対象となる。
　このようにヴェントゥラの批判はヴィタリスムを直接の標的とするものではなかったが，当のヴィタリストたちにとってそれは，自説への根本的な異議だと捉えられた。既述のごとくヴィタリスムは，デカルト的な心身二元論に対抗して，第三項＝「生命原理」に独自の実在を主張していたのだが，もし実体的二元論が成立しないのであれば，それを補完するはずだった三元論も当然成り立たない。ラヴェッソンの以下の叙述の重点は，身体に還元できない要素としては一つ＝「思惟する魂（âme pensante）」だけで十分とする「アニミスム」と，二つ＝「（自己意識を有しながら）思惟する魂」と「生命原理」が必要だとする「ヴィタリスム」との間での論争に置かれるが，神学者ヴェントゥラの介入は，この論争が成立する前提そのものに関わるものだったわけである。
　実際，当時の議論が一種過熱するのは，当の問題が，動物に対する人間の特権性という，宗教的な意味をも帯びたポイントに触れるものだったからである。ヴィタリストにとっては，動植物が一般に有する「生命原理」を立てることは，同時に，それに還元されない人間的な「魂」の特殊性をむしろはっきり確立するはずのものであり，彼らにとっては，「アニミスム」に対しての自説の優位性もそこにあった。つまりヴィタリスムは，その支持者にとっては，キリスト教的信仰にむしろ支持を与えるはずのものでもあったわけである。しかしその種の区分そのものに異議を申し立てるカトリックの神学者からのボナルド批判は，こうした対立の土台そのものを破壊してしまうものであった。

17）*Réponse à des objections faites contre le principe de la dualité du dynamisme humain*, 1854.
18）*Réponse à cette question : L'hypothèse qui admet un principe de vie distinct de l'âme et des organes est-elle contraire à la morale et à la religion?*, 1859.（『魂とも諸器官とも区別される生命原理を容認する仮説は，道徳と宗教に反するか，という問いへの回答』）

ギュンター (Anton Günther, 1783-1863)[19]，ついでほどなくしてブレスラウ〔独：Breslau. 現ポーランドのヴロツワフ Wrocław〕の律修司祭バルツァー (Johann Baptista Baltzer, 1803-1871) が，ヴィタリスムに繋がると考えられる見解を表明すると，教皇〔ピウス9世〕は1860年4月30日の書簡[20]において，生命原理と思惟原理との実体的一性こそが信仰にかなうものであると宣言し，それに反対する一切の見解をカトリックの教義に合致しないものとして公に批判したのだった[21]。

こうして，信仰上の事柄であるよりもむしろ科学上の事柄だと見える問いに神学的権威が介入したわけだが，それはそれとして，論争は継続拡大していった。エクレクティスム学派に属する最も目覚ましい者たちにおいても，その何人かが自分の意見を表明し始めたのである。

1857年[22]，精神科学・政治科学アカデミーは，聖トマス〔・アクィナス〕の哲学の検討をコンクールのテーマにした。これはコンクールへの応募者にとって，とりわけ魂と身体の関係に関する問題について論究する機会となった。スコラの天使博士〔聖トマスの別称〕はこの問題をアリストテレスを追う形で深め，そしてアリストテレスと同じ方向で解決していた。受賞論文[23]の著者，シャルル・ジュルダンの立場は，アリストテレスに，聖トマスに，そしてアニミスムに賛同するものであった。レミュザは，コンクールについての報告で，自らがアニミスムに好意的であると明白には言わないながらも，そこに一つのもっともな学説を見

---

19) 汎神論的哲学に反対しつつ，従来のスコラ哲学に代わる独自の合理主義的な神学体系を打ち立てようとした。すでに1857年には著作が禁書目録に含められるが，当初問題とされたのはヴィタリスム的見解よりもまずその行き過ぎた合理主義であったと見える。

20) ケルン大司教宛の *Dolore haud mediocri* と呼ばれる書簡。

21) ピウス9世（在位 1846-1878）。ヴァチカン公会議招集（1869年）や「教皇の不可謬性」の主張（1870年）で知られる。十九世紀の多様な思潮（自由主義，社会主義，合理主義，汎神論など）に対してカトリックの伝統をあくまで保守堅持しようとした。とりわけその態度をよく示すのが1864年の回勅 *Quanta Cura*（教皇が発表する回勅や書簡はこのようにその冒頭部の語によって指示される。「どれほどの配慮をもって」の意）ならびにそれに付された *Syllabus Errorum*（『誤謬表』）である。後者には，ギュンターとブレスラウの立場を批判した書簡（*Günther, Eximiam tuam*, du 15 juin 1857；上記 *Dolore haud mediocri*, du 30 avril 1860.）へのあらためての参照が見られる。

22) 受賞者決定の報告がこの1857年。コンクール出題そのものは1853年。

23) *La philosophie de saint Thomas d'Aquin*, 2 vols., 1858（『聖トマス・アクィナスの哲学』）として出版。II:29頁脚注も参照。

ると述べている。

　同年,フランシスク・ブイエはリヨンの文学ファキュルテで,思惟する魂と生命原理との同一性に関する講義を行っていた。彼は,ボルダス＝ドゥムーランの『デカルト哲学』と同位で受賞となった『デカルト主義の歴史』[24]の学識豊かな著者であり,また理性についてのヴィクトル・クーザンの思想を叙述し擁護しようとする『非人称的理性の理論』[25]の著者でもあるが,このブイエはその講義の要約を翌年〔58年〕出版する[26]。このブイエに反対して,ジョーム（François-Anselme Jaumes, 1804-1868）はモンペリエ派の学説を擁護する。同年出版の『魂と生命原理』[27],そして1861年出版の『医学哲学序説』[28]である。リシャール・ド・ラプラード（Richard de Laprade, 1781-1860）もまた,ブイエに反対してモンペリエ派の学説の擁護をある論文において行った。この論文は,著者ラプラードの死後,リヨンのアカデミーによって1860年のアカデミー論集に「アニミスムとヴィタリスム」の表題で収録されている[29]。

　アルベール・ルモワヌ（Albert Lemoine, 1824-1874）は1858年,精神科学・政治科学アカデミーにおいて「シュタールとアニミスム」という論文[30]を報告する。彼はシュタールの思想を非常に詳細かつ正確な形で叙述し,この思想に含まれていると見られる多くの正しさに人々の注意を促したのである。しかしルモワヌ自身は,生命のさまざまの働きが理性的原因に帰され得るとは一切認めない。シュタールの学説のうちの

---

24)　既出, II:28 頁脚注参照。
25)　*Théorie de la raison impersonnelle*, 1844.
26)　*De l'unité de l'âme pensante et du principe vital*, 1858.（『思惟する魂と生命原理との一性』）
27)　*L'âme et le principe vital*, 1858.
28)　*Introduction à la philosophie médicale*, 1861 ということになるが, 書誌情報は確認できなかった。228頁以降に検討されるブイエの著作（*Du principe vital et de l'âme pensante*, 1862）の叙述に従う限り, 正確な書誌としては « Introduction à la philosophie médicale », in *Revue du Montpellier médical*, Juillet 1860. となるはずである（Bouillier, 1862, préface, p. IX ; p. 402 note）。ただし, 翌年に単行本となったという可能性はある。
29)　*Animisme et vitalisme*, 1861 として出版されている。
30)　ルモワヌの論文「シュタールとアニミスム（« Stahl et l'animisme »）」がアカデミーで複数回にわたって読まれたのは1857年。内容は翌年にかけて『精神科学・政治科学アカデミー紀要』に連続して掲載される。1858年に同名の単行本として出版された。

ヴィタリスムは認めるがアニミスムは否定する，と彼は言うのである。

エミール・セセも，1862 年 8 月 15 日刊の『両世界評論』の論文「魂と身体」[31]で，自分も同じくヴィタリスムに賛成だと述べる。

ブイエの著作について精神科学・政治科学アカデミーで報告を行ったアドルフ・ガルニエも，その報告において同じ意見である。さらにまた二人の卓越した医師も，同年に[32]それぞれの著作において同じ意見を示す。『哲学との関連において見られた生命ならびにその諸特性』[33]におけるブーシュ（Eugène Bouchut, 1818-1891），そしてすでに引いた〔219頁〕『二実体の法則』におけるジュール・フルネである。

1863 年にはさらにシャルル・レヴェック（Charles Lévêque, 1818-1900）が，『公教育新聞』[34]において，アニミスムが誤ってアリストテレスの権威を都合良く利用していることを示そうとした。こうした見解はまた，フィリベール（Henri Philibert, 1822-1901）が，パリの文学ファキュルテに 1864 年提出の博士論文『アリストテレスにおける生命の原理』[35]で同様に支持するものである。

ティソはカントとハインリッヒ・リッター（Heinrich Ritter, 1791-1869）の仏訳者[36]であるが，彼は逆に，『医学雑誌』(ルヴュ・メディカル)掲載のさまざまな論文，そして 1861 年出版の『人間における生命』と題された大部の著作[37]において，アニミスムの擁護を行った。同年，〔エミール・〕シャルルはパリの文学ファキュルテに『自然の生命について』[38]を提出する

---

31) « Recherches nouvelles sur l'âme et le corps »（「魂と身体についての新研究」）, in *Revue des deux mondes*, 1862, pp. 957-987.

32) 次注に示すブーシュの著作は 1862 年刊。対して既出のフルネの著作は翌 1863 年刊だが，62 年末の講演（discours）であるので「同年」扱いなのであろう。

33) *La vie et ses attributs dans leurs rapports avec la philosophie, l'histoire naturelle et la médecine*, 1862.（『哲学，博物学［自然史］，医学との関係における，生命ならびにその諸特性』）

34) *Journal de l'instruction publique.*

35) *Le principe de la vie chez Aristote*. 翌年に出版：*Du prinipe de la vie suivant Aristote* 1865.（『アリストテレスによる生命の原理について』）

36) ティソのカント仏訳については II:27 頁を参照。ここで言われているリッターの著作は，*Geschichte der Philosophie*, 12 Bde. 1829-1853 ; *Histoire de la philosophie, par le Dr. Henri Ritter*. 4 vols., 1835-1836. ティソがこの時点で訳出した四巻は原書のうち古代哲学の部分。残る部分は Trullard と Challemel-Lacour の二人が引き続き翻訳。全 9 巻，1861 年完訳。

37) *La vie dans l'homme*, 2 vols., 1861.

38) *De vita naturæ*, 1861. シャルルについては II:29 頁も参照。

が，そこでシャルルはむしろヴィタリスム的見解のほうに好意的な立場を取る。すでにその名を引いた哲学者医師，ガロー〔159 頁〕は，同じ 1861 年の『有機体(オルガニスム)と機械(メカニスム)との差異について』という論考[39]で，アニミスムに対してデカルトとマルブランシュの機械原因論を再び掲げようとした。その体系によれば，「意志的運動」と呼ばれる現象においても，我々によるのはただ意志することだけであって，運動自体は神によるというのである。

　1862 年，ブイエは自分の見解をさらに展開し，自説に向けられた諸反論に答えた。それが『生命原理，ならびに思惟する魂について。魂と生命の関係についてのさまざまの医学的心理学的学説についての検討』[40]である。

　ブイエは，自分の立場はほぼ完全にシュタール的だと宣言する。彼はとりわけ，生命を物質から説明すること，あるいは思惟する魂とは異なる非物質的原理から説明することに反対する理由をさまざまに力強く示した。ただし，一点だけが彼を引き留めるのであり，これこそが本質的なのだ。この点で彼はルモワヌやレヴェック，そしてヴィタリスムの支持者全員と同意見である。すなわちブイエには，シュタールが言うごとく生命上の諸機能がそのまま思惟の働きであることは容認できないのだが，そうでありながらも，ブイエの考えでは，それらの生命機能も，完全極まりない知的な働きと同じく，やはり魂(アーム)の働きではある，というのだ。

　つまりこういうことである。ブイエの見るところ，デカルトのように

---

　39) *De la différence de l'organisme et du mécanisme.*
　ラヴェッソンが指示しようとする著作については不明。ガローは 1858 年の『パリ医学新聞 (*Gazette médicale de Paris*)』に «De la différence du mécanisme et de l'organisme» という論考を連続掲載しているが，これはもっぱらシュタール論ではあれ，機械原因説に関する主張を含んでいない。単行本として『アニミスム論駁。デカルト的理論の新考察 (*Contre l'animisme. Nouvel essai d'une théorie cartésienne*, 1863)』があり，この最終章では機会原因論支持が見られるが，これは明らかにティソの 1861 年著作，ブイエの 1862 年著作を踏まえてそれらの後に書かれたものであって，ここでラヴェッソンが指示するテクストではない。ラヴェッソンによる混同の可能性を指摘しておく。

　40) *Du principe vital et de l'âme pensante, ou examen des diverses doctrines médicales et psychologiques sur les rapports de l'âme et de la vie*, 1862.

「魂」を「思惟」から定義するのは誤りだ。そしてブイエはなおさらライプニッツの学説にも与しないだろう。ライプニッツにおいては，思惟は，デカルトが望んだごとく人間の魂だけが持つ本質なのではなく，数限りない単純原理すなわちモナドすべての本質だとされ，これらの原理が宇宙全体の中にあまねく存在しており，そしてこれらは自分を構成する数限りない現象を，さまざまに混乱していたり判明であったり，曖昧であったり判明であったりする知覚によって表出しているとされるわけである。対してブイエの考えでは魂の本質，すべての魂の本質，あるいはお望みであればすべてのモナドの本質は，思惟ではあり得ないし，また意志であるはずもない。それは能動的働き(アクシォン)であって，思惟するというのも意志するというのも，上位の状態つまり理性的状態〔にまで至った魂〕だけが有する，能動的働きの最完全なる姿のことに過ぎない。ブイエにとって生命的な諸機能は，たとえシュタールの言う意味で「理性」を定義したところで[41]，決して理性の働きなどではない。ルモワヌに賛同してブイエは言う，それは「ある本能の，知性もなければ自己意識も持たない本能の，盲目的な本能の〔働きである〕」と。

ただしブイエも，ひとたび理性的状態にまで到達すれば，魂は自分の本能的な働きについて一定程度までは意識するのだと言う。本能的な働きは，それが行われている下位の次元から，上位の次元へと言わば反響していくものであり，そしてまた今度は上位のものが下位のものに，精神的なものが生命的なもの，身体的なものへと反作用を及ぼしていく。生命を持ち，かつ思惟を行う存在の統一性は，かくして完成されるわけである。

このように論じながらブイエは，自分の属する学派〔＝アニミスム〕の哲学者たちをいざない，そして一般にスピリチュアリスム的な学説の支持者たちをいざなって，抽象的かつ狭隘に過ぎる心理学を放棄してブイエ自身の立場のもとに結集しようと言っている。そしてそこにあるのは，真のスピリチュアリスムだとブイエが考えるところの，アニミスムなのだ。

---

41) 本章221-222頁の注を参照されたい。

しかしながらおそらくひとは疑問に思うだろう。それ自体何ら知的なところがない魂の作用で生命を説明するというのは、アニミスムの名の下で再びただのヴィタリスム的学説を説くことではないのだろうか。シュタールの推論全体の出発点はどこかと言えば、それは、生命の特徴であるところの「秩序」と「協働」であって、この両者が示しているのは、ある目標への傾向性であり、ということは理性であり、知性なのだ。とすれば、生命的な諸機能はある力の所産、ある本能の産物だ、と言うだけでは不十分なのであって、どうしてもこう付け加えないわけにはいかない。「力の」と言っても、ある目標へと向かっている力であり、「本能の」と言っても、ある目的へと適応していく本能であり、つまりはある思惟の所産である、と。だがおそらくはまた、ブイエは、彼のあれこれの言明が示唆する以上にアニミスト、つまりアリストテレスとシュタールにおける意味での「アニミスト」なのだ。魂の本能が、生命上の諸機能を果たしつつ、絶対的かつ厳密な意味で盲目で、つまり知性や意識を完全に欠いているというのは、おそらく、ブイエの言いたいことではなかった。実際そうだったなら、ブイエ自身が示したように、その本能というものが時に意識の輪の中に入って来られたのは、いったいいかにしてなのか。この点をよく考えるならブイエは、かつてのシュタールとアリストテレスと同じように考えるところにまで非常に近づいているのだ。この二人の深遠な思想家の学説の側に完全に並ぶためには、ブイエは同じく次のことを認めれば足りるのであり、実際彼はそこに非常に近いところにいる。すなわち、本能とは、結局のところ、やはり思惟である、ということだ。もちろん実際には、反省の完全な自由をもって自分を所有できているような思惟ではなく、プロティノスが描いたように、言わば自分の目の前の対象の魅力に屈して自然に捕らわれ、一種魅惑されることで自分の外に出てしまい、自分から疎外されてしまったような思惟なのではあるが。

さらに付け加えよう。以上のように一歩を進めたならば、おそらくフランシスク・ブイエだけでなく、ブイエの反対者ではありながら実はブイエ自身の考えに非常に近い思想家、とりわけルモワヌとレヴェックもまた同様に、次のことを認めることだろう。ブイエがその学識溢れる著作の冒頭で言うように、意識が対象とする魂の働きと、当の魂の実体と

がただ一つのものであるがゆえに，魂は直接自分自身を認識し，自分を見ているのだということ。そしてそればかりか，魂のその能動的働きを思惟と意志からは別のものとして区別し，この働きのほうがより深く，より一般的なものだとしてしまえば，おそらく，デカルト，バークリー，ライプニッツがかつてその不十分さを示したところの〔思惟，意志，作用というものについての〕不完全な概念に留まってしまうのだということ。かくして最後には，魂の存在であり魂の全体であるところの働き，魂が持つ意識の恒常的な対象である働きとは，到達すべきある目標，ある善の把握と切り離せないような働きであり，つまりはそれ自身思惟すること，それ自身意志することだと，このように認めるところにまで行かねばならないのだ。

　これとほとんど異ならない思想を展開するものとして，ここに以下のものを付け加えてよい。アドルフ・フランクによるブイエの著作の書評。これは『ジュルナル・デ・デバ』誌1862年11月11日号と13日号に収められている。ショファールによる「魂と生命」と題された論文，『コレスポンダン』誌1862年10月25日号所収。そしてフレドー（Felix Frédault, 1822-1897）による三つの論考，『アール・メディカル』誌1862年8・9・10月号所収[42]。

---

42)　初版の「フリボー（Fribeault）」は誤記。後の版で訂正。
　ここで挙げられている論考は，« Du principe vital et de l'âme pensante, par M. Bouiller »（「ブイエ氏の『生命原理と思惟する魂について』」），in *Art medical ; journal de médecine générale et de médecine pratique*, 1862, pp. 113-118, 196-211, 278-295.
　この『アール・メディカル（医術, *Art médical*）』誌はカトリックの信仰を有する医師たちによって刊行されており（そのため例えばパリ医学派の「オルガニシスム」には対抗的である），フレドー自身も単に医学者としてばかりでなく，カトリックの立場を強く打ち出しながらブイエの学説を検討している。結論としてはヴェントゥラ側に与しており，ここでのラヴェッソンによる彼の位置づけは必ずしも適切ではない。

XXIV
唯物論

―――――――――

ビュヒナー『物質と力』／唯物論とオルガニシスムへのジャネの批判／唯物論の誤謬。「下位のもの」は「上位のもの」を説明しない

ポール・ジャネは，医学心理学学会[1]にブイエの著作についての書評を寄せたが，彼がそこで表明した意見はこうである。自らのアニミスムを支えようとしてブイエの展開するさまざまの論拠が決定的なのは，ブイエがまず最初に確立しようとした仮説，すなわちヴィタリスム一般がオルガニシスムに対して，ということは当然絶対的唯物論に対しても，すでに勝利を収めているという仮説の中での話である，というのだ。しかし当の仮説そのものについては，ブイエがそれを十分に証明したとジャネは見ていない。かくしてジャネはより包括的な論考においてその証明に自ら取りかかったのである。それはまず『両世界評論』1863年8月号と12月号[2]に掲載され，加筆の上翌年『現代哲学叢書』の一冊として出版された[3]。

---

[1] Société médico-psychologique. 1853 年設立，今日に至る。
[2] ラヴェッソンは「8月号と9月号」と記すが誤り。« La matérialisme contemporain : I. L'école naturaliste », 15 août, pp. 877-915 ; « II. Une théorie anglaise sur les causes finales », 1 décembre, pp. 556-586.
[3] *Le matérialisme contemporain en Allemagne : examen du système du docteur Büchner*, 1864.（『ドイツにおける現代の唯物論。ビュヒナー博士の体系の検討』）
なお，現代哲学叢書（Bibliothèque de philosophie contemporaine）とは，Germer-Baillère 社，

その小著でジャネは，最近何人かのドイツの生理学者，とりわけモレショット（モレスホットとも。Jacob Moleschott, 1822-1893）の弟子であり，また 1856 年に出版され五年で七版を重ねフランス語にも翻訳された『物質と力』[4]の著者であるビュヒナー（Ludwig Büchner, 1824-1899）のもとで唯物論が取ることになった形態をまず叙述する。「物質」と呼ばれるものだけで万物は十分に説明できると証明したつもりであり，また今でもそう主張しているさまざまの議論があるが，ジャネは続いてそれらの報告と評価を行っている。

オルガニシスム，すなわちひとたび有機化されれば物質だけで生命を成すには十分だという見解に反対してジャネが立てる論拠は，次の二つに帰着させることができる。第一に，これはまさに，深められればシュタールとアリストテレスのアニミスムにまでひとを導く論拠であるが，〔生物に見られる〕協働，その総体は，程度に差はあれ相互に独立した個々の諸器官がそれぞれ持つと想定される生命からは十分に説明されはしない。第二に，仮に諸器官によって生命を説明することが可能だとして，当の諸器官の形成を説明するものこそは，まさしく生命以外の何だというのだろうか，というわけである。

では，有機体とは独立に，言わば有機体の下で，物質というものをどう考えるべきだろうか。

現代の唯物論は，一般に，万物を物体の受動的諸要素から説明する唯物論ではもはやなく，それ自らのうちに力を有した能動的な物質を唯一かつ普遍的な原理とする唯物論である。

唯物論の創始者，レウキッポスとデモクリトスは，物体的諸要素の形と位置だけから世界を説明しようと言う。しかし彼らは，それらの要素の遭遇と集合を説明するために，要素に運動を付加し，それによって諸要素は常に空間の至る方向へと運ばれていくのだとした。このような原因なき運動という不条理を言わば最小限に抑えようとして，エピクロス

引き続いて Alcan 社，そして Presse Universitaire de France 社が長く刊行していくシリーズの名である。

[4] 正しくは『力と物質』（*Force et Matière*, 1869）。原書初版は *Kraft und Stoff*, 1855 であり，ここでの「1856 年」も誤記。

最初の仏訳は原著第三版による。ここでの叙述の通り，激しい論争を呼んだためビュヒナーは次々と新しい序文を付して版を改め，仏訳もそれに合わせて改訂されていく。

は，自分の考える原子に，本性的で原初的なものとしてはただ一つの運動だけを与える。それを変えるものが何も生じなければ，原子はその運動によって，ルクレティウスに言わせれば雨粒のごとく，無限の空虚の中を互いに平行なままで永遠に落下し続ける，というのである。その上で原子の間で遭遇があることを説明するために，エピクロスはあえて原子にその落下の本性的な線から逸れ「傾く」、謎めいた能力を与えたのだった。実際，あたう限りわずかに逸れるだけなのだが，長い目で見れば原子相互が遭遇するにはそれで十分なのである。このようにごくわずかなものへと縮減することで，感覚によってしか何も判断しないこれらの唯物論者は，その「傾き」[5]も容認できると考えたのであった。

　これがはるか昔の唯物論であった。唯物論は，最初の時代においても，物質的なものでは説明できない運動を物質に付加せざるを得なかった。またそれに続く時代でも，本性的とされる運動に第二の運動を加えるしかなかったのであり，この第二の運動は自発性や自由意志の性格をいっそうはっきりと帯びるものであった。

　運動というものはある能動性すなわち運動を生む力なしには考えられないことを理解していたので，ストア派の哲学者たちは，物質と力を二つの不可分な要素と見ていた。今日の唯物論もそこへ帰着する学説である。力なしの物質はなく，また物質なしの力もない，とビュヒナーは言う。しかしこの学説はもはや，本来の意味からすれば，万物をただ物質だけで説明し尽くす唯物論ではない。

　ポール・ジャネが示したのは次のことである。物質に，その構成要素として力を付与し，かくして物質にライプニッツが求めていたものを付加するのは，とりもなおさず，「物質」という観念はそれだけで自足したものの観念ではないと認めることだ。「物質」というのは，それに欠けているものが別の観念から与えられねばならないものの観念であって，したがってある不十全なものの観念，存在のある一部分の観念，我々が言い表すのに用いる語においてだけ真の十全な実在という見かけを帯びる一つの抽象物の観念に他ならないのである。

　これはつまり，「物質〔＝質料〕」という観念は実のところ，ある形相

---

5) déclinaison. いわゆる「クリナメン」のこと。ルクレティウス『事物の本性について』2.218-224。

XXIV 唯物論

が与えられてようやく一つの事物になるもの，それによってやっと相対的に未規定で不完全状態から規定されて完全な状態へと移行できるもの，そうしたものの観念でしかない，ということだ。したがって，一切の形相を超えたところに第一の絶対的な物質(マチエール)を探し求めようとしても，ただ無に辿り着くばかりである。

　実際，「規定された存在様態を一切持たないもの」という観念とは何のことか。存在論主義(オントロジスム)を論じた際にも述べたように，それは「無」の観念と変わるところのない，「存在」というだけのまったく抽象的な観念である。だからもし，そのような〔唯物論の〕理論において万物をただ物質だけで説明しているように見えているとしたらそれは，「物質」の観念にまったく別の何かの観念が必ずや結びつけられているからであって，物質に付与されている完全性を実際に構成するのはこの何かのほうなのだ。絶対的な唯物論などは，これまで一度も存在しなかったし，これからも決して存在し得ないであろう。

　となれば，あれこれの体系の言う「唯物論」とは何のことなのか。それは，自らの原理の最終的な帰結にまで進まないでおいて，諸事物をその素材(マテリアル)，それ自体では不完全なものから説明する理論，この不完全なもののほうに，それを完成させてくれるものの理由を見いだそうとする理論である。我々はオーギュスト・コントの卓越した定義を先に紹介しておいた〔105頁〕。コントはその定義によって自らの〔後期における〕第二の哲学の高みから〔前期の〕第一の哲学について判定を下していたわけだが，この定義によれば唯物論とは，上位のものを下位のものから説明する学説のことである。その誤りはどこにあるか。最善が最悪から生じ，最小が最大を生むというのが，アリストテレスが言ったように，まさに矛盾なのだ。そして唯物論があれこれの事例において上位のものを下位のものでうまく説明できたように見える場合には，唯物論は自身も気づかないひそかなすり替えによってあらかじめ下位のものの中に当の上位のものを置いておき，そこから上位のものが生まれてくると思い込み，またそのように見せかけているのである。感覚から知性を説明し，また物体から精神を説明するというのも，実はそうと気づかないままに，感覚が必然的に含んでいる知性的なものを用いてのこと，そしてどんなに粗末な物体のうちにすら存在しているところの必然的に精神的

であるものを用いてのことに過ぎない。

　完成された作品こそが下絵を説明し，十全なもの，完全なものこそが不十全なもの，不完全なものを説明し，上位のものこそが下位のものを説明する．それゆえに，ただ精神だけが，万物を説明するのである．

XXV
ヴュルピアン

───────

『生理学講義』。オルガニシスムの支持／論争の膠着状況に対するラヴェッソンの所見

　ヴュルピアン（Alfred Vulpian, 1826-1887）は，その学識溢れる『脳生理学講義』（1867年）[1]において，ヴィタリスムの問題に一章を割いている。生命的な諸機能に，諸器官それぞれの特性とは異なる特別な一原理を与える〔ヴィタリスムの〕見解に反対して，彼は二つの論拠を挙げる。まず，ヴュルピアンによると，「生命原理」と呼ばれるものは常に一なるものとして考えられており，またそのようにしか考えられない。しかるに，ある種の下等動物の諸部分は，相互に切り離されてもやはり生き続けることが観察されている。「生命原理，かの一なる力は，こうした動物においては，分割可能だったのだ。しかし我々にしてみれば，生命原理が分割可能だというのはすなわち，そんなものは存在しないということである」。ヴュルピアンのこの第一の論拠をさらに補強するために次のことを付け加えてもよい。あらゆる有機体は，最も高度なものまで例外なく，相互に非常に独立した諸部分からの合成体として考察で

---

[1] *Leçons sur la physiologie du cerveau.* そうした著作は確認できない。ヴュルピアンには『神経系の一般生理学ならびに比較生理学講義』（*Leçons sur la physiologie générale et comparée du système nerveux*, 1866）という著作があり，ラヴェッソンが指示しているのはこれだと見られる。実際，彼が引用するフレーズはいずれも，その第十四講義「生命原理についての生理学的諸考察（Considérations physiologiques sur le principe vital）」に見いだされる。

きるというのが最新の生理学の成果だ，ということである。クロード・ベルナールは，すべての生物は，植物も動物も，複数の有機体からの合成体だという考えを表明していた。またフィルヒョウ（ウィルヒョウなどとも。Rudolf Virchow, 1821-1902）が細胞生理学に関する斬新で深い探求において示すところでは，一切の生物は，言わば細胞からなる社会に分解できるのであり，それら細胞がすでに欠けるところのない有機体なのだ。そして第二の論拠として，病理学的事実に限らず生理学的な事実の多くにおいても，生命の諸作用は，個体の利益が求めるはずのところに何ら合致していないということがある。ヴュルピアンはこう言う，「したがって，生命原理の属性だと見なされてきた多種多様な傾向性は，この〔ヴィタリスム的な〕仮説において考えられるように程度はともかく意図的に働くわけではなく，むしろ反対に，宿命的に，必然的に，盲目的に現れるものなのだ。ゆえに，宿命(ファタリテ)は，無機的世界と同様，有機的世界においても，実際に存在しているわけである」。

　ヴュルピアンのこれらの反論や，それに類した反論は，ずっと以前から常に提出されてきたものである。今日その論拠として持ち出せる新しい諸事実は，古代から同様に反論の根拠となると思われていた事実に新たに本質的な何かを付け加えはしなかった。つまりヴィタリストもアニミストもそうした事実を知らないわけではないのだ。ただそれにしても，彼らがそれらをまったく議論対象にしないというのも確かである。また他方，ヴュルピアンも，生命の一性や諸機能の明白な協働について言われてきたしまた現在でも言い得ることを知らないではない。彼自身が，器官の再生に関して，「諸要素すべての，息を合わせるがごとき協調」と名付けているものについても同様である。しかしそれについてヴュルピアンはただ，「それは根本的に曖昧な事実であるが，しかしきちんと認めねばならないことだ」と言うに留める。この事実が自分の理論を破壊しないのかどうかについては，一切検討しないのだ。

　かくして一方では，オルガニシスムを支持するものとして，生命の複数性と宿命的性格を確立してくれるさまざまの事実と理由が強調され，また他方では，ヴィタリスムないしアニミスムを支持するものとして，〔生命の〕一性と目的性ないし意図性を確立してくれるさまざまの事実と理由が強調されることになる。そしていずれの側においても，自分が

真と考える見解に対立する事柄についてはほとんど言及されないのだ。それというのもおそらく，これらの対立する思想は絶対に両立しないと思われており，誰もが両者の和解については諦めているからだ。はっきりそう考えられているかどうかに差はあれ，対立する思想を直接突き合わせても，さまざまな所見と考察を単に相互に無力化するばかりで，しかも当の対立する思想がそれぞれ論拠としている所見と考察はやはり明白に真であることは変わらない，と考えられているのである。

しかしながらここで対立する思想が和解不可能と見えるのは，ひとがそれら両方を，事柄そのものにおいてよりも言葉の上で，自然においてではなくむしろ論理において，考察しているからではあるまいか。思うにどちらの思想も，自分が考察する諸概念を排他的な意味で捉えてしまっている。概念を表現する名辞のせいであって，そのために対立する意味などまったく受け入れられなくなっているのだ。しかし自然においても本当に，そうなのだろうか。論理上は両立しないものが，自然においては結びつき調和することはしばしばある。言語の作り手である想像的理性は，異なる物質的対象をそれぞれ異なる場所に位置づけるごとく，言わば概念を語の枠に押し込み，そうやってものごとをきっぱり切断し分離する。対して〔語ではなく〕自然そのものに適合するのはこの想像的理性よりも高い理性であるはずで，そしてこの自然は，切断され分離されたものを，結びつき，連続し，溶け合った姿で我々に示してくれている。

諸存在一般のなす広大無辺な系列のいずれかの端に，あるいはそこまで言わずとも生物がなすそれでもまだ広い系列のいずれかの端にのみ話を限ってもよいが，そういった両極端に身を置く限りは，自然のうちには分割と多数性，機械論と宿命しか見えないとか，あるいは反対に，調和や統一，意図的自発性しか見えないとか言いたくなりもしよう。しかし，例えば徐々に習慣が形成されていく現象を考察してみるとしよう。そこにおいては，能動的作用のこの上ない完全な統一性を含んでいる意志的な作用が，徐々に変じつつ，見通しがたいメカニズムを通じて中枢の活動の言わば外，つまり多数の諸器官において実行される本能的運動になっていくのが見られるわけだが，これによっておそらくひとは次のような思想へとより容易に導かれていくことだろう。我々の存在の最も

高いところから最も低いところまでに及ぶ多種多様な諸部分において，そして大きく言えば同様の差異が見いだされる多種多様な存在次元において，至るところで，非常に異なり対立しさえする姿の下で存在しているのは，実は一つの同じ原理なのであり，つまるところ下位の生命とは，上位の生命が次々と姿を変えながら到達した最低段階でしかない，という思想である。他の諸科学においてと同じく，そこでも，進歩における連続性，増大と減少の連続性が示しているのはやはり，一性なのである。

XXVI

脳生理学，神経学

―――――――

骨相学失効後の状況／脳について。思惟の道具としての脳／脳髄の構成部分と「反射運動」の問題／諸部分の相互補完性と連続性。思惟と機械的運動との連続性というアニミスム的結論／この連続性は思惟を機械論に還元するものではない／神経系について。「迷走神経」の中間的性格／「生命」のビシャ的二分法の欠陥／グラトリの考察

　身体と精神の関係，魂と精神の関係についての問題は，神経系，そして何より脳の研究において，この上なく精確な形の下に現れてくる。
　先に述べたように〔Ⅵ〕，骨相学は脳の互いに独立した別々の諸部分の機能から思惟を説明しようとしたが，この学説は科学から決定的に消滅した。とりわけヴュルピアンによって最近確立された一事実が，諸能力を〔脳の部分に〕それぞれ切り離して局在化する理論を，土台そのものから崩壊させるに至ったのである。脳のさまざまな部分は互いを補って代わりになり得るのであって，必要とあれば，諸機能全体を担うには脳実質のごくわずかな部分でも足りる，という事実である。かくしてヴュルピアンは，骨相学の学説とその歴史を簡単に叙述したあとで，こう結論することができたのだ。「一方で，この学説を本当に擁護できる事実はいまだ存在しておらず，他方で，諸能力をばらばらにして灰白質の個々別々の部位に割り当てる考えについては，さまざまな実験結果と数多くの病理学的所見がそれに反対している。ガルとその弟子たち，そ

して彼らに続いてその種の脳の地理学(ジェオグラフィ)を打ち立てようとした哲学者たちが作った作品は，それぞれ工夫を凝らしたものではあったが，本当の土台を持つものではなく，それゆえ実証的な生物学，すなわち実験と観察からの事実にのみ依拠する生物学によって追放されねばならない。経験と観察がここで我々に教えるのは，脳の両半球，特にそれらの灰白質のさまざまな部分は互いを補って代わりになれるということ，特に動物においては，全体に比べればごく小さな部分でも全体の諸機能を十分に果たし得るということである。したがって繰り返すが，本能や知性や感情のさまざまな機能を局在化する学説には，何の確かさもないのだ」[1]。

骨相学は却けられたが，その上で精神の脳に対しての，あるいは神経系のその他の諸部分に対しての関係について，何が知られており，また何が知られつつあるかをはっきり確定しなければならない。

脳そのものについて言えば，脳というこの仕組み，ないし仕組みの集合体が感性や想像力に，さらには思惟そのものにまで，一定の意味で一定程度役立っているということは立証済みである。これは，ヴィック・ダジール（FélixVicq-d'Azyr, 1748-1794），キュヴィエ，ガル，ミュラー（Johannes Müller, 1801-1858）の研究からの成果である。

ここでは次のことだけを指摘しよう。思惟の前件や条件と呼べるもの，例えば感覚や想像といったものがどれも脳なしには存在し得ないことは仮に証明されたとしても，思惟そのもの，中枢的で必然的に単純なその作用における思惟までもが，何らかの仕方で脳に依存しているということは証明されなかった。この内奥においては，物質や物体，有機体に属するものはもはや何もない。延長と多数性であるもの一切がもはや何もないということだ。「器官なしにひとは思惟する」とアリストテレスは言った[2]。この高き命題は今日まで揺るがないままであったし，それを正しく理解できる者にとってはおそらく今後も，決して揺らぐものではないだろう。

---

1) 先述（XXV:237 頁の注）の『神経系の一般生理学ならびに比較生理学講義』第三十講義（pp. 719-720）からの引用。一部ラヴェッソンによる省略がある。
2) 感覚におけるような器官は知性には存在しないという，『魂について（霊魂論）』429a の議論を踏まえていると思われる。

XXVI　脳生理学，神経学　　　　　　　　　　243

　そしてもう一つ指摘すれば，脳が破壊されたり，あるいは深い損傷を負っただけで，さまざまな知的な働きは停止してしまうのだとしても，生命が存続しているならば，いくらか長い時間の後にはそれらは回復する。フルーランの実験から得られた最も重要な成果の一つはそれである[3]。その実験によれば，脳の両半球は主要な神経系が最も発達した部位であるが，いくらかの時間をかけると，線条体がその代わりを果たすようになる。線条体というのは〔両半球に対して〕直近の下位にある脊髄の発達部位だが，その通常の機能は本能的な働きのために役立つことなのである。

　かくして確認されたのは，やむを得ない場合，脳の全機能を果たすには脳のごくわずかな部分で十分だということだけではない。本来脳に属している上位の諸機能を果たすために，ふだんの正常な状態ではその直下の機能にしか役に立っていない神経系の部分が，脳全体の代わりになり得ることもまた，確かめられたのである。これはすなわち，唯物論が主張するごとく器官のほうが機能の原因になっているのではない，ということだ。機能のほうこそが，一定の身体的諸条件において，器官を自らに従わせ，自らのものとしているのだ。

　脊髄のうち，脳の中に入り込んでいる上部のところは「延髄」[4]と呼ばれるが，これは感覚ならびに本能的運動の，身体上の座である。感覚に知覚が付加され，運動意志が形成されていく働きがなされるのは脳を通じてだが，本来の意味での感覚の受容器が，また自発的な運動の発生源が位置するのは，脳の峡部[5]，延髄である。

---

　3)　脳髄諸部分の相互補完性として知られる現象は，1824年のフルーランの著作『神経系の諸特性と諸機能についての実験的探究（*Recherches expérimentales sur les propriétés et les fonctions du système nerveux*）』で報告された。これが単純な脳局在説への批判になることについては同書 p. 234 を参照。

　4)　原文では la moelle allongée ou le bulbe rachidien と二つの用語が記されるが，指示対象は同じである。現在の日本語には訳し分ける語が存在しないので「延髄」とだけ訳す。

　5)　ここでラヴェッソンは « isthme cérébral » と書いているが，いくらかの曖昧さが残る。現在，脳について言われる « isthme » とは一般に「峡・峡部（〔羅〕isthmus）」と呼ばれる中脳・菱脳境界の背側部での形態的くびれのことである。また例えばヴュルピアンの著作でもすでにその意味である（cf. Vulpian, *op. cit.*, 1866, p. 482）。対して「橋（pont.〔羅〕pons）」であれば，それは脳幹（中脳＋橋＋延髄）の一部のことであって，実際にはラヴェッソンはこちらのことを言おうとしていると見られる。

簡単に言うと，ヴュルピアンの著作が叙述しているような我々の知識の現状によれば，諸感覚は神経と脊髄によって伝達され，延髄で〔諸感覚それぞれの〕別個で特殊な性質を得る。それよりも上位の働きが感覚に知覚や観念を付け加えるのは，ただ脳において，あるいは少なくとも脳を用いてのことである。また同様に，もし反対向きに見るなら，意志は脳から発してくるのであり，この意志は延髄において運動能力を刺激し，最後にこの能力は脊髄ならびにそこから伸びる運動神経によって筋肉の運動を決定する。

　ところで，以上が正常な順序なのではあるが，ミュラーによれば，脳が破壊されたり取り去られたりすると，延髄が諸機能の中心となり，その諸機能は感覚的なものであれ運動的なものであれ，脳の機能とまったく相同的になるというのも本当なのである。

　経験の教えてきたところでは，模倣動作や言語発声の運動，血液循環や呼吸の運動を結びつけるべき先は延髄である。この種の運動に，本能的なものと意志的なものとの間での，混合，内的融合，不可分の連続性が存在していることは明白ではあるまいか。

　さて，延髄から脊髄に移ってみれば，反省を伴った意志ないし少なくとも意識が及ぶ働きの領域から，単なる機械的で盲目的な働きの領域へと降り下って，そこからはもう戻ることはできないように思われる。

　ロバート・ホイット（ウィット，ホワイトとも。Robert Whyte / Whytt, 1714-1766），プロチャスカ（Georg Prochaska, 1749-1820），ルガロワ（César Legallois, 1770-1814），しかし何と言ってもマーシャル・ホール（Marshall Hall, 1790-1857）の業績以来，動物において外的印象への単なる反作用であるような運動があることが認められている。脳や延髄は関与せず，脊髄だけから生じる反応である。こうした運動は一種の反響ないし反射であり，即座で無意識的，そしてまったく機械的だと見られるものであって，だからこそそれらは「反射的作用」と呼ばれてきたのであった。

　しかしごく最近になってヴュルピアンによって極めて詳しく報告された諸事実においては[6]，脳 - 脊髄神経系のうち脊髄だけ，あるいはその脊

---

　6) ヴュルピアンは先の『講義』，第十九講義で反射現象を検討している。ラヴェッソンの記述はこれを踏まえたものと見られる。

髄の一部分だけしか残されていない動物が，外的な刺激に運動で応じるだけでなく，攻撃から身を守るために，〔体の〕別々の部分の多様な運動を協調させるのが見られる。ロバート・ホワイト，プロチャスカ，ペイトン（George Paton, 生没年不明），プフリューガー（Eduard Pflüger, 1829-1910）と共に，そうして調整された作用のうちには，何らかの力能の，すなわち感覚し，知覚し，ついである目標を目指し，ある目的へと向かう力能の行使を見てとってもよいのではないだろうか。そして生命力のこの上なく見通しがたいそうした深みのうちにも，認識し意志する何ものかから発する明かりが見られるのではないだろうか。目下の問いはオルガニシスム，ヴィタリスム，アニミスムをめぐる問いと別のものではないのであって，以上から哲学としては，先の問いに対するのと同様の結論を下すことができるように思われる。根底では万物は常に同じ一つの原理に帰する。ただしこの原理は，存在上のさまざまな条件に巻き込まれており，このために，最初は自らを所有し支配していたのだが，やがて自分自身に対して次第に外的で疎遠なものにされてしまうのである。

　先に見たように〔XV〕クロード・ベルナールは，その生理学理論のある部分において，次のような考えを述べていた。無機的次元を支配しているように見える機械論を，生物の示す諸現象すべてにまで拡張しよう，というのだ。それと同様に，ヴュルピアンも，そのメカニズムはまだ我々には知られていないとはいえ，絶対的に機械的だと考えられる反射運動の観察から出発して，それと同じ説明が本能的な現象に，そして最後には知的で意志的な現象へと次第に拡げられていかねばならないという考えを窺わせている。彼の指摘によれば，反射的作用が印象のほうから決定されているのであれば，意志的運動は観念のほうから同じように決定されているというのだ。意志は観念に従って自らを決定しているとしても，〔実のところは〕とりわけライプニッツが何度も説明したように，そしておそらくそれ以上にカントがうまく説明したように，そのことは何ら自発性を排除せず，むしろその決定は自発性を前提として含んでいないのかという点について，ヴュルピアンは吟味を行わない。彼は反射的作用というものがただの機械的作用でしかないという仮説に過

剰に寄りかかった上で，この機械的作用を意志にまで拡張できるのだと思っている。彼は言う，「この観点，唯一正しい観点からすれば，意志作用とは，現代の多くの生理学者が認めるごとく，脳の反射的作用の現象として考察されるし，またそうされるべきなのだ」。また別の箇所ではこうだ，「一歩ずつさまざまな現象を順に辿っていく場合，最後には次の問いを立てるに至り，ひとはまったく驚くことになる。実際のところ，意志的現象とは何なのか。科学の現状において，意志なるものを考察する大部分の哲学者のやり方を容認できるような生理学者はごくわずかだと言ってよい」。このように語りながらヴュルピアンが言いたいのは，科学の現状はもはや自由意志の存在を信じることを許さない，ということである。

　実際，連続的なアナロジーに従いつつ，下位の秩序の諸現象における純然たる機械論(メカニズム)の想定から出発して，より高度となっていく諸現象へと同じ説明を次第に拡げていくならば，高度の諸現象についても，必然的にその一切の自発性を消滅させることになるのは明白である。

　ヴュルピアンはクロード・ベルナールよりもさらに形而上学を評価していないが，しかしそれにもかかわらず，ヴュルピアンによる研究と発見は，結局はクロード・ベルナールによる研究や発見と同様，そのうちに形而上学を凝縮し得る次のような命題を証明するに至ると思われる――万物の根底に存在するのは思惟であり，意志であって，自然はそうした思惟と意志の減弱した姿しか与えるものではない。そして生命的諸現象はそのさまざまな程度のすべてにおいて，つまるところ，唯一かつ普遍的な光が，さまざまに濁った媒質の中で屈折を蒙ったものとしてのみ説明される。

　神経系でも上位の脊髄中枢からさらに下位の系，すなわち「神経節(ガングリオン)」と名付けられる系，部分的かつ各所に散らばって生命の下位の諸機能を支配する諸中枢へと目を移せば，ごく最近の生理学上の発見で，脳‐脊髄神経系に関して科学の現状が認可したと見える〔先の〕諸結論を確証し，そればかりかそれらをさらに拡張してくれるものが我々に与えられている。そして当の発見をほぼ同じ意味で解釈する一人の哲学者〔次に言及されるビュイソン〕に我々は出会うことになる。

XXVI 脳生理学，神経学

　グリモー（Jean-Charles-Marguerite-Guillaume Grimaud, 1750-1789）が最初に表明した思想を発展させつつ，ビシャは，「動物的生命」と「有機的生命」という実際のところあまり厳密ではない名称を用いながら，一般に意志的かつ知的な上位の生命と，一般に盲目的かつ非意志的な生命とを区別した。ビュイソン（Mathieu-François-Régis Buisson, 1776-1804? 05,06とも）（彼はビシャの親族〔いとこ〕である）は，それら二つの生命の第一のものが果たす諸機能と，第二のものによる諸機能の間に，中間的で混合的な諸機能，すなわち血液循環や呼吸，肺や心臓の機能があること，そこでは本能と意志とが混じり合っていることを指摘した。こうしてビュイソンは，生命の二つの極の間に，中間項，中項を再び立てたのであった[7]。

　この点は，すでにごく表面的な観察でも指示されていたことであり，またこの上なく厳密な科学がほどなく確証することでもあった。

　ずっと以前から，人々は人体を次の三つの部分に分けていた。頭と，胸と，腹である。頭は脳を含んでおり，胸は心臓と肺を，そして腹は胃と腸を含んでいる。ボルドゥ（Théophile de Bordeu, 1722-1776）は言う，「脳，心臓，胃は，生命を支える三つの脚である」[8]。これは病理学が裏付ける区分であり，その重要性については，胚形成に関する最近の発見が明白な形で証明したところである。コスト（Victor Coste, 1807-1873）とビショッフ（Theodor von Bischoff, 1807-1882）が示したように，卵のうちに胚の最初の素描が見分けられるようになるや，そこには三つの「胚葉」が見てとられ，それらの成長は身体の三つの主要な部分を構成

---

7) この言い方は難解だが，「中間項（milieu）」，「中項（moyen terme）」はラヴェッソン哲学のキーワードである。
　ラヴェッソンの存在論は連続主義的であり，超えがたい断絶を拒絶するものである。ここで詳論はできないが，イデア界と現象界を峻別したプラトンに対するアリストテレスの優位性の一つはそこにあった（この断絶を埋めるのは，思惟においては「中項」——原理「死すべきもの」と個別者「ソクラテス」を繋ぐ「人間」という媒概念——であり，それと並行して自然においては，原理と諸事物を繋ぐ「原因」である）。また本書のラヴェッソン自身が言うように（XXII:213頁・XXIII:218頁・XXV:239-240頁），彼が「習慣」という現象に着目するのは，それが意識的で意志的な精神と無意識的で自動的な自然とを連続的に媒介してしまう「中間項」であったからである。ビシャは生命の中に断絶を刻んだが，それは「中間項・中項」によって埋められるべきだという立場をラヴェッソンは再びここでも行っているのである。

8) *Recherches sur les maladies chroniques*, tome I, 1775, p. 85.（『慢性病研究』）

していく。内胚葉は消化器官になり，外胚葉は最も末梢的な器官ならびにそれらと独立した脊柱になり，最後に言えば中胚葉は心臓と血管，肺の起源となるわけである。

　ところで，身体のあれこれの部分の考察から，身体が依存する神経系の考察へと目を移すと，次のことが見いだされる。最上位の生命の諸機能は，合わさって脳‐脊髄系を形成している脳と脊髄とに依存しており，栄養摂取と生殖の諸機能のほうは，ビシャが言うところの「大交感」神経系を形成している神経節に主に依存しているとしても，意志と本能とが入り混じっている中間的な機能，呼吸や血液循環の機能は主に，かつては「小交感」系，今日では「迷走」系と称されている中間的な神経系に依存している。この神経系は，頭蓋内神経の第十対を形成するもので，脊髄の上部へと繋がっているが，脊髄のこの部分はフルーランが「生死の要」と呼んだもので[9]，実際，ここを傷つけると，呼吸停止のためにたちまち生命は停止してしまう。これを「中間的」神経系と言うのは，一方でそれが頭の内部，脳‐脊髄系に起源を持ちながら，他方ではそれが心臓と肺に至る末節においては神経節の形をとっているからである[10]。

　したがって，ビシャによって対立させられた二つの極の間には，一つの中間項が存在するわけである。頭部と腹部の間という，身体部分の位置においての中間項。意志と本能が入り交じっているという，機能上の中間項。そして最後に言えば，解剖学上の成り立ちから見ても，また諸器官が依存している神経系上の部分の諸機能から見てもそう言われるべき中間項，である。中間項であり，中間的な位置と成り立ちであり，また同時に，仲介，媒介的作用だ。胸部の諸器官は，他の器官の機能にとっての中間項になるという特別な機能によって，脳のほうの諸器官と

---

[9] nœud vital. XXVI:243頁でも参照されたフルーランの著作『神経系の諸特性と諸機能についての実験的探究』に見られる表現。同書，p. 241 を参照。

[10] ビシャは，継続的で非意志的な「有機的生（vie organique）」，例えば栄養摂取や排泄などと，感覚や有意的運動などの「動物的生（vie animale）」との二元性を強調した。二つの生は，身体上ではここで言われる「大交感」神経系と，脳‐脊髄系とにそれぞれ配分される。しかしながら呼吸や循環——意志で完全に制御できるものではないが一定程度なら左右することができる——はこの二分法の中間に位置づけられ，そしてそれは「中間的」な神経系に配分される，というのがラヴェッソンの指摘。あらためて，ビシャの二元論は絶対的なものではない，というわけである。

腹部のほうの諸器官との間に，恒常的かつ密接な交流を確立しているのである。

したがってどちらを向いても至るところに，有機的身体においても生命においても，結びつきと連続性が存在しているのだ。

以上のとりわけ迷走神経に関する事実と指摘については，グラトリ神父〔XVI〕が『魂の認識』においてその一部を取り集めて注釈しつつ，身体の三元的な統一を鮮やかに照らし出そうとしていた[11]。彼自身の目標はとりわけ，身体のうちには魂の似像があり，そしてさらに魂のうちには三位一体の教義に示されるような神の本性の似像があることを示す点にあった。この企てにおいては神学的な関心が支配的ではあるが，グラトリ神父が辿った道は，かつてプラトン哲学によって引かれたそれである。彼が厳密な学の要求にかなう形で成功を収めたのかどうかは疑えよう。しかし身体の機能の間にある諸関係についての彼の思想，そしてまた，生物においてすべてを行っているのは結局一つの同じ原理だという点を確立するためにそれらの関係から彼が引き出した帰結に関わる思想については，それらは今後も残っていくはずだと思われる。彼の思想は，上述のことから見て目下形成されつつある理論，すなわち生命は一つであって，そのあらゆる部分において生命は魂の力能に依存しているとする理論にとって，貴重な要素となっていくだろう。

グラトリ神父は言う，「結局のところ，神経を通して感じたり動かしていたりするのは，そして身体のうちで働いているのは，常に魂なのである。それが聖トマスとアリストテレスの揺るがない学説だ。これに反対しているのは，魂は，自身においても，自分の身体においても，自らが意志せずまた知ることもないようなことは何も行わないと誤って想定している者たちだけである」[12]。

ただ次のように補足はしておこう。生命的な諸機能において働いているのが魂であるとして，あらためて言うなら魂とは本来あくまで思惟するものである以上，目下の〔生命の〕働きも思惟と意志によるものでは

---

11) 既出『魂の認識について（*Connaissance de l'âme*）』第一巻，第一冊第三章。迷走神経については同第七章，胚葉については第八章。
12) 同書第一巻，77頁。

あるのだが，この場合における思惟や意志とは，そこにおいては魂が言わば自らから逃れてしまい，外へと拡がりつつ自分自身の意識からはほとんど完全に出て行ってしまっているような思惟と意志でしかないのだ。

XXVII

本　能

博物学，生理学からの寄与／知性ないし理性の本質上の特殊性と，事実上の本能との共存／習慣とその遺伝からの本能の説明

　本能は，多くの重要な研究の対象となってきた。列挙すれば，まずフレデリック・キュヴィエ（Frédéric Cuvier, 1773-1838）[1]。フルーランの，『学識者新聞』における複数の論文[2]，そしてまた彼の『動物の本能と知性について』[3]。カトルファージュ（Jean Louis Armand de Quatrefages de Bréau, 1810-1892）の，『人間種の一性』についての諸論文中の一つ[4]。

　1）　著名な博物学者ジョルジュ・キュヴィエ（Georges Cuvier）の弟。1824年以降，ジョフロワ・サン＝ティレール（Étienne Geoffroy Saint-Hilaire）との共著で『哺乳類の博物誌（Histoire naturelle des mammifères）』を刊行し多数の動物を分類記述。キュヴィエの死後になる最終刊は第七巻，1842年。代表的にはオランウータン，あるいはビーバーその他の生態を記述する中で，哺乳類における本能と知性の問題を扱っている。

　2）　ここで言及されているフルーランの「論文」は，前注キュヴィエ『哺乳類の博物誌』の書評として1839年に連続掲載された論説を指していると見られる（Journal des savants, 1839, juin, pp. 321-333 ; août, pp. 464-479 ; septembre, pp. 513-527）。それらは，すぐ次に挙げられる『動物の本能と知性について』――この書物全体がキュヴィエへの応答である――にまとめられている。
　なお，掲載誌 Journal des Savants は仮に『学識者新聞』と訳しておく。« savant » の語にまだ「科学者」という限定がないからである。創刊は十七世紀に遡る。哲学，文学，歴史学から数学，物理学，博物学（自然史）など，主題は実際，多岐にわたる。例えば若きクーザンの論文も本誌に掲載された。

　3）　De l'instinct et de l'intelligence des animaux, 1841. 以後複数回にわたって増補改版。

　4）　［原注］『両世界評論』，1861年。［訳注］カトルファージュは1860年12月号から，「人間の自然史。人間種の一性（« Histoire naturelle de l'homme. Unité de l'espèce humaine »）」

モーリー（Alfred Maury, 1817-1892）の『眠りと夢について』[5]。ヴュルピアンの『生理学講義』の最終講義。ミシュレ（Jules Michelet, 1798-1874）の『鳥』と『虫』[6]。デュラン（ド・グロ）〔219頁既出〕がフィリップ（A.-J.-P. Philips）の偽名で出版した『生命電気力学』[7]、本名デュランによる『哲学的生理学論集』（1866年）[8]。以上は、それまでになかった正確さで、本能と知性の相違点と類似点を決定しようとしたのだった。

これらの研究の最も一般的で重要な成果は、次の諸点を確立したことである。人間も知性だけでなく本能を有しているのなら、動物のほうも本能しか持たないわけではない。それはかつてのレオミュール（René-Antoine Ferchault de Réaumur, 1683-1757）やG. ルロワ（Charles Georges Leroy, 1723-1789）、〔三代にわたる〕ユベール一家（Jean Huber, 1721-1786 ; François Huber, 1750-1831 ; Jean Pierre Huber, 1777-1840）による多様な観察以前から言われていた通りである。人間からわずかにしか遠ざかっていない動物においてはとりわけ、しかしまたそれ以外の多くの動物においても、知性の否みがたい印が見いだされるのだ。ただしそれは、普通「反省」と名付けられているものよりは下に留まるような知性の印なのではあるが。フルーランは言っている、「動物たちは反省というものを有していない。反省とは人間精神の持つ、自らに折り返す至高の能力である。そこには深い区分線がある。自分のことを考える思惟、我が身を見て観察する知性、自らを知る認識、これらははっきり他から区別され限定された諸現象による一つの次元を構成する。そしていかなる動物もその次元の現象にまでは到達し得ないのである。人間とは、すべての被造物のうちで唯一、自分が感じていると感覚

を総題とした一連の論文の掲載を開始する。それらがまとめられた著作が、*Unité de l'espèce humaine*, 1861.

5）ラヴェッソンは *Traité du sommeil et des rêves* と表記するが、著作そのものの主表題は *Le sommeil et les rêves*, 1861.

6）*L'oiseau*, 1856 ; *L'insecte*, 1857.

7）正確な総題は長い。自著として指示する際のデュラン・ド・グロに従えば、*Électro-dynamisme vital, ou les relations physiologiques de l'Esprit et de la Matière*, 1855.（『生命電気力学。精神と物質の生理学的諸関係』）

8）ここの原文は「1861年」だが誤植（後出時には正しい）。訂正しておく。*Essais de physiologie philosophique, suivis d'une étude sur la théorie de la méthode en général*, 1866.（『哲学的生理学論集。方法論一般についての研究を付す』）

し，自分が知っていると認識し，自分が考えていると思惟できる能力が与えられた存在なのだ」[9]。

ウィリス（Thomas Willis, 1621-1675）はすでにこう語っていた。「加えて人間精神は，反省の働きによって自分自身を直観し，自分が思惟しているということを思惟する」[10]。スコットランドの形而上学者，ジェイムズ・フェリアー（James Frederick Ferrier, 1808-1864）も最近，非常に適切にこう述べている，「動物たちの生は自分自身の認識を伴ってはいない。そして動物たちは自分のうちで働いている理性を一切了解していない。生きることと，生を意識すること。理性的であることと，自分が理性的であると知っていること。この二重の生を生きられるのは，人間だけの特権である」[11]。ライプニッツはさらに以前から，現にある事実〔人間と動物との差異〕とその原因をいっそうはっきりとした形で示しつつ，こう述べていた[12]。動物とは違って我々には自分を反省することができるが，それは我々が「存在する」とはどういうことか，「一性」や「同一性」とは何のことであり「必然的真理」とは何であるかを把握しているからである，と。そしてデカルトも言う，「我々が自分が存在していると知ることができるのは，存在するとはどういうことかを知っている限りにおいてである」[13]。すなわち，反省の前提条件になるのは，抽象し比較する能力，より一般的には，必然的諸観念に支えられつつ知性で分離しかつ結びつける能力なのであって，「理性」と呼ばれるのがこれである。

多くの学者と優れた研究は，それまでよく知られていなかった無数の点を明らかにした。そこからすれば，人間と動物は似通ったものとなり，かくして大部分の生理学者，とりわけヴュルピアンは，人間と動物

---

9) 前掲『動物における知性と本能』初版，54-55 頁からのいくぶん自由な引用。ただし類似の文章は，先述の書評においてすでに登場する（*Journal des savants*, août 1839, p. 479）。

10) 原書引用文はラテン語。*De anima brutorum*, 1672（『動物の魂について』），「生理学の部（pars physiologica）」第七章。

11) 死後出版となる *Lectures on Greek Philosophy and Other Philosophical Remains*（『ギリシア哲学講義，ならびにその他の哲学遺稿』），vol. II, 1866, p. 39 からのいくぶん自由な引用。

12) 『モナドロジー』§29, §30, 『自然と恩寵の諸原理』（五）など。

13) 『省察』第六答弁冒頭であろうか。

を近づけて，両者は同じ一つの類の中の種だと考えるまでに至っている。しかしそれらを踏まえても，理性は，人間と動物の間で，本質的で還元不可能な差異を示すものであり続けているのだ。

とはいえ，今日における科学上の成果としては，多くの観察者の著作において記録された次のような所見をも付け加えておかねばならない。それによると，我々もそれに言及する機会があった点だが，程度に差はあれ意志的な行為は，幾度も反復されると，本能に似た習慣に変じるというだけでなく，さらにこの習慣が遺伝によって伝えられると，続く世代においては，それらは正真正銘の本能になるというのである。その点についての事例は，P. リュカ（Prosper Lucas, 1808-1885）が『自然の遺伝についての哲学的生理学的論考』[14]で，ルーラン（François Roulin, 1796-1874）が『旧大陸から新大陸に移送された家畜において観察されたいくつかの変化に関する研究』[15]で，またカトルファージュの著作『人間種の一性』〔251頁既出〕で，それぞれ数多く集められている。これらの資料はいずれも，知的で意志的な働きが徐々に形を変えていくことから本能の発生を一定程度説明するものとして重要である。この理論は，以前にはラマルク（Jean-Baptiste Lamarck, 1744-1829）が，経験による証拠は十分にないままに主張したものだが，ごく最近になってハーバード・スペンサーが，そして膨大な学識のすべてを尽くしてチャールズ・ダーウィンが，刷新したところである。

デュラン（ド・グロ）はその『哲学的生理学論集』（1866年）〔252頁既出〕で，多くの論拠を挙げながら，習慣の遺伝によって本能を説明する理論を擁護しまた堅固なものにする。本能的な働きは，それを行う当の生物が意識することなしに果たされるものであり，それゆえにモーリーはそれを「無意識的(アンコンシアン)」と，またデュラン自身も「没意識的(アンコンシアンシエル)」と称するわけだが，デュランが示すところでは，こうした本能的働きはそれで

---

14) *Traité philosophique et physiologique de l'hérédité naturelle*, 2 vols., 1847, 1850.

15) 科学アカデミーで1828年に発表された後，次の形で刊行されている。« Recherches sur quelques changements observés dans les animaux domestiques transportés de l'ancien dans le nouveau continent », in *Annales des sciences naturelles*（『自然科学年報』）, tome 16, 1829, pp. 16-34.

も知性を含み持っている。そして脊髄に依存している働きも，あるいは栄養摂取機能ならびに同種の諸機能などの神経節にだけ依存している働きすらも，知性を含み持つという点では，やはり本能的な働きに類似していると見て構わないというのである。かくしてデュランは，知性と本能の間の通俗的な区別，根拠もなく過度に強調されてきた区別の修正に寄与したのであり，しかも今回は下位の原理〔＝本能〕よりも上位の原理〔＝知性〕の側を重視する形となったのだ。デュラン（ド・グロ）はこう付け加えている，「ある種の感覚や決定が，生物が本来自分の左右するすべてのことについて有している意識の外にあるというのなら，しかもそれらが一切の意識の外にあるということは不可能で，感覚が絶対的に没意識的だということなどはあり得ないというのなら，では，それらについての意識はどこに存在するのか。本能や反射の現象が依存している個々の中枢に，である。これらの中枢それぞれには個別の魂を，脊髄一つの中にも数多くの『脊髄的魂(アーム・スピナル)』を，位置づける必要があるのだ」[16]。つまりは厳密な意味で，いかなる例外もなしに，ラカズ＝デュチエ（Henri de Lacaze-Duthiers, 1821-1901）が無脊椎動物について述べていたこと，そして彼よりも先にデュジェス（Antoine Louis Dugès, 1797-1838），さらにそれ以前にリンネ（Carl von Linné, 1707-1778）とライマールス（Hermann Samuel Reimarus, 1694-1768）が述べていたことを認めねばならない。すなわち，各々の生物は，複数の生物の集まりなのである。「一つの生物は決して一つではなく，常に複数だ」とゲーテ（Johann Wolfgang von Goethe, 1749-1832）も言っている[17]。そして，ビュシェがデュラン（ド・グロ）の最初の著作を検討する中で指摘したように[18]，デュランに従いつつ，人間を定義して「諸器官に仕えられる

---

16) この文章は 1866 年の『哲学的生理学論集』には見いだされない。主張自体は同書の第六研究（これは 1855 年の『生命電気力学』第三章第二部の再録）で述べられるものと同じである。

17) Epirrhêma と題された哲学的詩編。ラヴェッソンはおそらくカロの『ゲーテの哲学（La philosophie de Gœthe, 1866）』から引いている。

18) 医学心理学学会（Société médico-psychologique）でデュラン（ド・グロ）がフィリップの偽名で『官能諸特性の原理。思惟と感覚ならびに植物的運動の相互影響（Principe des propriétés organoleptiques : Influence réciproque de la pensée, de la sensation et des mouvements végétatifs）』を発表。その発表についてビュシェが論評報告したのに対して，デュランがさらに応答。応酬をまとめた小冊子が 1862 年に出版されている。

知性」[19]ではなく，「下位の諸知性を従える知性」と言うべきなのであろう。

　ただしデュラン（ド・グロ）に対しては，そんな想定においては，生物がいかにして一つの全体をなすのかは分かりにくくなってしまうが，しかしやはり生物が全体をなすことを否定はしがたいだろうと反問できるように思われる。一つの有機体を，より小さな複数の有機体の社会ないし一種の連合体として理解するのが，今最も進んだ生理学の特質であるとしても，それでもやはり，そうした多様性がまた同時に統一体でもあるのはいかにしてかを理解できるところにまで至らねばならない。ある生物を生物の社会として，あるいはお望みなら複数の魂と見なすことには一定程度の正しさがあり，それにはしばしば多くの有用性があることを否定してはなるまい。しかし最終的には，いっそう高い観点に到達しなければならないだろう。そうした複数性，そうした多様性が，同じ唯一の原理のさまざまの状態に還元されることになるような観点である。「各々が別個に存在しながらも，全体は一つである」[20]。

　19）　これは以前ヴェントゥラがボナルド批判において標的としたフレーズでもあった（XXIII:223-224 頁の訳注を参照）。「知性が身体器官を用いる」といった言い方では器官（＝身体）と知性（＝精神）とがまだ異質なものとして分離されているではないか，「人格」の実体的統一が見逃されているではないか，という観点から（批判対象として）挙げられる言い回しである。
　ここでのデュラン（とビュシェ）は，高次の知性が支配する相手は「器官」ではなくやはり「知性」，ただし下位の諸知性だ，と言い換えることで，当の心身二元論的な分離を回避する言い方を選んでいるわけである。
　20）　出典不明。

XXVIII
睡眠と夢

―――――――

古典的理論。ビラン，ジュフロワ／最近の研究。レリュ，ルモワヌ，モーリー／睡眠の哲学的意味

　眠りと夢，夢遊についての問題は，本能の問題とほとんど同じものである。

　キュヴィエ〔兄，ジョルジュ〕はこう言っていた，「次の点を認めなければ，本能について明晰な観念を持つことはできない。動物たちはその感覚器官(センソリウム)のうちに，不変の生得的な心像や感覚を持っており，それが動物を，その時々の普通の諸感覚が一般にしているのと同じように，行動へと決定している。一種の夢ないし幻が動物たちにはつきまとっているのであって，本能に関する事柄においては，動物たちはそれぞれが一種の夢遊病者と見なすことができる」[1]。

　メーヌ・ド・ビランは，動物の状態を感覚的生によって定義し，より上位の人間の状態を意志によって定義した。それと同様に，彼にとって眠りとは，感覚的で受動的な生が，覚醒中に我々が努力によって課している支配から解放されて，優勢となった状態のことであった[2]。

---

　　1)　Georges Cuvier, *Le règne animal distribué d'après son organisation*, 1817, 4 vols., tome I, p. 54.（『組織に沿って分類された動物界』）
　　2)　ビランの 1809 年の報告，*Nouvelles considérations sur le sommeil, les songes et le somnambulisme*（『眠り，夢，夢遊についての新考察』）。1841 年のクーザン版著作集第二巻に収められている。現行のアズーヴィ版全集では第五巻に収録。

反対にジュフロワは，眠りにおいても知性と意志は言わば切り離された形で存続していると考える。彼は言う，「そう考えれば，ひとはどうしてあらかじめ自分で決めた時間に起きることができるのか，なぜ小さい奇妙な物音がするや目が覚めるのか，眠りながらも非常に正しい推論や，発見までをもすることができるのはなぜかを理解することができよう」[3]。

　この理論に反対して，それは浅い眠り，まどろみにしか当てはまらないという主張がなされた。

　レリュは，1852 年の 3 月 27 日と 4 月 17 日に精神科学・政治科学アカデミーにおいて「眠り，夢，夢遊についての論文」を読み上げたが，そこで彼は，眠りの身体的諸条件について知られていることがいかに少ないかを述べた上で，さまざまの適切な指摘を通じて次のことを示した。浅いものであれ深いものであれ，眠りにおいては，知性と意志は，ジュフロワが述べたごとく十全な形で存続していないことは確かだが，とはいえ他方，ビランが考えたごとく完全に消し去られるわけでもなく，むしろ反対に，どんなにわずかな度合いにおいても知性や意志の存在が示されず，想定することも不当になってしまうような深い眠りなどは存在しない，というのである。レリュはそこであわせて，眠りにおける，我々の諸感官ならびに心的諸能力におけるさまざまの夢についての考察も試みている。

　精神科学・政治科学アカデミーは眠りの問題をコンクールに取り上げたが，アカデミーの賞を獲得したのはアルベール・ルモワヌであった。彼がその論文[4]において擁護し，数多くの優れた指摘に基づいて支持する見解は，レリュが先に概略的に述べていたのとほとんど異ならないものであった。

　モーリーはその直後に『眠りと夢について』と題される著作を出版し

---

　3)　内容そのものは，*Mélanges philosophiques*, 1833 所収の論文，« Du sommeil »（『睡眠論』）のそれだが，この引用文は見つからない。

　4)　*Du Sommeil au point de vue physiologique et psychologique*, 1855.（『生理学的観点ならびに心理学的観点における睡眠論』）

た。本書の大部分は，多くの労苦と明敏さをもって彼自身について行われた観察からなる。モーリーの研究の主要な目的は，次の点を示すことにあった。眠りは，脳の活動，とりわけ知性に仕えている部分活動の減退から説明される。そしてこの減退によって下位の生，すなわち狭い意味でのまさしく動物的な生や，あるいはさらに植物的で有機的な生が，圧倒的となる。こうした状態において我々はさまざまな幻覚に支配されるが，それらは覚醒状態では理性喪失の進行の印となる幻覚と異ならないものである。したがって眠りと夢は，自己制御と精神異常の間の中間的状態だ，というわけである。

　こうした成果は，これまで試みられてきたものよりも完全でよりうまく諸事実を説明することのできる，眠りについての一理論を準備してくれるものと思われる。

　眠りのもっぱら身体的な面に関しては，イギリスの生理学者，ダラム（Arthur Durham, 1834-1896）が最近ある非常に重要な事実を確認したようである。それまでこの事実は疑問視されており，むしろ一般にはその逆が正しいとすら見なされていた。眠りにおいて，脳への血液の流れは覚醒時よりも少ないという事実である。眠りにおいては体温低下，とりわけ末梢の体温低下の傾向があることは，すでに知られていなかっただろうか。これらの事実に加えて，特にグリモーが明らかにした諸事実，すなわち眠りにおいては消化と栄養摂取の力が，つまりは最も内的な有機的生が一定程度増大するという事実を考え合わせてみよう。また，他の動物よりも形態変化〔変態〕を蒙る動物が存在し，その種の動物にとって形態変化は深い眠りのうちで果たされることも想起しよう。そして眠りに沈むサナギのことを考えてみよう。スワンメルダム（Jan Swammerdam, 1637-1680）が最初に気づいたように，この眠りにおいては諸器官は再び集められて混じり合い，ひとつに溶け合い，形態を変えて再生するために言わば胚の状態に立ち戻る。さらにゲーテによって示された大法則を想起されたい。それによれば，自然は，植物において，成長する際に，一連の集中と拡張を代わるがわる行いながら進んでいく。そこに他方で，この身体が呈している諸現象を結びつけてみよう。身体そのものも，眠りにおいて一切の外的作用からほどかれ，自分のうちに自らを再び集中させ，そこからまた自らを新たにし，再生する

ように思われるのだ。こう見てくるならばおそらくひとは，眠りに関して近年集められてきたさまざまの所見は，眠りというものを次のように捉えれば説明がつく，と考えるようになろう。すなわち眠りとは，すべての有機的な形態変化が通り抜けねばならない二つの位相のうちの第一のものであるとするわけだ。眠りは，直後に続く成長期の諸条件が整えられるために不可欠な，規則的に訪れる集中期なのである。なおこの直後の期間は，そこで成長が起こるわけだから，発生期，創造期と言ってもよい。

さらにこう付け加えてはならないだろうか。死は，一定程度眠りに比すことのできるものだと常に考えられてきたものだが，それは何らかの最高度の自己更新を準備する最後の集中であるように思われる，と。すでにライプニッツは言っていた，「我々が発生と呼んでいるものは，〔実際には〕成長(デヴロップマン)と増大でしかない。また我々が死と呼んでいるものは，包み込み(アンヴロップマン)と減少でしかない」。包み込みと成長，集中と拡張。能動的活動性の相反する二つの状態。すなわちストア派が言うところの交替する鎮静と緊張の，相反する結果。さらにこう言ってもよい，同じ一つの意志が，相次いで消極的にも積極的にもなる状態，とも。ところで，意志するのをやめることも，やはり意志することである。生物の存在そのものであるところの形態変化が，収縮と膨張の交替を通じて進んでいくことを極めて深く見てとった偉大なる精神，ゲーテは，このようにすら語っている。「誕生は，意志の働きによって起こる。そして死もまた」[5]。

---

5) 1813年におけるファルク (Johann Falk) との対話において，ゲーテは友人のヴィーラント (Christoph Wieland) の死を悼みながら誕生と死去，魂の不死をめぐる思弁を語る。そこに示された見解の引用ではないかと思われる。カロの研究書，200頁ならびに405頁を参照。

XXIX

精神異常

法的責任の問題／問題を前にしての唯物論者の無力／ルモワヌの対論／狂気における理性という問題／精神医学者たちの見解。理性の不壊

　精神異常は，身体と精神の関係をめぐる一般的な問題とほぼ同様に，数多くの出版物の主題であり，またそれについての議論も劣らず活発なものである。精神異常が論じられたのは，とりわけ，道徳的法的責任との関係においてであった。
　この主題を扱った著作の大半は次のような立場の生理学者たちによるものである。思惟とは脳の一機能であり，狂気とは当の機能が何らかの物質的損傷から変質してしまうことであり，したがって狂人には責任はない，ということを彼らは証明しようと努めるのだ。付言するなら，一切の自発性が単なるメカニズムに置き換えられてしまうこうした体系においては，「理性的」と呼ばれる人々も，狂人より自由でもなければ責任を負うわけでもなく，実は狂人より理性的でもない，ということになろう。
　アルベール・ルモワヌは，『科学と社会を前にしての狂人』[1]において，まったく逆の主張を提出する。思惟は完全に身体から独立しているとい

---

　1)　ラヴェッソンの記すこの書名，*L'aliéné devant la science et devant la société* は誤記。正しくは *L'aliéné devant la philosophie, la morale, et la société*, 1862.（『哲学，道徳，社会を前にしての狂人』）

う原理を承認する彼は，狂気がこの原理を毀損するとか，魂が病み得るとかいうことを認めない。古代のストア派の哲学者と同じように[2]，ルモワヌは，賢者はワインに酔わされることはあれ，〔彼自身〕酩酊することは決してない，と進んで言うことだろう。狂気において感覚は異常となり，想像力は中身のない幻でかき乱されることを，彼は認める。しかしルモワヌの考えでは，想像力と感覚の混乱の背後には，夢においても狂気においても，理性が存在し続けている。狂人も，病んだ感覚と想像力からの誤った所与から可能な限り最善の選択を引き出そうとしており，そこには理性が見てとられるのだ。したがってアルベール・ルモワヌは，あらゆる点で唯物論者たちの公然たる反対者ではあるが，狂気の起源が神経系の損傷にあるとする点では唯物論者に同意しているわけである。狂気はしばしば，純粋に精神的な原因だけから生じるように見える，と反論があるだろうか。ルモワヌによれば，その場合，精神的原因はまず脳のうちに障害を引き起こし，その結果として感覚と想像力がこの障害の影響を蒙るのである。それでも，彼の考えでは，脳の障害の後でも，あるいはそれ以前からであれ，理性自体が損なわれることなどあり得ないのだ。

　唯物論の体系においては，「理性的」と呼ばれる人々も狂人以上に理性的であるわけではないとされるが，以上からすれば，それに対立する体系においては，狂人も，損傷のない感覚と健康な想像力を保持する優位性を持った人々にほとんど劣らず，根本のところでは理性的なのだと言えないだろうか。

　ロックもかつてこう述べていた，狂ったからといって，理性推論(レゾネ)の能力を失ったわけではまったくないのであって，単にそのひとは誤った想定に従って推論しているだけなのだ，と。この点についてのライプニッツの指摘によればある特定のことに関する狂人（今日我々が「偏執狂(モノマヌ)」[3]と呼ぶそれ）は一つの誤った仮説に基づきつつも正しく推論

---

　2)　セネカ『書簡』83-9が伝えるゼノンの発言——「善い人は酔っぱらうことがないであろう」（中川純男訳『西洋古典叢書 初期ストア派断片集1』（京都大学学術出版会，2000年），161頁）。

　3)　モノマニア（monomanie）は，十九世紀初頭にエスキロール（直後に言及あり）が立てた病理区分の一つであり，ピネルの四区分のうちの「メランコリア」をさらに下位分割するカテゴリーである。一定の観念や思考にとりつかれた状態であり，これを患う者を「モ

できるが,「すべてのことに関しての狂人は, ほとんどすべての場合において, 判断力を欠くのである」[4]。

　実際, 狂気は単なる幻覚とは大きく異なると思われるし, それは一般の見解でもある。幻覚は病んだ感覚と想像力の産物であり, 理性はそれに対して自分を守ることができる。普通ひとは自分の理性を用いるなら, 幻覚が示す不一致や矛盾, すなわち幻覚相互の, あるいは幻覚と真の知覚との間の矛盾や不一致をそれと認知できるが, 狂気とは, もはやそれを認められないことだと思われる。つまり, 狂気とはまさに理性欠如〔デレゾン〕〔＝精神錯乱〕だと思われるわけだ。もし理性というものは絶対的な意味で病むことなど決してないのであれば, 我々の置かれた条件のうちに言わば巻き込まれ, そのためにどうしようもなく我々の不完全性を帯びてしまっている理性についても事情は同じではないだろうか。

　エスキロール (Étienne Esquirol, 1772-1840) がかつて言い, 彼の後ではモロー (ド・トゥール) も言うところでは, 狂気とは注意力の損傷である。対してバイヤルジェによれば,「狂気とは, 知性のオートマティスムである。この状態においては, 精神は自分をその手中に制御し支配することができずに, 自らにとりついた想像や観念のなすがままになっているのだ」[5]。そしてデュラン (ド・グロ) もバイヤルジェの定義に同意している。またモーリーにおけるのと同様, デュランの考えでも, 夢

ノマヌ」と称する。« De la lypémanie ou mélancolie (1820) »（「鬱狂ないしメランコリアについて」）, in *Des maladies mentales considérées sous le rapport médical hygiénique et médico-légal*（『衛生医学法医学との関連において考察された精神病について』）, 1838 を参照。エスキロール的「モノマヌ」においては, 妄想や感情の乱れは観察されるが, 理性的判断は存続している, とされる。

　この概念は, エスキロールが提出したようなカテゴリーとしては, 十九世紀後半に失効する。ここでは仮に「偏執狂」と訳すが, この訳語は今日では「パラノイア」に当てられており, 当然ながら厳密な意味は異なる。

　4)　以上, ロックの説は『人間知性論』第二編第十一章第十三節。ライプニッツの意見はこれに対応する『人間知性新論』第二部第十一章,〔13〕。

　5)　正確な出典は不明。ラヴェッソンは「知性のオートマティスム (automatisme intellectuel)」と述べているが, バイエルジェはむしろ automatisme de l'intelligence という表現を好み, また彼の思想の解説においてもこの表現が引かれることが多いように思われる。バイヤルジェは, 師であるエスキロールの「狂気とは注意力の損傷である」という見解をあくまで批判する意味で言っているのだが, 続くラヴェッソンは, 結局は皆同じことを言っているのだとまとめる立場である。

と本能とは非常に似通った現象とされるのだが，それらもまたこの定義に収まることになる。すでに紹介したように，キュヴィエが，自らの本能によって支配され突き動かされる動物のありさまを，夢遊状態になぞらえていた。夢を見ている者が置かれた条件を，狂人のそれと比べてみるなら，そこには次のような本質的な相違が見られるように思われる。すなわち，眠っている者は，自分の想像のままにされて，目覚めている者には知覚から与えられている制御手段を欠いているのに対し，狂人はこの手段を保持しているものの，それを用いる能力を欠いているのである。ではその能力とは何であるか。エスキロールとモロー（ド・トゥール）と共にそれを注意力とすることも，あるいはデュラン（ド・グロ）と共にそれを自己制御とすることも，いずれもつまりメーヌ・ド・ビランのように，当の能力は意志だとすることである。しかし，自身を反省する能力は，我々が理性的であるということに由来するというのが真であるなら，同じことを意志についても言い得るのではないだろうか。もし狂人が自分自身に対して異他的（alienus a se〔自身とは別のもの〕）[6]）になり，自分の外に，本来の中心の外にいるのだとしたら，それは彼が，言ってみれば万物の共通の中心であるところのものの外に存在してしまっているからではないだろうか。

　アルベール・ルモワヌの見解には絶対的なものが含まれているのだが，たとえそれが一般に認められないとしても，少なくとも，彼はその優れた分析によって人々に次のことを気づかせたという功績を持つことになるはずである。すなわち，狂人は，それ以上ないほどの理性欠如〔デレゾン〕〔＝精神錯乱〕においても，やはり何らか理性の残余を保っているという点である。この世に来たりすべての人間を照らす光[7]については，何らかの消えることのないその火花が常に存在し続ける。ライプニッツの先ほど〔前頁〕の「ほとんど〔プレスク〕」が意味するのはすでにこのことであった。そして狂気とは，残った理性を悪しく用いることであり，痴愚〔アンベシリテ〕や心神喪失〔デマンス〕はそれを一切用いないことなのだと思われる。

---

　6)「狂気（aliénation）」「狂人（aliéné）」といった語は，ラテン語 alius, alienus（他なる・別の，別人）に由来する。
　7)『ヨハネによる福音書』(1, 9)。この箇所に言われる「光」とは御言葉，ロゴスのこと。つまり「理性」である。

XXX
狂　気

―――――

狂気と天才の関係

　一つの付随的な問いが，これまた注目すべきさまざまの著作を生んでいる。知性の高度な諸能力や理性と狂気との関係をめぐっての問いである。

　才気のあり学識もあるレリュが最初に知られるようになったのは，『ソクラテスのデーモン』[1]という著作によるが，彼がそこでソクラテスやパスカル，あるいはその他の例を通じて証明しようとしたのは，天才とは通常，精神の何らかの障害に結びついている，ということであった。

　モロー（ド・トゥール）はさらに先に論を進める。彼は『病的心理学』[2]において，次のことを証明しようとした。すなわち，さまざまの高い構想は，精神異常と同じ，そして狂気や本能と同じ源泉に由来するのであって，天才とは一つの「神経病(ネヴローズ)」だ，というのである。

　アルベール・ルモワヌは『魂と身体』[3]，ポール・ジャネは『脳と思

---

1)　*Du démon de Socrate : spécimen d'une application de la science psychologique à celle de l'histoire*, 1836.（『ソクラテスのデーモン。歴史学への心理学の一応用の事例』）

2)　*La psychologie morbide dans ses rapports avec la philosophie de l'histoire, ou De l'influence des névropathies sur le dynamisme intellectuel*, 1859.（『歴史哲学との関係における病的心理学。知的力動性に対しての神経症の影響について』）

3)　*L' âme et le corps : études de philosophie morale et naturelle*, 1862.（『魂と身体。道徳哲学自然哲学研究』）

考』⁴⁾で，レリュとモロー（ド・トゥール）が引き合いに出す諸事実において正しい点と，そこに混入してしまっている誤りがそれぞれ何であり，モローの言う逆説は何に帰されるべきかを解き明かした。

　それらの分析と批判の後にも残るのは，非常に高度な知的諸能力は，神経系の疾患とも，そしてさらには精神の本当の障害とも，両立しないわけではない，という点である。しかし，天才が凡庸な者よりもその種の障害に関わる場合が多いということと，天才は精神障害の源そのものに由来するということと，天才は精神異常の一形態でしかないということ，これらはまったく別々の命題である。アルベール・ルモワヌとポール・ジャネはここに反駁を加え，そしてその反駁はもはや再反論を許さないものと見える。

　ポール・ジャネは自分の意見を要約してこう言った。「天才というものをなしているのは，熱狂（アントゥジアスム）⁵⁾ではない。というのは，熱狂は最も凡庸で空疎な人間にも生じ得るものだから。天才とは理性の卓越である。他の人々に比して，天才の人とは物事をより明晰に見る者であり，より多くの真理を見てとり，一つの一般観念の下により多くの個別的事実をまとめることができ，一つの共通法則の下にある全体の諸部分すべてを繋ぎ合わせる者であり，例えば詩作におけるように創造を行っている場合ですら，彼が〔実際に〕行っているのは，想像力を用いながらも，その知性が思い抱いた観念を現実化することに尽きる」⁶⁾。

　しかしながら，おそらく次のように指摘してもよいだろう。ジャネの定義を留保なしに受け入れるためには，「理性」という語はおそらく，ごく普通の意味ではなく，最も広い意味で理解すべき，ということだ。キケローによれば，そしてこの点キケローはギリシア哲学の追随者でしかないのだが，我々には二つの能力がある。判断する能力と，発明する能力である⁷⁾。ところで，普通「理性」と呼ばれているのは，判断能力

---

　4)　*Le cerveau et la pensée*, 1867.

　5)　enthousiasme. 語源的には神に憑かれること，「神懸かり」。すぐ後に言及されるプラトンの詩人論も参照。

　6)　*Le cerveau et la pensée*, pp. 89-90.

　7)　キケロー『トピカ』II. 6 を参照。そこでキケローはアリストテレスやストア派の名を引きながら，弁論における「判断」と「発明」について論じている。
　以下のラヴェッソンは「発明（創意 inventio）」という語を，その修辞学上の狭い意味を超

のほうであって,発明能力のことではない。そして発明においてこそ,今日「天才」と称されているあの精神の力と偉大さがひときわ現れるのだ。誰もが認めるように,天才とは何よりも発明すること,創造することである。

　創造することは特に,詩作(ポエジー)の本質である。詩人とは創造者という意味だ。ところで詩とは,ある偉大な批評家（ラウス（Robert Lowth, 1710-1787））によれば,情動の言語である[8]。実際,想像力なしにはまず創造も発明もできるものではなく,そして想像力は心動かされなければまず豊かなものにはならないのだ。

　したがって真の天才は理性なしに,ということは判断力なしには存在しないのだとしても,天才のうちにはまた別のものがあることになる。というのも,発明と創造のうちには,判断能力とは別のもの,したがって理性とは別のものがあるのだから。本来理性が人間の特質であるなら,天才のうちには人間を超える何か,実際いつも「神的」と呼ばれてきた何かがある。プラトンが,詩人とは神聖なものであり,創造するためには詩人は言わば自分の外に出て〔＝我を忘れ〕,一種の錯乱に入らねばならないと述べたのも,あながち嘘ではない[9]。霊感(アンスピラシォン)〔霊を吹き込まれること〕,熱狂,これこそが創造の,詩作の,真の天才の,本質である。そして熱狂には狂気と共通した特徴がある。

　これは,モロー（ド・トゥール）の理論は正しく,天才と狂気とは同じものだ,という意味だろうか。〔そうではない。〕それが言わんとするのはただ次のことである。我々は病や荒々しい情念のために自分自身から下へと落ちて,自分の外に出る〔＝我を忘れる〕ことがある。モローが論じる精神異常とはこれである。しかしまた我々は,我々自身よりも価値のあるものの暗示を受けて,少なくとも我々のうちの幾人か,「好意あるユピテル〔ジュピター〕に愛されし者」[10]は,高められて,我々自身からさらに上へと運ばれていくこともある。我々のうちにあって

えて,一般的な「創造」として読み替えながら論を進めているのである。

　8) *De sacra poesi Hebræorum*（『ヘブライ語の聖なる詩編について』）, 1753, p. 154. "Dictionem poeticam germanum esse incitatæ mentis effectum, plus semel jam observatum est. / 英語版：The language of poetry I have more than once described as the effect of mental emotion."

　9) 『パイドロス』245a, あるいは『イオン』533c-534d, 536c。

　10) 原文ラテン語。『アエネーイス』における表現。

我々より価値のあるものとは，プラトンによれば，常に上方を目指している愛であるが，対して俗なる愛は下方へと向いている。人間のうちにあって魂自身を愛する一人の神のごとき愛，思惟を高みに運んでいく愛，おそらくはそれが「天才」と呼ばれるもの，実際そう呼ばれなければならないものなのである。

XXXI
表情と言語

表情の生理学的説明／感情表出の自然性／言語起源論上の含意。精神の自然な発露としての言語／精神の創造力

記号の問題もおそらく，身体と精神の関係についての一般的な問いにさらに密接に関連していよう。そしてこの記号の問題には，表情の理論ならびに言語の理論も包含されている。

これら表情の理論と言語の理論は，いずれも重要な研究の主題となっている。

とりわけ医学への電気の斬新で非常に優れた応用によって名を知られるようになった生理学者，デュシェンヌ（ド・ブローニュ）(Guillaume-Benjamin-Amand Duchenne (de Boulogne), 1806-1875) は，表情の研究にも電気を利用しようという創意あるアイデアを抱いた。彼は，顔のさまざまな部位に順に電線をあてがう。そうすると筋肉が収縮して，顔はあれこれの感情や情念を表す。そうやってデュシェンヌは表情と筋肉の関係を発見し，そのさまざまな関係を記録する。かくして彼はそれまで非常に遅れていた生理学上の一分野を大きく進歩させ，絵画や彫刻に貴重な資料を提供している[1]。

---

1) 豊かな写真図録を含む有名な著作としては *Mécanisme de la physionomie humaine, ou Analyse électro-physiologique de l'expression des passions*, 1862（『人間の表情のメカニズム。情念表現の電気生理学的分析』）。

チャールズ・ベル（Charles Bell, 1774-1842）はイギリスの著名な生理学者であり，神経には運動のためのものと感覚のためのものとが存在しているという大発見にたいへん貢献した。ただしその主要な発見者はマジャンディだったのだが。チャールズ・ベルも，デュシェンヌ以前に，表情を司る諸法則の認識を研究課題にしていたが，意図はまったく異なる。デュシェンヌが諸事実を蒐集し，そこから芸術のための有用な帰結を引き出すことをとりわけ意図しているのに対して，チャールズ・ベルの関心はもっぱら諸事実の説明を見いだすことにあった[2]。

　チャールズ・ベルによる説明はこうだ。表情を生むのに役立っている身体部位は，下位の有機的な生の諸機能に，あるいはまた上位の関係的な生[3]の諸機能にも寄与するものであり，そもそもまずこれらに寄与するものだ，というのである。身体や四肢の運動，態度，仕草は，さまざまの感覚や行為を表している。詳細に見るなら，顔のさまざまの変様についても同様であって，それらは多様な筋肉の働きの結果である。これらの筋肉は他の筋肉と同様には動かないものの，皮膚の下にあって，皮膚を支え，自分と共に皮膚を引っ張るのだ。顔面があれこれの仕方で収縮し，あれこれの情念や欲求を表すのは，当の収縮がまさに，あれこれの情念や欲求が満足するために不可欠の機械的な条件であるからだ。例えば，唇を後ろに引っ張る作り笑いは，肉食獣において極めてはっきりと見られるように，激怒の表れだが，それというのも，これこそ動物が獲物を捕らえて歯で引き裂こうとする構えの運動であるからなのだ。

　2）　脊髄の腹部側と背中側には運動神経と感覚神経が分かれて存在するという事実の発見は，ベルの1811年発表の論文に帰されるが，同じ所見を実験を用いつつ明確に述べたのは1822年のマジャンディである。先取権に関してはいくぶん自国びいきな色彩も帯びる論争が続いたが，今日では当の知見は両者の名を重ねて「ベル＝マジャンディの法則」と呼ばれている。
　またベルには『絵画における表情の解剖学についての諸論考（*Essays on the Anatomy of Expression in Painting*, 1806）』があり，後年のデュシェンヌのように写真を用いることはできなかったにせよ，やはり少なくない図版を含むこの著作もまた「芸術のため」に書かれたものではある。こうした点に関してラヴェッソンの記述にはいくらかの偏りがあろう。
　3）　有機的生（vie organique）／関係的生（vie de relation）というのは，「生命」の区分において一般的に用いられていたペアの一つ。前者は生体自身の内部に位置づけられる栄養摂取や成長を営んでいる生命，後者は生体外部に関係する認識ならびに外界における運動を担っている生命のことである。

XXXI 表情と言語　　　271

　グラティオレは，つい最近になってその早逝のために科学研究を終えてしまったが，ベルの理論をさらに発展させる巧みで重要な考察を行っていた[4]。
　アルベール・ルモワヌも以上の理論を受け入れるが，彼がそこから導き出したのはある新しく非常に注目すべき帰結であり，それによって彼は自分の属する学派〔エクレクティスム学派〕から離れ，まったく新しい方向へと一歩を進めた[5]。
　かつてリードは，記号で自分の考えを表現する能力ならびに記号を理解する能力を，それに先立つ諸要素へともはや解消できない初源的な能力のうちに数え入れていた。ジュフロワも同様であったし，アドルフ・ガルニエもなおさらそうであった。ガルニエには，生得的で還元不可能な諸傾向と諸能力の数を増やそうとする傾向が常にあったからだ。しかし，表情上の記号があれこれの行為のための自然の運動に過ぎないのであるのなら，そうした記号を生み出すために特別の能力が必要でないことは明らかである。そしてまたそれらの記号を理解するための特別な能力も不要であるというのも確からしくなってくる。
　ところで，事がこうであってみれば，言語の起源という非常に論争を呼んだ問い[6]に，一つの手がかりが見いだされるように思われる。
　言語なしに思考すること，少なくとも判明に思考することは，可能とは見えない。そこからして，人間は，思考するために，あらかじめ特別な直接の啓示によって，すっかりできあがった言語を受け取ったのでなければならない，と結論した者も多い。これは，とりわけド・ボナルド

---

　4) 　*De la physiognomie et des mouvements d'expression*, 1865.（『顔貌学［観相学］と表情運動について』）
　5) 　ルモワヌは 1865 年に『表情と言語について（*De la physionomie et de la parole*, 1865)』を出版する。ベルやデュシェンヌの理論も踏まえながら，表情における内面表出のテーマを言語の起源に結びつけて論じる。続くラヴェッソンの叙述が念頭に置いている著作はこれである。
　6) 　言語の起源の問題は，宗教的な含意もあって人々の論争を過熱させるが，実証的に解決することは難しく不毛な争いを呼びがちであった。このため十九世紀には，多くの学会で言語起源論を扱うことは禁止される。パリ言語学会（Société de linguistique de Paris）は 1864 年創設だが，66 年には件の禁止がなされている。

(Louis de Bonald, 1754-1840)[7]の名に結びつけられる仮説[8]である。

　より最近になり言語学，とりわけ比較言語学によって，次の点が理解されるようになった。すなわち，多様な姿をとる言語は，学知のように，また生命のように，確実で恒常的かつ自然的な諸法則に従って展開したに違いない，というのである。エルネスト・ルナンは，『言語の起源』についての論考[9]においてマックス・ミュラー（Friedrich Max Müller, 1823-1900）に同意しつつ[10]自説をこう要約している。言語は人間精神の自発性の所産だ，というのである。この二人の学識ある言語学者によれば，諸言語は，その文法的な構成によって，それぞれがまとまりある集合，唯一の奔流から発するごとき規則的な体系をなしている。そして，この言語学的な知見からの帰結と，「思考しなければ話すこともできない」という自明と思われる原理から，二人は正しくこう結論する。人間は，生まれながらに思考するのと同様に，生まれながらに言葉を話すのである。

　しかし〔言語という〕まとまりある集合や全体が生まれながらの自然なものであるとしても，一定程度時間を経る形成過程，その原因が分析可能な形成過程があり得ない，というわけではない。我々の認識の建造物がどのようにして建てられてきたかについての説明を試みることはできる。同様に，我々の諸言語のそれぞれがなすところの，今日では非常に広大でかつ細部の豊かな建造物がいかにして建てられてきたについても，説明を試みることは可能なのだ。概略的にではあるものの，優れた明敏さでもって，チャールズ・ベルの原理を展開しながら，アルベール・ルモワヌが行ったのは，この試みである。

　言語をなしているところの，程度に差はあれ人為的で規約的な記号

　7）　本書のラヴェッソンはこのように「ド・ボナルド」と表記するが，脚注等で我々は一般的な「ボナルド」の表記を用いることにする。

　8）　*Recherches philosophiques sur les premiers objets des connaissances morales*（『精神認識の最初の諸対象についての哲学的探求』）。初版は1818年，1826年に第二版。第二章が「言語の起源について（De l'origine du langage）」と題され，言語神授説を展開している。

　9）　*De l'origine du langage*, 1848.（『言語の起源について』）1858年に第二版，以後も引き続き改版。

　10）　同書にこの論点に関するミュラーへの参照はない。序文でボナルドに対置されてルナンの同意の対象になっているのはむしろグリムである。ラヴェッソンの思い違いである可能性が高い。続いての主張そのものは同書 III に含まれる。

は，一定の自然的諸記号を起源としているというのは，これまでにも言われ，また実際に示されてきたところである。いまや我々はそれに加えて，チャールズ・ベルの指摘のおかげで，少なくとも一定の場合に関して，自然的記号とは何であり，それはどのように説明されるかを知っている。そしてまた，ひとが自然的記号の使用を意志によって拡大し，そうした諸記号を展開し，変形し，そこから真の意味での言語を引き出せるのはどのようにしてかを，我々はいっそうよく理解する。呼吸する必要や多様な印象からの欲求が，助けを呼ぶ泣き声を新生児に上げさせる。その後で，この新生児は泣き声の使い方を理解し，泣き声を繰り返し，そうやって自分の行動を自分で模倣するようになるだろう。これが最初の言語である。この最初の言語が変化させられ，拡大されるところから，ある言語の「単語」と呼ばれるものが，生まれつきのものと意志との協働を通じて生まれてくる。その単語は互いに結びついたり，あるいは変化や屈折を蒙るが，それを司る法則は思考の法則そのものであり，この法則の総体が論理なのである。かくして単語は，「文法」と言われるものを構成する諸規則に服することになり，そしてこれが完全に整った言語なのである。

　以上の見解にこそ，諸言語の起源についての真に哲学的な説明の基礎が見いだされると思われる。

　そこから導き出すべき帰結は次のものであり，ルモワヌもそれを見逃してはいなかった。すなわち，ド・ボナルドはそう考え，またまったく別の原理からとはいえコンディヤックもそう考えていたのだが，彼らが考えるのとは異なり，やはり言葉は思考に先立つことはないし，思考の原因であるわけでもないのだ。そればかりかむしろ逆に，知性のほうが，それが生まれてくるのにしたがって，言わば諸器官を，一つの身体を，自分に拵えるのである。そして他の場合と同じく我々はここでも，一切の創造の根底に，精神の創造力を再び見いだすわけだ。おそらくいつかルモワヌは，ここからまた別の帰結を引き出すことだろう。そしてプラトンやアリストテレス，ライプニッツやシュタールの大胆な考えはしばしば彼の賢明さをおののかせるように見えてはいるが，この帰結そのものにおいては，ルモワヌも彼らに同意することになるはずだ。すなわち，本能的な自発性や単に自然に生まれたままの生の最も深いところ

においてすら，万物を説明するのは思惟であり意志であること，そして結局万物の理由(レゾン)とは理性(レゾン)であること，こうした帰結である。

これは何も，思考は容易に言葉なしで済ませられる，という意味ではない。言語とは，我々の思考が自分を認識することを学ぶようになる鏡であって，この鏡なくしては，思考は自分にとって一切存在していないごとくになるだろうと思われる。エマーソンは言っている，「光は空間を横切っていくが我々がそれを見ることはない。我々が光を見るためには，光をはね返す不透明な物体との衝突が必要だ。思考についても同じことである」[11]。しかしだからといって，鏡は光ではなく，光の原因でもない。

アリストテレスは言っていた，「我々は像なしには思考しない。そして語とは像である」[12]。だがイアンブリコス（Jamblique (=Iamblichus), 245-325）も言うように，「しかし，どんな像より優れたものも，やはり像によって表される」[13]のだ。

言語についてはこう述べてよいと思われる。エマーソンが宇宙について語ったように，「それは魂が外化されたものである」[14]，と。そしてショーペンハウアー（Arthur Schopenhauer, 1788-1860）が身体について語ったごとく，「それは目に見えるようになった意志であり，客観化された意志である」[15]，と。

---

11) 『論文集第一巻』「知性」（*Essays : First Series*, 1841, Essay XI, "Intellect", in *The Complete Works*, Centenary Edition, AMS Press, 1968, vol. II, p. 335.）: "The ray of light passes invisible through space and only when it falls on an object is it seen."

12) 前半は『魂について（霊魂論）』431a16-17。後半は『命題論』16a3-5。

13) イアンブリコス『エジプト人，カルデア人，アッシリア人の秘儀について（エジプト秘儀論）』，第一部第二十一章。

14) 『論文集第二巻』「詩人」（*Essays : Second Series*, 1844, Essay I, "The Poet", in *The Complete Works*, vol. III, p. 14.）: "The Universe is the externisation of the soul."

15) 『意志と表象としての世界』十八節。„....der ganze Leib nichts Anderes, als der objektivirte, d. h. zur Vorstellung gewordene Wille ist."

XXXII

クルノー

―――――

秩序と理由についての蓋然論／哲学と科学／哲学者たちへの評価／ラヴェッソンからの別評価／蓋然性をも包摂する根本的な秩序と理由

　この報告が関わる時期においては哲学の諸原理そのものへの異議が強かったため，哲学の研究がもっぱら扱うのも，これらの原理であり，したがって形而上学と心理学の最も根本的な諸問題であった。我々の持つ主要な二つの能力，すなわち知性と意志にとっての指針を扱う哲学の部門，つまり論理学と道徳論が生み出した著作は，わずかでしかなかった。

　論理学については，多様な細部の点に関してのヴァダントン＝カステュスとアントナン・ロンドゥレ（Antonin Rondelet, 1823-1893）による諸論考[1]に加えて，特に次のものを挙げておかねばならない。まずクルノー（Antoine-Augustin Cournot, 1801-1877）による大部の二つの著作，『我々の認識の基礎と哲学的批判の性格についての試論』（1851 年）[2]

　1）ヴァダントンについては，Waddington, *Essais de logique, leçons faites à la Sorbonne de 1848 à 1856*, 1857（『論理学論集。1848 年から 1856 年にわたるソルボンヌ講義』）。ロンドゥレについては，Rondelet, *Théorie logique des propositions modales*, 1861（『様相命題の論理学理論』）をそれぞれ挙げることができる。

　2）*Essai sur les fondements de nos connaissances et sur les caractères de la critique philosophique*, 1851.

と,『諸科学と歴史における根本的諸概念の連鎖についての論考』(1861年)[3]。そしてデュアメル (Jean-Marie Duhamel, 1797-1872) の『推論的諸学問における方法について』(1865年)[4]である。

　クルノーがその二つの著作で試みたのは，人間の認識ならびに哲学のさまざまな分野それぞれの性格ならびに対象の規定である。彼が至った結論そのものは，オーギュスト・コントによってまず立てられたような実証主義的学説の生む結論とさほど遠いものではない。しかしクルノーがそこに至るまでの考察は彼固有のものであり，結論自体もその名残を留めるものになっている。

　例えばスコットランド学派やエクレクティスム学派によると，知性的かつ道徳的な現象[5]のまったく内的な一つの別個なる世界が哲学の特別の対象とされるのだが，クルノーによれば，哲学はある特別の対象を持つ一つの学ではない。そしてまた他の学派が考えたような，絶対的なものについての学でもない。コントはかつて哲学を，すべての科学の一般的内容がまとめられたもののことであると考えた。クルノーにとっては，科学とは，諸事物の秩序(オルドル)と理由(レゾン)に関するさまざまの見解の総体のことである。そしてさらに，ここが特にクルノーに固有な主張でありながら，ただそれもいわゆる「実証主義的」原理からの自然な帰結なのではあるが，これらの見解は蓋然的なものである以外にない，というのである。

　「理性と秩序(レゾン)の関係はこの上ないものだ」とボシュエは言う，「秩序は，理性の友であり，理性固有の対象である」[6]。この文言は，クルノーも倦まずに引用するものであり，言わば彼の思弁すべての魂をなすものである。しかし，クルノーにとってのこの文言の意味は，ボシュエに

---

　3) *Traité de l'enchaînement des idées fondamentales dans les sciences et dans l'histoire*, 1861.
　4) *Des méthodes dans les sciences de raisonnement*, 5 vols., 1865-1872. ラヴェッソンが記しているのは，以下で彼が扱う第一巻の刊行年。
　5) 「知性的かつ道徳的」の意味については I:17 頁脚注を参照。ここでは感覚される外的世界とは別の，という意味。
　6) *De la connaissance de Dieu et de soi-même*, in *Œuvres complètes de Bossuet*, éd. par F. Lachat, 1862, vol. XXIII, p. 53.

とってのそれと同じではない。

　ボシュエの考えは，プラトンやアリストテレス，デカルトやマルブランシュ，ライプニッツやバークリーの考えと同様であって，秩序の原理は普遍的かつ永遠の理性であり，我々の理性はそこから派生するとされる。逆に，『実証哲学講義』を執筆していた時期のオーギュスト・コントにとっては，世界は人間によって[7]，主観的なものは客観的なものによって，説明されねばならなかったのだが，それと同様に，クルノーにとっても，我々の持つ理性は，諸事物が持っている秩序から説明されるのである。クルノーはボシュエの文言に劣らずベーコンのある言葉にも親しんでおり，彼はそのベーコンの言葉に沿いながらボシュエの言葉を解釈する。つまり人間の知性が理解されるべきは「宇宙との類比から」[8]だ，というのである。

　彼は言う，「偶然とは決して，多くの者が考えたごとく，我々の無知を意味するだけの表現ではない。それは，独立した諸原因の協働から帰結するもののことを意味している。しかしこの協働の頻度がどのようなものであっても，自然において規則性が支配的であることは事実である。一本の梁の両端にまったくばらばらに揺れる二つの振り子を下げてみよ。いくらか時間が経てば，二つの揺れは一致することになる。〔水を溜めた〕管の入り口で水を揺らしてみよ。いくらか距離が離れると，すべての波は等間隔になる。ところで，規則性や恒常性，秩序があるところには，おそらく法則となる理由が存在している。なぜなら仮に〔本当に〕偶然であったなら，規則性などは驚異的で信じがたい偶然になってしまおうから。もし法則があるのなら，これまであれこれの場合に観察することのできたところを超えても，やはり事実は法則に合致するだろうし，しかも常に変わらず合致することだろう。そして経験はまさにこのことを確証する。しかしどんな場合でも，それは完全な確実性には

---

[7] この箇所は諸版において異同なし。しかしここでの「世界」と「人間」は，素直に読む限り，逆だと思われる。誤記の可能性を指摘しておく。

[8] *ex analogia universi*. ベーコン『大革新（*Instauratio magna*, 1620）』の「本著作の構成（Distributio operis）」に見られる言葉。感覚の誤謬の由来としての「人間の側に関連させて」との対比で，「宇宙の側に関連させて」＝正しく対象そのものに即して，の意味。クルノーによる引用は，上記 1851 年の著作中の次の箇所に見いだされる：tome I, ch. 6, p. 159 ; tome II, pp. 344-345.

ならないだろう。程度に差はあれ蓋然的なもの以外には決してならないだろう。蓋然性は言わば無限になり得るし，無限の蓋然性とは物理学的には実在性と等価なものである。同様に逆の蓋然性は，無限となれば，物理学上の不可能性となる。しかし論理的に言うなら，それらは常に蓋然性でしかないのだ」[9]。

　事物が一定のあり方をしているなら，事物の作用を蒙りつつ我々の知性もそれと同じになっていく。事物のうちにある秩序，そこにおいて事物が自分の理由(レゾン)を有する秩序から，我々の理性(レゾン)となる秩序が，我々のうちに帰結してくる。理性，すなわち事物ならびに我々が事物の知覚に用いる理性以外の能力について判定を下すところのもの，である。スコットランドの哲学者たちや，フランスでの彼らの弟子たちは，懐疑論に抗して確実性を要求し，感覚と記憶と理性に同等の権威を付与し，かくして我々の能力のいずれをも同列に置いたのだった。対してクルノーは，先ほどとは異なって今度はプラトンとライプニッツと同じ立場である。彼によると我々の諸能力の間には一つの序列(オルドル)，一つの階層関係が存在している。理性によってこそ我々は万物を認識し，万物を判定する。ところで理性の最も高い働きとは，我々のさまざまの認識を調整し(コオルドネ)，分類する機能である。この機能が行うのは，認識それぞれの蓋然性の度合いを用いて，事物の秩序をなしている諸法則を，帰納によって規定していくことである。この機能が，哲学なのである。

　なぜ，またどういう点で，哲学は科学ではないのか。科学は，〔対象の〕諸性格の正確な規定と，それゆえにまたある一定の性格から別の性格を結論する論理的演繹とを前提するからである。つまり，定義と証明である。しかるにそんなことがあり得るのは，厳密に言えば，事物が精確な計測を許す諸条件の下に，ということは他の諸条件から独立したただ延長に関わる諸条件の下に現れる場合に限られる。かくして本来の意味での科学は，数学と同一のもの，そればかりかより厳密に言うなら幾何学と同一のものとなる。数学の諸部門はどれも幾何学に準拠しているからだ。哲学において，そのようなことは一切ない。物理的事物においては，形の単なる規定と大きさの測定，つまりは幾何学的定理の経験的

---

9) 出典不明。

確認についてすら，連続性が対抗してくる。連続性は正確な分割の確立をどこにおいても許さないもので，完全に厳密な規定を阻み，「おおよそ」しか許さない。絶対的確実性が存在できないのはこのためである。哲学はあまりに数多くの，そしてあまりに多様な要素の間で「秩序」や「調和」等々の観念を考えているが，その種の観念もまた，正確な測定や性格の完全な記述，厳密な定義を容れない。さまざまな曖昧さ，多義性，果てしない論争がここから生じてくる。そしてどんな成果も蓋然的なもの以上になれず，しかもこの蓋然性にはいかなる明確な度合いも与えられないということにもなるのだ。数学的な要素についてなら蓋然性は，要素それ自体と同様に，測定され計算されるものだ。しかし哲学的蓋然性は厳密な規定を一切容れないのである。

クルノーによれば，哲学は絶対的認識を持ち得るとしたプラトンは，帰納によってのみ到達できる事柄，近似的にのみ認識できる事柄を軽んじた点で過ちを犯した。プラトンの後継者であるアカデメイア派の哲学者[10]は，ピュロン主義者〔懐疑論者〕に近づくが，おそらく彼らのほうが人間の知の必然的限界をよりよく知っていたのである。

またアリストテレスは，いかに彼が自然界の事物に専念していたとは言っても，やはり偶然に関する学説については混乱した考えしか持っておらず，偶然に十分な評価を与えてはいなかった。彼は，学知の方法は三段論法であるとし，すべての真の学知の，そしてとりわけ哲学の目標を絶対的存在の認識に位置づけたのだが，それは誤りである。ベーコンは帰納法を賞賛したものの，その本性もその使用法もよく知らなかった。哲学的蓋然性の基礎となる原理を，ベーコンはよく理解していなかったのである。

デカルトの後，ベーコンの後継者であるスコットランドの哲学者たちは，ベーコンが物理的自然に関して行おうとしたことを精神について行い，精神についての経験科学を開始するつもりだったのだが，彼らに分かっていない点をデカルト自身は理解していた。真理は我々の認識手段のすべてから区別なしに等しくもたらされるものではないこと，我々のうちの理性は自らの観念によって万物を判定する審判者であることを，

---

10) アルケシラオス（Arkesilaos，〔仏〕Arcésilas, B.C. 315?-240?）のこと。アカデメイアの学頭となるが，判断留保を重視してプラトン派に懐疑論を導入してしまう。

デカルトは理解していたのだ。ただし、これら観念が必然的に不完全で限界あるものなのはなぜなのか、デカルトは知らなかったし、またその弟子のうちで最も一貫した者であるスピノザも同様であった。

　ライプニッツは、連続性の本性を誰よりもよく理解していた。彼はそこに自然全体の秘密を見てとることができたのだ。しかし、連続性と学知が両立不可能であることを彼は十分に理解していなかった。それどころか、万物を計測するという野望を、彼はそれまでの誰よりも先に推し進めた。一切の事物は十全な記号によって表現でき、その記号は普遍的計算のための算法(アルゴリズム)として使えるという思い上がりはそれに由来する。しばしば彼自身「弁別不可能」と呼んだものをライプニッツは定義し、数えようとするが、無駄であった。若いときから彼の心を占めていた結合についての一般理論を、偶然事間の比較に、蓋然性の計算〔＝確率論〕に、どうして適用しなかったのだろう。そうすれば唯一可能な哲学を彼は発見できただろうに。

　カントは、理性の限界と絶対的学知の不可能性とを、誰よりも知っていた。しかし同時に彼は、プラトンやアリストテレスと同様、蓋然的なものを無視し、帰納を軽蔑していた。認識可能ではないものはよく見ながら、彼は何が認識可能かを十分には見なかった。彼は否定に留まったのである。

　クルノーのそれと同種の理論すべてに対しては、これまで見てきたように、次のように問いただすことができる。他の多くの卓越した者の中でも、ソフィー・ジェルマンの非常に厳密な精神はこの問いをよく理解していた。すなわちこうだ——何であれ絶対的なものを意識することが我々にとっていかに困難であるにせよ、我々は相対的なものを認識している。それを相対的だと測る基準となる絶対的なものについて、どれほど曖昧であれ何かしらの概念を持たないというのなら、このことはどう理解できるというのだろうか、というわけだ。さらに特にクルノーに対しては、次のような第二の問いを投げかけることができる。複数の蓋然的なものの間でどう判断すべきか。何か固定した確実なものとの関係においてでないとしたら、蓋然性のさまざまな度合いを、近似的にではあれ、どうやって測ればよいのか。アカデメイアの半懐疑論者〔アルケシ

ラオス〕に対してひとが反論したように[11]，真なるものとの関係によってでないとしたら，いかにして真らしいものを測ればよいのだろうか。偶然の計算をあれほど重視し，それが論理学の大きな部分とされることを望んでいたライプニッツがこう言っていたのだ，「蓋然性はいつも真らしさに，すなわち真理との適合に，その基礎を持っている」[12]。

ハーバート・スペンサーがほぼそう考えてしまっていることはすでに確認したが，彼のごとく我々の中の理性は外の事物の知覚の恒常的なところが蓄積された所産だと主張しようなどというのは，したがって，困難なのだ。その種の知覚一つひとつが知性を説明するのではなく，知性だけがそれらの知覚を説明するのである。

我々は，シュタールが「描像可能性」と呼んだ延長の諸条件の下でなければ何も判明に捉えないし[13]，そもそも捉える統覚の作用がなければ我々には一切何も捉えられない。そして自然という鏡が精神に対して，言わばより粗雑な画像のうちに並べられたごとく示しているのは，実は精神自身の作用の側の諸属性なのである。一性によってでなければ，どうやって我々は延長や反復や複数性を理解できただろう。そして一性について我々が意識を持てるのは，そうした精神の作用においてだけなのである。

パスカルは言う，「我々の魂は，身体のうちに投げ込まれ，そこで数や時間，次元を見いだし，それらについて推論し，もう他のものを信じられなくなっている」[14]。しかし，そうしたものすべてが魂にとって理解可能なのも，魂自身の根底に由来するもののおかげなのだ。

プラトンは臆見に関する事柄をあまりに軽視した点で誤っていたかもしれない。しかしおそらく臆見を真の学知に服従させる点では誤っていなかった。アリストテレス自身も，帰納を十分に認めることはできな

---

11) キケローの『アカデミカ（*Academica*）』第二巻を参照。
ラヴェッソンの考えによれば，アルケシラオスは，問答法（対話術）を方法としたために各人のドクサを対立させるばかりで，そこで優劣をつける基準がないために判断留保をするしかなかった。彼の『アリストテレスの形而上学についての試論』第二巻（*Essai sur la Métaphysique d'Aristote*, tome II, 1846, pp. 224-231）を参照。

12) 『人間知性新論』第四部第十五章，〔4〕。

13) この主張ならびに「描像可能性（figurabilité）」の概念等については，XXIII:221-222頁，シュタールについての脚注を参照。

14) 『パンセ』ブランシュヴィック版233／ラフュマ版418。

かったかもしれないが，それ自体では規則のないものに関して，理性のうちに規則を探し求める点ではおそらく誤っていなかったのである。

デカルトも，経験の価値をきちんと知っていたし，経験を奨める点では誰にも劣らなかったが，確かに経験に代えて単なる諸観念の演繹を用い過ぎたかもしれない。しかし，結局万物が測られるのは，完全なもの，絶対的なものを基準にしてであることを主張した点で，彼はおそらく間違ってはいなかったのだ。

ライプニッツについては，『人間知性新論』の一節を見れば，科学と連続性が両立不可能であることを十分には理解していなかったという非難の当たらないことは明白である。「万物は自然において徐々に進むのであって，何も飛躍しない。そして変化についてのこの規則は，私の連続律の一部をなしている。しかし自然の美は，区別された複数の知覚を求めるものであるので，現象において飛躍の見かけを，そして言わば音楽における和声終止のごときものを要求し，複数の種(しゅ)を区別することを楽しむのだ」[15]。それでもおそらく，定義の厳密さと計算の精確さを，たゆたい移り変わる自然の物事へと性急に拡張しようとした点で，彼はいくらか誤っていたのだろう。だからといって，万物の根底には理性があり，であるからには万物のうちには数と重みと尺度があると考えたことまでが誤りだっただろうか。

パスカルは言う，「順序を踏んで証明することが難しく，定義や原理によっては説明できない事柄は存在する」。だが彼はこう付け加えている，「しかしだからといって，精神がそういった証明や説明をしない，というわけではない。ただ黙って，自然に，巧まずにするのである」[16]。

したがって万物の根底には，秩序と確実性，理性と知恵が存在している。ただ難しいのは，反省によってこの知恵を我々のものにすることである。というのもこの知恵は内的で，我々自身に他ならないものでありながら，同時にまた我々以上のもの，我々よりも善きものだから。

パスカルはこうも言う，「それを表現するのは，すべての人の力を越

---

15) 『人間知性新論』第四部第十六章，[12]。
16) 後半は，『パンセ』ブランシュヴィック版 1 ／ラフュマ版 512（幾何学的精神と繊細の精神）からの引用。前半部の出典は不明だが，« démontrer par ordre »（順序を踏んで証明する）という表現は同断章に見られることからして，同断章の自由な言い換えであろう。

えており，それを感得するのは少数の人に限られている」[17]。

　クルノーの考察は多くの事例に基づいたものであり，確率論と統計学の進歩によってすでに明らかにされていた次の重要な真理にこれまで以上に注目するよう哲学者をいざなうものであり続けるだろう。すなわちこうだ——およそあり得るさまざまの事実と原因の系列が，言わば解きほぐしがたい結び目を作りながら交差し混ざり合うところにおいてすら，再び秩序は見いだされ，再び規則は現れる。そして厳密な計算が一切適用できない，できても相当難しいと見える場合ですら，蓋然性は非常に高められ得るもので，実際上は十分な確実性の水準にまで達することができるというのだ。哲学的に言えば万物は結局は偶然事だということを証明しようとしながらも，偶然事もまた科学と哲学双方の素材だということを明らかにしたこと。そしてさまざまな揺れ動きや攪乱を扱いつつ，それらが実は潜在的に，その作用でもってそれらを支配する不可視だが必然的な中心を示しているものだと描いたこと，これらは哲学に対しての見事な寄与である。

　ただし，クルノーが「哲学的蓋然性」という名の下で叙述したのも，実は物理的蓋然性だと思われる。

　帰納によって，類比を用いながら諸現象の法則を推測的に立てていくのは，物理科学，自然の科学だとされる。その上で，「精神的な蓋然性ないし確信」と名付けられるものについて言えば，やはりこれもまた，精神的な諸原因，つまるところは意志に，周囲の物理的な状況が結合したものからの帰結に他ならない[18]。物理と偶然事とは，分けられない。偶然事にはある規則が存在し，蓋然性にはある理由が存在する。この規則，この理由こそが，哲学の対象なのだ。

　だがしかし，とクルノーは言う，哲学的な事柄において人々の意見は

---

17) 同断章。

18) クルノーは計測可能な蓋然性の客観的存在を積極的に主張し，物理学などの自然科学（さらには人間の科学）が目指すべきはこの蓋然的真理の把握であるとする。対して「哲学的蓋然性」，あるいはラヴェッソンによるその言い換え「精神的な蓋然性ないし確信」は，クルノーにとっては，ごく主観的な経験（驚きや慣れなど）に過ぎず，探求の事実的開始点となる以上の積極的な意味を持たない。彼はこれら二つの蓋然性を明確に区別せよ，と主張する。対してここでのラヴェッソンは，主観的と言われる確信そのものもまた，実在するファクター（究極的には意志を含む）からの所産であって，クルノーが主張する区別は厳密には成り立たない，と言うのである。

まず一致しない。これこそ，哲学においてひとは蓋然的なものの領域をまったく超え出ていないということの証拠である。──確かに，哲学が考察するさまざまの観念が，それら相互に，あるいは物理学と，どのような関係にあるのかについては，人々はなかなか一致を見ない。この点に関してひとは，物理学に経験が与えてくれるような感覚的な検証の手段を一切持っていないというわけだ。だが，だからといって，ライプニッツが口にしていたような「代用物」[19]などは決して見つかるまい，とまで言うべきではない。諸観念がどんな秩序に属しどんな本性のものであるにせよ，それらを規定し表現する手段を考えることは可能だ。さもなければ，そもそも対話や了解がどうして可能であっただろう。そしてだからこそ，クルノーとライプニッツという二人の思想家，一流の発明家が夢見た高き哲学的計算への希望は，思われているほど空しいものではおそらくないのだ。いずれにせよ，諸観念の源泉そのものについて，そして我々の精神の根底そのものと本質に他ならないところの根源的真理については，我々がこの時代の多様な哲学体系に関してここまで示してきた要約からの帰結として，人々は，そう思われるよりも，また実際そう信じ込まれているよりもいっそう，意見の一致を見ることになっていないだろうか。形而上学へのこの上なくはっきりした嫌悪からまずは生まれてきた諸体系を唱える人々が，本当はきっぱりと遠ざかるはずであった思想そのものへと引き寄せられているのを我々は目にしてこなかっただろうか。惑星は，宇宙を横切ってそれぞれ広大な軌道を描きつつ，共通法則に一切左右されないと長い間思われてきた。しかし，どの惑星も同じ一つの焦点の引力に従っているということが発見される日がやって来たのだった。知性的で道徳的な世界にもまた一つの焦点が，太陽が，存在している。誰か新たなケプラーが，新たなニュートンが，いつの日か，その実在性と力を明らかにすることだろう。まだそれらについて明晰な証明を与えることはできないとしても，我々はすでにそれらを感じ取っている。

　これまでにも引用する機会のあった〔89頁〕『人間知性新論』の著者

---

19) succedaneum.『人間知性新論』第四部第二章，[13]。容易な推論が通用しない形而上学や，ドクサ（臆見）を相手にしなければならない道徳においても，経験から適切な推論に至るための媒介・代替物は存在している，と言われる箇所である。

による指摘を，ここであらためて引いておきたい。「というのも一般的な原理は我々の思惟の内に入って，思惟の核心と結合をなしているのだから。筋肉や腱のことをまったく考えていなくとも，歩くためにはそれらが必要であるのと同様，一般的な原理は思惟にとって必要なものなのだ。精神は絶えずこれらの原理に依拠しているが，それらを見分けて，判明な形で別々に考えられるまでになるのは容易ではない。なぜなら，そのためには自分がしていることへの非常な注意力が必要であり，省察することにほとんど慣れていない多くの人々は，その注意力を持っていないからだ。……ひとが，それと知らずに多くの事柄を所有しているというのも，これと同様なのだ」。

XXXIII

デュアメル

推論と論理学／発見の方法としての「分析」／完全な証明の条件／同一律の根源的意味／「総合」の価値／近年の哲学における方法観の変化

　デュアメルは学識豊かな幾何学者であるが，彼が『推論的諸学問における方法について』で目指すのは次の点を決定することであった。「推論的科学」という語で何を理解すべきであるか，そこで目的にできるさまざまな種類の問いとはどのようなものであるか，それらの問いを解決するためにどのような方法を辿るべきか。彼は付言する，「論理学を推論の技術と定義するなら，以上は論理学の全体となる」と。

　デュアメルの指摘によれば，哲学者たちが数学をなおざりにしてきたために，幾何学者は特殊な方法を持っているのだという思い込みが哲学者の間で次第に確定することになってしまった。しかし本当のところは，数学が基礎としている所与が，人間の認識の他の分野のどれよりも単純かつ明晰であるだけなのだ，と彼は言う。確かに数学においてこそ，「証明の方法」あるいは「探求の方法」，また一番言われることの多い「教育の方法」，「発明の方法」，それらいずれについても最もよく研究でき，また最もよく理解できはしよう。しかし推論的科学の全体においては，その題材が何であれ，方法は同じである。それが，古代の人々は措くとしても，デカルトやライプニッツの考えであったし，またコン

ディヤックの考えでもあった。おそらくいくつかの学派において幾何学者の方法がまったく特殊な方法だと考えられるようになったのは，現代になってからなのだ。

　デュアメルは言う，「推論とは，演繹である」[1]。クロード・ベルナールが，帰納は結局演繹，ただし仮説的ないし推測的な演繹に他ならないことを認めていたのは，我々が先に見たところである〔158-159頁〕。演繹ないし三段論法は，一般から個別へと，諸個体の集合からその集合の含む個体へと結論を導くことであり，したがってある集まりの中で考えられた個体についてすでに述べたことを，それだけ切り離して取り上げた同じ個体について繰り返すことであって，デュアメルに従うなら，それはあまりに単純な操作であり，わざわざ特別な名前をつけるまでもないものだ。おそらくこの点については，この学識ある著者が——ただしそれはデカルトでも同じことなのだが——この〔三段論法的〕技法をあまりに軽視していないか問うことができよう。ライプニッツはこの技法を，真理を発見するためにではないが，それでも少なくとも誤りを避けるには非常に有用なものだと評価していた。また実際，この技法は，三段論法学が発展させてきた多様な推論形式を使って，相互の依存関係が最もよく見える順序で諸判断を並べるものである。ただともかくもデュアメルの意見では，重要なこと，教えるべきこととは，自分の立てる目標に到達できるように演繹ないし三段論法を導いていく手法のほうなのである。言い換えるなら，それは，証明の方法と探求の方法，定理を証明する際の方法と問題を解決する際の方法であって，この二種の方法とは，総合と分析のことである。

　総合とは，真だと認められている命題から必然的な帰結を演繹することだが，デュアメルによれば，それは自分が知っていることを他人に伝える以外にはほとんど役に立たないものである。彼の見解では，発見の方法，それゆえに深く研究すべき方法となるのは，分析のほうである。

---

1)　本章の紹介対象 *Des méthodes dans les sciences de raisonnement*, Première Partie, 1865, p. 17 に見られる，演繹と推論を等値する文章からの自由な引用と見られる。以下，291頁あたりまでは同書の概要紹介となる。

分析とは，証明が求められている定理については，当の定理からどのような命題が演繹できるか，そしてその命題からまた別のどのような命題が演繹できるか，と次々に探求を行って，別途に真だと認められている命題，しかも来た道を戻って最初の確立すべき定理を総合によって証明できるようにしてくれる命題にまで進むことである。また〔これから解かれるべき〕問題に関しては，分析とは，所与からはどのような帰結が生じてくるか，そしてその帰結の中でも，既知の事柄と求められている未知の事柄との関係として既知であるのはどれかを探求しながら，最終的にこの未知の事柄を決定してくれる命題にまで進んでいくことである。

　このように，定理に関しては，分析は，先に出された結論から他の諸結論を次々と経由して，既知の定理へと到達するまで遡る。また問題に関しては，分析は，先に出された問いから他の諸々の問いを経由して，解決することができ，また探しているものを導き出せる問いを見いだすまで遡るのである。

　ただしここでデュアメルは注意を促す。エウクレイデス（ユークリッド Euclide, B.C.4c.-3c.）やパップス（パッポス Pappus d'Alexandrie, 3c.-4c.）はそう述べるのだが，問題的な命題が本当に正しいと確証するには，その命題からさまざまに帰結を導き出して，すでに真だと分かっている帰結にまで辿り着ければ十分だ，というわけではない。誤った命題から正しい帰結を引き出すことも可能だからだ。また同様に，本来の意味での〔問題的である以前に解答が知られていない〕問題に関しても，求められていることが実現可能かどうかを知ろうとするのなら，当の求められていることから出発して次々と帰結を経由しつつ確かに実現可能である事柄にまで辿り着く，というのでは十分ではない。さらに加えて，この辿り着かれた事柄の側から，求められていることが生じ得るのでなければならない。つまりは，暫定的に原理と見なされたものからある帰結へと到達でき，その上で今度は逆に，その帰結から最初の暫定的な原理が結論できなければならない。到達すべきは，したがって，逆転され得る命題，相互的〔換位〕命題なのである[2]。

　2）　ここでは双条件命題，「P ゆえに Q，かつ，Q ゆえに P」という形の命題のこと。相互的（reciproque）については，XVI:173 頁脚注も参照。

以上は実際のところ，ある事柄についてそれから演繹できること，すなわち論理的な意味でその事柄の帰結であるものとは，それなしには当の事柄が存在できない何か，言い換えればこの事柄の必要条件だ，ということである。しかるに，ある真なる事柄の必要条件は，必然的に真なのだ。

　かつてライプニッツはこう言っていた。「古代人の分析は，パッポスによるなら，求められていることを取り上げて，そこから諸帰結を引き出して何らかの所与ないし既知のものにまで辿り着くということであった。私が指摘したのは，そのためには命題は相互〔換位〕的でなければならないということであった。それで初めて，総合的な証明は分析の足跡を逆に辿ることができるようになるのである」[3]。またこうも言われる，「分析が用いるのは，定義ならびにその他の相互的〔換位〕命題であり，それらは逆向きの手順を行い総合的証明を発見する手段を与える」[4]。

　あまりに忘れられてしまったこうした思想を，デュアメルは自分自身の省察によって再発見し，それを新しくまた有益な形でさらに展開したのである。

　アンペールの哲学的著作が最近刊行されたが，それを見れば，彼もまた次の点をよく見てとっていたのが分かる。帰結のほうが原理の真理を厳密に証明できるのは，帰結が〔原理と〕何らかの相互依存関係に至る限りにおいてだ，ということである。

　物理学においては，定義に基づいた学のように相互的〔換位〕命題には到達しないということも，ライプニッツとアンペールにはよく分かっていた。しかし二人が指摘するように，仮説から引き出される正しい帰結が多いのであれば，完全な逆向きの手順，つまりは完全な証明ができないとしても，少なくとも高い蓋然性が与えられるのであって，それは完全な証明に限りなく接近し得るのである。

　デュアメルはこれまでに推論と方法について提案されてきた主な諸理論を吟味にかけるが，そこにおいて彼はコンディヤックの理論——ただ

---

　3)　『人間知性新論』第四部第十七章，[5]。
　4)　同書第四部第十二章，[6]。

しそれはライプニッツの理論の帰結に過ぎないと思われるのだが——に対して非常に厳しい判定を下している。彼の見るところ，この理論には一切価値がないというのだ。コンディヤックの考えでは，推論とは，同じ命題の単なる変形のことであった。彼がとりわけ引き合いに出す例は，一連の等式によってことを進める代数学である。すでにアンペールがこうした思想を却下し，「馬鹿げた同一性」と呼んでそれを放擲していた[5]。そしてデュアメルも次のように指摘する。等式が次々と連なる体系において同一なのは，未知の式に次々に与えられていく値だけであって，それゆえにそうした体系は「等値」とは言えても，「同一」とは呼べないのである。アンペールも同様に，共和暦12年〔1804-05年に対応〕の論文「抽象観念について」において，同じ対象を，別様に考察されたかたちで与える二つの観念は，「同一」ではなく「等値」と呼ばれるべきだと述べていた[6]。デステュット・ド・トラシも彼の『論理学』で，まったく同様の指摘を行っていた[7]。しかしながらおそらく，コンディヤックと，対するトラシ，アンペール，デュアメルたちとの間で，意見の相違はそれほど大きなものではあるまい。コンディヤックも，その言葉遣いに断定的なところはあったかもしれないが，おそらくは，演繹が次々と連鎖させていく命題の間に，あるいは一連の等式の間にすら，いかなる種類の差異もないなどと言いたかったのではない。彼はただ，さまざまな差異を覆う根本的な同一性のことを指摘したかっただけなのだ。

　主にアリストテレスやライプニッツ，オイラーたちが説明したように，一般に推論において基礎となるのは，諸観念間の包含関係である。しかし完全な証明とは，属性が主語に含まれるのと同様に，主語のほうが属性に含まれもするような命題，つまりは相互〔換位〕的な，定義となる命題にまで遡る証明である。その場合，すべての帰結はどれも，原理のさまざまに異なった姿でしかないことになる。これは数学において

---

　5)　ビラン宛1812年9月4日の書簡。I:21頁既出の *Philosophie des deux Ampère*, p. 217.

　6)　アンペールの論文，« Des idées abstraites et de l'application des rapports »（「抽象概念ならびに関係の適用について」）を参照。先の *Philosophie des deux Ampère*, pp. 430-451において公表された。特にラヴェッソンが引く主張については p. 437.

　7)　*Éléments d'idéologie, Troisième partie, Logique*, 1805, pp. 158-159.（『観念学要綱，第三部，論理学』）

は常に目にされることであり、だからこそ数学ではある量の持つ性質から他の性質をすべて演繹できるのである[8]。そして最後に言えば、証明が絶対的で、かつ何ら仮言的(イポテティック)なところのない定言的(カテゴリック)なものであるのは、証明が、自分自身だけで正当化されている命題をその第一原理としつつそこから導かれてくる場合のみである。そしてそのような命題としては同一命題しか存在しないが、これこそは特に哲学に帰属するものであり、言わば理性そのものを直接表現するものなのである。

だからおそらく、コンディヤックが「論理の基礎は同一性である」と、それ自体はライプニッツにも見いだされる言葉遣いで述べた際にも、彼はまったく支持できない逆説を口にしていたわけではないのだ。またそもそも彼自身、次々と導かれる命題の関係を特徴づけて、それを「同一性」ではなく「類比(アナロジー)」だとしばしば語っている。彼の通常用いている言い方がどういう意味で理解されるべきかはそこから十分明らかであって、つまりコンディヤックは単に、ライプニッツが「等値なものの置き換え (substitutio æquipollentium)」[9]と呼んだもののことを言っているだけなのだ。ライプニッツはまたこうも言っていなかっただろうか、「真理が影響されることなしに置き換えられ得る事柄は同一である」と[10]。

いずれにせよ、クルノーが、哲学からその最も特別で高度なところを取り去る場合ですら、持つべき広がりと一般性において哲学を再興するのに寄与したのと同様に、デュアメルも、哲学の進展のために働く意図はまったくなかったにせよ、やはりそれに奉仕した。彼はそのさまざまな指摘を通じて、哲学が再び方法を最も一般的な形で所有し、かくして現在ではほとんど幾何学者へと委ねられてしまった証明と探求の手段を

---

8) 例えば、「5」という一定の量が与えられれば、「2と3の和である」「25の平方根である」といった種々の性質を、「5」の「等値」な言い換えとして導き出せるということ。ラヴェッソンの数学観は、$5 = 2+3 = \sqrt{25}$ ……の「=」の根拠が(理性の第一原理である)「同一律」であると考える点で、ライプニッツ的だと言える。

9) substitution des équivalents, substitutio æquipollentium. 1686年11月26日付、プラッキウス (Placcius) 宛の書簡 (Leibniz, *Sämtliche Schriften und Briefe, Philosophischer Briefwechsel*, Band 2, S. 103. cf. Dutens版全集 (1768), VI, p. 32.)。

10) ライプニッツが、二つの概念が「同一 (idem)」であることの定義として、多くの箇所で掲げるフレーズ。代表的には『概念と真理の解析についての一般的探究 (*Generales Inquisitiones de Analysi Notionum et Veritatum*, 1686)』。

再び使えるようにしたのである。
　ただし，事柄の実質を明らかにするためには，まだ次の点が残っていることだろう。ひとはいまだに，一方で演繹を立ててそれを総合と同一視し，他方で分析ないしデュアメルの言い方では「還元」を立てて，この両者の間に対立を設けることがしばしばなのだが，この対立は消すべきである。そのままではまるで，演繹と，帰結を引き出すこととが同じことではなく，用いるのが分析であれ総合であれ，帰結を引き出すのとは何か別のことをしているかのようなことになってしまう。デカルトは彼のいつもながらの優れた明晰さでこう語っていた，「総合においては既知のものから未知のものが演繹され，分析においては未知のものから既知のものが演繹される。未知のものが既知のものとして扱われ，また既知のものが未知のものとして扱われるのである」[11]。
　次の点もまた残された課題であり，いつかデュアメルがそれを引き受けることもあろう。すなわち，分析の諸規則と合わせて，総合の諸規則を深く探求することである。ライプニッツに従うなら，総合とは結合の理論に他ならず，そしてさらに総合においては，総合の反対である分析におけるのに劣らず，〔創造的〕発明の鍵となるものがおそらくは見いだされるのだ。
　おそらくさらには次のようにすら言ってよい。発明をその本質とする天才というものは，それ自身の方法を持っている。そしてこの方法とは，諸関係の結合のことであり（離レタモノドモヲ結ビ合ワセル）[12]，それこそが総合である，と。
　現代の哲学にはもっともな非難が向けられてきた。学問的な精確さよりも文学的な完成のほうを気遣うことが多く，唯一証明の源泉になり得る定義よりも，多かれ少なかれ比喩的な言葉による大まかな指示と記述のほうを好み，本当の意味での証明よりも帰納のほうを好んでいる，というのである。論理学の軽視も同根である。しかしおそらく，「おおよそ」と不確実性からようやく脱して，諸観念を正確に規定する時が来た。そしてこれらの観念を，相互の関係を覆い隠す形式の下に包んでしまうのではなく，はっきり区別された形で切り離しつつ相互の論

11）　出典不明。
12）　*dissita conjungit*. 出典不明。

理的秩序に従って配列しながら産出していく時が到来したのである。ライプニッツはそれを倦むことなく求めていた。彼が言うには，スコラ派の学者たちの空しく果てしのない論争の由来は，彼らが推論上の規則的形式を用いていたことではなく，よく規定されていない原理，ただ見かけばかりの定義から出発したことである。しかしそんな原理や定義は，きちんとした区別によって避けることができたのだ。定義は正確になされねばならない，とライプニッツは絶えず繰り返す。そして必要とあらば，「一貫した言説の美しい外見を」拒絶しなければならない。さらにこうも言われる，「明証的に推論ができるためには，何らかの恒常的な形式性を保つ（原理と帰結が完全に区別されるような形に推論を整える）ことが必要である。雄弁はより少なく，確実性はより多く存在すべきなのだ」[13]。またそれとあわせて，方法を適切に用いるために，方法の本性を深く探求すべき時も来たのだと思われる。

　特に哲学に関する方法について言えば，〔クーザン派の〕いわゆる「心理学的方法」を基礎としたさまざまの期待は次第に見捨てるべきものとされ，精神固有の本質とは自分で自らのことを認識することだという思想が優勢となってきたことが近年目にされる。

　1865年[14]に精神科学・政治科学アカデミーは，コンクールに「哲学における心理学の役割について」という問いを掲げた。ヌリソン〔29頁〕とモリアル（Émile Maurial, 1816-1874）の二人が共に賞を受けた[15]。コンクールについてのアドルフ・フランク作成の報告書には，ヌリソンがスコットランド学派やエクレクティスム学派のおなじみの格率から距離を置いたと示すものは何もない。しかしモリアルのほうは，その論文で，精神による精神の直接の認識に新たな光を当てたと思われ

　13） « Discours sur la démonstration de l'existence de Dieu par Des Cartes », in *Nouvelles lettres et opuscules inédits de Leibniz*, précédés d'une introduction par A. Foucher de Careil, 1857, p. 31.

　14） ラヴェッソンの誤記。募集は1860年，結果の報告は1863年。

　15） ヌリソンの論文は加筆の上出版された。*La nature humaine, essais de psychologie appliquée*, 1865.（『人間本性。応用心理学試論』）モリアルの受賞論文が公刊された記録は見いだされない。

る。先立って出版された著作『カントの懐疑論について』[16]でもすでに彼は，『純粋理性批判』の著者による体系の根本的な誤りは「魂による直接的知覚という最重要の事実をあまりにも過小評価し，ほとんど無視してしまった」点だとの証明に努めていた。精神科学・政治科学アカデミーによって賞を与えられた論文で彼が特に論じようとしたのは，魂が自分自身について持つ経験を，物理学者が用いる経験からはっきり区別することであり，そして〔その魂の自己経験は〕単なる現象に限定されるのではなく，「我々の人格ないし魂自身の根底にまで及んでいる」のを示すことであった。ここで付言すべきは，モリアルが叙述した思想にアドルフ・フランクが同意していると見えることである。ただしフランク自身も，『哲学事典』〔29頁〕のいくつかの項目において，モリアルのそれに類似した思想をすでに表明していた。

　我々はまた，カロの『神の観念』〔150頁，183頁〕についてのラシュリエによる注目すべき書評[17]も挙げておかねばならない。そこでこの若い著者は，簡単にではあるが，原因から切り離されて考察された現象についてだけの観察に比べて〔魂の自身への〕反省がどのように異なったものであるかがよく理解できるように，当の反省の特徴を示している。それは「内的な諸現象の連鎖の下に，精神の自由な活動性を認めるのである」。

---

16)　ラヴェッソンはこのように簡単に *Sur le scepticisme de Kant* と記すが，正確な書名は *Le scepticisme combattu dans ses principes. Analyse et discussion des principes du scepticisme de Kant*（『その原理において論駁された懐疑論。カントの懐疑論の原理についての分析と議論』），1857.

17)　〔原注〕*Revue de l'instruction publique*（『公教育雑誌』），juin 1864.〔訳注〕6月16日，23日，30日に連載。*Œuvres de Jules Lachelier*, tome I, pp. 3-17.

XXXIV

道徳論

―――――

ジュール・シモン。宗教からの道徳原理の独立性／「独立」道徳派／自由の問題。ルキエ，ドルフュス／不死性の問題。ランベール／普遍的功利性の道徳。ヴィアール／心情と愛の重視。シャロー／善，愛，知恵

　ジュフロワの『自然法講義』[1]以後，道徳に関する哲学的著作として最も目を引いたのは，ポール・ジャネとエルネスト・ベルソ（Ernest Bersot, 1816-1880）の学識と才気に満ちたさまざまの著作[2]の他には，ジュール・シモンが刊行した著作，『自由』と『義務』，そして『自然宗教』[3]である。ただしこれらにおいてジュール・シモンが目指したのは，自分自身の考える道徳の，そして自分が属する〔エクレクティスム〕学派の説く道徳の諸原理を深く探求することよりも，それらから派生して

――――――――
　1）　*Cours de droit naturel*, 1834. なお，講義全体の内容からしてこの *droit naturel* は自然「権」ではない。
　2）　ジャネについて挙げられるのは，まず当時反響の大きかった *La famille. Leçons de philosophie morale*, 1855（『家族。道徳哲学講義』）。そして哲学史研究の体裁での *Histoire de la science politique dans ses rapports avec la morale*, 1855（『道徳との関係における政治学の歴史』），*Histoire de la philosophie morale et politique*, 1858（『道徳政治哲学史』）。
　ベルソは第二帝政の成立と共に教壇を去る一人だが，その後の時期には，体系的な著作においてではなく，『ジュルナル・デ・デバ（論争誌）』上での時評や書評を通じて同時代の道徳的政治的問題に数多く言及する。それらをまとめたものとして，*Questions actuelles*, 1862（『現在の諸問題』），また *Essais de philosophie et de morale*, 2 vols., 1864（『哲学道徳論文集』）（特に第二巻））。
　3）　順に *La liberté*, 1859 ; *Le devoir*, 1854 ; *La religion naturelle*, 1856.

くる一般的な行動規則を展開することであり、そしてそれ以上に、道徳の原理は、実定宗教であれ啓示宗教であれ宗教の教義からは独立していることを強調することであった。

すでに述べたように神学者たちは、宗教から完全に独立している哲学を「切り離された哲学(フィロゾフィー・セパレ)」と形容し、検閲対象にしていた。だが、明証性と証明以外の一切の権威に対して、哲学の側の必要不可欠な独立は維持した上で、この独立性をより確実なものにするため、宗教的信仰が含む形而上学的ないしそれ以外の高い真理を哲学が自身に禁じたりしないよう希望することは可能だ。おそらく実際のところ、「自然」と「理性」の枠を少しも超えることなく、自然と理性がその根を正しく有しているところ、すなわち超自然的で超理性的原理のうちにそれらの根を探し求めようとしないような道徳は、福音書の道徳や旧約聖書の道徳に対して、あるいは仏教の道徳と比べてすら、不完全で、多くの点において狭いものになってしまおう。愛と自己犠牲の法は、すでに東方のさまざまな宗教において知られ、キリスト教によってかくも明らかに照らし出されたものであるが、この法が、宗教と道徳の次元において言い表しているものこそ、この超自然的で超理性的な原理なのである。

近年では多くの定期刊行物によって、「独立(アンデパンダント)」道徳派が存在していることが知られている[4]。独立というのは、何であれ一切の宗教から独立しているというばかりでなく、一切の形而上学から、そして一切の信仰、例えば神の存在や来世への信仰から独立している、という意味である。無神論と道徳とは何ら和解できないものではない、というのは、かつてベール (Pierre Bayle, 1647-1706) やその他十七世紀に「自由思想家」と呼ばれた者たちすべてが支持した主張である。だが当時と同様、今日でも、物質的利益という不安定で脆い土台の上にとまでは言わずとも、神の名が表す道徳的理想の概念を一切抜きにして道徳理論が成り立

---

[4] 代表的なものとしては、マソル (Alexandre Massol, 1805-1875) とブリソン (Eugène Brisson, 1835-1912) が1865年に創刊した週刊誌『独立道徳 (*La morale indépendante*)』。マソルはサン・シモン派から出発し、ラムネーやプルードンにも共鳴した思想家。ブリソンは第二帝政下では自由主義的文筆家として活躍、後にフリーメーソンの政治家として第三共和政の一連の反教権運動に深く関わることになる。

ち得るものかどうか，疑いが生じるのももっともだと思われる。「道徳を一切の形而上学から独立したものと考えるのは，実践を一切の理論から独立したものだと考えることだ」とは，ある偉大な思想家の言葉である[5]。

　自由という最重要の問いは，目を引く特段の著作を生み出していない。おそらく例外はルキエによる著作であり，これはルキエの死後ルヌーヴィエによって出版されたが，それについては我々もすでに言及した〔142頁〕。ボニファス（François Bonifas, 1837-1878）は数年前にパリの文学ファキュルテに博士論文を提出したが[6]，そこで彼は人間の自由を力を込めて擁護している。他の解釈者と同様にボニファスも，『弁神論』の著者ライプニッツの決定論においては人間の自由が否定されてしまっていると考え，これに反対したのである。シャルル・ドルフュス（Charles Dollfus, 1827-1913）の『哲学的省察』（1866年）[7]中，一章は「自由意志について」と題されているが，そこでは意志とその動機との関係に関して言われてきた中でもおそらく最も正当な見解が端的に要約されており，これは挙げておくに値しよう。「意志はそれを決定する動機に常に依拠しているということから，意志は自由ではないと結論すべきだろうか。否。なぜなら，私を決定する動機は私の動機だからだ。こうした動機に従いつつ，私はまさに私に従っている。そして自由とはまさしく，自分にのみ依拠することなのだ」[8]。

　『道徳界の体系』という表題の下に，シャルル・ランベール（Charles Lambert, 1818-1884）[9]は特に不死性についての一理論を展開してみせた。それによると，不死性は，自分の自由を用いることで，その魂に限

---

5) 出典不明。
6) 1863年に『ライプニッツ弁神論研究（Étude sur la théodicée de Leibniz）』として出版。
7) *Méditations philosophiques*, 1866.
8) *Ibid.*, p. 77.
9) 原文には「ルイ・ランベール（Louis Lambert）」とあるが，誤記。諸版でそのままだが，ここでは訂正しておく。言及されているのは『道徳界の体系（*Le système du monde moral*, 1862）』。

りなく生きる力を獲得した者の特権だとされる。こうした理論が生まれ，その受容も冷淡なものではなかったことが示しているのは，現代の思想家の間で，精神的で道徳的な活動性への関心が強まっていることである。しかしさらに詳細にこの活動性を研究してみるならば，ひとたび存在するようになったこの活動性がいつかは止みもするなどと考えるのはいっそう難しくなるはずであり，デカルトやライプニッツと共に，たとえ一瞬でも思惟したものはその後も常に思惟し続けるといっそう信じるようになるはずである。さらにこの二人の偉大な思想家の特にライプニッツによるなら，一度思惟したものは永遠に思惟するというだけではない。我々の思惟の一つひとつがかつて我々の考えたことすべてのいくぶんかと，いつか我々が考えるだろうことすべてのいくぶんかを含んでいるのだ。実際，運動に関して，それまでに生じてきたすべての運動に依存しておらず，またその後に生じるだろうすべての運動に一切寄与しないようなものはないのと同様に，思惟についても，かつて存在したことすべてがさまざまに曖昧にではあれそこに反響しておらず，またその後消えることなく永遠の波のごとく拡がって存続していかないようなものはないのだ。魂はどれも一つの焦点であり，そこには普遍的な光が，あらゆる向きで，無数の異なる角度から，照らし返されている。しかもそれは魂に限られる話ではない。思惟の一つひとつが，感情の一つひとつがそうなのであって，それらを通じて，絶えず，無限なるものの奥底から，魂の不死の人格性が生み出され続けているのだ。

　ヴィアール（E. Wiart, 生没年不明）は，1862年に出版された著作において『科学として考察された道徳の原理』[10]について論じている。
　スコットランド学派とエクレクティスム学派では一般に，人間の行動の規整のためには，それ自体で明証的だと考えられる一定の格率に訴えるだけであるか，あるいはさらに単純なことに，思想や行為についての道徳的評価のためには，「良心の判断」なるものに頼るばかりであった。これは先に見たように〔XIX〕，ストラダが言うところの「明証主

　10）　ラヴェッソンは「原理」を複数で表記しているが，ヴィアールの書名は『科学として考察された道徳の原理について（*Du principe de la morale envisagée comme science*）』であり単数扱い。

義」であり，ストラダはその起源をデカルトに見ていた。

　証明を行わないままそのようにことを進め，良識や常識，義務という一般観念や良心なるものに依拠するのは，ヴィアールによれば，科学を消し去ってしまうことである。実際そうなってしまっている結果として，ひとは一定の時代と地域に固有の偏見を道徳規則へと仕立て上げ，さらには各人が自分の空想を唯一の法だと取り違えているのであって，そのありさまを彼は多くの実例を通じて示している。しかしヴィアールの考えでは，すべての道徳規則を説明し，規則それぞれの価値ならびに行為それぞれの価値を測る尺度となる一つの原理が存在している。この原理とは，功利性(ユティリテ)である。ただし，ベンタムが示したような形では，功利性の原理は利己主義と変わらなくなり，そして利己主義は一切の道徳を破壊するものである。ヴィアールによると，功利性の原理をジュフロワの原理に結びつけなければならない。すなわち我々は，人類の普遍的目的を目指しているし，目指さなければならない，という原理である。これら二つの原理を和解させたところ，つまり普遍的功利性にこそ，道徳科学の真の原理が見いだされる。言い換えれば，最善の行為とは，最大多数のために最も役に立つ行為のことなのだ。

　最善の行為とは，最も広く人々の益となり，共通善に最も役立つ行為であること，そしてそれゆえに，一般的功利性は道徳の評価における一つの確認手段になり得ること，この点に異議を唱えることはほとんどできまい。しかし，各人にとってであれ，全員にとってであれ，善とは何であり，と言うからには有益なもの，つまり善に役立つものとは何のことなのか。これこそが最も重要な問いであり，あとの問いはすべてこれ次第である。

　カントやカント以後のエクレクティスム学派と同じく，再びこう答えてよしとするのか——それは義務のことであり，まさに理性が命じるところのものである，と。しかし問題は，義務として何をなすべきか，理性は何を命令するのかを知ることである。推論とは何かと説明を求められ，「推論能力」でもって説明しようとするのは質問に答えることではなく，単にある語を等価な別の語で置き換えることでしかない。少なくともそれは説明ではなく，単なる分類，カテゴライズである。同様に，「何をなすべきか」という問いにただ「我々の目的であるところのもの

を」と応じるのは，同時に我々の目的が何であるのかを述べないのなら，これもまた何も言わないこと，そうでなくともやはり十分に語ってはいないということだ。この種の不十分な一般論から一歩も出ないことこそが，ヴィアールがエクレクティスム学派を非難する点であり，おそらくそれはもっともな非難であろう。

義務を善ないし目的で定義し，善ないし目的を義務から定義するという，抽象的で一般的な用語による循環から脱する一つのやり方は，ギリシア人，とりわけストア派が行ったように例えば善を美から定義し，ついで美を調和と統一性によって，あるいはさらに愛を決定するものから，愛そのものから，定義することであろう。

パスカルは言っている，「宗教とは，心情に感じられる神である」[11]。したがってパスカルによれば，我々が神を感得するのは心情によってであり，これこそが宗教である。これが，おおよそシャルル・シャロー (Charles Charaux, 1828-1906) に霊感を与え彼の博士論文のもととなった思想であった。この博士論文はナンシーの文学ファキュルテで審査されたが，そのタイトルは『道徳的方法，あるいはすべての真なる哲学に必要不可欠な要素としての愛と徳について』[12]である。

シャローの指摘によれば，物理学や数学においてすら，大きな進歩は必ずある衝動のもとで果たされてきた。そしてこの衝動とは，驚くべき統一性と，またこちらも驚くべき多様性との両者において発見されてくる秩序の美しさが次第に見えてくる中で，この美が意志へと与えるものである。こう指摘した上で，シャローは次の点を確立しようとする。すなわち，哲学の対象であるいっそう高次の種類の真理においてはなおさら，知的な諸能力の作用と共に，道徳的諸能力の絶えざる協働が必要だ，というのである。彼の指摘によると，今日ほとんどすべての場所で支配的となっている心理学[13]は，道徳的な感受性をわずかにしか考慮しておらず，それに科学における役割を一切割り振っていない。彼は言

---

11)『パンセ』ブランシュヴィック版278／ラフュマ版424が念頭に置かれていると思われる。

12) 審査は1865年，出版は翌年。*La méthode morale, ou de l'amour et de la vertu comme éléments nécessaires de toute vraie philosophie.*

13) シャローにとっては，クーザンのエクレクティスム学派の心理学である（その中ではジュフロワが辛うじて評価されている）。

う,「しかしながら,私の理性が最重要の真理として,そして一切の哲学の至高の原理として把握する神,この神を私の心情もまた,自分なりの仕方で肯定している。この二重の証言が聞こえない者に災いあれ」[14]。

　パスカルは言っていた,「心情には,理性のほとんど知らないそれ自身の理由(レゾン)がある」[15]。また彼は「心情にはその秩序がある」とも言い,こう付け加える。「この秩序は,決して原理や証明によるものではない。これは主に,目的を常に示しておくために,目的に関わりのある点の一つひとつについて枝葉の議論を行うことに存する」。そして最後に言うとこうだ,「イエス・キリストが従い,聖パウロが,聖アウグスティヌスが従ったこの秩序,それは慈愛の秩序である」[16]。パスカルのこうした文章は,説得術についての深い指摘に関連付けられるもので,おそらくここには一つの「道徳的方法」の種子が存在している。次の重要な真理について,シャローはそれをまだ展開しようともせず,そもそも正確に定義することすら試みていないにせよ,少なくともそれに注意を促したのは彼の功績である。すなわち,魂の一つの働きでありまた魂の一能力であるところの思惟は,それだけでは哲学に十分ではないこと,哲学には魂全体が必要であること,そして仮に魂のなかに諸部分を区別できるとして,哲学にはとりわけ何よりそれらの中でも最重要かつ最善の部分が必要である,という真理である。アナクサゴラスの後で高き哲学の発端とし得る彼の者,プラトンの師であり,プラトンを介してアリストテレスの師でもある彼,偽りの知で一杯になったソフィストたちと自分を比べ,「私は何も知らない」と言った彼,彼〔ソクラテス〕は,その無知についての自覚,真の学知の端緒となる自覚の由来については少なくとも理解させようとして,こう付言していなかっただろうか。「私は愛に関する事柄以外,何も知らない」[17]。

　プラトンに,そしてそれ以上におそらくアリストテレスに従い,そしてこのアリストテレスの思想の根底にまで赴くならば,万物の帰する究極が存在するのは,善の観念のうちであり,またそれに対応しそれを説

---

14) 同書 p. 84.
15) 『パンセ』ブランシュヴィック版 277／ラフュマ版 423。
16) 以上は『パンセ』ブランシュヴィック版 283／ラフュマ版 298 からの自由な引用。
17) 『饗宴』177d (5)。

明するところの愛の観念のうちだということになる。多くの探求がなされ，多くの経験が集められて，以前よりも明晰に，事物の言わば内奥は魂であり，魂の内奥は意志であることが我々に理解されている今日，一切の学知が湧き出てくる深い源泉が隠されているのは，意志そのものの最奥だということをどうして認めずにいられよう。真の愛，すなわちそれ自身愛に他ならない真なる善への愛，実際これこそが，知恵というものではないか。そして学知とは何であろうか。世界は，アリストテレスの言い方を引き合いに出すなら，互いに関係のない諸断片からなる悪しき劇といったものではない以上，学知とは，さまざまな形相の総体，そして言ってみれば第一の学知が下位の諸領域へと投影され反映されたものの総体，それ以外の何であろうか。そしてこの第一の学知とは，第一の普遍的原理についての学知であり，それをひとは卓越した名によって，つまりは「知恵」と名付けているのである。

XXXV
美　学

美と善の関係。シェニェの見解／美の定義。シャルル・レヴェック／ラヴェッソンの見解。美の原理としての愛。美学上の諸カテゴリーの解明

　哲学の中でも道徳に密接に関係する分野である美学(エステティック)すなわち美の理論は，1857年に精神科学・政治科学アカデミーの開いたコンクールの主題となり，アカデミーは1859年にその結果を公表した。このコンクールによって二つの優れた著作が生まれた。一つは，「優秀」の評価を得たシェニェ (Antelme-Édouard Chaignet, 1819-1901) のそれであり[1]，もう一つは賞を獲得したシャルル・レヴェックのそれである[2]。

　シェニェは，現代に至るまでに生み出されてきた美学理論に関して学識豊かな分析を行うが，そこで彼が特に意を注いだのは美の観念を，それに近いものとされており実際しばしばそれと結びつけられあるいは混同されてきた諸観念，主なところでは〔事物や行為についての〕善(ビャン)の観念，そして次に〔意志や人格的存在に関する〕善良さや道徳的完全性の観念とはっきり区別することであった。

　ヴィクトル・クーザンの哲学の中でも，美についての講義で扱われ

---

[1]　大きな加筆の上，*Les principes de la science du beau*, 1860 として出版（『美の学の諸原理』）。

[2]　*La science du beau, étudiée dans ses applications et son histoire*, 2 vols., 1861 として出版（『その応用ならびに歴史に関して研究された，美の学』）。

るところは，最も優れた，そしておそらく最も堅固な部分の一つをなす。リードの理論は遡るならシャフツベリ（Anthony Ashley Cooper Shaftesbury, 1671-1713）を経てプラトンにまで至るはずのものだが，クーザンはこのリードの理論をさらに展開しながら，美とは，十全さに差はあれ精神的で道徳的な完全性を表現するものだという点を確立しようとするのである。シェニェはエクレクティスム学派に属していると自ら述べてはいる。それでいて，また加えてカントやシェリング，ヘーゲルといった，彼自身付言するには「彼ら以後一歩も進めないほどにまで美学を確固と打ち立てた創始者たち」を賞賛しながらも，ヴィクトル・クーザンのようにこの創始者たちの努力に自らも加わることについては，シャニュは躊躇するのだ。彼らが立証しようとしていたのは，美とは単に，事物が我々の感覚に与える心地よい印象の総称などではなく，相対を介した絶対の，有限を介した無限の表現，したがって感性的なものを介した叡知的なものの，身体的なものを介した精神的なものの表現だということだった。対してシェニェ自身としては，美が善に直に由来していること，そしてさらに，厳密に言って美を徳(ヴェルチュ)あるいは神自身に帰し得るのだということを，認めるつもりなどないのである。

　聖アウグスティヌスの学説は，それ自体ギリシア哲学から派生してきたものだが，この学説を要約して聖トマスはこう述べた。「善とは欲求の対象であり，したがってひとを喜ばせるものである。対象が喜ばせるのが，それについての認識によってであり，単に感覚によるのではない場合，それは美しいと言われる。ゆえに美とは善なのだが，思惟に，そして理性に応じる善なのだ。そして善そのもの，絶対的な善は，さらにまたいっそう深い何ものかに対応している。すなわち，愛である」[3]。おそらくは，こうした明快なる考えのほうから光を当てられてみれば，プラトン以来シェリングとヘーゲルまでのこの上なく偉大な思想家たちの学説に残るとシェニェが考えた不明瞭な点〔なぜ美を，善や徳に，さらには神に結びつけられるのかということ〕も，何かしら明らかにされる

　　3）　端的な「アウグスティヌスの要約」としての出典は不明。内容としては，『神学大全』第二部第二十七問題第一項における，ディオニシウスへの回答部分に近い。また同書第一部第五問題第四項で述べられる類似の見解も参照。こちらの項ではアウグスティヌスの言う「（万物の原因たる）善」の目的因的性格にも言及がある。

ことだろう。

　シャルル・レヴェックが意を注ぐのは，美とは何のことであるのかを正確に定義することであった。最も広まっていた理論によれば，美とは均整とされたり，あるいは結局同じことだが，統一に結びついた多様性とされたり，ついには単に一性に尽くされるとか，有限と無限の関係のことだとか言われてきたのだが，彼はそうした理論にほとんど満足できない。彼にとって美とは，一切の存在の本質をなすところを構成している諸性質の表現だと見えるのだ。そしてその性質とは，レヴェックによれば，大きさないし力能と，秩序の二つである。ついでに指摘しておくが，ここにはマルブランシュの二つの原理が再び見られる[4]。また付け加えれば，レヴェックは，彼に先立つ多くの論者と同様，大きさが秩序に服従させられたところに本来の意味での美を，秩序が大きさに屈するところに崇高を，それぞれ見いだしているようである。

　ヴィクトル・クーザンは，特に後期の著作において，美を力によって定義するほうに傾いており，そして美を感覚に快いものに還元してしまう哲学に反対する論争においては，真の美から，心地よさという観念（アグレマン）を完全に排除するのが常であった。シャルル・レヴェックはこの点でもエクレクティスムの学説に忠実である。彼もまた，真なる美の観念から，「魅力的な」（シャルマン）ものと彼の呼ぶ要素を排除しているのだ。しかしながら，美しい事物を玩味する際に彼が発揮する趣味を見るならば，厳密さのせいでおそらく無味乾燥になっている以上のような理論から，いっそう広い理論へと彼が導かれていくだろうことにほぼ疑いはない。そしてそこで美はおそらくより完全な説明を見いだすことになるだろう。

　これまでも一度ならず指摘してきたように，「力」（フォルス）の語は，「実体」や「原因」の語よりは積極的（ポジティフ）で実在的な何かを言い表すに適したものでは

---

4)「大きさないし力」と「秩序」，という二分法はマルブランシュのものではない。XX:205 頁脚注，また XX:206-207 頁におけるラヴェッソン自身のマジについての言及（そこで持ち出される二分法は正しくマルブランシュ的なものである）をも参照。
　ここでのラヴェッソンは，本来のマルブランシュ的区別である「大きさ」と「完全性」を，レヴェックの言う「（崇高に繋がる）大きさないし力」という量的なファクターと，「秩序」という質的なファクターとの区別にあえて重ねているのである。

ある。しかしながらそれはまだ不完全な一観念の表現でしかなく，ある物質的現象の記号ないし論理的等価物としてしかはっきり規定された意味を有していない。また注意しなければならないことだが，レヴェックは「力」という観念の中に，それと異なるにしても実際にはほとんど変わることのない「力能」(ビュイサンス)の観念だけでなく，「秩序」の観念をも含ませている。これは「力能」の観念を補って完全なものにするためには必要不可欠なものであって，というのも「秩序」の観念には，力が向かっている目的と，その向かう様態が含まれているからであり，さらにはまた，ある目的に向かうというのは，結局は目的を欲する〔＝意志する〕ことであるからだ。となれば，『美の学』を著した才気と学識を備えるレヴェックと共に，美の説明は存在の成り立ちそのものの説明のうちに，そして存在の成り立ちの説明は「力」のうちに，それぞれ探し求められねばならないと認めるのなら，ライプニッツに同意して次のことをも直ちに承認しなければならなくなると思われる。「力」という抽象的な語の下に，積極的かつ実在的で，諸現象の質料性すなわち運動とは本当に区別されるものを見いだすためには，「力」には「傾向性」を，そして結局「傾向性」そのものに「意志」の意味を含ませるべきなのであり，であるなら当然，「美は力を表現している」という命題は，「美は意志を表現している」という命題において初めて十全な意味を受け取ることになるはずなのだ。さらに自分自身を理解するための反省をもう一段階深めてみれば分かるように，あれこれの意志そのものも，当の意志だけで完全に説明されるわけではなく，そこにもまた一つの原理，一つの原因が必要であり，マルブランシュが言ったように，個々の意志はこの原因の部分的な現れに過ぎない。ではこの原因とは何か。まさしく万人の認めるように，美が最もよく表すところのもの，そして美が生み出すもの，である。美というものを単に物質的で感性的な心地よさにおとしめてしまうことを怖れて，心地よさという観念を完全に美から遠ざけてしまう理論もあるわけだが，実際には，そうした理論の言うところに反して，一切の美しいものが持つ明白な特徴とは我々を喜ばせること，しかもある秘密の魔法によるかのごとく，すなわち言い古されてはいても実にもっともな言い方では，我々を「幻惑」(ファシネ)し「魅了」(シャルメ)する魔法によるかのように我々を喜ばせることではないか。この魅力(シャルム)は，とりわけ

「優美(グラース)」[5]と呼ばれるもののうちに見いだされる。そして知性のいまだ外的な領域を超えた言わばその向こう側で，魂そのものにまで到達し，心情を揺り動かすこの優美，その由来とは，感覚を持たない物質や，大きさや，大きさを秩序づける形相などではなく，心情そのもの，言うなら魂の根底であると思われないだろうか。

おそらく「善」や「善良さ」という一般観念を説明するのはそれを「美」へと帰着させるということであるのなら，この美のほうも，おそらく結局は，少なくとも至高なる美についてなら，それは卓越した善へと帰着すると見える。この善は言わば完全性の土台であり，神の本質そのものであり，それこそが「善良さ」と呼ばれる。ところで，こうした上位の意味において「善良」であるということはすなわち，「愛する」ということである。かくして結局のところ，愛こそが美の原理であり存在理由だと思われるのである。

シェリングはこう言っている，「まず芸術は事物に，個体性を有するごとき姿を刻んでくれる性格を付与した」（まったく同様に「意志を有するごとき」姿を，とも言えまいか）が，「それに続いて芸術はもう一歩進む。芸術は，諸事物があたかも何かを愛しているように見せることによって，事物自身を愛すべきものとなす優美さをそれらに与えるのだ。この第二の段階の上には，もはや最後の段階しか残ってはおらず，第二の段階もそれを予告し，準備している。すなわち，諸事物に魂を与えることであり，これによって事物は単に何かを愛しているように見えるだけではなく，実際に何かを愛するようになるのである」[6]。

またプロティノスもこう言っていた。「事物に優美を与え，そう欲するものに対しては愛を与えるもの，それが善である」[7]。

---

5) ここで「優美」と訳した《 grâce 》は，神学用語としての「恩寵（恩恵）」をも意味する言葉であり，XXXVI:343頁ならびに345頁では後者の意味で用いられている。本章で以下語られていく美学と道徳との同一性，という議論を追うに際しては，この二義性に留意されたい。

6) 1807年の講演「造形芸術の自然との関係について（Über das Verhältnis der bildenden Künste zu der Natur, in *Sämmtliche Werke*, VII, S. 291-329)」での主張の自由な再構成ではないかと思われる。

7) 『エンネアデス』IV, 7, 22 (6-7)。

善とは，したがって，愛そのもののことなのだ。

しかし問われよう，「崇高」についてはどうなのか。崇高には常に高い位置が与えられてきたし，とりわけカント以後，その位置は撤回の余地のない確実なものであると思われるが[8]，崇高はそれを失わなければならないと言うのか。――まったくそうではない。ただし，美の至高の姿であるところの崇高なものとは，ひとがあまりにそう言うしカント自身もそう述べるが，恐ろしいものに紙一重のものだ，というばかりではない。崇高とは，一切の限界を超えるものでもある。ところで，ひとを怖れさせるのは，外的なものであり，ということは限界を有し，分離したものである。対して無限は，『知恵の書』の言い方を借りれば[9]，その純粋性によって万物に染み入り，万物を占有し，万物を満たす。個々の特殊な意志は，他の意志にとっては脅威となるものであり，限界づけられている。したがって，本当に，絶対的な意味で一切の限界を超えられるのは，障害も抵抗も知らないもの，すなわち愛の広大無辺さだけなのである。だからこそ，旧約における崇高なもの，とりわけ恐ろしいものの上に，さらにまだ何かが存在しているのだ。仏教において開始され福音書において完成されるもの，優しさと平安によるもの，つまりは自己犠牲の崇高，である。

アリストテレスはこう記している，「秩序と大きさが美をなす，と言うべきではおそらくない。単に，秩序も大きさも持たぬ美は存在しない，とだけ言うべきだ」[10]。秩序と大きさはおそらく賞賛(アドミラブル)すべきものを作りはしようが，実際，それらも美にとっては条件にしかならないのであるとしたら，美そのものの本質をなすのは，明らかに，美をして愛(エマーブル)すべきものとするところのものではないか。美学の主要なカテゴリーと呼んでよいものを，神と人間の本性の初源的な要素であるとこれまで意見が最も一致している諸原理，しかも歴史の大きな時代が移り変わる中で幾度も見いだされる諸原理へと結びつけてみよう。つまり，美学

---

[8]　「崇高（le sublime）」は，偽ロンギノス（一世紀頃）の『崇高について』以来「美」と並ぶ範疇の一つであったが，十八世紀半ば以降，エドマンド・バーク（『崇高と美の観念の起原』）とそれを引き継ぐカント（『判断力批判』）においてあらためて論じられ，美学の主要テーマの一つとなった。

[9]　旧約聖書『知恵の書』（7, 24）。

[10]　『詩学』1450b。

上のカテゴリーを,「力能」と,「知性」と,「愛」の三つ組に結びつけてみるのだ。そうすればこう言えるのではないか。恐ろしいものの崇高は,大きさの原因としての「力能」に対応し,本来の意味での美は,秩序の原因としての「知性」に対応する,と。そして「愛」に対応するのは,本来超自然的な上位の崇高,最も卓越し真に神的な美をなす崇高,つまり優美と柔和さ(グラース)の崇高である,と。

　美学は単に哲学のうちの重要な一分野には留まらない。それは原理にまで遡れば道徳と一致するが,当の原理において考察されてみれば,美学は,哲学そのものになる。我々が見てきたのは,現代の思想の運動から,そしてこの運動が示唆するさまざまの考察から,次のような一般的な帰結,高き哲学のすべてがはるか昔から垣間見てきた帰結が顕わになってくるさまである。すなわち,その根拠から世界を説明し,自然を説明するはずのものは,魂であり,精神だ,ということだ。したがってもし,美が魂の動因であり,魂が愛し意志するように,というからには行為するように,ということは生きるように,つまりは存在するようにするものであるのなら——というのも魂にとって,そして一切の実体にとっては,存在と生と行為は同じ一つのことなのだから——,美こそ,とりわけ最も神的で完全な美こそは,世界の秘密を含んでいるのである。

XXXXVI

結　論
——精神の肯定，スピリチュアリスム的実在論の到来——

今世紀冒頭の哲学の変化／エクレクティスムの不十分さ／実証主義，あるいは新たな唯物論。観念論への隠された志向／唯物論に至る分析，観念論に至る総合／ラヴェッソン的総合判断。「原因」とその意志的性格，イデアルな完全性／「イデア」の一般観念化という陥穽。多くの観念論と唯物論の相似／「絶対的な内的能動性の意識」という観点。総合の真の原理としての自己反省，ならびに絶対者の直接的意識／ラヴェッソンのパースペクティヴ。完全なる絶対的人格神，人間的魂，有機体，無機物，物理的現象／道徳的必然性の支配／自然諸科学と形而上学の関係／哲学をめぐる近年の状況の変化。「スピリチュアリスム的な実在論・実証主義」の到来／能動的作用としての「精神」の実体性。標識：「思惟の思惟」・「自己原因」・「存在と本質の一致」／諸存在の創造の起源の問題。神話と古代哲学，キリスト教からの示唆——絶対者の自由な犠牲と贈与，愛／現代のスピリチュアリスム的運動とフランス

　以上述べてきたところからの帰結を，簡単に要約しよう。

　先の十八世紀の哲学学説が生じたもとは，中世が甘んじていたところの不完全にしか定義されていない超感覚的原理に対する侮蔑であり，そしてまたほとんど物質的現象ばかりへと向けられた関心であった。物質的な現象の規則性と恒常性は以前にはよく知られていなかったものだ

が，今後はそれがすべてを十分に説明すると思われたのである。この学説によれば，すべては物体とそれらの関係以上のものではない。ひとが「自然哲学」[1]と名付けたものが，その自然学上の帰結ならびに道徳上の帰結を伴いつつ，哲学をすっかり構成し尽くすはずであったのだ。しかし今世紀の初め頃になると，その種の学説は我々の持つ自然を超えた観念や信念を，そしてそもそも自然それ自体をも，十分に説明するものではないのだと一般に考えられるようになっていた。そこで形成された哲学は，感覚が教えない諸原理，我々の知性が要求し我々の知性が自ら証明する諸原理への信頼を立て直すものであった。その哲学はほどなくフランスで勝利を収め，大いなる権威を有した教師たちによって公教育のうちに導入されて，それを今日までほぼ独占的に支配してきた。

　しかしながら，あらゆる認識の最初の源泉が見いだされるのは現象にしか到達しない経験であり，したがって自然科学の方法であるところの観察こそ唯一の方法だという，先の十八世紀に好まれた思想にいまだ支配されていたために，新しい哲学〔エクレクティスム〕も，少なくとも別の方法から何かを借りてこない限りは，立て直そうとしている諸原理のために不完全な概念と不十分な証明しか用意できなかった。新哲学が自分の立場に閉じこもって論を進める限りは，そこで主張される〔原因や実体といった〕原理なるものが，カントの言ったように，単なる諸概念〔＝カテゴリー〕に還元されてしまい，我々はそれを用いて事物を一定の順序と統一の条件の下に表象しはするものの，それに対応するものは実際には存在しない，ということにもなりかねなかったのである。

　かくして近年では，当の哲学は，その哲学の格率を最終的帰結にまで推し進めた人々において，次のような理論へ至るのが見られた。すなわち，感覚的現象の向こう側には観念的存在しか認めず，確かに自然はその観念的存在に従って規制はされているものの，当の観念的存在は一切の実在性を有しないのだという理論である。したがってこれは観念論〔イデアリスム〕の一体系と呼んでもよいものだが，実際には，実在をすべて観念〔イデア〕に帰する絶対的な観念論ではなく，経験が認識させる諸現象には実在性を認めつつも，現象とは異なるもの，しかしそもそも現象を説明し

---

[1] philosophie de la nature. ドルバックを代表とする十八世紀唯物論のこと。ドイツ観念論が言う「自然哲学」ではない。

てくれるものに関しては，単なる観念に属する種類の存在しか割り当てない，という中途半端な観念論の体系なのだ。

　感覚的現象の向こう側の叡智的な原理にかくもわずかな実在性しか与えない形而上学を前にして，すべてを現象に還元する哲学が再び生まれないわけにはいかなかった。そして我々の時代は実際，実証主義(ポジティヴィスム)の名の下に，新しい唯物論が再び出現するのを目の当たりにした。

　しかし唯物論が非常に歓迎されたかつての時代以後，事態は多くの点で変化していた。

　ここまでの叙述で一度ならず指摘してきたように，唯物論の主な起源は，自然の物質的な基盤をなす基本的な諸条件と最も単純な諸性質を扱う科学，つまり数学と物理学にあるが，それに対して生物においては，とりわけ生物の階層を上っていくにつれて言わば魂へ近づいていくごとくに感じられるものであり，ある意味で生物はスピリチュアリスムを告げている。そして生物よりもさらにそれを告げるのは，道徳や美学の秩序に属する事象である。というのも，そこでは部分の細部についての考察を，全体や秩序，調和の考察のほうが圧倒しているからであり，言い換えればそこでは，質料(マチエール)の考察を形相(フォルム)のそれのほうが圧倒しているからである。

　ところで今日においては，自然の質料(マテリエル)を対象とする科学のうちに閉じこもり，より複雑で高度な次元の事象を扱う科学を顧慮することもないままで，生命の科学や芸術，そして芸術の根底をなしている詩作(ポエジー)[2]，そして一般に知性的で道徳的な次元の研究に一切関わりを持たずにいるということは，以前に比べれば稀になっている。かくして唯物論は，そのようなさまざまの強い影響の下で，自説に忠実なままでいることが難しくなり，徐々に変様変質しつつ何か別の，スピリチュアリスムの刻印を多かれ少なかれ帯びた理論へと転じるのである。

　我々が実際見てきたように，「実証主義(ポジティヴィスム)」を自称する学説も，またそれに近いあれこれの学説も，最初は，存在するものすべてを幾何学的で力学的(メカニック)な要素のさまざまに複雑な結合に，そしてそれら要素の運動が伝達される端的なメカニズムに還元したものの，しかし少なくとも上位の

---

[2] 次頁にわたる文脈においてこの「ポエジー」とは，狭義の（文学ジャンル上の）「詩」を作ることに限られない，創造的活動のことである。

次元に属する非常に複雑でありながら調和を具えた事物に関して結合そのものや運動の起源を説明する段になってみれば，それらの学説が訴えた先は，結局のところ何らかの有機的で創造的な観念，支配力を有する理想(イデアル)，つまりは作用因かつ目的因であるような原因であった。そしてそれは，それらの学説が相手に回して闘うつもりであった哲学の側が持ち出す原理に非常に似通ったものなのだ。さらに結局見届けたところでは，我々の時代の何かしら唯物論的な諸理論も，スピリチュアリスムからはまだ多かれ少なかれ距離を取りながらも，結局一種の観念論に至るのであった。

　より正確な説明をしよう。ただし，〔唯物論と観念論という〕二つの対立する哲学に〔それぞれの由来として〕結びつけるべき原因の説明ではない。一方の哲学は事物の質料のみを考察するのに対し，もう一方の哲学はその形相をも考察するものだと言ってよいが，そうなる原因は明らかに，一方は最も低い点，最も要素的な状態での存在のほうに気を取られ，他方は最も高い点における存在，欠けることなき絶対的な存在のほうにもっぱら取り組むということに見いだされよう。そこで，両者の原因ではなく，むしろ直接の結果のほうを探求してみよう。言い換えれば，二つの哲学が人々を歩ませて完全に対立する帰結へと導くところの，二つの異なった道とはいかなるものかを吟味してみよう。おそらくそうして気づかれるのは，その道とは，あらゆる方法が含む二つの部分，すなわちいわゆる「分析」と「総合」において辿られる二つの道だということであろう。

　認識しようとひとが思うその対象はどんなものも，その諸要素か，その形相の統一かのいずれかにおいて考察され得る。諸要素とは素材(マテリアル)のことであり，形相とは諸要素の集合様態のことだ。ある対象や観念を分解して要素へと解消していくというのは，それらを質料(マチエール)へと解消することである。ある全体はその要素へ解消され，要素はまた別の要素へと解消され，そうやってもはや分解できない要素へと辿り着いた時，ひとは当の全体を説明し，余すところなくその理由を示したのだと見える。自分の特性がほぼそのまま要素のそれであるような事物，つまりは幾何学的な事物，あるいはさらに力学的な事物についてなら，以上のことはおそらく正しい。そこでは諸部分でもって余すところなく全体を説明し，全

体が存在する理由をアプリオリに了解することができるのだ。かくして，物質(マチエール)の一般的な諸条件全体がなしている下位の次元について正しいとわかったことを上位の次元へと拡張して，何であれ対象を分解すればその理由を説明したことになるとひとは思い込むわけである。

しかし反対に，諸事物において，素材の統一様態すなわち形相(フォルム)を考察することもできる。事物がどのように集まり，互いに結合するのかを考察することもできるわけだ。この観点は，結合の，複合の，すなわち総合のそれである。これは本質的に，芸術の観点である。というのも芸術とはとりわけ組み立て，構築することであるから。これはまた際だって詩作(ポエジー)の観点でもある。詩作は非常に遠い対象を一緒に近づけ，結びつけ，〔婚姻におけるように〕調和させるものだから。そして最後に言えばこの観点は，科学が芸術の本性を分かち持ち，とりわけ発明的である場合において，科学そのものの観点でもあるのだ。所与を結合する技法(アール)は，少なくとも分析と同程度に，問題の解決に資する。ひとは帰納について，それは何よりも事実の要素を列挙することであって，分析の働きだとするのが普通である。しかしはるか以前に，微積分学ならびにそれに劣らぬ多くの発見をなしたライプニッツが言ったように，「観察を収集する操作という意味での帰納に，ある種の洞察の技(アール)を結びつけないとしたら，ほとんど前に進めはしない」[3]。そしてこの洞察の技とは，ライプニッツが正しく述べ，また先に見たように現代の卓越した発明者〔ソフィー・ジェルマン。92頁以下〕があらためて最近明晰に説いたように，事物をその最終的な部分にまで分解したあとで，類比に依拠しながら，部分の関係を説明する仮説を作ることなのである。そうした仮説はそれぞれ集合と結合の様態である。結合，合成，すなわち総合。分析の逆である。

確かにライプニッツは，発明の源泉は最初の諸要素の性質を認識させるところの分析だ，と述べてはいる。しかし方法に関する問題をいっそう根本的に追求しようとした際に彼が言うところでは，分析は事物をその要素へと解きほぐすという点でとりわけ判断を行う際には役立つが，

---

[3] Leibniz à Huygens. le 29. déc., 1691 (8. Jan., 1692), in *Sämtliche Schriften und Briefe*, Akademie Verlag, Reihe III, Bd. 5 (1691-1693), S. 241.（ライプニッツからホイヘンスへ。1691年12月29日（ユリウス暦。グレゴリオ暦で1692年1月8日））

XXXVI 結論

しかし特に発明に役立つのは，総合のほうなのである。

　総合が科学に，中でも対象がこの上なく複雑で高度な科学に非常に役立つのだとすれば，物理的で感覚的な経験の一切を超える学，すなわち哲学において総合はさらにいっそう有用である。

　我々の総合的判断は単に，事物が我々の経験に対して現象として与えてきた総体ないし与え得る総体の中へと，当の事物の部分を結合するに留まるものではない。感覚的経験が示すもののすべてを超えたところへ我々を進ませる別の総合判断も存在する。カントが「アプリオリな総合判断」という名の下に明らかにしたのがそれである。しかしカントはそれをただその対象を想像する際の感性上の必須条件を経験の対象へと適用することだと考えたために，おそらくその原理を十分に高いところに探し求めなかった。感官の与える対象をアプリオリな総合判断によって従わせるその先は，延長と持続の諸法則だけなのではない。延長や持続の法則自体がおそらくはそこからの派生物でしかないような，上位の諸法則でもあるのだ。

　我々は完全性を必要とする。我々は自身のうちにその範型を携えている。まさにこの範型をもとにして，我々は，万物について判断を下すのである。

　何ものも無からは生じない，と世の初めからすでに古代の知恵は語っていた。理由なしには何も生じず何も存在しない，とライプニッツも言う。そしてすでに引いたスピノザの言葉によれば，永遠の相の下においてでなければ何ものも考えられない。より一般的にこう言い直してもよいだろう，無限と完全の相の下においてでなければ何も考えられない，と。これらの格率は根本において，意味は同じである。何ものも無から生じないのだとすると，相対的存在は絶対的存在と比べればすべて無に等しいものでしかない以上，すべてのものは最終的には無限で絶対の存在から生じるのでなければならない。万物は理由を持つのであれば，理由を順に遡っていけばすべてのものは結局，自分を自分で正当化する理由，すなわち再び無限と絶対によってこそ正当化されるのでなければならない。我々があらゆる事実に原因をアプリオリに割り当てる総合判断

は，ここから生まれてくるのだ。

　デカルトもまたこう言っていた。あるものが存在し始めると判断すること，あるものが新しいと判断することは知性的理解，すなわち感覚では説明できない思惟，つまり純粋な知性的理解である。彼は次のように付け加えることもできただろうし，おそらくこれがデカルトの考えであったはずだ。すなわちその知性的理解は，存在しないものに対して存在するものの観念を，そして存在し始めるものに対して永遠に存在するものの観念を，つまりはあらゆる〔時間的な〕始まりと終わりがそれとして照らし合わされ測られる尺度になるものの観念を含み持つものだ，と。

　さらにハミルトンも次のように語っており，我々はすでにその言葉も引いている〔99頁〕。すなわち，ひとは，何かが絶対的な意味で存在し始めるということを理解できないのであり，それこそが哲学者の間で「因果性の公理」と呼ばれているものの土台だというのだ。もし何かが存在し始めるように見えると，我々はその何かについて一種先行的な存在を直ちに想定して，それを「原因」と呼ぶのである。

　そればかりではない。生じることはいずれもどこかから生じてくるばかりでなく，またどこかへと赴いていくものでもある。原因は，始まりの理由とともに，それが向かっていく終わりの理由もまた含んでいるのだ。かくしておよそ原因というものは，始まりと終わりのいずれの向きにも結果を超えており，原因自らの無限性でもって有限なものを包んでいるのだ，と考えられよう。

　これはただ単に，カントが考えたように，現象はみな，現象のほうをことごとく限界づけつつも自分自身のほうは限界づけられようのない時間と空間によって規定されているということではない。〔それに加え，〕〔時間と空間という〕感覚的で外的な存在条件において，現象とは変化ないし運動であるということ，そして運動は，その多性が持っている統一の説明のために，由来となる何らかの単純なものを必要とする，ということである。そしてまた，不完全で言わば存在への途上にある運動はそのうちに，進展していく瞬間ごとに自分が手にしていくものを与えてくれる原理，したがって運動の終極の姿をすでに現勢的にとっている原理を，含んでいるということなのである。源泉から湧くごとく運動が発

出してくるもととなるその原理，運動が必要としているその基盤，その実体とは，傾向性ないし努力である。努力は，運動を通じて自らを示しはするが，それ自体が運動のように感官や想像力の対象であるわけではない。ここで言う努力とは，意志という唯一の範型のうちで，我々の最も内奥の意識だけが認識させてくれるものなのである。

物理的で機械的な現象の細部についてであれば，ある現象を説明するためには別の現象を持ち出せば足りるということも，少なくとも一見しただけなら，まったくあり得ないわけではないと思われよう。それ自身では不完全であるものを説明するために，完全で欠けることのない，絶対的なものにまで必ず至らねばならないことをよく理解しないままでもいられるわけだ。しかし有機的存在を前にすると話は別である。我々の前にあるのは非常に複雑な機械であり，そればかりか，例えばパスカルやライプニッツのような透徹した目で吟味するならば，果てしなく複雑な構成を持つ機械である。それでいながら，そこではすべてが息を合わせ，協力し合っている。ここで我々はもはや単に，何か原因があるはずだと漠然と定まらぬ仕方で考えるだけではない。その原因は，我々の制作による機械，我々の技術による作品にとっての，その合成と配列を司る観念に類比的な何か，機械や作品の諸部分をみな同じ一つの目的へと協力させる思惟に類比的な何かでなければならないと考えるのだ。すなわち，有機的存在の非常に複雑な統一を前にして，それをある原因へと結びつける総合判断ははっきりと限定され，完成するのである。ここにおいて我々は，諸現象を説明するにあたって，運動の原理と考えられる作用因ないし力といった，不完全で言わば空虚な観念ばかりに留まりはしない。いまや我々は原因についていっそう充実し，我々の内的経験にいっそう近い観念に到達する。すなわち，その働きの初めからすでに目的としての終極を含んでいる原因，作用因であると同時に目的因でもある原因，それどころか目的因であるゆえに作用因ともなる原因である。そして，相対的なものであるにせよこの原因の完全性こそが存在根拠となることで，諸要素はこの完全性においてのみ自身の完成を見いだし，諸手段は自身の用途を見いだせるのだ。有機的な存在を前にして，そして知性的で道徳的な存在を前にすればなおさら，我々は，それらの不完全なところを，それらの存在そのものが熱望している完全性の観念に

よって補うわけだが，その際になされる総合判断とは，以上のようなものである。
　諸理論が，非常に異なった出発点から始めて同じ観念論へと収斂していくのを我々は見たが，それらの理論がみな，おそらく自分のことを厳密に理解していないままではあれ，総合を用いて到達するのはまさにこのような地点である。
　こうした道行きにおいては，特殊で不完全な観念で停止するわけにはいかない。プラトンと共に，カントと共に，そして我々が報告しなければならなかった観念論的理論の大半の主張者(イデアリスト)と共に，段階を経ながらある至高の理想(イデアル)へと至らねばならない。特殊な観念はいずれもただその理想の部分的な側面，不十分な適用例，制限されてしまった姿を与えるものでしかないのだ。

　分析は，次々と分解を繰り返してより基本的な素材(マテリアル)へと下りながら，万物を，形相も秩序もない絶対的な不完全性のうちへと解消するほうへ向かう。唯物論(マテリアリスム)についてオーギュスト・コントが鋭く指摘していたように，上位のものを下位のものへと帰着させ，すなわち思惟を生命に，生命を運動に，そして運動自身を無機的なままで完全に受動的な物体の関係の変化へと帰着させつつ，分析は万物を，ライプニッツが言うように惰性と昏睡に還元するのである。古代がすでに見てとり，アリストテレスとライプニッツが証明したように，何もしないこと，何ら働かないことはまさしく何ものでもあらぬことだというのが正しいのであれば，分析は，ひとがただそれだけを用いるなら，次第に無へと向かっていくものだと言えよう。
　〔対して〕総合は，次々と合成を繰り返してより高い合成原理，いっそう物質的制限から解放された原理へと上りながら，万物を，何にも制限されない絶対的な完全性によって説明するほうへ向かう。したがって総合は，次第に無限へと向かっていく。
　しかしひとは，質料(マチエール)がその形相(フォルム)を得る由来となる合成原理を考えようとしながらも，多様な体系が結局到達する先だと確認された観念論がするのと同様に，質料的な多様が協力して向かう統一という一般概念を念

頭に置いてしまう。しかもそれとて，単に，さまざまに異なるそのつどの特殊な状況を除外することでしか定義できないものだ。ちょうどひとがあれこれの植物から植物一般なるものを区別し，あれこれの種からそれらに共通の類を区別するのと同じである。そして，プラトンやマルブランシュが，自分が「観念〔イデア〕」と名付けるものを理解したやり方はおそらく，少なくとも一見する限りでは，それなのだった。そうなれば理想(イデアル)も，それで説明できると期待された諸現象のほうがこの理想と比較されれば不完全性と端緒に過ぎなくなるような最終的な完全性のことではなくなり，それが実際に表すものは，諸現象の下絵，極めて省略された図面のごときものでしかなくなってしまう。このように概念的に考えられた理想(イデアル)，それはまた理想主義(イデアリスム)を称する美学の理想(イデアル)の捉え方でもあるのだが，ともかくそうした理想とは，観念論(イデアリスム)が望むように，質料的現象がそこに含まれるところの形相ないし統一であることなど本来決してあり得ず，逆に，当の現象の側が含意済みの条件でしかない。ある図形がより単純な図形を含意済みであり，ある概念がより基本的な概念を含んでいるのと同じ話である。したがって，そのような理想にひとが辿り着くのは，一見総合を経てであるかに思われるが，そんなことはまったくなく，実際には分析を通じてなのである。理想は，自然における運動が向かっている目的として提示されはするものの，よくよく見ればそこにあるのは，さまざまの属性をはぎ取って実在を還元していく先となるところの，より単純な状態についての概念でしかない。そして観念(イデー)を次々と経て，ひとは自分が完全性を次々と経由しつつ絶対的完全性に向かっていると思っているが，しかし実際は逆で，単純化を，ということは当然一般化を次々と重ねながら，「存在」一般の観念に向かって歩んでいるのだ。そしてこの観念(イデー)は，抽象が降りていける最後の段階の，我々の悟性における表現以外の何ものでもなく，存在すること以外の規定を一切奪われているゆえに，ヘーゲルの指摘によれば「端的な無」の観念とほとんど区別もできないものである。こうしてひとが行っているのは，アリストテレスがプラトン主義者において非難したままに，段階を経つつ，ある一定の完全性の地点から最も劣る不完全性へと下ることに過ぎないのだ。

かくして，かくも異なる以上二つの学説は，その一方は事物について感覚が示してくれるものしか認めず，もう一方は事物の本質的なところを，悟性が抽象作用で拵える観念のうちに囲い込めると思っているわけだが，しかし両者とも同じような方法を用いているのであり，第一〔の唯物論〕のほうは事物をその質料(マテリエル)的な要素に分解するが，第二〔の観念論〕のほうもまず事物を一種の総合を通じて観念(イデー)へと結びつけ，その次にはこの最初の総合から段々とより包括的な総合へと上っているつもりで，実際には，観念をその質料をなす論理的要素[4]へと分解しているだけなのだ。両者は，異なった道を通りながらであれ似た方向を辿っているのであって，そのために，仕方は異なれども等しく実在の完全性と十全性から遠ざかっていく。そして両者とも，空虚と無の深淵へと向かうのである。
　唯物論は，単純化を通じて偶然的なものから本質的なものへと到達できると思い込みつつ，実際には物理的存在の最も一般的かつ基本的な諸条件へとすべてを還元しているだけなのであり，そしてそんなものは実在の最小分でしかないのだ。
　観念論も，一般化によって種に固有のさまざまに異なる特徴を偶然的なものとして排除しつつ，知性〔＝叡知〕的次元におけるより高度なもの，完全性の理想(イデアル)へと到達しようとしながら，実際には，自分が辿っているつもりとは反対の道を経て，最も基本的な諸条件へとすべてを還元しているだけなのであり，そんなものは完全性と知性的性格の最小分で

---

[4]　「観念の質料が論理的要素」というこのやや捉えにくい主張は，しかし，ラヴェッソンにおいてはそのアリストテレス研究第一巻以来のものである。
　発想の前提は，形相とは規定であり規定するものであるのに対し，質料は未規定なもの，という相関的対比である。そうすると，ある観念について，その内容の規定のほうが形相で，未規定な一般性のほうが質料，ということになる。
　ところで我々の有する観念のほとんどは一般観念である。例えば「人間」の観念は，完全に規定されていない限りで，ソクラテスにもプラトンにもあてはまる一般性を持つ。また，この未規定な一般性の大小に応じて，論理的関係が定まる。例えば「生物」は「人間」よりももっと未規定であるゆえに，「人間」を包摂することができ，したがって論理上「人間は生物である」と言えることになる。こうした，論理関係をも可能にする未規定な一般性を，ラヴェッソンは観念の「質料」と呼ぶわけである。
　最上位の類としての「存在」とは最も規定に乏しい一般者であるから，それを原理と見なすような「観念論」は，それと知らず極端な「質料」主義＝唯物論の写しになっている――というのがここでの主張である。

しかないのだ。

　こうなってしまうのは唯物論と同じく，観念論も，除外と無視という分析の作業をほどこすべき偶然的なものは何かをきちんと見分けた上で，真に総合的な道を通って本質的なものへと到達できる唯一の観点に身を置かなかったからである。すなわち，本質的なものを直接に，言わばくまなく覚知できる観点，つまり絶対的な内的能動性の意識という観点である。ここに実在と完全性とは合致し，ただ一つのものとなる。

　よく言われるところでは，自身のうちに立ち戻るなら我々は，さまざまの感覚や感情，想像，観念，欲求，意志，記憶からなる世界のただ中に自分を見いだす。それは果ても底もないままに揺れ動き続ける大海だが，しかしそれはことごとく我々のものであり，我々自身に他ならない。ではそれが我々のものであり，我々自身であるのはいかにしてか。それは，この内的な無数の渦のどの瞬間，どの場所においても，我々がその捉えがたく多様な寄せ集めから，まとまった集合を形成するからであり，それをまとめる紐帯が，我々による形成の働きそのものの一性に他ならないからだ。

　実際，我々自身という原因がいかにしてことを行っているかを探求してみれば分かるように，その作用とは，我々の複合的な個体性が潜在的な形で含んでいる未知の諸力が協力し相互に調整しつつ向かっていくある秩序や目的を，思惟によって規定することである。ある目的や観念を思い描き，あるいはある観念を言い表そうとすると，記憶の含む財貨のうちの役立つものすべてが，記憶の奥底からたちまち現れ出てくる。また，ある運動を意志すれば，言わば知性の命令を感性の言葉へと翻訳してくれる想像力の媒介的な影響のもとで，基本要素となる諸運動が我々の存在の根底から発してきて，それらの終極ないし完成が意志された運動になる。いにしえの物語[5]では，楽曲の呼びかけに応じて，〔石などの〕素材(マテリアル)が従順に，あたかも自ら動くようにして並び壁や塔になったと言うが，まさにそのごとくである。

　我々の思惟が思い描こうとするそうした観念，言わばその完全性の高

---

[5] アムピーオーン（Ampīōn）についてのギリシア神話。竪琴の名手であり，その旋律によって岩が自ら動いてテーバイの城壁をなしたという。

みから下位の潜在的な力を呼び集めるこの観念とは何か。それは，我々の思惟そのものが，一定の限界内ではあれ達し得る限りの高い能動的実在性に至ったものである。では，その思惟に引き寄せられ，思惟に自らの完成と現実化を見いだす潜在性とは何か。それも観念であり，しかも我々のものである観念であり，したがって，言わば自らの外にあって自分に知られていない状態ではあれ，やはり我々の思惟なのである。

　我々の経験によれば，一切の内的生の原動力とは以上のように，思惟すなわち知性の作用であって，それがいまだある意味で潜在的存在しか持たない散乱と混乱の状態から呼び起こされ導かれて，意識の統一における再構成の連続的運動によって能動的存在にまで至り，眠りと夢の状態から覚醒状態へと途切れることなく上昇していくのだ。物語の石が自分を呼び集める旋律に従うのは，石のうちにも何か，聞き取りがたく秘められてはいるものの旋律がやはり存在しており，そしてそれを，はっきり口に出し表明された旋律が潜在性から現実性へ移行させるからなのである。

　言い添えねばならないが，我々のうちで起こる一切についてその原因は我々の思惟の相対的な完全性であるとして，この相対的完全性自身にも原因がある。それは絶対的な完全性である。

　我々の人格とは知性を備える意志のことであるが，存在全体として見ればそれは，古代の言い方では一つの「霊」，つまり特殊な一つの生成原理であり，さらに言えば一つの神，ただしその支配権には限界がある特殊な一つの神である。こうした霊，こうした神は，自分より上位の力によらなければ何も生み出せず，何もなし得ない。それが与っている力とは，普遍的な神，絶対的な善でありかつ無限の愛である神の力である。そしてこの偉大なる神は，有名な言葉に従えば「我々から遠いものではない」[6]のだ。我々が自分の考えを比較し測るための上位の尺度，あるいはむしろ我々のうちでそれらの考えを自ら測りに来る尺度として，つまり我々の観念にとっての〔真の〕観念，我々の理性にとっての〔真の〕理性として，その神は，我々にとって「我々の内面よりもさらに内に」[7]ある──「自分の生と運動，存在をこのように我々が持っ

---

[6] 『使徒言行録』(17, 27)。

[7] この « plus intérieur que notre intérieur » という表現はラヴェッソン好みのもので，

ているのはすべて，この神のうちにおいて，この神によってである」[8]。こう言ってよければ，この神は我々よりもいっそう我々自身なのであって，むしろ我々のほうがいつも無数の点で自分を知らずにいるのだ。

　マルブランシュによれば，我々は万物を神のうちに見るが，ただし我々自身だけは例外であって，それについて我々は曖昧な感情しか持たないのであった。しかしおそらくこう言うべきだろう。我々が万物を神のうちに見るのは，我々が自分を見るのがただ神のうちにおいてであるからだ，と。

　要約しよう。ある事実を目にして，我々はそれを先行する事実に結びつけたり，より一般的で単純な事実へと解消したりする。これは物理的原因と呼ばれるものを規定していく二つの段階だが，我々はさらに，事実をその真の原因，すなわち上位の完全性からの作用へと結びつけるのであり，そしてそれはまさに総合的な働きによってなのだ。

　この総合的な働きは，分析とは違ってとりわけ哲学の方法となるものだが，それにはある原理が欠かせない。それは高き哲学，形而上学の，本来の方法（もし単純で不可分な働きに相変わらず方法という名を与えることができればだが）である。それは，我々自身についての反省，そして我々が与える絶対者についての我々を介しての反省のうちでの，最終的な原因にして理由の直接的意識である。

　およそパースペクティヴというものは，ある一点，唯一の点〔本来の視点〕に相対的なものである。それ以外のところから見られる限り，パースペクティヴは不均衡と非調和しか与えないが，当の一点から見られればそれはどの部分においても正当なものとなり，調和ある全体を示す。普遍的なパースペクティヴは，それこそが世界であり普遍的調和なのだが，その観点，唯一の観点とは，無限者ないし絶対者なのである。

『習慣論』第二部 IV 末尾注で指示される «intimior intimo nostro» と同じものである。当の注がアウグスティヌスに言及している以上は，ラヴェッソンの念頭にあるのがこの教父であることは確かであるが，このままのラテン語表現はアウグスティヌスの有名な著作内には見つけることができない（むしろアウグスティヌスは一人称単数で «intimior intimo meo» と言う——例えば『告白』）。ラヴェッソンにとっては，厳密な引用というよりは，定型表現なのだと思われる。

　8) 本書 IX:113-114 頁の文章とは異なるが，再び『使徒言行録』(17, 28) であろう。

完全なる絶対的な人格性とは，まさしく無限な叡智と愛なのだが，これをパースペクティヴの中心として，そこから我々の不完全な人格性というまとまりが，そしてさらに我々以外の存在というまとまりが理解されてくる。神が魂を理解させ，魂が自然を理解させてくれるのだ。

直接の意識によって認識される我々の存在の内的な構成を，類比は，我々の外に，やがて至るところに，再発見させていく。我々は，自分の内面の有機的なあり方を独特の範型として，それに沿いつつ有機的存在と呼ばれるものすべてを考える。有機的存在とは，その複雑さにもかかわらず，そしてこの複雑さそのものとの対照によっていっそう明らかに，自らのうちに運動の原理と目的を有したものであり，あるいはより正確には，運動の目的であるまさにそのことによって原理でもあるような原因なのだと言える。度合いは下がるにせよそれは，神と同様，そして魂と同様，自分自身の原因であるものであり，結局，程度に差はあれ人格の類比物なのだ。

魂を考察した後で，魂が直接関係しているもの，すなわち有機的身体を考察してみるなら，その最も高い機能，他のすべての機能の最終的な説明をおそらく見いだすべき機能とは，有機的身体が自ら動くということであるのが理解されよう。「自らに運動を与える機械」と言う以上にうまく有機的身体を定義できようか。

すでにアリストテレスが指摘していたことだが，有機体のうちでも最も完全なもの，人間の身体が他のものより卓越したものとして区別されるのは，意志的な運動とその器官となる道具が優れているという点においてである。かくして，自発的運動の機能こそは，動物のなかでも最も完全なもののうちで，他の機能を超えて最高の完全性へと到達しているものであるわけで，それこそが，姿はさまざまであれ，そして生物の階梯を下っていけばいっそう漠然としたものにはなるものの，さまざまの機能を完成させてくれるところの，普遍的な機能なのではあるまいか。

クロード・ベルナール氏のごく最近の思想[9]は，彼が以前に『実験医

---

9) ラヴェッソンと同様に，万国博覧会に際してベルナールはフランスにおける生理学の進歩についての報告を行っている。*Rapport sur les progrès et la marche de la physiologie générale en France*, 1867.（『フランスにおける一般生理学の進展と歩みについての報告』）

ラヴェッソンが参照しているのは，この報告中でのベルナールの見解であろう（*Ibid.*, pp.

学序説』で展開した思想をいっそう明らかな形で要約するものだが，それによれば，有機体において生じる現象はどれも還元されてしまえば，それ自体は，無機的な事物が与えるのとまったく同類の物理化学的現象であり，我々の技術で複製を作れるものだという。特別なのは，それらの現象が生物において達成され完成されるその仕方であって，我々にはそこで手段となっている仕組みの形成は理解できず，我々の技術もそれを模倣するにはまったく無力なのだ。ここで次のように言い添えてもよいのではないか——生体において物理化学的現象が完成される独特の仕方は，生物が，環境による限定は受けるにしてもやはり自発的決定によって自らの諸部分を適切に配置し，それが条件となって対応する物理化学的現象が直ちに生じてくるという点にある。したがって，有機体が全体として「自ら動く機械」と定義され得るのであれば，それを構成する限りない器官の一つひとつはそれぞれ「運動の特別な自動的道具」と定義されるのではないか，と。またこうも言えないか——それらの機械，我々の能力を超えた技術の所産たる特別の仕組みとは，その技術に指導されながらの，自発的な要素的運動の調和ある協力の結果である，と。そして最後にこうも言えまいか——生ける機械がいかにして形成され自らを修復するのか我々には理解できず，それゆえそれを模倣もできないのは，それが自発的な要素的運動の結果であるとして，シュタールが見てとったごとく，それはさらに想像力の条件を完全に逃れるものであり，したがって計算や推論の対象となり得ないからではないか，と[10]。

さらに推測を重ねてよければ，「無機的物体の有機化」とでも呼べるものを生じさせる内的で知覚できない運動，つまり結晶化の運動についても同様ではないだろうか。〔確かに〕有機的な物体にしても，それ以

135-136 ; note 212, pp. 222-224)。そこでベルナールは，生体内で生じる化学反応自体は人工的に再現できるありふれたものであるが，当の反応を可能にしている諸器官の複雑な配置はそうではないことを指摘した上で，自分の見解が単純な還元論（生物＝物理化学的な機械）ではないことに注意を促している。ただし，続いてラヴェッソンがそれに「言い添え」ようとする見解は，ベルナールのそれではない。

10) XXIII:221-222頁を参照。ラヴェッソンの解釈では，「想像力の条件」すなわち判明な思惟の対象となる条件は，空間的に延長という性格のもとで与えられる，ということである。

外の物体にしても，そこでの物理化学的現象に関してはそれを特殊な形をとった機械的現象，特別な結合をした運動へと還元していくというのが今日の科学の傾向であり，運動は，有機的存在における諸決定と同様のまさしく意図的な決定からしか説明できないような親和力や牽引力から論じられるのではなく，デカルトやライプニッツの物理学の一般的原理に従って，周囲の物体の衝撃の単なる結果へと解消されていく。そして衝撃や衝突，そこから生じる運動の伝達にまで至れば，キュヴィエが言ったように，すべてが説明されたように思われる。そうした現象は，我々にしてみれば至るところで目にするのが常であるので，それだけでもう十分に自明だと見えるからである。またそれだからこそ，程度の差はあれおよそ有機的な性質を持つ存在の持つ一切の機能を，そして物理化学的現象のすべてを，ただ衝突による運動の伝播へと還元していこうとする普遍的機械論の理論こそがまさに科学というものなのだ，とまで思われるわけである。

　しかしそうした非常に単純な現象すらも，より詳しく考察してみるなら，その現象を持ち出して首尾よく至るところから排除できると期待される当のもの，すなわち自発性を，相変わらず含んでいることが分かるはずだ。

　一見したところ，衝突による運動の伝達には，受動的なものしかないように思われる。しかしライプニッツは，そこに反発性ないし弾力性があることを示した。そして彼が指摘したように，この事実を考えるためには，衝撃を与える物体の運動はそこでいったん消滅して衝撃を受けた物体の側で復活すると想像してはならないのであって，作用と反作用によって，〔衝突された〕物体のほうではその諸部分を衝撃以前から生気づけていた内的な運動が物体全体の位置運動へと姿を変え，他方，衝突した物体は位置移動をやめて内的運動のみの状態へと至るだけなのだとしなければならない。ところで，衝突における運動がいったん消えて生まれるのではなく，ただ単に姿を変えるということなのであれば，そして数多くのぶつかり合いを通じて常に同じ量の力が存続するということなのであれば，それはつまり，一度ある運動によって生気づけられると，物体は自分自身をそのままに保つということだ。これこそは，ケプラーが初めて力学へと導入した「慣性」であり，やがて力学の第一原

XXXVI 結　論

理となったものである。ライプニッツはやがてそこに，存続する傾向性を，もちろん決心をあれこれ変化させる意志とはそのままでは対立しはするものの，それでいて根底においては意志に類比的な性格を持つものとして示すことになる。魂には生得的な傾向性があって，魂の本質を構成する能動的作用を保存し続け，外的な影響で乱された場合にももとの能動的作用を立て直そうとするわけだが，慣性や，その結果である反発性は，その傾向性が物体においてとる姿なのである。

　とするとどうか。仮に，生物も，生きていると言いながらも，我々のうちで自らを認識している魂に類比的なところを示すものではなく，無機的な物体の諸条件へと帰着させ得るのだとしよう。そしてそうである以上当然だが，その無機的な物体についても，そこから秩序や統一性の固有の原理を取り除いて，ただ外的な運動の偶然によってすっかり保持されている物質的微粒子の単なる集積へと還元しなければならないのだとしよう。これは他でもない，唯物論が掲げる理論だ。しかしながらそれでも，完全に無機的な物質が運動しつつ従っている法則のことを理解しようと思うなら，そうした物質についての観念に付け加えて，通常は漠然と「力《フォルス》」や「力能《ピュイサンス》」といった語で指示される何か，やはり意志や思惟の類比物であり派生態であるような何かを，持ち出さないわけにはいかない。

　そればかりではない。そもそも運動についてのあれこれの法則とは別に，すでにして運動一般の観念がそれだけで，物質的で外的なものを与えるばかりでなく，それ以外のことを含意しているのだ。デカルトは，能動的作用の観念が汲み出されてくる源泉を正しく精神のうちに指し示すことはできたのだが，そうなると自然のうちにも何らか精神を認めることになりはしないかという懸念から，〔自然界における〕運動を延長内部での物体間の継起的関係〔位置の変化〕だけから定義したのであった。これに対してライプニッツは次のことを示した。物体が占めている一つひとつの場所で見た場合，運動中と静止時とで異なるのは，運動している物体のほうは，そのつどの場所において，別の場所へと移ろうという傾向を持っていると言えるという点だ，というのである。つまり根本的には，あらゆる運動とは傾向性なのだ。ライプニッツによれば，傾向性ないし努力こそが，運動自体の実在性なのであり，それ以外は関

係に過ぎない。そしてまた彼によれば，物体が別の物体から受け取るのは，それらの傾向性の持つあれこれの限界や規定だけである。傾向性そのものは，その最初の方向とともに，物体にとっては初めから本質的なものなのであり，その起源を見いだすためには，当の物体を創造した力能にまで遡らねばならない。これは実質上，アリストテレスの証明と同じものである。運動を説明しようとするのなら，たとえ諸現象の継起がアリストテレスが考えるように永遠のものであったとしても，やはりそのさらに外に遡って，第一動者へと至らねばならない。第一動者はそれ自体運動してはいないが，ある非物質的な活動(アクシォン)をなしているのであり，運動の言わば内的な源泉はそこから発してくるのだというわけである。「予定調和」を語るライプニッツも，万物は機械的に生じる，と言う。現象は各々，自らを決定する理由を別の現象のうちに有するという意味ではある。しかし彼は付け加えて言う，機械論自身にもさらに原理があり，その原理は，物質の外に探し求められるべきもの，形而上学だけが認識させてくれるものなのだ，と。

　ライプニッツの主旨はこうである——運動の一つひとつは先立つ運動を物理上の条件としているとはいえ，その実効的な原理，その原因は，ある能動的作用，結局のところ善と美の力能でしか説明できない作用なのだ。彼は言う，「機械論の原理は，そこから運動の諸法則が帰結してくるもとであるが，当の原理は完全に受動的で幾何学的ないし物質的なものから引き出して来られるものでもなければ，数学の公理だけから証明されるものでもない。動力学上の規則を正当化するために訴えるべきは，正真正銘の形而上学であり，〔すべての〕魂に働きかけつつ，幾何学者の原理に劣らない厳密性を有するところの，適合の原理なのだ」[11]。

　ライプニッツはまたこうも言う，「機械論のもともとの源泉は，原初的力である。言い換えれば，この原初的力からさまざまの派生的力ないし駆動力が生まれてくる際の運動法則は，善と悪の知覚，すなわち最もよく適合するものの知覚から導かれてくるのだ。作用因はかくして目的

---

11) *Entretien de Philarète et d'Ariste, suite du premier entretien d'Ariste et de Théodore* (1711), GP, VI, p. 588.（『フィラレートとアリストの対話』）
　ここから次頁にかけて言われる「適合（convenance）」とは，目的や意図に適っていること，価値規範に合致しているということ。つまりは目的論的な概念ないし語彙である。

因に依存している。精神的(スピリチュエル)なものの方が本性上，物質的(マテリエル)なものに先立っているのであり，それは認識の順序においてそうであるのと同じである。というのも，我々は，自らの内奥の魂を，身体よりも内的に見てとるからであり，それはプラトンとデカルトが指摘した通りである」[12]。プラトンとデカルトの名に，アリストテレスの名を付け加えることもできただろう。そしてまたおそらくは，この銘記すべき文章における言葉をさらに超えて行くことも許されよう。物理的原因とは作用因ではなく単に条件であって，それらの条件の継起していく順序は，目的から手段に下る完全性の諸段階を逆向きに示しているものであってみれば，おそらくはこう言ってもよいのだ——「作用因は目的因へと還元される」，と。

かくして，何度も引用してきたこの深い思想家がさらに語るように，「原因と結果の結びつきは，耐えがたい宿命のもととなったりはしない。むしろ反対に，そのような宿命を取りのける手段を与えてくれるのだ」[13]。

万物はその理由(レゾン)を有している，とライプニッツは言った。だとすれば，万物にはその必然性があるということになる。そして実際，必然性がなければ確実性もなく，確実性がなければ学知もない。ただし必然性には二種類のものがある。一方は絶対的な必然性であり，これは論理的必然性である。他方は相対的な必然性であり，これは道徳的必然性であって自由と折り合いのつくものである。すなわち理由にも二種類のものがあるわけである。論理上の理由と，適合上の理由である。

絶対的な必然性というものはある。突き詰めればそれは，あるものが，現にあるようにあらぬことは不可能だという原理，つまり同一律に帰着する。そして同一律から，すべての推論の基礎となるもう一つの原理，ある別の事物を含む事物は，前者の含む事物をもすべて含んでいる，という原理が派生してくる。注意すべきだが，推論は単純なものから複雑なものへ前進すると見るのは誤りである。反対に推論とは，複雑なものから単純なものへと後退していくものだ。推論するというのは，ある観念から，当の観念が含む諸観念を，すなわち当の観念が存在する

---

12) Epistola ad Bierlingium, 12. Augusti 1711, GP, VII, p. 501.（ビエルリンギウス宛書簡，1711年8月12日）

13) 『弁神論』第一部五十五節。

条件となっている要素的な諸観念を，帰結として導き出すことである。帰結とは，本来，条件なのだ。もう一点注意すべきは，観念相互の包含関係から導かれるこの必然性，包含関係に即して互いに比較される諸観念の間に見いだされる必然性は，数学においてのものであって，数学とはただ，量に適用された論理学だ，ということである。

　対してもう一つの種類の必然性は，最善と思われることをなすように決定するところのそれである。この必然性は，第一の必然性とは異なり，自由を決して排除しない。むしろ反対に自由を含意している。賢者は善く行わずにはいられないが，それで彼は自由でなくなるだろうか。自由でないのは，情念の奴隷となる者であり，善と悪の間で確信を持てないままにさまよう者のほうだ。賢者は善を選び，その選択は決して間違えようのないものだが，この上なく自由な意志によるものでもある。それというのもおそらく，善ないし美とは実は愛，まったく純粋な姿での意志としての愛に他ならないからであり，そして真の善を意志するというのは，自分自身であろうと欲することだからだ。

　ライプニッツは言う，「至るところに幾何学があり，至るところに道徳がある」[14]。道徳的な事柄のなかに至るまで幾何学的なものがあり，幾何学的な事柄のなかに至るまで道徳的なものがあるというのだ。実際，道徳的な事柄，魂と意志に関わる事柄も，そこに同一性や相違，同等性や不等性の関係が見いだされる限りにおいては，幾何学的必然性に従う。そして他方，幾何学は，展開していく中で純然たる道徳的必然性は一切排除しはするものの，しかし幾何学を極めて深く探求した最近の研究から判断すると，幾何学の第一の基礎は調和の原理であって，その原理もおそらく絶対で無限の意志を感覚的な形で表現したものとして考えるべきなのだ。万物を神の自由な決定に依存させたデカルトもおそらくはそのように考えていた。アリストテレスもこう言っている，「数学は善の観念と共通するところをまったく有していないと言われる。しかし順序や比率，対称性などは，優れて美がまとう姿ではないか」[15]。

---

14) Lettre de M. de Leibniz à l'Evêque de Meaux, du 8. avril, 1692, in *Sämtliche Schriften und Briefe*, Akademie Verlag, Reihe II, Bd. 2 (1686-1694), S. 516.（「ライプニッツ氏からモーの司教［ボシュエ］宛の書簡，1692年4月8日」）

15)　『形而上学』第十三巻第三章からの自由な引用。

幾何学的秩序は全体として見れば道徳的秩序の反対物である以上，確かに幾何学は，他のことを無視する狭隘な観点から理解されてしまうとひとを哲学から遠ざけかねないものだが，哲学者はまず幾何学者たれ，というプラトンの要望は，無意味なものではない．

いまや自然とは，唯物論の教えとは異なって，決して幾何学に尽くされず，ゆえに絶対的必然性すなわち宿命に尽くされるものでもない．自然には道徳的なものが入り込んでくる．自然には，偶然性と意志を排除する絶対的必然性と，偶然性と意志を含意する相対的必然性とが，言わば混ぜ込まれているのだ．そればかりか，そこで最も原理的なのは道徳的なもののほうだ．自然にはその規則的な進行を一定程度攪乱する偶発事はある．ただ，それもよく探求すればやはり同じ法則に服しているのであり，そうした点は度外視できるのであれば，自然は至るところで変わらない進展を示している．単純から複雑への，不完全から完全への，弱々しく明確とは言えない生から，次第に力を増し，知性の理解に適いつつまたそれ自体知性を備えていく生への進展である．しかもそこでは，どの段階も，先行する段階にとっては目的であり，後続する段階にとっては条件，手段，あるいは質料である．それゆえ，互いに逆方向を向くものとして絶対的必然性と相対的必然性とが生じてくるのだ．論理学においては，命題からその命題の条件への絶対的な必然性があり，自然においてはある目的からその手段への同様の必然性がある．実際，目的はあれこれの手段を引き寄せる．しかしながら，目的そのものが課されてくるのは相対的必然性においてであり，意志を決定する必然性はこの種のものである．だからこそ一般に，いかなる出来事もそれに続く出来事を，絶対的な幾何学的必然性でもって引き寄せてはこないのだ．先立つ出来事が後続する出来事の原因と見えてくるとしても，それは本義をはずれた強引な意味においてでしかない．実際のところ，先立つ出来事とは，相対的必然性にとっては要素の一つ，しかも先に見たようにその否定的な要素であるに過ぎない．そして相対的必然性は，我々の自由意志が決心する折の動機が持つ種類の必然性，つまり道徳的必然性なのであって，それはその必然性によって決定されると言われる当の原因が自分を自分で決定することを妨げるどころか，逆にその自己決定を含意するものなのである．事物の見え方を転倒させる一種の蜃気楼によっ

て欺かれたままであるがゆえに，唯物論は，自然のうちに本来の意味の必然性を見るべきは自然が進んでいくのとは逆の〔時系列上の「後」が「先」を決定しているという〕方向においてだけであるのに，そうせずに必然性をただ進行そのままの方向に，時間の進展する順序に沿って見てとれると思い込んでいるのである。

したがって，少なくとも事物の規則的な経過について，偶発事を除外するなら，この世界における宿命を言いたくなるとしても，宿命などは見かけでしかない。自発性，自由こそが真なるものなのだ。万物は，単なるメカニズムあるいは純然たる偶然によって生じるのではない。万物が生じるのは，完全性，善，美に向かう傾向性の展開によってであり，この傾向性は言わば内的な発条のように事物の中に存在している。そしてこの発条を通じて，のしかかるおもりのように事物を押し，自ら動くように促しているのは，無限なるものなのだ。万物は，盲目の運命を蒙るのではなく，まったく神的な摂理に従う。しかも自ら進んで従っているのである。

しかしだからといって，人類の最初の時代の信仰にまた立ち戻って，自然において生じることはすべて勝手気ままな意志によって生じるもので，その意志のせいで常に一切の予見は失敗し，一切の学知は不可能になると考えるべきだ，ということではない。意志は生命の原理であるが，この意志が生命と同じく万物の根源に存在する以上，意志にもまた生命と同じくさまざまの程度がある。

意志は，無限において，つまり神においては，愛と同一のものであり，そして愛そのものも絶対的な善と美から区別はされない。対して我々において意志は，その内的な法である愛に満たされつつも，やはり感性とも繋がっており，感性が絶対的な善について示すのはそれが描き出される場のせいで言わば変質させられてしまったその似像でしかないために，意志はしばしば，完全に自由であれば常に向かうはずの無限な善について確信できずに，自らの独立性をあれこれの不完全な善へと一部分譲り渡してしまい，そちらへとさまよい出るのである。我々は自らの存在の持つ下位の諸要素を通じて自然界に属しているが，そこにおいて意志は理性のわずかな明かりしか頼りにできないので，この意志は

XXXVI 結　論

　言ってみれば，自然を提示してくる特定の姿の強い魅力に捕われ，その姿にまったく受動的に従属してしまっているかのようなのだ。しかしそれでも，身体的生の暗く見通しがたい領域においてすら，さまざまな運動をその最初の起源にまで遡って説明するのは，善と美についての一種曖昧な観念なのだ。結局のところ，物理的必然性とひとが呼んでいるものは，ライプニッツが言ったごとく，道徳的必然性なのであり，これは自由とまで言わずとも少なくとも自発性についてはそれを排除するどころか，むしろ前提として含むものなのである。万物は規則的で恒常的でありながら，根本のところでは，意志的なのだ。

　「自己についての反省」という内的で中心となる観点からすれば，魂はただ単に自らを見るばかりか，自身が発してきたもとの無限をも，言わば自らの根底のうちに，見る。また他方，魂が自分を見て自分だと認めるのが，本来の自分とはさまざまに異なってしまった姿においてだという場合もあり，この程度を下って行くなら最後の極限においては，分散した質料において，諸現象の連鎖の下に一切の一性は消滅し，一切の能動性は消え去るかとも思われる。こうした観点からすれば，魂のうちには自然において展開するすべてのものが見いだされるわけで，ここからアリストテレスの言った「魂はあらゆる形相の場所である」という言葉の意味も分かってくる。そしてそうであれば，諸対象は，魂がその移り変わる状態において経ていく諸局面を，空間におけるあれこれの形態を通じて表しているものだと見えてくるわけで，ここから「物体とは瞬間的精神である」というあのライプニッツの言葉の意味も理解されてこよう。そして最後に言えば，魂そのものが，その生の進行のなかで，純粋な精神が分かたれざる現在のうちにすでに含み持っているものを順を追って次第に展開させていくのであってみれば，次のまた別の言葉，すなわち以上二人の思想家のものであり，そしてプラトンの高き学説の精髄を簡明な定式へとすっかり要約する言葉も，その意味が理解されてくる。すなわち，多様な有限者において展開していくのは，無限が一性のうちに集約しているものである，ということだ。言ってみれば，自然とは，精神が屈折と分散を蒙ったようなものなのだ。

以上のようなものこそが真なる知の観点であるとしても，だからと言って，一切の学知はただこの観点のみを採らねばならない，ということになるだろうか。もちろんそんなことはない。自然現象が生じるのは，時間と空間においてであり，量的な諸法則に従いつつ，他の現象に対して一定の関係を保ちながらのことである。こうした諸条件の規定は，推論に導かれつつも，やはり経験に属する事柄である。さまざまの科学は，対象とする事実の詳細について，「物理的原因」と言われるものを量的ないし数学的なあれこれの特性に即して次第に規定していくが，その際に何か別の方法に従っていく必要はない。そしてまた知性による上位の学は，最終的には下位の諸科学の歩みすべてについての審判者ではあるものの，だからと言って諸科学の作業に何か直接の介入を行ってはならない。
　パスカルは言う，「ある脳裏の考えを持ち，万物をそこから判断しなければならないが，それでもやはり民衆のごとく語らねばならない」[16]。「脳裏の」考えは，ひとが個別的科学のそれぞれにおいて固有の言葉を，すなわち物理的現象を語る言葉を口にするのを妨げてはならないというわけだが，この当の「脳裏の」考えこそ，形而上学(メタフィジック)なのである。
　そしてまた，精神的(スピリチュエル)なものの学は物理自然的(フィジック)なものについての学に対して金輪際何もなし得ない，というわけでもない。確かに，自然科学や物理科学はある程度までは形而上学から独立している。しかもそれらは形而上学に大きく寄与もし得る。というのも我々は，純粋に知性的なものについて，その言わばより粗野な形での似像を与えてくれる感覚的なものにおいてでなければそれを容易に理解できない，というふうにできているからだ。だからこそ，自然について知らなければそれだけ魂についても無知なままだと言われたわけである。しかし，感覚的なものは知性的なものによってしか理解されず，自然は魂によってしか説明されないというのもまた真であり，より本当の意味で真なのである。ヒポクラテスやアリストテレスからハーヴェイやグリモー，ビシャやクロード・ベルナールに至る生物科学において，大きな発見は常に，諸機能にはそれらを規定する目的があり，あれこれの手段は調和して一つに協力して

---

16) 『パンセ』ブランシュヴィック版336／ラフュマ版91。ラヴェッソンによる小さな改変あり。

いるという仮定を，明言の程度に差はあれともかく立ててみることでなされてきた。物理学においても，最も重要な法則が見いだされるのは，はっきり言われたかどうかに差はあっても次の仮定を用いることからであった。すなわち，万物は可能な限り最短経路で，そして最も単純な手段で生じること，力の消費は可能な限り最小であり，生じる結果は常に可能な限りの最大限であること，等である。いずれも，一つの知恵ある一般規則の変奏である。基本的一般的宇宙論においても，とりわけコペルニクスとケプラー以後，はっきり口にされたにせよ伏せられていたにせよ，偉大な発見で，普遍的な調和への信頼を何らか適用することから示唆されてこなかったものはない。

かくして，狭隘な自然科学(フィジック)が一切の形而上学(メタフィジック)を完全に抹消し，あるいはそれに代わることができると思っている場合，自然科学は自分が何をしているのか分かっていないのだと文字通りの意味で言ってよい。ニュートンは言っていた，「自然学(フィジック)よ，形而上学には用心せよ」。これはすなわち，どこかでヘーゲルが言っていたように，「自然学(フィジック)よ，思考してはならぬ」ということと変わらない[17]。しかし誰が，そしてとりわけいかなる科学が，一切の思惟なしで済ませられるというのだろう。万物が根底においては知性で理解できるもの，したがって知性に形相が適合したものだという原理を，仮に自覚はなくとも実際に絶えず用いていないような者は，科学者には，そしてとりわけ発明者には一人もいない。そして最も偉大な発明家たちこそ，その原理を最大に利用した者なのだ。諸現象のなす物理的(フィジック)世界においては，「物理的原因」として経験に発見できるのは単なる諸条件でしかないのであって，経験が方向を定めて前進していくためには，真の原因の観念，すなわち実効的かつ目的論的な原因の観念によって道を照らされねばならない。そしてその原因とは，非物質的な精神に他ならない。かくして精神とは，それがまさに普遍的な実体であると思われるのと同様に，普遍的な光でもあるのだ。

以上が，これまでの考察に従う限り，今日の哲学の動向が到達するはずと見えるところの，最も一般的な帰結である。哲学のさまざまな体系

---

17) ヘーゲル『哲学史（*Vorlesungen über die Geschichte der Philosophie*）』のニュートンの項を参照。

の大部分は，相互の違いは小さくなくとも，観念論的な理論において相互の意見の一致を見ることができることはすでに確認したが，この観念論的な理論も，自身をごく自然に補完してくれるものとしてやはり以上の帰結へと向かっている。また我々が紹介した中のまた別の諸学説においても，同じ帰結が，程度に差はあれはっきりとした姿で素描されている。こうしてようやく，諸学説が一つの総体的な学説を構成することになるであろう一つの未来を，ごく近いものとして予見することも容易となるのである。

　我々の経験した直近の革命に続く時期においては，人々は先般の混乱に倦み疲れ，精神を動揺させそうに見えるものすべてを怖れていたために，哲学は，好意を持たれるよりはむしろ怖れの対象と化してしまっていた。公教育において哲学が長年有していた役割を大幅に減らし，哲学を少なくとも名目上は論理学へと縮小しなければならないと人々は考えたのである。同時に，この哲学という分野に専門の教師を採用するために制定された毎年の試験〔アグレガシオン選抜試験のこと〕も廃止されてしまった[18]。哲学研究が蒙った影響は大きいものであったし，しばらくの間，その水準は過去の研究より劣るようになったと見えた。しかしこの状態からの結果として，ほぼ四半世紀前からフランスの学校を単独で支配してきた学説の伝統は，完全に断ち切られたとはいわずとも，その力と優位を失うことになった。その権威から解放されてより自由となった人々の精神において，おそらく以前からその種が蒔かれていた新しい思想が，ついには芽を出さないわけにはいかなかったのだ。数年前には，現在の公教育大臣の最初の仕事となる提案[19]に従って，フランス

18）　ナポレオン三世によって第二帝政が開始されると，公教育をめぐる対立において教会側の巻き返しが起こった。クーザンが七月王政以来構築していた教育行政組織――公教育王立評議会（Conseil royal de l'instruction publique））――は解体され，教壇に立つ者には皇帝への忠誠を宣誓することが求められる。それを拒む教授は職を辞し，あるいは国外に逃れることになった。そしてまた，心理学を入り口として形而上学や神学に至るスタイルを取った従来のカリキュラムは「論理学」へと縮減され，「哲学」の教授資格試験（アグレガシオン）は「文学」のそれへと統合解消されてしまう。いわゆる権威帝政期において，哲学は厳しい抑圧の対象になったのである。解説も参照。

19）　1863年に公教育相に指名されたヴィクトル・デュリュイ（Victor Duruy, 1811-1894）が，就任直後に行った改革。古代史家であったデュリュイは以前よりラヴェッソンの知人であった。本報告の執筆をラヴェッソンに依頼したのも彼である。

の学校において哲学は，以前の「哲学」の学科名称と併せてかつての地位を取り戻し，そしてまた哲学教育を任とする教授を採用するための特別試験も復活した。この試験の一部は公開のものであるが，そこで何人もの若き教師は目の覚めるような姿を示した。エクレクティスムの登場以来独占して支配してきた理論に代わって，いくつもの際だった傾向が生まれてくるのを人々は目の当たりにしたのである。それらの傾向は，先の古い理論ないしそれに類似した理論がほどなく場を譲り渡していくに違いないと思われる思想へと向かっていた。それを示すものとして引くとすれば，文学ファキュルテの行う最も高度な試験〔博士論文の審査〕において，あるいは哲学と哲学史を担当するアカデミー〔精神科学・政治科学アカデミーのこと〕によって毎年開かれる〔応募論文の〕コンクールにおいて，近年次々と示されている業績を一つならず挙げることができよう。かくして多くの徴候からして，スピリチュアリスム的な実在論ないし実証主義(ポジティヴィスム)と言うべきものの優越をその一般的特徴とする哲学の一時代を，ごく間近なものとして予見してよい。その哲学が産出原理と見なすのは，自らのうちに有する存在について精神(エスプリ)が持つ意識であり，精神は，その存在こそが他の一切の存在が派生するもと，依存する先であることを理解する。そしてこの存在とは，精神自身の能動的作用(アクシォン)に他ならない。

　こうした言明の意味をよりはっきりさせ，その射程を定めるために，もう少しばかり言葉を費やさせていただこう。
　精神の能動的作用，思惟，意志といったものは，感覚的諸性質について我々がそうしているのと同様に，それらとは別に存在している主体が帯びる様態のことだと考えるべきだろうか。ライプニッツは，少なくとも彼の文章を文字通り採る限り，そのように考えていたようだ。彼としては，あえてデカルトに従って，思惟とは魂の一様態ではなく魂の実体，魂の存在そのものだという大胆な考えを認めることはなかったようである。しかし形而上学の基礎を築いたこのライプニッツは次のように問うており，それは正当な問いだと見える。我々が理性推論に導かれつつ第一原因だとする能動的作用が，それ自身とはまた別のものの一様態であるなどということをどうやって理解すればよいのか，というので

ある。その場合には当の別のものこそが第一原因になってしまうだろうし，さもなければまた別の第三のものが先の二者を結びついた形で保持しつつ，一方から他方を生じさせているということになってしまう。だから第一原因を，まず存在して，その次にそれに加えて思惟もするような何かとして思い描いてはならない。それではスピノザが想像したような実体になってしまう。そうした実体は思惟を一属性として有しつつも，おそらくは他の諸属性をも有している以上，その存在の根底自体は思惟ならぬものであるわけで，そんなものはアリストテレスの言葉を借りるなら「思惟する石」のようなものでしかない。それ以外の存在が与えるものはその制限でしかないような第一の絶対的な存在，唯一の完全な実体とは思惟である，というこのことを認めねばならない。存在と思惟とは，すでに古代のパルメニデスが言っていたように，厳密に言って一つの同じものなのである。

　ここから次のことが導かれる。第一原因が自らについて持つ意識は，我々自身の意識の範型であり，また一切の知性，一切の生の最初の源泉なのだが，その意識のことを，無限な存在が自らを観照しつつもその思惟によって思惟自身とは別のものを考えているといった風に理解してはならない。そうではなく，完全で絶対的な思惟とは，〔アリストテレスの〕逍遙学派の頂点をなす定式に従えば，「思惟の思惟」なのである。

　こうした考えは確かに我々の理解を超えている。我々は知性というものを，主客の間の，あるいは思惟と存在との間での，区別や対立という条件のもとにしか理解できないからである。しかしそれでも，無限と絶対においてそのような条件は消え去るということはやはり認め得るし，また認めねばならない。「ひとは理解できないだろう……」と言うのはライプニッツだが，この言葉にはある高い正しさがある。しかもライプニッツこそは，それがあまりに了解しがたいという理由で，アリストテレスやデカルトの考えを完全に認めてしまうことを何度も躊躇したまさにその人だったのだ。「観念の多様性がいかにして神の単純性と両立できるのかを，ひとは理解できないだろう。しかしそれを言えば，この通約不可能性ばかりかそれ以外にも無数の事柄を我々はそもそも理解できていないのであり，しかもそうでありながらもそれらが真理であることは我々に認識されており，それらに依存する物事を理解するために用い

る権利もあるのだ」[20]。

　先に言及したものだが,「神は自分自身の原因である」というデカルトのあの命題についても同様である。デカルト自身が説明しているように,それが意味するところは,理性が命じる歩みを辿って,事実の一つひとつについてそれを説明する原因へと遡行を行うとして,神に至りしかもそれまでと同様に神の存在の理由を探すなら,もはや神は自らの外にいかなる理由をも持ち得ないこと,したがって神は「自己原因であるもの」と定義できることが分かるという,このことなのである。

　神の存在のアプリオリな証明は多くの者にとって理解困難なものであったが,その証明の由来となる以下の第三の命題についても,やはりこれまでと同様である。当の命題はしかし,カントが正しく示したように,そしてまた我々もすでに述べたごとく,他の〔神の存在の〕証明すべての必然的な基礎なのであった。すなわち,「神においては本質と存在が,言い換えれば潜在性と実在性が,潜勢態と現勢態が,ただ一つのものである」という命題のことだ。有限な事物についてなら,それは一つの可能性が現勢的な原因によって現実化されたものだと考えられるわけだが,そこから上昇して,有限な事物の限界を消し去りながら無限な存在を考えようとするならば,その時気づかれるのは,無限な存在の可能性とは何によっても制約できず阻害もできないものの可能性であるということ,まさにそれゆえに,その可能性は実在的存在を含んでいるということである。

　この二つの命題は,無限においては,あるということとその原因,本質と存在がただ一つのものだと述べるものだが,それら二つは互いを含み合いつつ抽象的だが結局同義的な表現でもって,同一かつ唯一の積極的(ポジティヴ)な観念,すなわちそこにおいて理性と経験とが一体となっている観念のことを言い表している。そしてこの観念とは,欠けることのない絶対的な存在の徹底して能動的な自然本性,それゆえに徹底して精神的

---

20)　*Ohne Überschrift, enthaltend eine Prüfung von Lock's Urteil über Malebranche*（『無題。マルブランシュについてのロックの判断の吟味を含む』）, GP, VI, p. 576 ; *Remarques sur le sentiment du Père Malebranche, qui porte que nous voyons tout en Dieu ; concernant l'examen que M. Locke en a fait* (1708)（『我々はすべてを神のうちに見るというマルブランシュ神父の見解について,ロック氏がそれに加えた吟味に関連しての覚書』）, in Erdmann, p. 451.

な自然本性についての観念であって，そうした本性からの帰結として，思惟と意志，そして愛される対象と愛する主体とはただ一つの同じもの，つまりは当の思惟，意志，愛それ自体だということになる。それは質料的な支えを持たないままに，言うなら自らによって自らを養う，一つの炎なのだ。こうした考えにおいてこそ，それ以外のところでは切り離され対立するばかりのものが，生き生きとして光輝く一性のうちにあるがごとく一体となるのである。

さてそうなれば，感覚的な現象，すなわち世界や自然を説明しようとするとして，以上のような純然たる能動的作用の外にはもはや，その作用に対しての質料の役割を持つ何ものか，秩序や美，一性を与えてくる形相に対しての質料となる何ものかしか残っていないことになる。とすると，その何ものか，すなわち自らの実在性を，したがってまた理解可能性をも構成してくれる唯一のものを自分自身では持っていないそれとは，何であるのか。プラトンに従ってライプニッツは言う，それは単に否定的(ネガティフ)な何かであり，それが被造物のうちにあって，原因の本性たる完全性と無限性を完全に受け止められずに制限してしまうのだ，と。

ライプニッツが気づいたことだが，一とゼロを組み合わせればそれだけですべての数が作れるのであり，それによって十進法ではない二進法の算術体系が与えられる。また同様にして，光と影だけですべての色も作れるというのだが，それはゲーテも言っていたことである。そしてライプニッツは，こうした事実のうちに，自然の一般的な成り立ちの象徴を見てとっていた。自然が構成されるためにはただ，絶対的かつ無限な実在性を持った一原理と，それを制限する原理だけで足りるというわけだ。彼はかつて，こうした思想を表現するメダルを思い描いていた[21]。表には自らの光で雲を染める太陽が，裏には一とゼロの結合で作られる数列が描かれ，そしてそこには次の銘〔ラテン語〕が添えられているのであった。

　　　無カラ万物ヲ導クタメニハ，一ダケデ十分デアル

---

21) 1697年にルドルフ・アウグスト公にこのようなデザイン案が贈られた。

アリストテレスがすでに示していたように，実在の積極的な原理とは〔現勢的〕作用(アクション)であり，それに対立する原理を定義するならそれは，秩序を与えてくれる形相に対して質料の定義がそうなるのと同様に，〔現勢的〕作用だけが現実化する可能性，という観念でしかない。ではそのことから現実に存在するものの外に，結局はただ可能的なだけ，ただ潜在的なだけの何か──「第一質料」と名付けられるものはしばしばそのように思い描かれたわけだが──があると考えるべきだろうか。しかし，何らかの仕方で存在しながらも現実に存在することはない，というのは矛盾だと見える。単なる可能的存在とは，実際には，無だ。であれば，これまたライプニッツが指摘していたように，純粋な可能性とは我々の知性による抽象物でしかないわけだ。〔現勢的〕作用への何らかの傾向性がなければ，実在的潜在性など存在しない。しかるに作用への傾向を持つことはすでにして作用していることである。傾向性とは，作用(アクション)なのだ。

しかし，相対的にはやはり潜在的でしかないものにそうした〔現勢的〕作用がやってくるのは，当の潜在的なものの唯一の源泉であるところのものからでなければどこからだと言うのか。となれば，傾向性とは，止められ，阻まれ，中断されている作用以外の何だと言うのか。しかるに，第一原因へ，すなわち自由なる無限の意志へと遡行してみるなら，その外の何か，であるからには無，虚無である何かが，一瞬でもその原因の作用をいかにしてかはともかく阻害したり中断したりできるなどということはいったい理解できようか〔できはしまい〕。となれば，絶対的な存在に対して下位となる存在の起源となるのは，ある意志的な決断だと考えるしかないだろう。高き存在はその決断によって，その全能なる能動的活動性を自分から言わば抑制し，弱め，消すのである。

ストア派の哲学者たちは，そのまったく自然学的(フィジック)な言い方で，第一原因つまりは神を，最大限に緊張した燃えさかるエーテルとして，そして物質をそのエーテルが弛緩したものとして，それぞれ定義していた。それにいくらか似た仕方で次のようには言えないものだろうか──第一原因は，自らの不動の永遠性のうちに集約した存在を，物質性の基本的な諸条件のうちへと，つまりは時間と空間のうちへと，言わば弛緩し散乱した形で展開する。そうやって第一原因は自然的存在の土台とでもいっ

たものを据えるのであり，この土台の上で万物は，自然の秩序をなしている連続的進行を通じて，諸段階を経て，そして鉱物界から植物界や動物界を経由しつつ，物質的な散乱状態から精神の一性へ復帰していくのだ，と。

　神は万物を無から，虚無から，可能的なものという相対的な虚無から，作り出した。神は，存在の造り手であったのと同様，この虚無の最初の造り手でもあったのだ。神は自らの存在の無限の充溢のいくらかを言わば無化した（*se ipsum exinanivit.* 彼は己を無にした）[22]あとで，そこからの覚醒と復活のようにして，存在するものすべてを引き出したのである。

　古代オリエントのほとんどあらゆる地域で，そして記録にも残らない昔からずっと，神の象徴とされてきたのは，神秘的で翼を持ち炎の色をし，自ら燃え尽きて無となりながらもその灰から復活するという存在であった。
　老ヘラクレイトスは，自然学的な言葉を用いながらも形而上学を開始したうちの一人だが，彼によれば，火とは万物の実体であり原因だという。物質と呼ばれているものは，自ら弱まり消えた火のことである。そして世界とは，秩序を持ち，秩序に従って進展していく点において，再びともる炎なのである。ストア派の哲学者も同様であり，それは先ほど述べたところだ。彼らもヘラクレイトスと同じく，炎，原初の炎，真なる炎こそが理性であり，魂である，と述べている。
　インドの神学，そしてまたギリシアの宗教の秘儀が展開した神学によれば，神はその四肢から被造物が生まれてくるために自らを犠牲にしたと言う。
　ユダヤの神智学は，世界の側に最大限の役割を認めつつ，しかも神の役割を損なわないものであるが，これによると，神はまず一切を満たしていた。しかし神は自分の意志で自らのうちへと収縮しながら空虚を残し，その空虚において神以外の存在すべてが，言わば神の存在の残骸から生じてきたとされる。

---

[22]　『フィリピの信徒への手紙』(2, 7)。

XXXVI 結 論

　プラトン主義者たちは最も後期になると，ギリシア哲学の発想にアジアの神学の発想を結びつけたのだが[23]，彼らによれば，世界の起源となるのは神の下降，あるいはキリスト教教義学にもなじみの語で言えばへりくだり(コンデサンダンス)なのだという。
　キリスト教の教義は，道徳(モラル)的な次元に収まってはいるものの，それでもやはり形而上学(メタフィジック)や自然学(フィジック)の一般的な説明原理を，そしてある意味では潜在的な哲学を，胚珠の形で含み持っている。それに従えば，神はその子によって降り来たり，しかもそうすることで自らは降り来たることなしに，しかしなお死にまで降り来たったのであり[24]，それは生が，それもまったく神的な生が，生まれるためなのであった。「人間が神になるために，神は人間になられた」[25]。精神〔＝霊(エスプリ)〕は身を低くして肉となった。肉は精神〔＝霊〕になるだろう。惜しみなさの心は正義そのものの源泉であるが，それこそは偉大な魂の特徴をなす徳である。キリスト教の神の至高なる名とは，恩寵(グラース)であり，贈与であり，惜しみなさである。この上ない惜しみなさによって神は，実際自由(リベラリテ)に，自らを与え，自身の存在から被造物を創造し，自らの存在で被造物を養い，自分に似たもの，神自身のごとく神的なものにするのだ。「あなたがたは神である」[26]。

　我々が誤っていなければ，以上のような思想はまた，現代のさまざまな哲学体系が引きつけられていく思想でもあり，この上なく離れて見える体系，実際離れようと自分で望んでいる体系ですら，例外ではない。遡れる限りの昔から，ほとんどすべての地域でひとが真理を目にしたその同じところにおいて，真理は我々に示されているのだ。おそらく今日

　23）『アリストテレスの形而上学についての試論 第二巻』(1846年) におけるラヴェッソンによれば，ここで言われているのは後期新プラトン主義者であるイアンブリコス，そしてとりわけプロクロス (Proklos / Proclus, 412-485) のこと。一者からの，また存在の諸位階間での「発出」を説明するプロクロスが用いる概念が「下降，卑下 (hypobasis)」である。彼ら後期新プラトン主義者はアッシリアやカルデアの神学，つまりはいわゆるゾロアスター教の影響下にあり，それを総合しながらプロティノスの思想に新しい側面を与えた——こうしたラヴェッソンの整理の詳細については，上記『試論 第二巻』の特に pp. 497-505 を参照。
　24）神自身は本来不死でありながらも，子すなわちキリストを通じて，逆説的にも自らを死に委ねた，という意味。
　25）アレクサンドリアのアタナシウス『神の御言の受肉について (De incarnatione Verbi Dei)』(54, 3)。
　26）『ヨハネによる福音書』(10, 34)。

になって初めて，その真理はいっそう顕わに，完全な形で現れている。古代の人々が次のように語っていたその意味を，我々は彼ら自身よりもよく理解できるはずだ——「エロースは神々の中で最初の者であったし，そして常に最も強い者である」[27]，あるいは「神とは慈愛(シャリテ)である」[28]。

　もし本書の枠組みがそれを許すなら，近年フランス以外の地域が生みだしてきている主要な哲学的構想のうちにも，我々の見るところフランスが作り上げてきた理論において支配的であったもの，あるいは支配的になりつつあるものと実に似通った諸傾向があることを容易に示せよう。ここではただ，カントがドイツで開始した偉大な革新運動が到達した最近の哲学体系を指摘するにとどめよう。まず，シェリングがその輝かしい生涯の最後に完成させた体系であり，そこではヘーゲルの論理的機械論とは反対に，意志の絶対的な自由が体系の土台ならびに頂点を構成している。そしてショーペンハウアーの体系。そこでもまた同様に，万物を説明する原理は意志とされている。またロッツェの体系。それは実験科学と同じく現象間の機械的な結びつきを認め続けながらも，結論としてはより高い形而上学の観点から，諸現象を還元して本質上自発的である根源的活動の多様な現れだと見なし，真の実在の一切を無限なる精神と愛のうちへと溶け込ませていく。

　とはいえ，思惟が再び，そして以前よりも圧倒的な形で唯物論の諸学説を制覇していこうとするこの一般的な運動において，デカルトとパスカルの祖国フランスの果たす役割は，おそらく決して小さいものではない。

　はるか昔から我々の父祖は不死を深く信じていたが，その信仰の原理となるものは我々のうちの無限なもの，神的なものについての意識であった。昔の人々が語ったように，彼らの不屈の強さはそこに由来する。ひとは我々の父祖を賞賛して，彼らには魂の偉大さの印たる勇気，必要とあらば自らの生命すら与えるような勇気と併せて，雄弁さ，すなわちひとを説得する天賦の才がこの上なく備わっていると言ったものである。そして父祖たちの考えでは，勝利を収めることをこの上なく確信させてくれるのもまた雄弁さなのだった。実際，彼らは自らの際だった

---

27)　ヘシオドス『神統記』による。
28)　『ヨハネの手紙 一』(4, 16)。

英雄，自分たちの精神の象徴として，口から発される金の鎖によって絡め取られた他の人間たちを自分の周りに配する男の姿を描いていた[29]。これが黙した言葉において表現しているのは，最も強い力とは説得[30]だという思想である。ところで，説得する術を特に知っている者とは，自らを愛させることのできる者，自らを与え，自らを犠牲にできるまでに偉大な者である。「偉大であれ。そうすれば愛はお前についてくる」[31]。かくしてキリスト教は我々の父祖たるフランス人たちのもとで，他のどこよりも好意的に，そして速やかに，受け入れられたのである。愛だけが万物の作者であり主人であるという教えには，古代の知恵全体のなかでも最高の教えと共にまた我々の祖先たちが変わらず抱いていた思いが見いだされるが，キリスト教はまさにこの教えに要約されるのではないだろうか。そしてこの同じ思いから，すなわち英雄主義(ヒロイズム)の土台となる愛と献身の思いから，フランスで，中世において生まれたものこそ，騎士道なのである。

　フランスの精神がその後変化しなかったとすれば，万物を物質的要素と盲目的機械論に還元する哲学体系を，別の学説がやすやすと打ち破っていくのがこのフランスで目にされるのも，極めて当然のことである。その高き学説はこう教えている。物質とは存在の最後の段階，影のごときものである。真の存在，それ以外の存在は不完全な下絵でしかないような真の存在とは，魂のそれである。実のところ，存在するとは生きていることであり，生きるとは思惟し意志することである。一切は結局，説得によってのみ生じる。善と美はそれだけで宇宙と宇宙の作者自身とを説明する。自然はその限定された姿しか我々に示さないが，無限と絶対は，精神の自由のことである。かくして自由こそ，諸事物の帰する究極なのだ。現象が生じている表層をかき乱すさまざまの無秩序や対立のその下，根底において，本質的で永遠的な真理として，すべては恩寵で

---

29) ルキアノス（Lucianos，二世紀）が『ヘラクレス序』で，ケルト人によってこのように描かれたヘラクレスの図像を報告している。Lucian, Vol. I, Loeb classical library, Harvard U. P., 1913, pp. 62-71.

30) persuasion. 外から強制するのではなく，自分で自ずとそう考え欲するように導くこと。目的因の働き方のイメージである。

31) エマーソン『論文集第一巻』「精神の法」（*Essays : First Series*, 1841, Essay IV, "Spiritual Laws"）。*The Complete Works*, Vol. II, p. 151.

あり，愛であり，調和なのである。

解　説

本書の成立について

本書は Félix Ravaisson, *La philosophie en France au XIXe siècle*, Imprimerie Impériale, 1868. の翻訳である。

成立の直接のきっかけに関しては簡単に述べることができる。1867年開催のパリ万国博覧会に際して，公教育省はフランスにおける諸学問の現状報告の作成を求めた。『フランスにおける文芸と科学の進歩についての報告集（*Recueil de rapports sur les progrès des lettres et des sciences en France*）』がそれであり，「哲学」の報告書作成は，ラヴェッソンに任せられた。かくして1868年に刊行されたのが本書だ，というわけである。

しかしながら，本書は決して中立性を期した「報告」ではない。一読すれば明らかであろう。ベルクソンはラヴェッソンの生涯と業績を振り返る中で，本報告に関してこう語っている――「ラヴェッソンには，十九世紀の有名な哲学者の著作を通覧して済ませることもできただろう。おそらく彼にそれ以上のことは求められていなかった。しかし彼は自分の仕事をそれとは違ったふうに理解したのだった」。

実際本書は，同時代の哲学を題材としながらも，むしろラヴェッソン自身の哲学，彼の形而上学的思想を開陳するものとなっている。以下，ベルクソンの回顧とはいくぶん異なる角度から，本書が成立した背景について述べておこう。このラヴェッソンとは何者であったのか。そして本書が成立した時代状況はどのようなものであったのか。

ラヴェッソンとは誰か。その略歴

1813年にナミュール（現在はベルギーに属する）に生まれる。パリで学び，そこで教師であったエクトル・ポレに見いだされ哲学研究の道に進む。精神科学・政治科学アカデミーがアリストテレスの形而上学につ

いて行ったコンクールに提出した論文が受賞（1835年）。1837年にはアグレガシオンを主席で通過。同年に通過した者としてジュール・シモンがいる。翌年には早くも博士論文を提出。そのフランス語論文が『習慣論』である。アグレガシオンを通過すればリセ（高校）で教えることができ，博士号があればファキュルテ（大学）で教えることができるようになる。二十代半ばにしてすでに彼はこれらの関門を通り抜けたわけである。

しかしその後ラヴェッソンが教壇に立つことはなかった。かつての受賞論文を大きく書き換えたアリストテレス論は全四巻を予定されたが，1846年の第二巻で途絶。哲学者にとって一つの栄誉となるのは精神科学・政治科学アカデミー（Académie des sciences morales et politiques）への選出だが，ラヴェッソンは49年に碑文・文芸アカデミー（Académie des Inscriptions et Belles-Lettres）の会員となる。これは古典学者，歴史家，考古学者たちが属するアカデミーである。40年代においてラヴェッソンはビブリオテック（図書館，資料館）に関連した行政的職務につき，各地の調査を行っていたのだった。

1852年には，高等教育視学総監（inspecteur général de l'enseignement supérieur）を任じられる。視学官（inspecteur）というのは，文字通り，教員についてその講義を参観して資質の評価を下す役職である。フランス国内には学区という意味での「アカデミー」（先の会員組織のことではない）が地方ごとに存在しそれぞれに視学官が置かれるが，視学総監（inspecteur général）というのはその全体を統括する地位である。当然，強い人事権を有する。ラヴェッソンは1888年までこの地位に留まる。

1863年になって，一時中止されていた「哲学」のアグレガシオンが復活する。復活後の試験の審査長を務めたのも，ラヴェッソンであった。これもまた大きな権限を有するポストである。アグレガシオンは，アカデミックな哲学の世界に参入するには必ず通過すべき試験であるからだ。なお，最初にこの関門を一位で通過したのは，以前から個人的に指導していたラシュリエであった。63年以後，本書が公刊される間，アグレガシオンを通過した者としてはブートルー，フイエ，セアイユなどを挙げることができる。いずれも続く世代の「スピリチュアリスム」を支えることになる哲学者たちである。

1870年代になると，ラヴェッソンはルーブル美術館で彫刻作品の調査と修復に携わることになる。ルーブルの入り口にあるサモトラケのニケ（勝利の女神）の像は，1880年代にラヴェッソンの指揮のもと修復されたものである。

　1881年，ラヴェッソンはようやく精神科学・政治科学アカデミーの会員に選出される。1900年に死去。同アカデミーでは，ベルクソンが「フェリックス・ラヴェッソン氏の生涯と業績」を読み上げる。ラヴェッソンの席を継いだのがベルクソンだったのである。これは『ラヴェッソンの生涯と業績』として刊行され，翻訳でも読むことができる。伝記的事実を知るためにも，ラヴェッソンの哲学の基本線を知る上でも，相変わらず参照されるべき優れた文章である。

　ラヴェッソンの著作はあまり多くない。主なものを挙げるとまず単行本としては，
　　『アリストテレスの形而上学についての試論（*Essai sur la métaphysique d'Aristote*, I, 1837 ; II, 1846)』
　　『習慣論（*De l'habitude*, 1838)』
　　『十九世紀フランス哲学（*La philosophie en France au XIXe siècle*, 1868)』（本書）
である。あとは主要な論文として，
　　「現代哲学。ハミルトン氏の哲学論集について（« Philosophie contemporaine. *Fragmens de philosophie*, par M. Hamilton », in *Revue des deux mondes*, 1840)」
　　「古代美術館のミロのヴィーナス（« La Vénus de Milo au musée des antiques », in *Revue des deux mondes*, 1871)」
　　「パスカルの哲学（« La philosophie de Pascal », in *Revue des deux mondes*, 1887)」
　　「形而上学と道徳（« Métaphysique et Morale », in *Revue de métaphysique et de morale*, 1893)」
が挙げられる。それ以外には碑文・文芸アカデミーならびに精神科学・政治科学アカデミーでの報告，美術教育をめぐっての答申などがある。死後，遺稿断片がいくらか出版されている。

十九世紀フランスにおける「哲学」

以上、ほぼ10年刻みでラヴェッソンの略歴を整理してみた。しかしこれではよく分からない点が多く残ってしまうだろう。どうしてラヴェッソンは高等教授資格などを獲得しながらも教壇に立たないのか。一見アカデミックな哲学界から離れたように見えて、どうしてその後さまざまな場所に戻ってくるのか、そして本報告を記すことになるのか。もう少し別の角度からの紹介と説明が必要なようである。

本書の内容にも関わる点なので、いくらか雑な叙述になるが、「哲学」、とりわけアカデミックな哲学が、十九世紀を通じてどのような場に置かれるものであったかを整理してみよう。ここには、政治上のめまぐるしい変転が大きく関わってくる。基本的な事柄だが、最初に確認しておけばこうだ——1814年からの「王政復古」期、七月革命によって1830年に始まる「七月王政」期。1848年の二月革命に続く「第二共和政」期、1851年12月のルイ＝ナポレオンのクーデター後に開始される「第二帝政」期。本書刊行の後、この帝政はプロシアとの戦いに敗れ崩壊する。混乱の後にようやく第三共和政が発足するのは1875年のことになる。

さて、フランス革命以後、「哲学」は中立的な一学科としてはもはや扱われない。教会に破壊的な打撃を与えた革命の原因に「哲学」が存在したのであれば、それは今後厳しい管理の下に置かれねばならない。大きく見る限り、ラヴェッソンが辿ってみせる十九世紀の「哲学」は、否応なくこうした圧力の下で自分の存在理由を示し、制度的な基盤を自らに確保しなければならなかった。クーザンたちにはそのことが身に沁みて分かっていた。王政復古期において自ら教壇に立ち始めたクーザンは、20年以降保守化する政府の方針によってやがて講義停止の扱いを経験することになる。何の魅力もないスコラ哲学の残滓をラテン語で講じる「哲学」しか許されない時代。ナポレオンは国家による公教育制度の基礎は作ったが、そこにおける「哲学」の場所はなお小さいものであった。

事態が変わるには、自由主義派が再び力を得る28年を、そして30年の七月革命を待たねばならなかった。クーザンとそのエクレクティスムが表舞台に現れるのはこの時期である。ギゾーと連携しながら、クーザンは（教会ではなく）国家による公教育システムに、「哲学」をいわば

インストールしていく。それが成功したことは，今日のフランスにおいて（議論の絶えないものではあれ）哲学教育が重視され続けていることからも明らかであろう。雄弁な政治家に過ぎないといった評価はあるが，彼が引き受けた課題の難しさを考えるならば，クーザンの業績は決して小さなものではないのである。彼がほとんど独裁者のように振舞ったという証言は多い。しかし教会側からの，あるいは反対にサン゠シモン由来の社会主義者や実証主義者の側からの絶え間ない攻撃に対抗して，公教育という場所に「哲学」を保持していくためには，それなりの統制はむしろ避けがたいものであった。ともかく七月王政下でエクレクティスム学派は自らの陣地を保つ。48年の二月革命も，この学派に直接大きなダメージを与えるものではなかった。クーザンの弟子たちの中には，脱宗教的な自由思想に傾く者たちも少なくなく（代表的にはあのジュール・シモン），社会主義者たちにとってと同じく，彼らにとって第二共和制の成立はむしろ活動を拡大させる好機だったのである。

　大きな変化は1851年に生じる。ルイ゠ナポレオンのクーデターと第二帝政の成立である。この成立に際しては，教会側が一つの大きな支持勢力となっていた。かくしてクーザン派と教会派の間で力のバランスは大きく乱れる。以前から一般に学校教師の間には社会主義的な思想が広まっていると見られていたこともあり，教会に支持された帝政は，公教育システム＝「ユニヴェルシテ」に所属する者に皇帝への忠誠を誓うことを要求した。言ってみればある種の「踏み絵」である。あまり言及されることがないが，フランス哲学の歴史を考える上で，この1850年代の大きな転換は非常に大きな意味を持っている。いくらかは人名索引にも記したが，多くの優れた哲学者が宣誓を拒否して職を辞し，あるいは亡命を余儀なくされ，さらには哲学を捨ててジャーナリズムや政治の世界へと関心を移していく。クーザン自身，実質的な引退状態に追い込まれる。活動の基盤であったさまざまの制度が別のものに取り替えられてしまったのである。「哲学」のカリキュラムは再びごく貧しいものへとそぎ落とされ，高等教育資格のカテゴリーから「哲学」は消されてしまう。

　しかし帝政は徐々にその性格を変じていく。60年前後になると自由主義的勢力との和解が始まり，63年の選挙で自由主義者が勝利を収め

ると，帝政は「権威帝政」から「自由帝政」へと方向を転換する。この流れで，ナポレオン三世の知人であった歴史家デュリュイが公教育大臣に抜擢され，デュリュイは就任直後に哲学のアグレガシオンを復活させることになるのである。ラヴェッソンに本書となる報告を依頼したのも，このデュリュイであった。「哲学」には従来の制度上の場所が再び与えられたわけだが，かつてのエクレクティスム学派はもはや途絶えてしまった。世代交代の時期，新規まき直しの時期である。

ラヴェッソンの位置

では，こうした時代の変転の中で，ラヴェッソンはどう行動していたのだろうか。

先に見たように，30年代の彼はクーザンに高く評価され，俊英としてのキャリアを歩んでいた。しかし両者の関係は次第に悪化していく。クーザンの権威主義的な態度，さまざまな活動の政治性がラヴェッソンには耐えられなかったと見られる。クーザンの哲学自体がラヴェッソンには浅薄なものに思われてきたこともあろう。あらためて見直せば，『習慣論』が型破りであった。普通であれば，というのはつまりクーザン派の基準からすれば，博士論文というものは，丹念な資料調査に基づいた堅実で重厚な哲学史的研究として書かれるべきである。しかしこの『習慣論』は全体で48ページ，しかも極度に圧縮された主張は実に多様な思想家からの自由な引用に基づいたものである。これはすでにエクレクティスム学派のスタイルに対する挑発的な異議申し立てだと見える。クーザンとは政治的に対立するサルヴァンディの秘書を務め始めるのもこの時期であった。また，クーザンは弟子の中でも特に優れた者を精神科学・政治科学アカデミーの会員にするべくさまざまな駆け引きを行っていた。ラヴェッソンも当初は関心を持っていたようだが，やがて選出される望みを捨てる。クーザンからの支持が得られなかったのである。

決定的な契機となったのは，1840年の論文『現代哲学』であった。本書のIIでラヴェッソン自身が言及するもので，これがいわば決別状となる。書評形式の論文であり，対象となるのはペスが独自に編集して翻訳したスコットランドの哲学者ハミルトンの論文集であった。ハミ

ルトンはクーザン批判でも知られた存在であったが，ペスはハミルトンを用いながらクーザンをあらためて批判しようとしていたのだった。ラヴェッソンに期待されていたのは，ハミルトンならびにペスに対する反批判であっただろう。しかし彼はクーザンの従順な弟子として振舞うことを拒否する。ラヴェッソンはこの論文で，その二人ばかりかクーザン本人をも結局彼らの同類だとして切り捨ててしまうのである。ラヴェッソンは彼らに対してメーヌ・ド・ビランを掲げるのだが，その哲学上の含意については，本書が複数の箇所で語る通りである。

　こうしてラヴェッソンは，多くの者が歩もうとするルートから降りることになる。そもそも上流階級出身の彼にとって，教壇に立つことには何の魅力もない。しかも教育権をめぐって，クーザン派は教会勢力と強い緊張関係のもとにあり続けている。クーザン派として地方のリセに着任し，当地の聖職者に睨まれながらクーザン派のために哲学を擁護する忠実な兵隊のごとき者たちもいるが，自分もその一員になるなどというのは，ラヴェッソンにとっては考えがたいことであっただろう。クーザンたちが幅を利かしている精神科学・政治科学アカデミーに所属したところで，それに何の意味があろう。そもそもクーザンはもうラヴェッソンを支援しない。先に概略を述べた1840年代のラヴェッソンの動きの背後にはこうした事情と思惑があったと思われる。

　だから第二帝政の成立も，クーザン派にとっては手痛い敗北を連れてくる出来事であったのだが，ラヴェッソンにとってはそうではなかった。教師ではなかったからである。宣誓の必要もない。詳細な経緯は不明であるものの，結果的にはクーザン派が解体ないし停滞を余儀なくされていたところにラヴェッソンが現れる形になる。七月王政下でクーザンは公教育王立評議会（Conseil royal de l'instruction publique）に属し，公教育行政に関して強大な権限を有していた。第二帝政においてこの評議会は公教育高等評議会（Conseil supérieur de l'instruction publique）へと改編され，クーザンは引退する（彼はこの改編を惜しみ続けた）。権限は抑えられたとはいえ，ラヴェッソンはこの新しい評議会に参加する。かくして彼は，1852年から高等教育視学総監を務めることになったわけである。

　この彼が，万国博覧会のための報告書を書く。そしてそこでクーザ

らの哲学を「半端なスピリチュアリスム」と呼び, クーザン本人のことを, 真理らしさで満足する雄弁家だと言う。帝政下である意味逆境に追い込まれたクーザンの友人や弟子たちにとっては, なかなか聞き流せる話ではない。二十年越しの意趣返しと見えても不思議はないのである。

ともあれ, 先の略歴についてより立ち入った解説を加えれば以上のようなことになる。本書以後のラヴェッソンの思想の展開を理解するには, 芸術や神話への関心について考察を行わねばならないが, ここでは割愛することにしよう。

本書の特徴

ベルクソンが言ったように, 本報告においてラヴェッソンは, おそらく期待されたのとは別の作業を行った。本書の特色と意義について, 簡単に振り返っておこう。

ラヴェッソンには, 「客観性」や「公平性」を言い訳にして平板な叙述を行う気はまったくない。彼は, デカルトよりライプニッツを評価し, ユークリッドよりデザルグを好む遠近法主義者である。だが決して相対主義者ではない。多様なパースペクティブの間には優劣がある。優れたものを見せる観点は, まさにその点において優れた観点であり, 貧しい光景しか与えない観点はまさにその点において劣った観点なのだ。だから彼が身を置くのは形而上学の観点, しかも極めて強い意味における「形而上学」の観点である。そこからのみ見ることのできる, あるいは触れることのできるこの上なく優れた存在が, この観点を正当化する。「下位のものによって上位のものを説明する」というのが現象主義的な「マテリアリスム」についてのコント流の定義であるとすれば, それに対して上位のものによって下位のものを説明しようとする本書のラヴェッソンの思想は, 見まがいようもなく形而上学的な「スピリチュアリスム」である。現代哲学の多くがその息の根を止めたいと欲した「西洋形而上学」が, ここまで純粋な結晶のような姿をとったことは稀であると言ってよい。ともかくも, ラヴェッソンの同時代的哲学史は, 一貫してこの形而上学的観点から, この立場を基準として, 描かれている。容赦のない取捨選択があり, 価値評定がある。当人たちも知らないところに隠された傾向が指摘されて評価対象とされ, 当人たちの自覚とは無

関係に大きな流れの中に位置づけられる。ラヴェッソンの語りは時に強引を超えて傲慢ですらある。

確かに公教育大臣はそんな報告を求めてはいなかっただろう。しかし学説の退屈な列挙ではないからこそ、本書は翻訳紹介をする価値を持っている。ラヴェッソンには、自分のしていることの意味は明らかであっただろう。同時代のフランス哲学の方向づけにアクターとして関与し、「スピリチュアリスム的実証主義」の予言が実現するように働きかけ続けていくこと。第二帝政下でいっそう勢いを増す唯物論、そして唯物論と親和的な実証主義への対抗言説を組織すること。政治思想との関連においては、サン＝シモン以降の社会主義的思想を相対化し、少なくとも「哲学」の領域へのその侵入については断固拒否すること。本書は、ラヴェッソンのそうした哲学的実践の記録であり、「フランス・スピリチュアリスム」という系譜が構成されていく現場なのである。この観点からすると、本書ほどスリリングな哲学史の書物はそうそうあるものではない。

とはいえ、本書に記録としての価値がない、というわけではない。むしろ逆であることは、例えば我々が付した人名索引を見ていただいても明らかであろう。しかも個々の人名は一定の文脈の中に位置づけられて登場するから、当時のどのような流れや論争において当人が何を主張したのか、論争の中でどの立場にいたのかも、ある程度理解できるようになっている。正直なところあまり知られていない名前が多いはずだが、それらを事典のように単に列挙したならそれはさすがに読むに耐えないものになったであろう。ラヴェッソンの力業とも言える整理によって、本書は一つの興味深い記録文書となっているのである。

付言すれば、本書には、同時代人でなければよく見えない論争状況やテーマが数多く記されている。XVIIIで扱われる「存在論主義（オントロジスム）」を聞いたことのある方は多くあるまい。一般に神学者については、哲学者についてよりもはるかに手厚く好意的な伝記や業績の報告が残されるものだが、「存在論主義」は結局異端扱いされたために、例えばユゴナンの伝記や研究を繙いてもその内容や意義についてはあまり論じられないようである。しかし考えてみれば、「存在論主義」とは、我々が最初に摑むのは主観的な心理的状態ではなく、まさに「存在」で

ある，というなかなかラディカルな立場，読みようによってはかなりの奥行きのある思想である。ラヴェッソンはこの「存在論主義」を全面的に評価はしないものの，神学的議論の中で特に哲学の側から言及するに値するものとしてきちんと拾い上げている。あるいは十八世紀のヴィタリスムについてなら研究も多いが，XXIII でたどられる「アニミスム論争」の委細はほとんど紹介されたことがない。論争の決着先はともかく，争う人々の間でそもそも何が問題とされていたのかが，今では見えなくなっているのである。パリにおけるビシャからマジャンディ，ベルナールに至る系譜はさまざまに考察されるが，その周囲では何が起きていたのかはまともに押さえられてこなかった，ということでもある。この種の文脈を伝えてくれるという点でも，本書は今後の研究のための優れた導入になっているはずである。もちろん狭い意味での哲学史的な情報も多い。フランス哲学史は往々にして，メーヌ・ド・ビランの後にベルクソンが到来して，その間にはコントの実証主義以外は何も生じなかった，といった話になりがちであるが，当然ながらそんなことはあり得ない。そもそも，そうとしか見えなくなっていること自体が，本書を含めての当時の複雑な論争や対立の結果なのである。

反響と残響

ラヴェッソンによるこの報告書は，多様な反応を引き起こした。先に述べたように，クーザンに連なる哲学者たちにとっては，本書の叙述は公平性を欠くものと見えた。ラヴェッソンが精神科学・政治科学アカデミーに選出されるのが 80 年代にまでずれ込んだのも，本報告での叙述が，アカデミー会員であった哲学者たちの反感をかったからだという証言もある。

それに対して，より若い世代にとっては本書はまた別の意味を持つものであった。ラシュリエ以下の直近の弟子にとって，本書がまさに自分たちにとっての指針となったことは言うまでもない。「スピリチュアリスム的な実在論，ないし実証主義」の到来を予言するラヴェッソンに応えるように，多くの著作が刊行されていく。こうした継承は，少なくとも世紀の変わり目におけるベルクソンとル＝ロワにおいてまでは確認できる。

再びベルクソンの言葉によるならば，本書は刊行後20年余りにわたり，哲学を志す若者たちの必読書となり，とりわけ最終章は暗記されるほど読まれた，と言われる。もちろんこれは微妙な言い方ではある。アグレガシオンに備えるためには，その審査長に居続けるラヴェッソンの著作を読まないわけにはいかなかった，という話でもあるからだ。確かにラヴェッソンは，ある種の若い哲学者たちにとっては抑圧者であった。彼らは，本書であしらわれるテーヌやルナン側に属しながら，まさに「実証主義」を掲げつつスピリチュアリスムを葬り去ろうとしていくことだろう。そんな一人にリボがいる。彼は1875年に『哲学雑誌 (*Revue philosophique*)』を創刊し，ラヴェッソン以後のスピリチュアリスムに対抗する活動を続けていくだろう。しかし1893年には，そうした動向に満足しないブランシュヴィックやクーチュラらの若い哲学者たちによって，『形而上学道徳雑誌 (*Revue de métaphysique et de morale*)』が創刊される。そしてこの創刊号序文の後にまず掲載されたのが，先述のラヴェッソンの論文「形而上学と道徳」であった。受験対策が，といった話ではない。創刊に関わった若者たちにとってラヴェッソンの哲学はもはや全面的な肯定の対象ではないが，同時代の「実証主義」が軽視する「形而上学と道徳」というテーマの重要性を掲げ直すにあたって，象徴的にではあれ，哲学者ラヴェッソンは相変わらず大きな存在であり続けたのである。

　思想の内実にいっそう立ち入ってみても，ラヴェッソンが続く時代のフランス哲学に与えた影響は小さくない。概念のディアレクティックに対する懐疑的傾向や，内的経験がそのまま形而上学への特権的通路となっているという独特の直観主義などは，とりわけベルクソンに継承されていく重要な要素である。

　ただ，この種の比較と関連づけにはそれなりに丁寧な検討が必要となる。解説は以上とし，本書を起点とすることで開けてくるさまざまな展望の報告のためには，場所を改めることにしよう。

あ と が き

―――――――

　本書は，十九世紀フランス哲学を研究する者であれば必ず知っている（べき）有名かつ重要な著作である。先立つ半世紀の思想潮流を総括する本書は，その後の少なくとも半世紀にわたり，フランス哲学の展開に一つの方向を与えるものであった。しかし内容を詳細に追っていくことは必ずしも容易ではなく，何よりさまざまの固有名詞を確認するだけでかなりの手間となる。誰かが調べてくれればと誰もが思っていたはずである。だがどうやら誰もしてくれないようなので，翻訳することにした。追い切れなかった点は残るが，ひとまず公にして，引き続き細部を詰めていくことにしたほうがよいだろう。今後のフランス哲学史研究のために，さらには十九世紀フランス研究一般のために，この翻訳が役立てばと願う。

　翻訳について。
　フランス語原文は，いかにも古典語に通じた著者による，格調の高いものである。特に冒頭部と最終章については，国家から委託された報告書だということもあるが，いささか重すぎるほどである。そういった箇所は，感覚的には古い文語調の文にでも写すべきものでもあろうが，今回の翻訳においては，読みやすさのほうを優先してその種のニュアンスは切り落とすことにした。
　訳語の選択は，多くの場合，保守的である。これまでに訳語が定着していないものについては，脚注で原語を示して説明を加えた。訳語上には表しにくいがフランス語上で明らかな連鎖がある場合には，ルビを使用してその繋がりを示すことにした。また，あれこれの用語や概念を，場合によって「　」で括ることにした。こみ入った文章を少しでも読みやすくするためである。引用との区別は形式上は曖昧になるが，実際にはそれほど問題にはならないと考える。

あとがき

次の三点についてのみ，特に補足をしておきたい。

1) « spiritualisme » であるが，これは「唯心論」とは訳せない。もちろんそういった用法はあるが，「唯物論」の裏側として「精神や心しか存在しない」という立場のみを指すわけではないからである。物質と区別される精神的なものの実在を認める，というのがこの« spiritualisme » の最低限の意味内容である。これを土台にして，魂の不死であるとか，神の存在であるとか，世界の目的論的構造であるとか，つまりは唯物論が否定する主張がさまざまに重ねられることにもなるのだが，何にせよ「唯心論」は使えない。他の候補もないので，カナ表記で「スピリチュアリスム」とした。

2) « positivisme » については話はいくぶん複雑となる。こちらは通例に従って「実証主義」と訳した。しかしもともとの « positif » や語源としての « poser = ponere » には，日本語の「実証」の意味はないのであり，この訳語には，西洋哲学の歴史において « positivisme » の語が持ち得る深みを一切反映しないという欠陥がある。「肯定的」「積極的」といった厚みは，「実証的」という日本語では表しようがないのである。だがそのことは承知しながらも，我々は「ポジティヴィスム」といったカナ表記は採用しなかった。ことは本書全体の理解にも関わるからである。概略を言えば，本書のラヴェッソンの企ての一つは，前期コントが考えたような思想としての « positivisme »，すなわち「実証主義」と訳してそれほど問題が生じないような « positivisme » をより形而上学的な文脈に置き直した上で，そこに別の思想を上書きしてしまうことであった。言い換えれば，« positivisme spiritualiste »（XXXVI:337 頁）といった語の連鎖は，読み手に意外さの感覚を与えなければならないのである。ラヴェッソンの試みの冒険性を際立たせるためには，« positivisme » にはあえて平板で見慣れた「実証主義」の語をあてておくべきだと思われた。

3) 本書訳文には「おそらく」が頻出するのに気づかれた方がおられよう。« peut-être » を機械的に置き換えたからであるが，怠惰からではない。奇妙な癖だと言うべきだが，ラヴェッソンは自分自身の核心的な主張を述べる時に限ってこの「おそらく」を付け加える。「おそらく」と記されれば，そこにこそ彼の本音が言われている可能性は高い。目印

の意味があるわけで，工夫なしにすべて「おそらく」と訳した。

注について。

今日では失われてしまった文脈などを補うために，本書には多くの注が必要になると思われた。ただ，どのような注が適切であるかの常識的な判断が訳者には困難であったので，池田祥英（北海道教育大学），大矢靖之（紀伊國屋書店），中山慎太郎（学習院大学），村山達也（東北大学）の各氏にお願いし，多様な観点からご意見をいただいた。すべてを生かせたわけではないが，本書の注に有益なところがあるとすれば，それは各氏からのご指摘のおかげである。またあわせて，古代哲学からの引用の出典に関しては，近藤智彦氏（北海道大学）から多くのご教示をいただいた。記して感謝したい。

なお出版に際しては，北海道大学大学院文学研究科の出版助成を得た。

最後に，このような翻訳書の出版を引き受けていただいた知泉書館の小山光夫社長，そして斎藤裕之氏にあらためて御礼を申し上げる。

2016年9月

訳者

人名索引

　第二版（Hachette 社刊）以降には巻末に索引が付されるが，この索引には漏れや誤りが多い。以下は，そこに選ばれる人名，また該当ページ数はほぼ受け継いだ上での，拡大版人名索引となる。

　その上で，それぞれの人名には簡単な情報とコメントを添える。本書に挙げられる哲学者たちは，必ずしもよく知られてはいないからである。また，本書はラヴェッソン独特の哲学史的パースペクティブから見える光景を記したものである。普通の哲学事典などでカバーできる基本的だが平板な情報を，特に大哲学者たちについてここで繰り返すことにはあまり意味がないだろう。本書での記述そのものや背景を理解するために有用である，という基準で情報の選択を行った。概略的な解説と，本書での扱われ方の確認から成る。

　脚注の情報と重複する部分がいくらかあるが，その都度こちらの索引まで参照しなくても脚注の補助だけで本文を一応読み進められることを重視してのことである。

ア　行

アウグスティヌス　Augustin (=Augustinus) (354-430)　　179, 187, 188, 197, 304
　古代西方キリスト教会最大の教父。人間の原罪と，救済における恩寵（恩恵）の役割を強調する。『告白』，『神の国』，『三位一体論』など。
　ラヴェッソンがアウグスティヌスのものとして好んで引くのは，キリスト教の神は魂の内奥にこそ見出されるという〈内在からの超越〉の逆説的トポロジー──「我々よりも内なる」神の思想である。

アナクサゴラス　Anaxagore (=Anaxagoras) (ca. B.C.500-428)　　301
　イオニア学派の思想をアテナイにもたらす。事物は多種多様なスペルマタ（種子）から成るが，それらの秩序の起源にはヌース（知性，理性）があると説く。このヌース観に惹かれたのがソクラテスであったが，アナクサゴラスの思想はソクラテスを満足させなかった。
　本書では「高き哲学」＝形而上学の系譜として，このアナクサゴラスからソクラテス，プラトンたちへと線が引かれている。

アベラール　Abélard (=Abaelardus) (1079-1142)　　26
　『アベラールとエロイーズ』と呼ばれる往復書簡でも知られる神学者。いわゆ

る「普遍論争」において，唯名論派に位置づけられる。
　　本書では，クーザンがアベラールの著作集を編集した，という報告に際して名前が引かれている。
アペレス　Apelle (=Apellēs) (B.C.5c.)　　4, 5
　　アレクサンドロス大王の宮廷画家であり多くの作品を作成したと伝えられるが，現存するものはない。彼についての情報の多くは大プリニウスの『博物誌』による。優れた技巧を有する革新者であった。
　　ラヴェッソンは，生の力動性を表現し始めた画家と位置づけている。
アランベール　Alembert (d')→ダランベール d'Alembert
アリストテレス　Aristote (=Aristotelēs) (B.C.384-322)　　4, 5, 35, 41, 74, 81, 103, 108, 139, 187, 220-221, 227, 242, 273-274, 277, 279, 281-282, 301-302, 308, 328, 330, 333, 338, 341
　　プラトンの学園であるアカデメイアで学ぶが，プラトン派とは異なった立場に立つ（特に「イデア」説への批判）。アテナイに自らの学園リュケイオンを設立する。哲学のみならず自然研究に関しても膨大な業績を残した。
　　ラヴェッソンにとってアリストテレスは特別な哲学者，特権的な形而上学者である。若い彼が本格的に哲学研究へと引き込まれたのはアリストテレス形而上学の研究を通じてであったが，アリストテレスへの高い評価は生涯変わることがなかった。物質的なものをアルケーと見なす古くからの「自然哲学」，あるいはそれを「イデア」によって超えようとしたプラトン哲学をも批判するアリストテレスは，万物の原理を超自然的な水準に据えた上で，しかもそれを一般的な概念のようなものとしてではなく，生きて働く個体的実在だと正しく把握した，というのである。言い換えるなら，現在に至るまで姿を変えながら繰り返される「唯物論」的理論に対して，そしてまたそれに対抗するつもりで結局は空虚な観念や概念にしか訴えることのできない「観念論」的理論（「数」を掲げるピュタゴラス主義，「イデア」に訴えるプラトン，「隠れた性質」を濫用するスコラ哲学，そしていわゆる「ドイツ観念論」の多くの部分——シェリングが「消極哲学」と名付けるヘーゲルに極まるそれ）に対して，アリストテレスはすでにそれらを超える高次の立場に，すなわち万物の原理をその積極的実在性において直接把握する立場にまで達していた——これが，ラヴェッソンの基本的見解である。晩年のラヴェッソンは，このように理解されたアリストテレス哲学の成果が，キリスト教によってさらに引き継がれたという見取り図を描いている。
　　本書には例えば「実証的なるアリストテレス」（86頁）といった表現が見られる。この「ポジティフ」は単に生物学などの研究でアリストテレスが観察を重んじたという意味で言われているのではない。それ自身規定しようのない「物質＝質料」でもなく，これまたその一般性においては空虚なままの「観念・概念」でもないところに，実在を，すぐれた意味での「実体」を，それとして肯定的な仕方で——「～ではないもの」といった否定的限定によるのではもはやなく——把握しようとしたのがまさにアリストテレスであった，というのがラヴェッソンの主張なのである。この観点のもとで一方では，「実体」とは « activité » であ

人名索引　　　　　363

る，すなわち無規定な潜在性ではなく惰性的な素材でもない「現勢的（actuel）」で「能動的（actif）」な「活動（acte）」である，という実体論＝存在論が，そして他方では，そのような実体の把握は一般概念による囲い込みでもなく否定的限定でもなく，当の活動自身の自己覚知ないし直観である，という認識論が，相互に不可分なものとして一挙に打ち立てられる。近代哲学がアリストテレスを補完し得たとすれば，それはこの後者の認識論的な側面においてである（デカルト，ライプニッツ，とりわけビランの寄与はそこにある）。1837年のアリストテレス研究においてラヴェッソンはすでにこうした観点に到達しており，本書でははっきりとは記されていない。論究済みの前提だからである。特に最終章に見られるように，ラヴェッソン自身の言う「スピリチュアリスム的実証主義（positivisme spiritualiste）」の骨格は，彼の解するようなアリストテレス哲学によってほぼ与えられているのである。

アンファンタン　Enfantin, Barthélemy Prosper (1796-1864)　59
　サン＝シモンの弟子。ジャーナリスト，実業家でもある。サン＝シモン主義を継承する中心人物の一人。
　ラヴェッソンはアンファンタンを哲学者としてはほとんど評価していない。

アンセルムス　Anselme (=Anselmus) (1033-1109)　202
　カンタベリーの大司教として知られる。『プロスロギオン』においていわゆる「神の存在論的証明」を提示した。
　本書では，例えば『プロスロギオン』で言われる「信じるために理解を求めているのではなく，理解するために信じる」という態度，すなわち安易な不可知論を斥け，知性による理解を最大限に求める態度について，肯定的に言及されている。

アンペール　Ampère, André-Marie (1775-1836)　21-23, 289-290
　電磁気学の業績で知られる。その名は電流の単位「アンペア」の由来となっている。理工科学校（エコール・ポリテクニック）教授，コレージュ・ド・フランス教授。科学アカデミー会員。
　本書が記すように，哲学に関してメーヌ・ド・ビランと手紙での意見交換を行っており，自分自身で哲学の論文も執筆している。コンディヤックに反対して，自我の存在とその能動性を強調する立場を取る。息子のジャン＝ジャック（Jean-Jacques Ampère）は著名な歴史家。

イアンブリコス　Jamblique (=Iamblichus) (245-325)　274
　プロティノスの新プラトン主義を継ぐ。ポルピュリオスを師とし，シリアで活躍。
　本書では，魔術的な性格も見られる儀礼＝「神通術（theourgia）」が語られる『エジプト人，カルデア人，アッシリア人の秘儀について（エジプト秘儀論）』から一節が引かれている。文脈はあまり明らかではない。実はエマーソンの『論文集第二巻』「詩人」が当の一節を引用しており，ラヴェッソンはそれを用いた可能性もある。

イエス　Jésus　64

直接の言及はない。福音書から言葉がいくつか引用される。

ヴァシュロ　Vacherot, Étienne (1809-1897)　　28, 146-156, 169-170, 192

農民の息子として生まれる。高等師範学校に進みクーザンの影響のもとで哲学研究を進める。1838年には同校校長。著名な業績はまず，28頁で言及される『アレクサンドリア学派の文献批判的歴史（*Histoire critique de l'École d'Alexandrie*, 3 vols., 1846-1851）』である。この著作は同校付きの司祭であったグラトリとの激しい論争を呼び，結果，校長を解職されることになる。また，論争が生じた同じ1851年末以降の第二帝政の成立に際して，皇帝への忠誠を示す宣誓を拒否したため，教授職も失った。その後の逆境とも言える時期には，教会勢力と厳しく対立して共和制ならびに民主主義に強く傾く。帝政崩壊後は政界で活躍することになるが，次第に彼の立場は共和制には批判的なものとなり，むしろ君主制支持へと向かうことになった。

本書ではXIVが，ヴァシュロが第二帝政下で刊行した著作に基づいて，彼の形而上学と認識論を扱っている。

ヴァダントン＝カステュス　Waddington-Kastus, Charles (1819-1914)　　29, 209, 275

プロテスタントの英国人の家系に生まれる。パリやストラスブールで教えた後，パリ大学の古代哲学教授に就任（1879年）。クーザンの直系の世代として残った一人。ベルクソンの博士論文の審査員も務めた。

本書では博士論文であるアリストテレス論，また50年代に書かれた論理学研究，60年代の心理学研究が言及されている。

ヴィアール　Wiart, E.(-F.-T.) (?-?)　　298-299

詳細不明。法学博士。本書では功利主義支持者として紹介・検討されている。

ヴィック・ダジール　Vicq-d'Azyr, Félix (1748-1794)　　242

医師，解剖学者。機能を扱う生理学において，器官の構造を分析する解剖学の不可欠性を強調。比較解剖学の祖でもあり，家畜の疫病研究など業績は多岐にわたる。マリー・アントワネットの侍医としても知られる。

本書では脳の解剖学に関する業績で名前が挙げられている。彼は，比較解剖学を用いることで，脳や髄の諸部分が魂のどのような機能に結びついているかを確定できると考えていた。

ウィリス　Willis, Thomas (1621-1675)　　253

医師，神経学者。糖尿病研究のほか，特に脳と神経系の研究で知られ，「反射」概念の形成にも大きな役割を果たす。脳の機能に関して，脳室の重要性を否定し，灰白質へと注意を向け直す。松果体を重視したデカルトについても比較解剖学的観点から批判。オックスフォードでの講義にはジョン・ロックも出席していた。

敬虔な国教会徒であり，動物の魂とは別の，人間固有の理性的魂の存在を主張。ホッブズ流の唯物論とは対立する。本書ではウィリスのこうした主張が引かれている。

ヴィンケルマン　Winckelmann, Johann (1717-1768)　　32

考古学者，美術史家。バロックやロココを批判して古代ギリシアの芸術を賛える『ギリシア美術模倣論』は古典主義美学の理論書とされる。また『古代美術史』で，従来の「芸術家列伝」のスタイルとは異なった，諸作品の様式に基づく美術史を確立。

芸術が目指すべきは自然の模倣や感性的美の表出ではなく，理想（イデア）的な美であるという理想主義（イデアリスト）美学が，このヴィンケルマンの立場であった。本書はこうした彼の美学を限定的にのみ評価している。実在から遊離した無規定なイデア，抽象的な一般者に依拠する理論だからである。そしてこの欠点は，クーザンの美学にも見られると言われる。

ヴェントゥラ（ヴァントゥラ）　Ventura de Raulica, Gioacchino (1792-1861)　　223

シチリア出身のイタリア人，テアティノ会修道士。短命に終わるローマ共和国（1849年）と，その際に亡命を強いられた教皇との間で言わば板挟みになる形となり，フランスに移ることを余儀なくされる（49年にモンペリエ，51年よりパリ）。ナポレオン・ボナパルトがクーデターにより第二帝政を成立させた後，クーザン派の哲学者の多くが公教育から追放されていく中，彼はパリで旧来の哲学を全面的に否定する激しい説教を行う。若いうちからラムネーらの伝統主義の影響を受けた彼（ラムネーたちとは実際の交流もあり，多くの翻訳を行っている）は，その後も神学の絶対的な優位を説き，哲学と哲学者の言う「理性」を不毛なものとして否定する立場を貫く。彼はそのような自分の主張の支えとしてしばしば聖トマスの名を挙げたが，そのため理性と信仰の調和を説いたトマスの思想を裏切っているのではないかという批判を呼び，結果的にはその後のトマス研究を動機づけることにもなった。本書の28-29頁と225頁で言及されるジュルダンのトマス研究，『聖トマス・アクィナスの哲学』は精神科学・政治科学アカデミーによる1853年のコンクールに応えたものだが，この時期にトマス研究という課題をクーザンが掲げた背景には，ヴェントゥラが喚起した当時の論争がある。

本書ではヴィタリスム論争（XXIII）に関連して言及されている。人間的ペルソナの実体的一性の立場から，二元論やヴィタリスム全般を批判する立場である。なお，この立場は教会の公式見解でもある。

ウォリス　Wallis, John (1616-1703)　　174

イングランドの数学者。解析幾何学や級数などに関する多くの業績がある。『無限の算術』では今日言うところの積分法を研究している。

この『無限の算術』第一命題補助定理は，「帰納」（数学的帰納法ではなく既存の推論の延長のこと）が探究のための方法である，と述べる。グラトリはウォリスの名を後ろ盾として「帰納」概念を持ち出すのだが，本書のラヴェッソンは，グラトリを批判する文脈で，ウォリス自身の真意を確認している。

ヴュルピアン　Vulpian, Alfred (1826-1887)　　71, 237-238, 241-242, 244-246, 252, 254

生理学者，神経学者。フルーランの弟子。シャルコーの友人であり，共著もある。パリ医学ファキュルテ教授。

本書ではまず骨相学への批判者（VI）として言及され，XXVではヴィタリスムへの批判に関して，またXXVIでは脳の解剖学的知見ならびに（骨相学的な単純な機能局在論とは相容れない）脳の柔軟な機能代補性を論じる中で，それぞれ言及される。ラヴェッソンによればヴュルピアンの生理学的な還元主義は性急であり，フルーランや彼が強調する脳の可塑性は，脳を道具として本来の機能目的を遂行しようとする別種の原理，思惟と意志の存在を示唆するものだと判断される。

　自説のこうした理解と活用に，ヴュルピアン自身は異論を唱えている。

エウクレイデス　Euclide (=Eukleidēs) (B.C.4c.-3c.)　288

　ユークリッド。デュアメルの議論の中で扱われているために本書にも登場する。十全な証明ないし問題解決は，既知の原理と未知の解答の間で分析と総合の両方向の連鎖を打ち立てることを要求するはずだが，エウクレイデスは遡行的分析（既知のものへの連れ戻し）という一方向の連鎖しか要求しなかった，というのがデュアメルの批判点であった。

エスキロール　Esquirol, Étienne (1772-1840)　263-264

　精神病理学者。トゥールーズに生まれ神学校に学ぶが医学に転身。ピネルの弟子。エスキロール自身も多くの弟子を持つが，バイヤルジェはその一人となる。1838年の『精神病論（*Des maladies mentales*）』では，精神病を脳の疾患とした上で五つ（リペマニー（憂鬱），モノマニー，マニー，デマンス（痴呆），イディオ（白痴））に分類。「モノマニー」は妄想や感情高揚を含むが，そこで理性は障害を受けていないとする。

　ラヴェッソンは，理性の不壊という自己自身の論点を支持するものとして，彼のこの主張を参照している。

エピクロス　Épicure (=Epikouros) (B.C.341-270)　117, 139, 233-234

　エピクロス主義とは，ラヴェッソンにおいては，万物を必然に服した原子へと解体する学説のことであり，現代にまで引き継がれる「唯物論」の模範かつ原型だと理解されている。デモクリトスとは異なり，このエピクロスとルクレティウスは原子の運動に偶然性（クリナメン）を付加し，さらにストア派は「緊張」を導入したが，いずれも中途半端な試みでしかなかった，というのがラヴェッソンの判定である。

エマーソン　Emerson, Ralph Waldo (1803-1882)　64, 274

　アメリカ合衆国の思想家，エッセイスト。若くして牧師となるがほどなく教会から離反，各地で講演を続ける中で独自の神秘的宗教思想を説く。汎神論的であると同時に理想主義でもあるその思想は「超越主義（transcendentalism）」と呼ばれ，アメリカにおけるロマン主義を駆動した。ホイットマン，ソローなどに影響した。

　本書では，彼の『論文集（*Essays*）』から示唆的な引用が行われている。さらに，エマーソンからの言わば「孫引き」とも見える箇所（スウェーデンボルグやイアンブリコス）も確認できる。

オリエ　Olier, Jean-Jacques (1608-1657)　48-49

聖職者，神学者。神学校のシステムを改革し，聖シュルピス会（Compagnie des Prêtres de Saint-Sulpice）を創設。国際的な布教活動を組織し，自らもカナダで布教を行った。

本書ではラムネーの哲学に親和的な一節が引かれている。

オレオ　Hauréau, Barthélemy (1812-1896)　　28

歴史学者，文筆家。革命肯定派の立場からジャーナリズム活動を行い，また国立図書館などで司書を務める。第二帝政には対立。ラヴェッソンと同様，碑文・文芸アカデミー（Académie des Inscriptions et Belles-lettres. 歴史学，考古学，古典文芸研究を扱う）の会員。

本書では，彼によるスコラ哲学研究が言及されている。精神科学・政治科学アカデミーのコンクール課題に応えての論文である。

カ　行

カヴァリエーリ　Cavalieri, Francesco (1589-1647)　　174

イタリアの数学者。微積分学の先駆者の一人とされる。

グラトリの思想を検討する中で名前が引かれている。

カトルファージュ　Quatrefages (de Bréau), Jean Louis Armand de (1810-1892)
251, 254

博物学者。60年代以降人類学を研究の中心に移す。人種の差異を通じて人間種は一つであると主張。

本書では，本能についての研究を行った一人としてその名が挙げられている。

カトルメール・ド・カンシー　Quatremère de Quincy, Antoine Chrysostome (1755-1849)　　32-34

政治家，考古学者，美術史家。古代エジプトとギリシアの建築をテーマに指定した碑文・文芸アカデミーの懸賞論文で名を知られ，その後長く美術界の重鎮となる。カノーヴァとも親交を結んでいた。王党派の立場から政治家としても活動。

本書では，その理想主義（＝観念論，イデア主義）によってクーザン哲学を準備したとされている。

カドワース　Cudworth, Ralph (1617-1688)　　119

ケンブリッジ・プラトン学派を代表する哲学者，神学者。機械論を批判し，自然現象の根底に形成的自然（Plastic Nature）という精神的原理を想定している。

ラヴェッソンはリトレの批評（X）において，そう自覚してはいなくとも事実上リトレは生命現象に関して目的論を容認しているのだと指摘した上で，その種の目的論の系譜の上流にライプニッツとこのカドワースを置いている。

カノーヴァ　Canova, Antonio (1757-1822)　　33

イタリアの彫刻家。「新古典主義」に位置づけられる。カトルメールの古代芸術論から影響を受け，またカトルメール本人とも親交を持った。1815年に大英博物館で，ペイディアス（フェイディアス）に帰される彫刻作品群，すなわち

「エルギン・マーブル（Elgin marbles）」と言われる作品群に触れる。カノーヴァはそれらを非常に高く評価した。従来考えられていた古代彫刻のそれに回収されない，非常に優れた様式が示されていたからである。

　ラヴェッソンは，カトルメール的な観点に収まらない芸術概念の可能性を，このカノーヴァの中に垣間見ている。

カバニス　Cabanis, Pierre Jean Georges (1757-1808)　　70, 162
　医師，生理学者，哲学者。議員として政界でも活躍。早くからエルヴェシウス夫人のサロンに加わり啓蒙思想や唯物論に親しむ。コンディヤックの感覚論をさらに生理学に結びつける形で「人間学」を打ち立てようとした。主著『人間の身体と精神についての論考（*Traité du physique et du moral de l'homme*, 1802. 後の版では *Rapports du physique et du moral*）』の立場は唯物論的であるが，死後出版された手紙においては伝統的形而上学への復帰も見られる。医師としては友人ミラボーの主治医を務めたほか，革命以後の医学教育システムの改革にも深く関わった。

　本書では唯物論者，決定論者として扱われている。

ガリレイ　Galilée (=Galilei), Galileo (1564-1642)　　174, 202
　他の思想家に付随する形で名が挙げられるに留まる。

ガル　Gall, Franz-Joseph (1758-1828)　　69-71, 241, 242
　ドイツ出身の医師，解剖学者。後にパリに移住しフランスに帰化。頭蓋の形状に精神の諸機能の発達が反映されているという仮説のもと，「頭蓋骨相学（cranioscopie）」を説く。その理論は助手のシュプルツハイムによって「骨相学（phrénologie）」と名付けられ各地に広められていく。骨相学は，医学者たちからは似非科学として否定されたが，1830年代から40年代にかけて社会的には大きな反響を得た。

　本書では VI で批判対象となっている。

ガルニエ　Garnier, Adolphe (1801-1864)　　40-41, 227, 271
　最初は弁護士として活躍するがその後哲学に転身。高等師範学校を含めていくつかの学校で教えた後に，パリ大学教授となる。クーザン派に属し，クーザンの講義の編纂にも関わっている。博士論文ではトマス・リードを扱う。道徳哲学や法哲学の著作も多いが，中でも『魂の諸能力論（*Traité des facultés de l'âme*, 3 vols., 1852）』は十九世紀フランスにおける「能力心理学」を代表する大著であり，その後に展開する心理学にとっての批判対象としても重要な業績である。

　ラヴェッソンはガルニエの個別的見解（言語能力，ヴィタリスムなどに関する）をいくつか引く。ガルニエの能力論は平板な列挙作業に留まっており，それらを整序するはずの形而上学的原理は僅かに垣間見られるだけだった，という評価である。

カロ　Caro, Elme (1826-1887)　　41, 150, 181-184
　哲学教師の父を持つ。勉学のため移ったパリのコレージュでグラトリの指導を受ける。高等師範学校を経て，各地のリセやファキュルテで教える。1864年にはガルニエの後任としてパリ大学ソルボンヌ校教授（哲学）に就任。その魅力的

な講義は社交界にも知られるものであった。博士論文は十八世紀の神秘主義者サン＝マルタンの研究。道徳哲学の分野で多くの研究を残している。十九世紀フランス哲学史の文脈においては，第二帝政下で力を増す実証主義や無神論に対しての，カトリック的スピリチュアリスムの立場からの防衛的姿勢が注目される。

ラヴェッソンは，そうした批判の代表作である『神の観念とその新たな批判者たち（*L'idée de Dieu et ses nouveaux critiques*, 1864）』に繰り返し言及している。

ガロー　Garreau, Paul-Émile (1811-1880)　　159-160, 228

医師。軍医として活躍。一貫して唯物論的生理学に対して批判的であり，スピリチュアリスムの立場から生理学と心理学に関わるいくつかの哲学的著作を発表している。

本書では比較的初期の著作『人間の学の存在論的基礎（*Essai sur les bases ontologiques de la science de l'homme*, 1846）』が，そしてまた，アニミズムを批判すると同時に機会原因説を支持する61年の論考が参照されている。

カント　Kant, Immanuel (1724-1804)　　12, 17-18, 20, 22, 50, 137-138, 182, 191, 192, 193, 299, 304, 307-308, 315, 339

「十九世紀フランスにおけるカントの受容」というテーマは複雑である。当初の受容におけるいくつかの基本線をあえて挙げるなら，カントとは，（1）経験論的認識論に対する目覚ましい批判者，（2）形而上学の可能性を根本から破壊する懐疑論者，（3）宗教と対立はしないが宗教に基づくのではない義務論を整えた啓蒙的道徳家，という複数の相貌を持った哲学者であった。

本書のラヴェッソンは，（1）の側面を評価した上で，カントによる（2）のような形而上学への死亡宣告に対しては言わば再審請求を行っている。これは結局「フランス・スピリチュアリスム」にとっての根本的課題である。そしてラヴェッソンの立場からすると，精神ないし魂は，その内的意識において，活動としての自らの実在を，一般の現象とは異なった様相において——すなわち感性の形式や悟性概念を経由せずに——把握する，というのである。この立場を支える重要な一人がメーヌ・ド・ビランであったこと，このような方向でカントを乗り越える試みを引き継ぐのがベルクソンであることを付言しておく。

キケロー　Cicéron (=Cicero) (B.C.106-43)　　171, 266

ローマの政治家，哲学者。

『義務論』と『トピカ』が参照されている。

キュヴィエ（兄・ジョルジュ）　Cuvier, Georges (1769-1832)　　104, 257, 264, 326

博物学者。古生物学，比較解剖学に大きな業績を残す。自然史博物館教授，コレージュ・ド・フランス教授などを歴任，「ユニヴェルシテ」による国家教育行政にも深く関わった。動物の体制の四分説，哺乳類の断片的化石から全体を復元する方法の形成，ラマルクらの進化論に対する批判などで知られる。

本書ではコントを介しての引用と，本能に関しての簡単な見解が紹介されている。

キュヴィエ（弟・フレデリック）　Cuvier, Frédéric (1773-1838)　　251

動物学者。哺乳類における本能と知性についての研究が参照されている。

人名索引

ギュンター　Gunther (=Günther), Anton (1783-1863)　　224–225
　　オーストリアのカトリック神学者，哲学者。汎神論的哲学に反対しつつ，神と被造世界との二元論，そして後者の世界内においての（個体的・自己意識的）精神原理と（非個体的・無意識的）霊魂原理という二元論を土台に，従来のスコラ哲学に代わる独自の合理主義的な神学体系を打ち立てようとした。すでに1857年には著作が禁書目録に含められるが，当初問題とされたのはまずその行き過ぎた合理主義であったと見える。
　　ヴィタリスム支持者の一人として言及されている。

クーザン　Cousin, Victor (1792-1867)　　25–46, 57, 64, 121–122, 146, 148, 303–305
　　十九世紀フランス哲学を語る上で最重要人物の一人。ナポレオンは1808年に「帝国ユニヴェルシテ」のシステムを創設した。教員資格を国家が授与し，教員養成も師範学校で行うことで，教会に独占されていた教育権を国家の独占下に移そうとしたのである。実際にはその後も聖職者には教育権が与えられ，教会側は「教育の自由」を主張して国家側の教育権独占の動きに強く抵抗し続ける。公教育とアカデミズム一般における「哲学」は，常にこの政治的な緊張関係の下に置かれていたことをまずは踏まえておかねばならない。その中で「哲学」の独立性――すなわち神学的権威からの独立性――を思想上で，そしてとりわけ政治的に，保持することに尽力したのがこのクーザンである。今日にまで引き継がれるフランスでの哲学教育の大枠は，彼が整えたものだと言ってよい。
　　貧しい家庭に生まれるが，私的・公的援助により勉学を続けて新設の高等師範学校第一期生となる。ラロミギエール（パリ大学文学ファキュルテ教授であった）を知り哲学を志し，1815年にはロワイエ＝コラールの代講として教壇に立つ。王政復古期中の20年から28年までは講義停止などの扱いを受けるが，28年にはパリ大学（ソルボンヌ校）で講義を再開。1830年の革命で成立した七月王政において，本格的な活動が開始された。
　　哲学思想に関しては，(1) 内的観察を出発点として形而上学へと至る心理学的方法論，(2) 哲学の歴史を真理の部分的かつ漸進的な顕現の場と理解した上で諸学説の選択と統合を目指す「エクレクティスム」，この二つをその柱とする。彼は七月王政下の公教育王立評議会（Conseil royal de l'instruction publique）で大きな権限を握り，公立学校で教えられる哲学のカリキュラムを策定するが，その内容は以上の思想を基礎としていた。心理学ないし内的観察から出発して形而上学にまで論を進め，それに哲学史が付される，という次第である（だから第二帝政期における縮小期にはそういった内容が削除され，結果「論理学」（推論の理論と科学の方法論）だけが残されるのである）。またクーザンは，彼自身，高等師範学校における哲学教授の養成，アグレガシオンの審査にも長く関与し，大きな人事権を背景に，彼自身自らの「連隊」と呼ぶ弟子たちを組織する。このグループは，世紀末まで大学とリセのポストをほぼ独占し，フランス講壇哲学の中核を構成し続ける。
　　教育行政上の活動と並行して，クーザンは精神科学・政治科学アカデミー（Académie des sciences morales et politiques）の哲学セクション長の立場から，一

定のテーマを懸賞の課題に選び，研究論文を募るという作業にも関わり続けた。本書の特にIIで列挙される著作には，その成果が多く含まれている。ラヴェッソン自身も，アリストテレスの形而上学についてのコンクールへの論文受賞（1835年）から本格的な哲学研究を開始したのである。

1848年の二月革命によって七月王政は崩壊，短い第二共和制を経て1852年には第二帝政が成立する。帝政成立前後にかけて，クーザンが維持していたシステムは教会側からの攻撃により決定的な痛手を蒙った。帝政の成立に際して，皇帝ナポレオン三世は教会の支持を一つの支えとしていたからである。この状況が好転するためには60年代，とりわけ1863年の選挙における自由主義陣営の勝利を待たねばならない。この前後の経緯に関しては本書の最終章が簡潔に語る通りである。しかしこの時期にはもはやクーザン自身は実質的な引退状況にあった。本書刊行の直前，1867年に彼は死去する。

ラヴェッソンは1830年代後半からクーザンとは離反しており，公教育システムの中で教壇に立つこともなかった。本書でのクーザンの扱いもかなり冷淡であり，「雄弁家」「半端なスピリチュアリスム」といった評価はクーザンの弟子たちの眉をひそめさせるものであった。クーザンの死の直後であるからなおさらである。

本書では非常にしばしば言及されるが，ほとんどの場合，ラヴェッソンの口調は批判的である。実在性から切り離された空虚な一般観念を原理に掲げて満足してしまう，悪しきイデアリスムの典型として扱われている。

グラタキャプ　Gratacap, Antoine (1831-1896)　　210, 213-216

1866年にアリストテレス論と記憶研究で博士号を取得。60年代にはナントやニームで教えたが，病のためその後の活動はない。観念が受動的に連合することから記憶を説明する学説を批判し，知性の能動的な作用から記憶を論じる。

本書で参照されているのは『記憶の理論（*Théorie de la mémoire*, 1866）』，あるいはそのもととなった博士論文，だと思われる。

グラティオレ　Gratiolet, Louis Pierre (1815-1865)　　71, 271

解剖学者，動物学者。パリ大学教授。前頭葉など五つの「脳葉」の解剖学的区別を立てたことで有名。脳局在説を採るが，また脳の大きさが知能程度の指標となるという同時代の脳生理学者ブローカの単純な説に対しては批判的であった。

骨相学に対する批判と，表情についての研究に関しての言及がある。

グラトリ　Gratry, Alphonse (1805-1872)　　167-180, 249

神学者，哲学者。早くから文科系科目において才能を示すが，それに飽き足らず諸科学を学ぶために理工科学校（エコール・ポリテクニック）に入学する。それと前後して個人的な危機体験からキリスト教に回心，ボータンが当時教えていたストラスブールに赴き，聖職者の道を選ぶ。1841年にはパリのコレージュ・スタニスラスの校長，続いて46年には高等師範学校付きの司祭に就任する。カトリック神学者・哲学者として，当時学生であったオレ＝ラプリュヌ（Léon Ollé-Laprune, 1839-1898. ブロンデルの師）やカロに強い影響を残すが，校長ヴァシュロとの激しい論争のため辞職。その後は，オラトリオ会の復興（1852年）

に寄与しつつ，多くの哲学的・神学的著作を執筆する。理性の役割を重視し，神学的にも自由主義的な傾向に与するグラトリは，権威性を強めつつ「教皇の不可謬性」を主張するピウス9世とやがて対立する（結局はローマに服従）。微積分学までをも動員する彼の神学，あるいは「三位一体」の象徴を見ようとしてあらゆる論題について強引に三元論的な整理を行う彼の体系は，同時代の神学者から懐疑的に見られることもあったが，直情的とも言えるその人柄を敬愛する者も多く，詩情豊かなイメージに彩られた『源泉（Les sources, 1862）』は多くの読者を持った。

　本書では，XVI全体を割いて批判的検討の対象にされている。また，迷走神経に関する言及に関しても触れられる。

グリモー　Grimaud, Jean-Charles-Marguerite-Guillaume (1750-1789)　　246, 259, 334

　医学者。ナントに生まれるが，主な活躍地は生気論（ヴィタリスム）の本拠地である南仏モンペリエである。生気論者バルテズの弟子，後継者。発熱ないし熱病に関する研究で著名。生命原理の単一性／複数性をめぐる論争，あるいは病理学における体液説とそれへの対抗諸学説の間で，アニミスムの立場から折衷的な統合を試みた。

　本書では，目的論的観点の発見法的有用性を認める言明と，睡眠についての生理学的所見に関して言及されている。

クルノー　Cournot, Antoine-Augustin (1801-1877)　　275-285

　数学者，経済学者，思想史家。現在では経済学上の功績によって特に知られるが，十九世紀における百科全書的知識人を代表する一人である。数学者として出発し，自然科学への数学の適用の可能性についても思索を重ねるが，その根底には客観的な「偶然」の肯定がある。世界内の因果系列は必然的に進むものの，系列自体には複数性と独立性があり，諸系列の「遭遇」はいずれの系列からも必然的には導出できない。そのゆえに，知識は究極的には蓋然的であるに留まるが，この蓋然性は事実に属した客観的な偶然に関わるものである以上，問題なのは蓋然性を消去することではなく，蓋然性をそれとして正しく認識の対象にすることである。

　本書ではXXXIIで，現代の科学論の代表として挙げられ，その法則観と偶然観が取り上げられている。前期コントとの類似性はありながら，そこに蓋然性を導入した点が紹介され，あわせてクルノーによる過去の思想家たちへの論評がかいつまんで示される。ラヴェッソンからの評価はかなり厳しい。

グローヴ　Grove, William Robert (1811-1896)　　133

　イギリスの物理学者，司法官。電気化学や電気分解を研究。化学電池の発明でも知られる。1846年の『物理的諸力の相関について』では，諸力の異種性を超えて成り立つはずの「エネルギー保存則」について先駆的考察を提示している。

　本書では，異種的な力や諸存在の根本的な統一を主張した上で進化論的考察を支持する66年の講演「連続性（Continuity）」が言及されている。

クロード・ベルナール　Claude Bernard →ベルナール

グロート　Grote, George (1794-1871)　　152

　イギリスの歴史家，哲学者。1840年代までは銀行家，政治家としても活躍。ベンサムやミルの功利主義を支持し，政治的には急進的議会主義の立場であった。ギリシア史を執筆した後，プラトンを研究。67年には三巻本『プラトンと，ソクラテスの他の仲間たち（*Plato and the other companions of Sokrates*）』を刊行している。

　言及されているのは，このプラトン研究についての，レミュザによる書評。

ゲーテ　Gœthe, Johann Wolfgang von (1749-1832)　　255, 259-260, 340

　ドイツの文学者，思想家。

　本書はゲーテの生物学的な思索，また色彩論の主張に関して簡単な言及を含む。1866年にカロが『ゲーテの哲学（*La philosophie de Gœthe*）』において「哲学者ゲーテ」という観点からの紹介を行っており，ラヴェッソンはこのカロの研究に大きく依拠していると見られる。

コスト　Coste, Victor (1807-1873)　　247

　生物学者，博物学者。胚の研究，またサケやマスの養殖の研究で知られる。

　本書では彼による三胚葉の研究に触れられている。

ゴルギアス　Gorgias (B.C.487-376)　　171

　古代ギリシアの哲学者，弁論家。「ソフィスト」に分類される。

　グラトリはヘーゲルの弁証法論理を古代のソフィストのいわば焼き直しだとして批判したが，ラヴェッソンはこの批判を性急と見る。この批判に際しての言及。

コンディヤック　Condillac, Étienne Bonnot de (1714-1780)　　18-19, 23-24, 273, 289-291

　十八世紀フランスの感覚論哲学を代表する哲学者。ロックの経験論から強い影響を受けるが，ロックが認識一般に関して「感覚」と「反省」という二つの源泉を認めていたのに対し，感覚を認識の唯一の源泉とみなし，反省も感覚から派生するという立場に進む。1754年の『感覚論（*Traité des sensations*）』では，彫像に嗅覚から始めて諸感覚を付与しながら知的諸能力が発生する過程を再構成する有名な議論が行われるが，ここに至り人間精神の一切は「変形された感覚」として了解され，精神固有の能動性は否定されることになる。あわせて「学問」を，経験に基づいた記号体系としての「よくできた言語」と見なしそのモデルをニュートン物理学に見る彼は，従来の形而上学を真の学問的な「体系」ではないとして批判する。

　ラヴェッソンは以上のような一般的イメージを確認した上で，『感覚論』第二版で述べられるコンディヤック自身の逡巡を指摘する。どうやって我々は自分の感覚を越えた外的物体の認識に到達するのか，という問題に関してのそれであり，コンディヤック自身は「不可入性・固性」の感覚を通じて感覚論的な回答を与えるのだが，ラヴェッソン自身はこれを満足できる答とは見ない。自己の能動性を前提として初めて，それに抵抗する「外」がそれとして与えられ得るはずだからである。ただし，コンディヤックはこの回答の入り口にまでは達していた

し，問題の難しさについても十分了解していたというのがラヴェッソンの判定であり，そしてこの判定は彼の 1840 年の論文以来のものであった。感覚論はコンディヤック自身によってすでに言わば内側から亀裂を入れられていた，というのである。

本書では『感覚論』に関する以上の論点が示されると同時に，その論理学に関しても言及がなされている。あらゆる妥当な推論は結局同じ一つの命題の変形ないし換言に帰着する，というコンディヤックの主張はトラシやアンペール，そしてとりわけデュアメルから批判されたのだが，ラヴェッソンはむしろコンディヤックの真意を汲むという形でその弁護を行っている。

コント　Comte, Auguste (1798-1857)　　72-84, 94-96, 102-114, 235, 276

「実証主義（ポジティヴィスム positivisme）」の祖。1840 年代中葉——著作としては『実証哲学講義』の時期——までは，旧来の神学と形而上学への批判，ならびに諸科学の百科全書的総合という主張に力点が置かれるが，その後彼の思想はそれ自体が宗教的色彩を強め，「人類教（religion de l'humanité）」が創設されるに至る。後期主著となる『実証政治体系』は，この人類教に関しての体系的著作である。前期と後期の断絶は明らかと見えるが，その下には，〈人類史的観点から企てられた人間の知的改革〉という当初からのテーマの継続があり，またこの前期／後期の区分はコントの死後，とりわけリトレによって戦略的に強調されたものだという側面もある。とは言うものの，やはりコントの思想の展開ないし転回は，当時の周囲の人々に大きな困惑を招くものであった。前期コントの周囲には科学者，そして前世紀からの啓蒙主義的改革を継承しようとする者が集まっていたが，40 年代後半から彼らの多くが離反する（J. S. ミルもそうした一人である）。また 1848 年の二月革命後の流血を伴う混乱に衝撃を受けた彼が，1851 年のルイ＝ナポレオンのクーデターを支持したことも，それまでの支持者を困惑させた。結果として「コント主義者」ないし「実証主義者」には，非常に広い幅が生じることになる。おおまかに言えば，前期コント寄りの継承者がリトレであり，雑誌『実証哲学（Philosophie positive）』を通じて師の（前期）実証主義の理念を広めようとする。対してラフィット（Pierre Laffitte, 1823-1903）は，遺言問題においてリトレと対立しながらもしばらく協力体制を維持するが，政治上の相違もあり結局は離反，『西欧評論（Revue occidentale)』で政治的主張を含めて自らの立場からの活動を行った。当時の関係者にとってはラフィット側が主流であったと思われる。しかしながらリトレは，自身の圧倒的学識もあり，またルナンなどの有力な協力者もあり，狭義の「哲学」，つまりアカデミズムにおける「哲学」に関しては，本報告の時期以降，非常に大きな影響力を有していくことになる。ただし，コントという名がアカデミズムの哲学において哲学者の資格で正面から言及されるようになるためには，世紀末を待たねばならない。この点で，本書においてコントに割かれたページの多さは，当時としてはかなり異色のものであったと見られる。

本書でのコントへの言及は，多いというだけでなく，内容からしても極めて重要である。(1) コントが立てた「ポジティヴィスム」という名称の，「換骨奪

胎」的な継承。ラヴェッソンはヘーゲル的理性哲学を「消極哲学」として批判するシェリングに同意し，弁証法を含め概念的媒介を経ずに実在そのものに達する「積極哲学」を彼なりに構想している。この文脈からして，「ポジティヴィスム」という名称そのものは保持されるのである。その上で，今後の哲学を特徴づけるものとしてラヴェッソンが口にするのは，「スピリチュアリスム的な実在論ないしポジティヴィスム（un réalisme ou positivisme spiritualiste）」（XXXVI:337頁）であった。現象についての相対的な知に留まろうとするコントから，真の意味での「ポジティヴィスム」を奪還すること——そこにこそ本書の主題はあったと言ってもよいのである。(2) そのためにラヴェッソンは，リトレの評価する前期コント哲学をむしろ批判し，後期思想のほうを評価する。現象主義や唯物論に傾いていた前期からの展開ないし転回を，真の「ポジティヴィスム」への歩みとして，すなわち真の実在である精神が自己意識において自らの現実存在を直接把握するという「スピリチュアリスム」への回帰として，捉え直すのである。

コンドルセ　Condorcet, Marie-Jean-Antoine-Nicolas de Caritat, marquis de　(1743-1794)　58-59

　啓蒙期の哲学者，数学者，政治家。啓蒙主義的な発展的歴史観を述べる『人間精神進歩史』の著者として，また数学を踏まえた社会理論の構成の先駆者（投票理論はその具体的成果の一つ）として知られる。

　本書ではラムネーやサン＝シモンたちが前提とする発展的歴史観のルーツとして言及されているが，ラヴェッソンはその上で直ちに遡行を行い，本当のルーツはむしろパスカルとライプニッツなのだと言う。かくして，コンドルセへの評価は極めて限定的である。

サ　行

サン＝シモン　Saint-Simon, Claude Henri de Rouvroy, Comte de (1760-1825)
　58-59, 62, 72-74, 78

　貴族の家系に生まれ，社会の改革と新しい組織化を説き続ける。その「社会主義」的思想の中心的構成要素は「産業者（industriel）」，すなわち生産を行う階級という概念であり，その一員としての科学者と技術者が生産一般を管理するべきだというテクノクラート的な計画経済の発想である。また産業者を中心とする社会改革に対しては従来のキリスト教は障害となるため，彼は新しい道徳体系として「新キリスト教」を求めた。

　理工科学校（エコール・ポリテクニック）でも思想の普及を試みており，コントも影響を受けた一人である（コントは一時サン＝シモンの秘書を務めていた）。かくしてサン＝シモンの思想は一定数の支持者を獲得する。サン＝シモンの死後，アンファンタンやバザールといった熱心な弟子を中心に「サン＝シモン教会」が設立され，独特の規範に従う共同生活が試みられるが，彼らの活動は奇異や好奇の目で見られることも多く，直接の反響は大きなものではなかった。しかし「産業者」を中心にするという社会改革のイメージはその後，七月王政から第

二帝政にかけて産業社会化していくフランスにおいて実際に活躍する企業家・実業家，さらに政治家たちに，長く影響を与えたと見てよい。

ラヴェッソンは，サン＝シモン自身の思想内容やその独創性を評価してはいない——ただし，アカデミズム寄りの「哲学界」におけるこうした低評価自体は珍しいものではなく，積極的な評価のためには二十世紀を待たねばならない。ともあれ本書においてサン＝シモンの名は，類似性や継承関係を持つ思想家たち，すなわちラムネーやアンファンタン，ルルー，フーリエ，そしてコントから遡る折に言及されるに留まる。特にコントに関連して言えば，初期コントが言わばドライな論理や科学を重視していたのに対し，サン＝シモンは感情や宗教的要素を重視する立場であったことが確認されている。

シェニェ　Chaignet, Antelme-Edouard (1819-1901)　　303-304

古代哲学を専門とする。長くポワチエで教えた。

本書ではアカデミーのコンクール受賞論文『美の学の諸原理（*Les principes de la science du beau*）』に言及されている。クーザン美学に近い立場だが，クーザンたちが美を善や絶対者に結びつけていたのに対し，シェニェはその立場を採らない。ラヴェッソンはこの点に不満を表明している。

シェリング　Schelling, Friedrich Wilhelm Joseph von (1775-1854)　　25, 44, 304, 307, 344

カント以降のいわゆる「ドイツ観念論」に属する哲学者。自然を精神に対する単なる客観対象ではなく，生成途上にある精神そのものだとする自然哲学を説いた後，自然と精神の統一を芸術的直観に見いだす美的観念論，ひいては自然と精神，客観と主観の根源に両者の絶対的同一性を置く「同一哲学」の構想を次々と提出する。一切の対立と差異に先立つ根源を直観によって把握するというこの同一哲学の構想は，『精神現象学』のヘーゲルによって一切を無差別な闇に沈めるものとして酷評された。ヘーゲルにとっては，絶対者とは矛盾を内側から産出しつつ弁証法的に自己分節化していくもの，彼に固有の意味での（主体的かつ実体的な）「概念」であり，歴史的に展開されるこの「概念」の紆余曲折の包括的理解なしに一飛びで直観的に摑まれるものではない。

シェリング側からの反論は，ヘーゲルの死去（1831年）後，クーザンの『哲学的断片』独訳（1834年）序文ではっきりとした形で示される。クーザンは以前からヘーゲルと親交があったが，ヘーゲルとシェリングとの対立に鈍感なままに粗雑な議論を行っていた，というのである。批判点は多岐にわたるが，特に重要なのは次の二点である。(1) 理性と論理は，たとえそれが「弁証法的」であれ，形而上学的原理の現実存在に関して積極的なことを教えない。それは，論理上「存在しないわけにはいかない」と単に否定的な向きで言明するばかりである。(2) 歴史は，理性の展開ではなく論理的過程でもない。現実の歴史からは合理的な説明を拒む一回性の性格を奪うことはできない。しかし絶対者は，この意味での歴史においてこそ，自らの現実存在を啓示するのである。理性的哲学は，神話の哲学，宗教的啓示の哲学にその座を譲るべきである。

ラヴェッソンがすでに1830年代から「反ヘーゲル主義者」としてのシェリン

グに大きな影響を受け，実際に彼と対面もし，長く交流を続けていたことは周知の事実であるが，哲学思想の観点からそこで生じたことの委細を見極めることは容易ではない。確かに彼がシェリングを批判したり，その思想に留保を与えたりすることはない。「弁証法（問答法，ディアレクティック）」に形而上学における特別の意義を認めたこともなく，また本書でもすでに結論部で窺われるように，ラヴェッソン自身，理性的論理を超える神話や宗教の一種象徴的な読解に向かって自らの形而上学的思索を進めていったことも確かである。ライバルの死の直後になって辛辣な批判を行うという所作においてすら，シェリングとラヴェッソンは実に類似している。しかしこうした各種の表面的な類似を超えて，思想の本質においてラヴェッソンを「シェリング主義者」と形容できるかはまた別の問題である。

　本書の論述は，（本来の）「実証主義・実証哲学＝積極哲学（ポジティヴィスム）」というラヴェッソン固有の理念を始めとして，全体としてシェリングに深く影響されているが，そのためにシェリングへの個別的な直接の言及はかえって目立たないものとなっている。クーザン批判以外としては，まずは「自然哲学」を担う一人として語られ，さらに彼の美的観念論の立場，またより後期の宗教哲学的立場にもそれぞれ言及がなされる。

ジェルマン　Germain →ソフィー・ジェルマン

シモン　Simon →ジュール・シモン

ジャヴァリ　Javary, Auguste (1820-1852)　　160

　1846年にアグレジェ。同年，確実性についての論文コンクールで受賞（翌年出版）。クーザンの強い影響の下，経験論や懐疑論に抗して，絶対的で必然的な認識の可能性を肯定的に論じた。各地のリセで教えながら博士論文『進歩の観念（*De l'idée de progrès*, 1851)』を執筆。

　本書では，彼のコンクール受賞論文をアカデミーに報告したフランクの言葉が引かれている。

ジャネ　Janet, Paul (1823-1899)　　28, 41, 118, 149, 150, 164, 232-234, 265-266

　若くしてクーザンに才能を認められ，パスカルの『パンセ』やクーザン自身の『真，美，善』の編集を任される。1853年にはプラトンとアリストテレスの道徳哲学・政治哲学についての論文コンクールで受賞，それを土台に『古代と現代における道徳哲学・政治哲学の歴史（*Histoire de la philosophie morale et politique dans l'antiquité et les temps modernes*, 1858)』を出版。55年にはストラスブール市庁舎で一連の講演を行う。保守的な家族観を自然法思想と形而上学の側から基礎づけるこの講演は『家族（*La famille. Leçons de philosophie morale*, 1855)』としてまとめられ，アカデミー・フランセーズから賞を与えられた。64年からパリ大学ソルボンヌ校教授（哲学史，98年まで）。道徳哲学上の著作と共に，コント的実証主義やさまざまな唯物論的思想に抗して，精神的実体の実在性や世界の目的論的構造を擁護する論争的著作を数多く発表している。同僚のカロと並び，十九世紀後半においてクーザン以降の「スピリチュアリスム」をもっとも精力的に防衛した一人であった。彼自身の思想的特徴としては，同時代の諸科学（脳生

理学，進化論，実験心理学）の進展への目配り，そして 40 年代までに一度固定化された評価を超えたメーヌ・ド・ビランの哲学の積極的再検討という二点を挙げることができる。心理学者・精神病理学者のピエール・ジャネ（Pierre Janet, 1859-1947）は甥。

本書にはジャネの多彩な著作への言及があるが，とりわけ批判的論集『哲学の危機。テーヌ，ルナン，リトレ，ヴァシュロ（*La crise philosophique. MM. Taine, Renan, Littré, Vacherot*, 1865)』は好意的に参照されている。

シャフツベリ　Shaftesbury (third Earl of), Anthony Ashley Cooper, (1671-1713)
　　304

イギリスの哲学者。一時庶民院に議席を有したが，辞して 99 年より伯爵を継ぎ著作活動に入った。美と道徳的な善を分けないギリシア的発想を引き継ぎ，客観的存在を有する善＝美を肯定した上で，それは「よき趣味（taste）」ないし「道徳感覚（sense）」によって捉えられるとする。『人間，風習，意見，時代等の特徴（*Characteristics of Men, Manners, Opinions, Times, etc.*, 3 vols., 1711)』第二巻所収の「モラリストたち。哲学的ラプソディ（The Moralists, A Philosophical Rhapsody, 1709)」を参照。後の道徳感情論の祖として，また近代美学の祖として名を挙げられることが多い。

本書では，美を単なる感性的な快に還元せず，道徳的な善，ひいては精神的絶対者との関連で論じる哲学者たちの系譜上に置かれ，特にリードの先行者として言及されている。

シャルマ　Charma, Antoine (1801-1869)　　207

王政復古期に哲学研究を志すが，20 年代における高等師範学校の閉鎖や卒業生排除の圧力のため，ようやく 1830 年になって教授資格試験に合格。クーザンが便宜を図り，博士論文提出前年であったがカーンの文学ファキュルテに着任。長く教授職を務める。数多くの多彩な哲学書を著したほか，考古学研究にも携わった。クーザン派と教会との争いのなかで激しい論争を行った一人。

本書では XX の末尾で名前が言及されるだけである。ラヴェッソンがどの著作を特に念頭に置いていたかは明らかではない。

シャルル　Charles, Émile (1825-1897)　　29, 227-228

「哲学」のアグレガシオンが停止されている 1854 年に「文学」の教授資格を取得。各地のリセで「論理学」を講じるが，その後復活した「哲学」の資格を 64 年に改めて取得。パリの名門リセであるルイ・ル・グラン校で哲学を教える。ファキュルテのポストとしては，ボルドー大学のルフランの代講を 1861 年から担当，ルフランの死去（72 年）まで務めた。

本書では 1861 年提出のフランス語の博士論文となるロジャー・ベーコン論，ラテン語博士論文の生命論に言及がある。

シャロー　Charaux, Charles (1828-1906)　　300-301

1852 年から哲学を教え始め，71 年からはグルノーブル大学の文学ファキュルテ教授。熱心なキリスト教徒の立場から，「徳」を無限なるもの（神）への愛と知性との協働として捉え，哲学を含め学知の探究は，この意味での徳によっての

み可能であると説く。

本書では博士論文『道徳的方法，あるいはすべての真なる哲学に必要不可欠な要素としての愛と徳について (*La méthode morale, ou de l'amour et de la vertu comme éléments nécessaires de toute vraie philosophie*, 1866)』が紹介され肯定的に扱われている。シャロー自身も本書の解説に満足した。

シュタール　Stahl, Georg Ernst (1659-1734)　　　161, 166, 218, 221-222, 226, 228-229, 230, 233, 281

ドイツの化学者，医師，哲学者。化学者としては燃素（フロギストン）説で知られる。ハレ大学で医学を講じるが，彼の立場は医学論・生命論上での「アニミスム」と称される。同窓の医学者ホフマンの機械論的学説に反対して，有機体には非物質的な「アニマ」が備わっており，それは生命活動，有機体の運動，知性的働きを一括して担っているというのである。後の「生気論（ヴィタリスム）」に通じる発想であるが，生気論者は一般に，有機体に固有の生命活動に関して「生命原理」を立て，思考や知性に関してはまた別個の原理を用意するのが普通である。対してシュタールのアニミスムは意識を伴わない生命現象と意識的な思惟とを連続的に捉える。ラヴェッソンは，1838年の『習慣論』以来，この連続観を高く評価している。

本書では XXIII で以上の論争との関係で幾度も名が引かれるが，もう一つ，対象が「描像可能性（figurabilité）」を有することが判明な思惟の条件である，というシュタールの主張にも言及が見られる。シュタールにおいてこれは，体内の（思い描けない）生命現象は意識されないのに対して外界の事物は判明に意識される，という比較的ありふれた事実に関わる指摘であったが，ラヴェッソンはそれを読み替えて，空間ないし延長という条件に服することが判明な意識の条件であり，それはすなわち想像力＝構想力の対象であるということだ，と理解する。その上で，「アニマ」にはカント的な認識領野をはみだす固有の実在性を認めねばならない，というのがシュタールの実質的な主張であったとラヴェッソンは解釈するのである。

シュプルツハイム　Spurzheim, Johann Kaspar (1776-1832)　　　70

ガルの助手。ガルの「頭蓋骨相学（cranioscopie）」を「骨相学（phrénologie）」と呼びつつ，イギリス（エジンバラ）やアメリカでの普及を目指した。

本書ではガルと並んで批判的言及の対象となっている。

ジュフロワ　Jouffroy, Théodore (1796-1842)　　　26, 36-37, 40-41, 258, 271

クーザンの友人であり，王政復古期から七月王政期において活発な論争を担う。自らが翻訳したスコットランド常識哲学（リード，デュガルド・ステュワート）に従いつつ唯物論や懐疑論を批判し，意識の内的観察に基づいて「生理学」に対する「心理学」の独立性を強く主張する彼の諸論考は，クーザンのそれと合わせ，「フランス・スピリチュアリスム」の言わば第一世代に土台を用意するものであった。ジュフロワのそうした論考は『哲学論集 (*Mélanges philosophiques*, 1833)』と『新哲学論集 (*Nouveaux mélanges philosophiques*, 1842)』に収められている。1817 年に高等師範学校の哲学教師となるが，同校

は22年に閉鎖される。復帰は1828年，その後はソルボンヌ，あるいはコレージュ・ド・フランスで講義を行った。七月王政下では，クーザンと共に哲学カリキュラムの作成に関わる他，精神科学・政治科学アカデミーの会員としてクーザン派の活動を後押ししていた。それだけに1842年の死去が周囲に与えた衝撃は大きいものであった。『新哲学論集』は死の直後，友人のダミロンによって編集されたものである。

　　ラヴェッソンは，リードとステュワートの翻訳に言及する以外では，ジュフロワがむしろクーザンから離れつつあった点を指摘する。彼の有名な睡眠論（意識は完全には消滅しない），そして自然法講義についても言及がある。

ジュール・シモン　Simon, Jules (1814-1896)　　28, 181-182
　　慣例として「ジュール・シモン」と姓つきで表記される。古代哲学の研究を専門とし，1839年よりクーザンの代講としてソルボンヌで講義を行う。早くから政治に関心を持ち，1848年には代議士として当選する。1851年12月のルイ・ナポレオンのクーデターに際しては，教壇から公にクーデターを批判。帝政によって全教員に求められた宣誓も拒否し，解職される。以降，社会哲学や政治哲学に関わる著作を数多く出版する。63年の選挙で再び当選，その後共和派の政治家として活躍。公教育大臣を経て，76年から77年にかけては首相も務めた。共和主義者だが，過激な勢力からは距離をおいた穏健で保守的な立場を保つ。

　　本書では初期のプラトニズム研究と，50年代の宗教哲学論が言及されている。

ジュルダン　Jourdain, Charles (1817-1886)　　28, 225
　　専門は中世哲学。1849年に公教育・宗教大臣秘書官（chef du cabinet）となり，その後教育行政に長く関わる。

　　本書では，58年のトマス研究が言及されている。

シュレル　Scherer, Edmond (1815-1889)　　169, 170
　　プロテスタント神学者，批評家，政治家。ストラスブールで神学を学んだ後にジュネーブで教会史を教えるが，自由思想や不可知論に傾き，1850年には辞職。その後，生地のパリに戻り多くの評論を発表する。1870年以後は議員として活動。共和主義，反教権主義の立場である。

　　ヘーゲルを紹介する『両世界評論』上の論文が挙げられている。

ショーヴェ　Chauvet, Emmanuel (1819-1910)　　29
　　1845年のアグレジェ。専門は古代の哲学と医学。各地のリセ，そしてレンヌ大学を経て，1871年からカーン大学の教授。

　　本書では博士論文『古代における人間知性の諸理論について（Des théories de l'entendement humain dans l'antiquité, 1855）』への言及がある。

ショファール　Chauffard, Paul-Émile (1823-1879)　　219, 231
　　医師，アヴィニョン生まれ。父も息子も著名な医師である。アヴィニョンの病院長を経てパリ大学医学ファキュルテ教授。生命を単なる諸器官の特性に還元する「オルガニシスム」，物理化学的現象に帰着させる諸理論には反対。「刺激反応性」一元論を採るブルセや，有機体固有の法則を認めない実験医学者としてのマジャンディとクロード・ベルナールたちを批判。

人名索引　　　　　　　　　　　　　　　　　　381

リトレとロバンが『ニスタン医学事典』で示した生命観を厳しく批判する講義，ならびに医学における唯物論的傾向を批判する小論への言及がある。

ショーペンハウアー　Schopenhauer, Arthur (1788-1860)　　274, 344

ドイツの哲学者。カント哲学を独特の形で継承し，諸現象の根底には盲目的な「生への意志」が存在していると説く。1819年に『意志と表象としての世界』を出版するが反響は芳しいものではなかった。その後1840年代頃から次第に評価が高まり，晩年と没後には多くの読者を有した。フランスでは1850年代から紹介がなされるが，それらはいずれも部分的であり，また評価も正当なものではなかった。『意志と表象としての世界』の全訳には1885年を待たねばならない。

本書での言及は断片的である。もの自体を意志だとするショーペンハウアーの主張は積極的に評価されているが，ラヴェッソンがどれほどショーペンハウアーを直に読んでいたかは明らかではない。

ジョーム　Jaumes, François-Anselme (1804-1868)　　226

モンペリエ大学医学ファキュルテ教授（1847年より死去まで）。ロルダを師とし，ヴィタリスム（生気論）を継承する。

ブイエの一元的アニミスムを批判する著作が挙げられている。

スウェーデンボルグ（スヴェーデンボルイ，スヴェーデンボリ）　Swedenborg, Emanuel (1688-1772)　　60, 67

スウェーデンの自然科学者，哲学者，神秘思想家。ルター派司祭の子として生まれる。1740年代以降自らの神秘体験に基づいて多くの著作を執筆。カントやゲーテなど多くの思想家に影響を与える。

本書での引用は断片的であり，文脈にはあまり関係がない。エマーソンからの孫引きのように思われる引用も見られる。

スチュアート＝ミル　Stuart-Mill → ミル　Mill

ステュワート　Stewart, Dugald (1753-1828)　　26, 39, 213

スコットランドの哲学者。1785年から1810年までエジンバラ大学で教える。リード以来の常識哲学を継承する。全集はハミルトンが編集。仏訳としては，プレヴォーらによる『人間精神の哲学の梗概（*Elements of the Philosophy of the Human Mind*）』の訳（1808-1825年。後にペスの新訳，43-45年），ジュフロワによる『道徳哲学素描（*Outlines of Moral Philosophy*）』の訳（1825年），そしてレオン・シモン（Léon Simon）による『人間の能動的道徳的諸力の哲学（*The Philosophy of the Active and Moral Powers of Man*）』の訳（1834年）がある。

本書ではジュフロワの翻訳に関する簡単な言及，『梗概』訳者序文からの好意的引用があり，また観念連合と習慣のいずれが根本的な現象であるかという主題に関して名が引かれている。

ストラダ　Strada (de)（Gabriel-Jules Delarue の筆名）(1821-1902)　　189-203

思想家，詩人。変名として，Jules de Strada・J. de Strada・J. Strada・J.-Gabriel Strada・José de Strada，あるいは単に Strada を用いる。アカデミズムの外で活発な著作活動を行った。本書は XIX 全体を彼の『究極的オルガノンの試み（*Essai d'un ULTIMUM ORGANUM*, 1865）』の紹介に割いているが，この扱いはとりわ

けクーザン派の哲学者たちの困惑を呼ぶものであった。アカデミズムの基準からすれば，あまりに自由で，いわば「素人くさい」思弁に満ちた著作だったからである。本書以降，狭義の哲学書としては『方法的哲学（*Philosophie méthodique*, 2 vols., 1867-1868)』，また人類史の試みとして1866年から没年まで巻を重ねる長大な『人間の叙事詩（*Épopée humaine*）』がある。

　XIX で肯定的に紹介されている。

スピノザ　Spinoza, Baruch (1632-1677)　　13, 20, 76, 99, 143, 204-205, 315

　十七世紀オランダの哲学者。とりわけフランスでは忌まわしい汎神論者（創造者と被造者との区別を無視する），さらには無神論者ないし唯物論者として扱われ，アカデミックな研究の対象とはならなかった。この状況を大きく変えるのが，セセによるスピノザ著作集の刊行（初版1842年）である。セセ自身もスピノザ哲学を積極的に評価するわけではないが，『エチカ』がフランス語に翻訳されたことで，多くの読者がスピノザの思想により近くから触れることが可能になったのである。

　本書でのスピノザの扱いは概してごく伝統的な，そして消極的なものである。スピノザの実体は，思惟や延長を始めとして無数の属性において理解されるが，ラヴェッソンの理解ではこれは，実体そのものは思惟でも延長でもない不可解な基体だということにしてしまう誤謬である。「永遠の相のもと」での認識というフレーズ，我々の存在の永遠性を言うフレーズが時に肯定的に引かれるが，文脈への配慮はない。

スペンサー　Spencer, Herbert (1820-1903)　　75, 85, 86, 145, 211-212, 254, 281

　イギリスの哲学者。鉄道技師やジャーナリストを経て，在野の哲学者として「総合哲学」を説く。これは「等質的なものから異質的なものへ」という進化論的公理に基づいた百科全書的な哲学であり，物理学から始まって，生物学や心理学，社会学や道徳論すべてを包括的に論じようとするものであった。とりわけ，進化論から正当化される彼の自由主義的思想は，十九世紀末には世界中で大きな反響を得た。ミルとも交友があり，哲学的にはしばしば反形而上学者とされるが，ハミルトンたちとは異なり認識不可能なものの存在を端的に否定することはしない（『第一原理（*First Principles*, 1862)』を参照）。我々の認識との相対的関係からは断絶した「絶対的なもの」，有限者を否定するだけに見える「無限者」，結果から切り離されて考えられる「第一原因」などは，単に否定によって得られる空虚な概念と思われるが，しかしそれらは相互に区別されるだけの意味内容を含んではいるからである。スペンサーは形而上学的対象に関しては不可知論者ではあれ，単純な反形而上学者なのではない。実証主義的であり現象主義的であるとしても，完全な反形而上学者なのではないわけである。

　ラヴェッソンからの言及は，スペンサー哲学の持つ以上のような性格を踏まえ，部分的には肯定的なものとなっている。

スリーズ　Cerise, Laurent (1807-1869)　　219

　北イタリア出身の医師。1834年からフランスで活動。ビュシェと親交を持つ。本書では『医学心理学年報（*Annales médico-psychologiques*）』の刊行者として

名が挙げられている。

スワンメルダム　Swammerdam, Jan (1637-1680)　　259
　　オランダの博物学者。顕微鏡による昆虫の詳細な観察研究が有名。
　　睡眠とメタモルフォーズの関連を論じる中で言及されている。
セセ　Saisset, Émile (1814-1863)　　27, 41, 178-179, 181-183, 227
　　哲学者。1842年から高等師範学校で教える。56年にはパリ大学教授（哲学史）。1842年にフランス語でのスピノザ著作集を出版（当初は2巻。61年の新版では3巻，長い批判的序文が付されている）。十七世紀哲学のほか，懐疑論やプラトンの研究などがある。
　　本書ではこのスピノザ著作集，またヴィタリスムに賛成する小論が言及される。また，『宗教哲学試論（*Essai de philosophie religieuse*, 1859, 3e éd., 2 vols., 1862）』に拠りながら，師のクーザンから離れて，絶対者の直接的な把握を認めようとする傾向が指摘されている。
ソクラテス　Socrate (=Sōkratēs) (B.C.470/469-399)　　34, 67, 301
　　ルルーやレノーの「天」概念を批判する文脈で，真実在（イデア）と天文学の対象との混同を戒める『国家』からの引用がなされている。もう一つは『饗宴』からの引用。
ソフィー・ジェルマン　Germain, Marie-Sophie (1776-1831)　　92-94, 99, 183, 280, 314
　　数学者。女性のため入学を許されていなかった理工科学校（エコール・ポリテクニック）で偽名を用いて受講。ラグランジュに才能を発見される。ガウスとも文通があった。
　　本書での参照は，死後刊行された『その涵養のさまざまな時代における，科学と文芸の状態についての考察（*Considérations générales sur l'état des sciences et des lettres aux différentes époques de leur culture*, 1833）』に彼女が記す，理性（ないし実在自身の合理性）への信頼に関してのもの。
ソポクレス　Sophocle (=Sophoklēs) (B.C.497/496-406/405)　　4
　　古代ギリシア，アテナイの悲劇作家。『アンティゴネ』や『オイディプス王』を残す。
　　プラトンの同時代者として，生き生きとした生動性よりはむしろ形式や調和を重んじる時期を代表する芸術家であるとされている。

タ　行

ダーウィン　Darwin, Charles (1809-1882)　　133-134, 254
　　ルナンに影響を与えた一人として，その『種の起源（*On the Origin of Species*, 1859）』が参照されている。ただしダーウィンの理論は，ラマルクやスペンサーのそれと正確に区別されてはいない。
ダミロン　Damiron, Jean-Philibert (1794-1862)　　122
　　哲学者。クーザンの学生，また友人。王政復古期にはリセなどで教え，1831

年からはパリ大学と高等師範学校で教える。またジュフロワやルルーと共に『グローブ(Le globe)』誌を創刊した(1824年)。『グローヴ』は哲学や文芸,政治に関わる論考を手広く扱ったが,30年以後はルルーの手によってサン=シモンの機関誌となった。なおジュフロワは親しい友人であり,彼の早い死(42年)はダミロンをひどく嘆かせたという。ジュフロワの後任。

本書では,テーヌが敵としたクーザン派の一員として名前が挙げられている。

ダラム　Durham, Arthur (1834-1896)　　259

生理学者。睡眠中には脳への血流が減るという彼の所見が言及されている。ラヴェッソンが直接参照したかは明らかでないが,もととなっているのはダラムの著書『睡眠の生理学(The Physiology of Sleep, 1860)』であろう。

ダランベール　d'Alembert, Jean Le Rond (1717-1783)　　94

物理学者,数学者,哲学者。ディドロと共に『百科全書』を編集。序論はダランベールによる。哲学的には従来の形而上学を批判し,不可知論に留まる。ただし自然科学の数学化については,ディドロよりも楽観的である。

ラヴェッソンは,宇宙の統一的把握の可能性を肯定するダランベールの言葉を引いている。この合理主義的態度はフランス哲学の一基調であり,さらには優れた精神一般に共通するものである,との前提の上で,コントにも実はこの(狭義の実証主義のテーゼを超えた)統一性への肯定がある,しかしまさにそこをイギリス人ミルは理解できずにただ批判した,という図をラヴェッソンは描いてみせる。

ダレスト　Dareste, Camille (1822-1899)　　71

動物学者,解剖学者。リール大学理学ファキュルテ教授(ラカズ=デュチエの後任)。発生学,とりわけ奇形の人為的発生についての実験と研究で知られる。1852-53年にかけて科学アカデミーで三回にわたり,哺乳類の脳回(convolution. 脳のしわの凸部)について比較解剖学的な報告を行っているが,その末尾の考察でダレストは,脳回の役割を過大評価する理論について疑念を改めて示している。

ラヴェッソンは骨相学批判に関連して名を挙げている。念頭におかれているのはこの報告であろう。

ティソ　Tissot, Claude-Joseph (1801-1876)　　27, 227

法学を収めた後,哲学の教授資格試験合格(1831年)。その後は主にディジョンで教えた。35年にはカントの『純粋理性批判』仏訳を出版。その後もカントの著作を多く翻訳した。

本書ではカントの翻訳者として,また1860年代の論争におけるアニミスム支持者として参照されている。

デカルト　Descartes, René (1596-1650)　　9-10, 11, 42-43, 63, 141, 159, 176-178, 198, 204-205, 221, 253, 282, 316, 327, 330, 339

十八世紀に経験論が力を増し,またニュートン力学の成果が認められると,デカルト哲学への評価は大きく下がる。生得観念に依拠した論証や,渦動論的宇宙論などが説得力を失ったからである。十八世紀から十九世紀初頭にかけて,デカ

ルト哲学が辛うじて継承されていたのはむしろ修道院で用いられる哲学の教科書の内に，であった。中世の不毛なスコラ哲学を刷新して「近代哲学」を開始したデカルト，というポジティヴなイメージの大部分は十九世紀中にゆっくりと形成され定着されたものである。実際には，「個人的理性だけに依拠して懐疑論に陥ったデカルト」というラムネーの否定的評価から，「実証主義の祖としてのデカルト」というサン＝シモンの肯定的評価まで，実に多彩な受け入れ方が存在していた。

　ラヴェッソンのデカルト評価はその中でもかなり肯定的なものである。その土台となるのは，クーザン派が定めたデカルト像——近代の開始を告げる哲学者，内的観察から出発して形而上学を再興する哲学者——であることは見逃されてはならない。その上で，ラヴェッソンはクーザンによるデカルト理解の欠点を批判し補足するという形で，自らのイメージを提出している。すなわち，内的経験から「実体」や「原因」へ遡行する際に，クーザン（の理解するデカルト）は結局「理性」から得られる一般的公理——現象は何らかの実体の現象である，現象は何らかの原因の結果として現象する——しか用いていないが，デカルト自身においてはその遡行は別の直接的経路で行われている，というのである。一つには，積極的な「無限」の観念の臨在という経路，もう一つには，ビランにおいてより明確に述べられる自己の能動的存在の直接的覚知という経路である。

　デカルトについての多くの言及は，この観点からなされている。それに加えて，普遍的秩序の実在を肯定する合理主義者として名が挙げられたり，あるいはやや異なる側面から，諸観念の推論連鎖から切り離された単独の「明証性」の価値を過剰に高く見る傾向があったことが指摘されたりもする。

デステュット・ド・トラシ　Destutt de Tracy, Antoine (1754-1836)　　18-20, 290
　「観念学（イデオロジー）」を代表する哲学者，また政治家。貴族出身だがフランス革命では第三身分に与する。1795年の学士院（Institut）の設立後はその「精神科学・政治科学」部門に属し，公教育のプラン策定に関わる。カバニスたちと共に，自由主義的共和派の立場であった（対立したナポレオンが彼らを侮蔑的に呼んだ語が「イデオローグ」である。「イデオロジー」「イデオローグ」の語にはマルクスとエンゲルスによってまた別の意味が割り当てられることになる）。元老院議員を務めながら，人間精神の分析に関する観念学的著作，ならびに政治・社会に関わる論説や研究を発表した。前者を代表する主著は『イデオロジー要綱（*Éléments d'idéologie*, 5 vols., 1801-1822)』。
　ラヴェッソンの参照は，(1) ビラン以前に「意志」の重要性を認め始めていた，(2) 論理学においてコンディヤックの「推論＝同一命題の換言」説の不毛さを批判した，という二つのポイントに関連してなされる。(1)のような解釈がどれほど正しいものであるかには問題が残る。

テーヌ　Taine, Hippolyte (1828-1893)　　121-130, 133, 135
　哲学者，批評家。1848年に高等師範学校に主席合格。秀才で知られたが，彼自身のクーザン派への批判的な態度，そして51年のクーデター後の教育行政をめぐる状況の激変のため，その後の経歴は困難を極める。アグレガシオンに不合

格となり，コレージュ（リセより下の中等学校）での教職しか得られず，また割り当てられた赴任地も満足できるものではなかった。テーヌは教職を辞し，パリで医学や解剖学，精神病理学を始めとした諸科学を研究。55年から56年にかけて『公教育雑誌（Revue de l'instruction publique）』に連載した批評をもとに，『十九世紀フランスの哲学者たち（Les philosophes français du XIXe siècle, 1857)』を出版。ラロミギエール，ロワイエ＝コラール，ビランに続き，とりわけクーザンとジュフロワを辛辣に批判する本書は大きな反響を呼ぶ。1864年から美術学校（エコール・デ・ボザール École des Beaux-Arts. グラン・ゼコールの一つ）で美学を講じる。世紀後半のフランスにおける実証主義と科学主義の主導者として，ルナンと並んで名前が挙げられることが多いが，『ピレネー（鉱泉地）紀行（Voyage aux Pyrénées, 1855 ; 1860)』，『イタリア紀行（Voyage en Italie, 1866)』のような写実的紀行文，『パリ雑感（Notes sur Paris, 1867)』のような軽妙な文章においても才能を発揮している。晩年には歴史書『現代フランスの起源（Les origines de la France contemporaine, 1875-1893)』を執筆するが，5巻で途絶した。

　初期にスピノザとヘーゲルに影響を受けた（セセは高等師範学校での教師の一人）テーヌの思想は，前期コント哲学のような単純な現象主義には還元されない。キュヴィエの発生学からもインスピレーションを得た彼は，万物が至高の公理から合理的かつ決定論的に演繹され派生してくるという形而上学を維持する。『芸術哲学（Philosophie de l'art, 1865 ; 3e éd., 1881)』に記されるような，どんな芸術も「人種・環境・時代」から説明できる，あるいは特定の時代（例えばローマ帝国の歴史）も単純な基本命題の展開として理解できる，といった主張は，過度の科学主義の滑稽さを示すものとして次の世代にとっては批判対象となるが，テーヌの主張の背後にはコントやリトレの「実証主義」にはおよそ収まらない形而上学的な過剰分があったとまず見ておくべきである。こうした「過剰」は，『イギリス実証主義。スチュアート・ミル研究』，そしてクーザン派の「心理学」を連合主義心理学によって葬ろうとする大著『知性論（De l'intelligence, 1870)』においても，変わらず見てとられる。

　本書のラヴェッソンは XI で『十九世紀フランスの哲学者たち』ならびにミル研究を中心としてテーヌを主題的に扱う。彼が強調して見せるのは，前期コントや，イギリス人であるミルの考える「実証主義」には決して還元されないテーヌの独自性である。ラヴェッソンはさらに，今後テーヌはスピリチュアリスムに同意していくだろうとまで言う。もちろん，勝手な決めつけである。

デモクリトス　Démocrite (=Dēmokritos) (c. B.C.460-370)　　233
　古代ギリシアを代表する原子論者。レウキッポスの弟子と言われる。エレア派の部分なき一なる「存在」に反対して，果てしない空虚における無数の原子の集合離散から万物を説明しようとする。唯物論の祖であり，その決定論的な傾きを是正しようとしたのがエピクロスであった，という図式の中で名が挙げられる。

デュアメル　Duhamel, Jean-Marie (1797-1872)　　276, 286-292
　数学者，物理学者。高等師範学校，パリ大学の他，とりわけ理工科学校（エコール・ポリテクニック）で教える。業績としては，微積分学に関するものに加

え，結晶構造における熱の伝達，弦と空気の振動などについての物理学的研究がある．

本書では学問の方法論ないし論理学を扱う XXXIII で論じられている．ラヴェッソンが参照しているのは，『推論的諸学問における方法について（*Des méthodes dans les sciences de raisonnement*, 5 vols., 1865-1872)』の第一巻である．

デュジェス　Dugès, Antoine Louis (1797-1838)　　255

医師，動物学者．産婦人科など医学上の業績に加え，両生類，は虫類，昆虫についての動物学的研究がある．1830年代に戦わされた，動物の体制（プラン）の一性と複数性をめぐっての論争では，複数性を説くキュヴィエに対して，一性を言うジョフロワ・サン＝ティレール（そしてゲーテ）側に立ち，自らも「有機体の形態合致性（conformité organique）」を主張した．

本書では，生物個体がそれ自体下位の生物の集合である，という発想を担う一人として名が引かれる．

デュシェンヌ（ド・ブローニュ）　Duchenne (de Boulogne), Guillaume-Benjamin-Amand (1806-1875)　　269-270

神経学者，医学者．電気刺激を用いて神経経路と筋肉との関係を調査した．とりわけ，表情筋の研究は有名である．ちょうど写真技術の発展期でもあり，デュシェンヌは，それまでデッサンでしか残せなかった表情のスナップショットを著書に掲載することができた．

本書では，思考の表明としての「言語」ならびに「表情」を扱う XXXI で言及されている．

デュラン（ド・グロ）　Durand, Joseph Pierre (dit Durand de Gros) (1826-1900)　　219, 252, 254-256, 263-264

医師，哲学者．生地を付して「デュラン・ド・グロ」と称されるのが普通．二月革命後アメリカに亡命していた時期もある．非科学的な見世物のように扱われていた「催眠」について彼の行った先駆的諸研究は60年以降に出版されるが，それらは80年代以降のフランスの精神医学と心理学の動向に大きな影響を与えることになる．晩年には多くの哲学的著作を執筆した．

本書で参照されるのは，彼の本能論，また〈集合体としての生物〉観，狂気論．

テュルゴー　Turgot, Anne Robert Jacques, baron de l'Aulne (de Laulne), (1727-1781)　　78-79

行政官，経済学者．サン・シュルピス神学校を出てソルボンヌ僧院長．1751年にはボシュエの歴史観に反対して，人間精神の継続的進歩を説く．52年より行政官の道に進む．自由放任の立場から多くの改革に取り組んだ．主著とされるのは『富の形成と分配（*Réflexions sur la formation et la distribution des richesses*, 1766-70)』．『百科全書』でも経済学関係の項目を執筆した．

本書では上記51年の演説が参照される．サン＝シモンとコントは諸学の「実証化」という発想の独自性を誇るが，むしろこのテュルゴーがその源泉だ，という主旨である．

テンネマン　Tennemann, Wilhelm Gottlieb (1761-1819)　　26

　　哲学者。古代ギリシア哲学が専門。長大な『哲学史（*Geschichte der Philosophie*, 12 Bde. 1798-1819)』を残している。よりコンパクトな教科書『哲学史要綱（*Grundriss der Geschichte der Philosophie*, 1829)』はクーザンによってフランス語に翻訳された。クーザンの高く評価する哲学史家だが，自身の観念論的傾向のために神秘主義や新プラトン主義を軽んじる欠陥がある，とも評された。
　　本書では上記の翻訳が言及されている。

ドゥーガルド・ステュワート　Dugald Stewart →ステュワート

ド・ボナルド　de Bonald →ボナルド

トマサン　Thomassin, Louis (1619-1695)　　179

　　神父，神学者。オラトリオ会に属する。学説は融和的であり，さまざまの教父の見解に加えてギリシア哲学（プラトン）の諸説も可能な限り活かす立場である。晩年の体系書『神学教説（*Dogmata theologica*, 3 vols., 1680-1689)』の第一巻（第一冊・第十九章のI）で，我々の精神のうちには，知性の力を超えた「神秘的な感覚（sensus)」があり，それによって神は理解されるよりむしろ感得され，見られるよりはむしろ触れられているのだ，と主張している。
　　グラトリはトマサンのこの主張を自説に取り入れた。本書のラヴェッソンは，グラトリを紹介する中でトマサンの名を引いている。

トマス（聖）　Thomas (saint) (1225?-1274)　　225, 304

　　トマス・アクィナス。キリスト教にアリストテレス哲学を統合する中世スコラ哲学を代表する神学者。スコラ哲学の伝統の中では「天使博士（doctor angelicus)」とも称される。自己への沈潜という経路を重視し後の「観念論」へと繋がるアウグスティヌスに対して，自然の秩序を重視する一種「経験論」的な傾向を持つ，と評されることもある。単純化は禁物だが，十九世紀中葉以降，ローマ・カトリックはトマス哲学への復帰傾向を強めていく。自然科学的な（経験と自然理性による）知識を神学体系へと矛盾なく組み入れるスタイルの古典的範例として，再評価しようということである。教皇レオ13世の回勅『アエテルニ・パトリス』（1879年）が，明示的にトマスへの復帰を促したことはよく知られていよう。こうした傾向は世紀を超えて「ネオ・トミスム」という大きな潮流を形作っていく。
　　本書のラヴェッソンは，中世スコラ哲学について一般に冷淡であり，トマスが積極的に引かれることもあまりない。そしてこの傾向は本書以降も変わらない。上のような同時代の動向からしても，またラヴェッソンの思想の土台がアリストテレス哲学であることに照らしても，トマス哲学の扱いの薄さはそれ自体興味深い問題だと言うべきであろう。

ド・メーストル　De Maistre, Joseph (1753/1754-1821)　　63

　　サヴォワの貴族出身の政治家，哲学者。フランス革命以降はローザンヌ，ついでサルディーニャに移る。このサルディーニャの大使としてペテルブルクに滞在（1803-17年。主著の一つ『サン・ペテルスブルクの夜話（*Les soirées de Saint-Pétersbourg*, 1821)』はこの滞在を背景とする）。その後トリノに戻る。君主政治

と教皇の絶対権を主張し，近代的な啓蒙思想や民主主義思想を厳しく批判する。フランス革命以後の，いわゆる「伝統主義者」に分類される。

ラヴェッソンは直接扱わない。「人類」という存在の一体性を言うピエール・ルルーの思想を検討する中で，似た思想を既に述べていた者として挙げられ，その名前と，一種弁神論的な「裏面性（réversibilité）」の概念が言及されるだけである。

トラシ　Tracy →デステュット・ド・トラシ

ドルフュス　Dollfus, Charles (1827-1913)　　297

文筆家，哲学者。弁護士を目指すが，文筆業に転身。『新ドイツ誌（*Nouvelle revue germanique*）』を創刊（1858年。65年からは『現代誌（*Revue moderne*）』に改称）。哲学的著作の他，小説も刊行。

本書では小著『哲学的省察（*Méditations philosophiques*, 1866）』からの引用が見られる。

ナ　行

ニスタン　Nysten, Pierre-Hubert (1771-1818)　　83

ベルギー出身の医師，生理学者。心臓の電気的医療の実験をビシャと行う。カピュロン（Joseph Capuron）の医学事典の第二版編集に関与（1810年）。この事典は新しい編者の手によって版を重ねる。第十版（1855年）以降の改訂と編集に関わったのが，リトレとロバンである。

本書ではリトレとロバンの唯物論的傾向を指摘する中で，この事典の名が挙げられる。

ニュートン　Newton, Isaac (1643-1727)　　174-175, 335

グラトリがニュートンを自分の主張の支えとして用いる点についての批判的検討で言及される。また，ヘーゲルの『哲学史』では形而上学を不当にも排除する科学者として言及されているが，それが引かれている。

ニューマン　Newman, John Henry (1801-1890)　　188

イギリスの神学者。国教会に属したが，1845年にカトリックに改宗。のちに枢機卿となる。カトリックに属しながら態度は融和的であった。45年の『キリスト教教義の発展についての論文（*Essay on the Development of Christian Doctrine*）』では，多様な教義を一つの発展過程の中にそれぞれ位置づけながら総合する立場が示されている。

本書のラヴェッソンは，神学者たちの思想において信仰と理性とが分裂したままであると指摘した上でニューマンの名前を引き，より自由な発展の後には宗教と哲学が合致し得るという希望を記している。上記論文が念頭に置かれていると思われる。

ヌリソン　Nourrisson, Jean (1825-1899)　　29, 293

哲学者。1850年の主席アグレジェ。博士論文のフランス語論文はボシュエについてのものであった。レンヌやクレルモン＝フェランなどを経て，72年から

コレージュ・ド・フランス。71年から73年にかけて，ラヴェッソンの代理として高等教育視学総監を務めた。

本書ではライプニッツ研究，ボシュエ研究に言及がある。また精神科学・政治科学アカデミーのコンクールに応じて書かれた心理学研究も挙げられるが，ラヴェッソンの扱いは冷淡である。

ノワロ　Noirot, Joseph Matthias (1793-1880)　　　207

神父であるが，1827年から52年までリヨン（リヨン王立コレージュ，リセ・アンペール）で哲学を講じる。後のXXIIIで取り上げられる「アニミスム」論者ブイエは彼の生徒の一人，また後には同僚であった。自身の手による著作はないが優れた教育者として当時から知られ，クーザンからも賞賛を得ている。52年以降は行政職に就くが，数年で辞する。

ラヴェッソンは，弟子の手によって出版された彼の講義に言及している。

ハ　行

バイヤルジェ　Baillarger, Jules (1809-1890)　　　219, 263

精神科医。エスキロールに学ぶ。『二形態の狂気（*Folie à double forme*, 1854）』において，今日言うところの「双極性障害」を報告している。

『医学心理学年報』の刊行に関連して名前が挙げられるほか，彼による狂気の定義も引かれている。

ハーヴェイ　Harvey, William (1578-1657)　　　163

生理学者，博物学者。血液の循環の発見で知られる。『動物発生論（*Exercitationes de generatione animalium*, 1651）』は鶏卵の観察によってアリストテレス以来の発生論を再検討する著作だが，ハーヴェイはその「第56論文（Exercitatio 56, p. 190)」において，動物の諸器官発生に先立ってすでに「精神，先見，知性（mens, providentia, & intellectus）」が存在して，それが諸器官の配置などを司っているという見解を示し，さらにこれを遺伝現象と結びつけて論じている。

ラヴェッソンは，ベルナールの「有機的観念（ないし創造的観念）」の世代間継承というアイデアを紹介しつつ，そこにこのハーヴェイの見解を結びつけている。

バークリー　Berkeley, George (1685-1753)　　　13-15, 32, 64, 77, 98, 101-102, 113

イギリスの哲学者，神学者。経験論に影響を受けながらも，マルブランシュの観念説（観念を純粋な主観的存在に還元せず，神的・客観的存在として理解する）にも接近している。「存在するとは，知覚されていることである」という定式で知られる。ここから，不可視の外的事物が精神内部に観念を生じさせるというロック的な図式は根拠のないものとして否定され，物質を含め，すべては現に知覚されている「観念」に還元される。物質固有の実在性を否定するという意味での唯心論，観念論である。同時に，彼に残る経験論的な立場は，一般観念に対応した普遍者の存在を否定する唯名論を伴う。従来の形而上学が言う「実体」や

「原因」も，知覚されているものの背後を指示する限りは，実在とは認められない。
　ラヴェッソンが言及するのはほとんどの場合，上のようなテーゼに要約できる限りのバークリーである。言葉の上だけの存在物に対する批判については評価されつつ，同時にヒュームの懐疑論に道を開くことにもなったのだとして，両義的評価の対象となっているわけである。ただしIXにおいては，晩年の著作『シリス』が参照され，そこでは形而上学の批判者，あるいは『運動論（De motu, 1720)』を著す自然哲学者とはまた別の相貌が示される。ラヴェッソンは，バークリーのこの言わば「転回」を，前期コントから後期コントへの変化に重ねるのである。

パスカル　Pascal, Blaise (1623-1662)　　11, 34, 58, 143-144, 281, 282-283, 300, 334
　十九世紀におけるパスカルの評価は，複雑なテーマである。その高い精神性が讃えられる一方で，そのペシミスティックな諸見解の故に彼を懐疑論者，さらには病的なメランコリー患者と見なす者も少なくなかったのである。そんな中，1842年にアカデミー・フランセーズにおいて『パンセ』の新しいエディションの必要を説いたのは，他ならぬクーザンであった。これに応じて出版されたのが，フォジェール（Prosper Faugère, 1810-1887）による『パンセ。ブレーズ・パスカルの断章と書簡。大部分が未公刊のオリジナルの手稿にしたがって初めて公刊される（Pensées, fragments et lettres de Blaise Pascal, publiés pour la première fois conformément aux manuscrits originaux, en grande partie inédits, 2 vols., 1844)』である。学術的な正確さを求める版がこの後にも重ねられていくが，その出発点はこのフォジェール版だと言ってよい。ただし，ラヴェッソンが『パンセ』などについてどのエディションに依拠していたかは正確に確認できなかった。
　ラヴェッソンは1887年にパスカル論「パスカルの哲学」を発表する（« La philosophie de Pascal », in Revue des deux mondes, 1887）が，それ以前から彼はパスカルの思想には好意的である。とりわけ注目されるのは，理性よりも上位に置かれた審級としての「心情（cœur)」への高い評価であろう。通常の意味での哲学を超えた次元を見据えていた思想家——それでもやはり「哲学」者である——として，パスカルは特別な位置を占めるのである。本書でもこの観点からパスカルへの言及がなされていることが目を引く。

パッポス　Pappus (=Pappos) (d'Alexandrie) (3c-4c)　　288, 289
　アレクサンドリア出身の数学者，幾何学者。『数学論集（シュナゴゲー)』を残す。
　デュアメルが『推論的諸学問における方法について』第一巻第十一章でエウクレイデスと合わせて批判的に検討している。この検討を紹介する中でその名が触れられている。

パフ　Paffe, C. M. (?-?)　　209
　不詳。その著作『本来の位置に置かれ，知性的原理とは本質的に異なるものとして提示された，感性についての諸考察（Considérations sur la sensibilité, mise à sa place et présentée comme essentiellement distincte du principe intellectuel, 1832)』は，ラヴェッソンが『習慣論』でも言及する著作である。

人名索引

ハミルトン　Hamilton, William (1788-1856)　　37-38, 74-75, 99, 138, 211, 316
　　スコットランドの哲学者。エジンバラ大学で歴史学，ついで哲学を教える。リード以来の伝統を引き継ぎながら，カントにも影響され，人間の認識の「相対性」を強調。絶対者は認識不可能であり，無制約者とは空虚な否定概念以上のものにはならないと主張する（そこに留保をつけたのが，『第一原理』のスペンサーである）。この観点からハミルトンは，1828年の『歴史哲学序説』のクーザンに対して，『エジンバラ・レヴュー』誌に厳しい批判を掲載する（"Philosophy of the Unconditioned", 1829）。この批判を含むハミルトンの論集を編んで仏訳したのはペスであったが，ラヴェッソンはこのハミルトン論集を書評する形でスコットランド学派だけでなく，同時にクーザン哲学をも批判。これが1840年の『現代哲学』論文（37-38頁）である。その後ラヴェッソンは，クーザン派と明らかな距離を置くことになる。
　　本書では「認識の相対性」を言うに留まった哲学者として，積極的な評価の対象ではない。

パルシャップ　Parchappe de Vinay, Maximilien (1800-1866)　　71
　　精神科医。精神病の原因を脳の特定の部位に定位する研究を行っている。クーザンに捧げられた小著『脳髄研究。構造，機能，病変（*Recherches sur l'encéphale, sa structure, ses fonctions et ses maladies*, 1836）』で骨相学の基本原理は成り立っていないと述べる。
　　本書では骨相学の批判者の一人として言及されている。

バルツァー　Baltzer, Johann Baptista (1803-1871)　　225
　　ドイツのカトリック神学者。ブレスラウ（ヴロツワフ）で教える。ギュンターから影響を受けた自由主義的傾向のためにローマと対立し，1853年には著書が禁書，62年には解職。ピウス9世が第一ヴァチカン公会議で宣言した「教皇の無誤謬性」には強く反対した。
　　本書ではギュンターと並んで，ヴィタリスムに接近した神学者として名前が挙げられている。

バルテズ（バルテス）　Barthez, Paul-Joseph (1734-1806)　　161, 223-224
　　医師，哲学者。ボルドゥと前後して，南仏モンペリエで生気論（ヴィタリスム）の思想に体系的な形を与える。主著は『人間の学の新原理（*Nouveaux éléments de la science de l'homme*, 1778）』。思惟する魂とは別に「生命原理」を立て，代謝や拍動，不随意運動等の生命現象を説明する立場を表明。モンペリエ学派はその後もパリ学派と対立しながらこのヴィタリスム的理論を長く保持した。ロルダが直接の後継者。
　　モンペリエ学派の生気論者として参照される。

バルテルミ＝サン＝ティレール　Barthélemy-Saint-Hilaire, Jules (1805-1895)　　27
　　哲学者，政治家。財務省勤務，雑誌編集などを経て1833年以後古典研究の道に進む。クーザンに協力しながらプラトン，そしてとりわけアリストテレスの翻訳に携わる（このアリストテレスの翻訳は晩年まで継続されることになる）。38年よりコレージュ・ド・フランスでギリシア・ローマ哲学を講じる。48年の

二月革命後，代議士として当選。第二帝政の成立後，皇帝への宣誓を拒否してコレージュ・ド・フランスを去る。69年以後は政界で穏健共和派として活躍，75年には元老院議員。ジュール・フェリー内閣では外務大臣を務めた。クーザンと最も親しかった一人であり，クーザンの死を看取った後，パリのビブリオテック・クーザンの管理を委ねられている。敬愛に満ちた彼の『ヴィクトル・クーザン．その生涯と文通（*M. Victor Cousin, sa vie et sa correspondance*, 3 vols., 1895)』は貴重な資料集である。

本書では，アリストテレスの翻訳と，インド思想研究が挙げられている。

バルニ　Barni, Jules (1818-1878)　　27

哲学者，政治家。カントの仏訳で知られる。自由思想（リーヴル・パンセ。非宗教化の思想）をジュール・シモンと共に支持，あわせて共和主義の立場から道徳教育の重要性を説く。リセで教えていたが，第二帝政への宣誓を拒否して退職，50年代はパリで苦しい生活を強いられる。1861年7月，招かれてジュネーヴに移り哲学史を教える。普仏戦争後に帰国，72年から議員として活躍した。ジュネーヴでの講義をまとめた『民主政における道徳（*La morale dans la démocratie*, 1868)』は，中江兆民によって一部が翻訳されている（1887年）。

ラヴェッソンはカントの翻訳にのみ言及している。

ピウス9世　Pius IX (1792-1878)　　225

第255代ローマ教皇（在位：1846-1878年）。1846年に即位，最初は自由主義的であったが，統一前のイタリアの混乱では一時ローマからの退去を強いられることもあり（1848年），やがて反動化。1864年には回勅『誤謬表（*Syllabus Errorum*)』で近現代の思想動向をことごとく弾劾する。69年から70年にかけて開催されたヴァチカン公会議では「教皇の不可謬性」を宣言。自由主義的カトリックの立場を取る者の間に困惑を呼んだ。

本書で名指されはしないが，ヴィタリスムの弾劾（225頁）に関して言われる「教皇」は彼であり，存在論主義（XVIII）を言う神学者たちやグラトリ，マレがその見解を気に掛けざるを得ない（188頁）権威の中心にいたのも彼である。

ビシャ　Bichat, Marie Francois Xavier (1771-1802)　　223, 247, 248

医師，生理学者。「有機的生（生命）（vie organique)」と「動物的生（生命）（vie animale)」との二分法，「生命とは死に抵抗する諸機能の総体である」という定式などが有名。ボルドゥのヴィタリスム，すなわち諸器官にそれぞれ固有の生を認める言わばマルチ・ヴィタリスムの影響を受ける（死に抵抗する「諸」機能と言われるわけである）。生気論的な思弁が語る「生命原理」は斥けて観察的事実としての「生命特性」だけを語るが（結局ビシャはパリ医学派の「オルガニシスム」の源流である），「物理特性」に対して「生命特性」は根本的に異質であって，決して安定した法則には従わないとする立場である。この立場をどう評価するかが，続くマジャンディ，さらにはクロード・ベルナールにとっての問題となろう。

本書ではまず彼のオルガニシスム的立場が確認され，また「有機的生／動物的生」の二分法が再検討に付されている。

ビショッフ　Bischoff, Theodor von (1807-1882)　　247

　　オランダ出身の医師,解剖学者。ドイツで活躍した。哺乳類の卵子の発生学的研究,血液中の酸素と二酸化炭素の発見などの業績がある。

　　胚形成の業績に関連して言及されている。

ビュイソン　Buisson, Mathieu-François-Régis (1776-1804?)　　247

　　医師。ビシャのいとこであり友人。ビシャの『記述解剖学概論（Traité d'anatomie descriptive, 5 vols., 初版 1801-1803）』の編集も行う。ただし立場は相当に異なっている。ビュイソン自身は信仰者の立場からボナルド（その「諸器官に仕えられた知性」という二元論的人間観）を支持し,ビシャの考える生命の二分法を批判的に改編しようとする。彼の博士論文『人間において考察される生理学的諸現象の最も自然な区分について（De la division la plus naturelle des phénomènes physiologiques considérés chez l'homme, 1802）』,特にその一般的序論を参照。

　　ラヴェッソンは,ビシャの明確すぎる二分法を相対化して二つの生命の間に中間項を立てた論者として言及対象としている。

ビュシェ　Buchez, Philippe (1796-1865)　　168, 255

　　医師,歴史家,政治家。カトリックの立場を貫きながらも,1820年代から改革派として活動。サン＝シモン主義にも一時接近するが,30年代以降は自由主義的・進歩主義的カトリックの立場から労働者の問題に関与。二月革命後の第二共和制下では一時議員として活躍した。歴史書の著作も残している。

　　哲学的著作で彼が行う汎神論批判と,デュラン・ド・グロへの論評について言及がある。

ピュタゴラス　Pythagore (=Pythagoras) (ca. B.C.582-497/496)　　6

　　ラヴェッソンにとっては,感覚的ではない存在,つまり「数」を万物の原理に据えた哲学者である。感覚の水準を超えた点では高く評価されるが,それが抽象的な存在でしかなかったという点では批判対象となる。その点では,同じく抽象的な一般観念しか掲げることのできなかったプラトンと遠くない,というのがラヴェッソンの一貫した見取り図である。本書ではこの文脈から冒頭部で言及されている。

　　付言するなら,ラヴェッソンは,近代以降の数学化する自然学＝物理学は,ピュタゴラス主義の新しいヴァージョンに過ぎないとの評価を下してもいる。乱暴な整理だが,同じように,ヘーゲル哲学に極まる「観念論（イデアリスム）」がプラトンのイデアの哲学の新趣向だ,と判定するラヴェッソンの哲学史観は一応それとして踏まえておくべきであろう。

ビュヒナー　Büchner, Ludwig (1824-1899)　　233, 234

　　ドイツの哲学者。この時代の唯物論を代表する一人。医学を修め（フィルヒョウは師の一人）,チュービンゲンで教え始めるが,モレショットの影響の下,唯物論的自然観を『力と物質（Kraft und Stoff, 初版 1855）』で公表。超自然的なものを一切認めず,創造を否定して物質の永遠性を説き,精神的存在やその自由を否定する。この書のため彼は大学の職を辞することになるが,その後も旺盛な執

筆活動を続けた。『力と物質』はフランスでも翻訳され，版を重ねた。

　ラヴェッソンはジャネの批判と合わせてビュヒナーのこの著作に言及する。ビュヒナーが言う「力」は，実は，無規定な物質＝質料に形相を与えるものとして考えられているのであって，だとすればそこで述べられているのは純粋な唯物論ではない，「物質」以上のものを言わば密輸入して成り立っている理論だ，といった評価である。

ヒューム　Hume, David (1711-1776)　　14–18, 35, 74, 87, 125, 210–211, 212–213

　スコットランドの哲学者，歴史家。『人間本性論（副題：実験的推論方法を精神上の主題に導入する試み）』（全三巻）で，ニュートンの自然哲学にも並びうる「人間の科学」を立てようとする。第一巻で認識論を扱うが，経験を批判的に吟味することを通じて，実体的な「自我」の存在を否定し，また因果推論は主観的な想像力ないし観念連合の所産だとして，因果性の客観的必然性をも否定する。従来の神学の議論への厳しい批判もあり，懐疑論者として扱われた。

　ラヴェッソンにとってヒュームは，すべてを受動的感覚印象とその残響たる観念へと還元する極端な現象論者，反形而上学者であり，「感覚論」をフランスで展開したコンディヤックと並べられる。その後の哲学が乗り越えるべきだった対象としての登場である。

ビュルダン　Burdin, Jean (1768-1835)　　78

　医師。ヴィック・ダジールに影響を受けた一人。ビシャの友人であると同時にサン＝シモンの友人でもあり，ビュルダンは著作『医学研究講義（*Cours d'études médicales*, 3 vols., 1803）』の出版に際してサン＝シモンから援助を受けている。サン＝シモンは1813年の『人間の学についての覚書（*Mémoires sur la science de l'homme*）』で，以前にビュルダンと交わした会話を紹介している（1798年のことだと言うが，内容も含めて正確である保証はない）。そこではビュルダンの口から，諸科学は単純な学から始まって次々と「実証的」になるのだという発想，つまりコント哲学にも通じる発想が語られている。なおビュルダンはコントとも個人的に知り合いであった。

　本書では上の『覚書』が言及され，コントが自説の核心として繰り返す「三段階の法則」は彼の独創ではないことが確認されている。このラヴェッソンによる批判的系譜探索は，ビュルダンをも超えて，テュルゴーにまで至る。

ビュルヌフ　Burnouf, Eugène (1801-1852)　　65

　東洋学者，言語学者。1832年からコレージュ・ド・フランスのサンスクリット語学教授。古代ペルシア語やサンスクリット，パーリ語に通じ，ゾロアスター教の経典であるアヴェスタ文献の研究，インド哲学と古代仏教の研究を進めた。インド哲学の研究でも知られることになるバルテルミ＝サン＝ティレールは若いときからの知人。ルナンは，彼の講義に出席していた一人である。

　本書では，ジャン・レノーがビュルヌフのゾロアスター教研究から影響を受けたというエピソードに際して言及されている。

ビラン　Biran →メーヌ・ド・ビラン

ファルシ　Farcy, Jean-Georges (1800-1830)　　39

哲学者，詩人。クーザンやジュフロワに学ぶが，高等師範学校の閉鎖（1822年）後は家庭教師としての生活を余儀なくされる。スチュワートの著作『人間精神の哲学の梗概（*Elements of the Philosophy of the Human Mind*）』のフランス語訳はスイスのプレヴォーによって第二巻まで出版されていたが，ファルシは残る第三巻を担当。無記名の序文を付す。ルルーと知り合いでもあり，『グローブ（*Le globe*）』誌に参加。七月革命の蜂起に参加し，そこで命を落とすことになる。

ラヴェッソンは上記スチュワート仏訳の序文を引用している。帰納推論ではなく「反省」を心理学の真の方法とするという主張が肯定的に紹介されている。

ファルレ　Falret, Jean-Pierre (1794-1870)　　219

精神科医。ピネルとエスキロールに学ぶ。サルペトリエールで長く活躍。バイヤルジェと同じく，いわゆる「双極性障害」について先駆的見解を示す（*De la folie circulaire ou forme de maladie mentale caracterisée par alternative régulière de la manie et de la melancholie*, 1851.（『周期的狂気について。狂気と憂鬱症の規則的交替を特徴とする精神病形態』））。

本書では，心身問題に関する医学者たちからの寄与が列挙される中で名前が挙げられている。

ブイエ　Bouillet, Marie Nicolas (1798-1864)　　27

哲学者。事典の編集（*Dictionnaire classique de l'antiquité sacrée et profane*, 1826（『宗教的世俗的古代の古典事典』）; *Dictionnaire universel d'histoire et de géographie*, 1842（『歴史地理百科事典』））でも知られる。1821年にアグレジェ。パリのリセで教える。

本書ではベーコンの翻訳，プロティノスの翻訳が挙げられている。

ブイエ　Bouillier, Francisque (1813-1899)　　27–28, 226–231, 232

哲学者。リヨン出身。デカルトおよび十七世紀哲学の専門家として知られる。ボルダス＝ドゥムーランと共に，デカルト哲学を主題とした精神科学・政治科学アカデミーのコンクールに入賞。『デカルト革命の歴史と批判（*Histoire et critique de la révolution cartésienne*, 1842）』がそれである。1839年より64年までリヨン大学哲学教授。クーザン的な「理性」の学説を継承，1844年の論集『非人称的理性の理論（*Théorie de la raison impersonnelle*）』では，攻撃を強める教会勢力に対して改めてエクレクティスムの弁明と擁護を行う。57年以後，思惟する「魂」とは別個に「生命原理」を立てるヴィタリスムに対して，両者を区別しないアニミスムの立場を主張。彼は，自分のアニミスムに賛同する哲学者として，レミュザとフランクに加え，ラヴェッソンの名をも挙げている。ラヴェッソンを引き合いに出すその典拠は示されていないが，個人的なやりとり以外の可能性としては，アニミスムの主唱者シュタールを評価していた『習慣論』が挙げられよう。

なおフィヒテの『浄福なる生への導き』の翻訳者でもある（1845年）。

デカルト研究が言及されている。XXIII後半ではブイエのアニミスムが主題的に取り上げられ，ラヴェッソン独自の補足の上で，ある程度肯定的に評価されている。

フィヒテ　Fichte, Johann Gottlieb (1762-1814)　　123, 171

　　ドイツの哲学者。カント哲学にいっそう高い統一をもたらすべく「知識学」を構想。自己定立の純粋な働きとその存在が同じ一つのことになる「事行（Thathandrung）」を第一原理とした体系を示す（そしてこの「事行」は「知的直観」の対象だとも言われる）。しかしフランスでのフィヒテ受容は，ヘーゲルやシェリングの受容に比べてあまり活発ではない。通俗的とも言われる『人間の使命』（原書 1800 年，仏訳 32 年），あるいは宗教論に傾く後期の『浄福なる生への導き』（原書 1808 年，仏訳 45 年）のほうが広く読まれたようである。一つの要因としては，「知識学」構想についてはヘーゲルたちがすでに批判を公言しており，フランスはその種の評価のほうを先に，そのまま受け取ったということが考えられる。ヘーゲルやシェリングとフィヒテとの間に，理論の難解さに関する著しい――受容の速度を決定的に左右するほどの――相違があるとも思われないからである。クーザンが 1817 年にドイツを訪れて当地の哲学を直に吸収しようとし始めた時には，フィヒテはもうこの世にいなかったのである。なお，ラヴェッソンも若い時にヘーゲルの『哲学史』に学んだ一人であった。

　　本書での参照は二箇所で，その一つはほとんど誤記，もう一つはグラトリがヘーゲルを論じるその中に名前だけが登場するから参照されただけ，といった具合である。活動性としての実体，そしてその自己の直接の把握，といったラヴェッソンの主張は，「事行」の思想とまったく異質なものとも思われないことからすれば，この参照の乏しさの背後には相当にこみ入った哲学史的経緯があると見るべきであろう。

フィリップ　Philips, A.-J.-P.（デュラン・ド・グロ Durand de Gros の筆名）　　252

　　デュラン・ド・グロは第二帝政開始と共にアメリカに亡命していた。アメリカ人がヨーロッパを訪問したという体裁で書かれた書物のために彼が用いたペンネームである。

フィリベール　Philibert, Henri (1822-1901)　　227

　　哲学者。エクスで教えた（1867-1881 年）。専門は古代哲学。
　　アリストテレスにおける生命原理を扱った博士論文が挙げられている。

フィルヒョウ（ウィルヒョウ）　Virchow, Rudolf (1821-1902)　　238

　　医師，病理学者，政治家。ベルリン大学で教える。細胞は別の細胞からのみ生じるとして，生命の基本単位を細胞とする説を立てた。
　　一生物を独立した諸存在の合成体とする考え方は，一般に，（生物一個体に一つ割り当てられる）「生命原理」の理論に対しては破壊的に働く。フィルヒョウの細胞説も同じ含意を持つだろう，という流れで参照されている。

フェラ　Ferraz, Marin (1820-1898)　　29

　　哲学者。リヨンでノワロ神父に哲学を学んだ一人。63 年より自身もリヨンで教える。F. ブイエの後任として 1865 年より教授。
　　博士論文となるアウグスティヌス研究が挙げられている。

フェリアー　Ferrier, James Frederick (1808-1864)　　253

　　スコットランドの哲学者。1831 年のハミルトンとの出会いをきっかけに，当

初予定していた弁護士の職には就かず哲学研究を進める。リードの「コモン・センス」の哲学を批判して，むしろリード以前のバークリーに近づく思想を展開した。

没後出版の論集から一節が引かれている。

フェルマー　Fermat, Pierre de (1607?-1665)　174

数学者。本書では，グラトリが重視した「帰納」をめぐる多様な意見を紹介する中で触れられている。

ブーシュ　Bouchut, Eugène (1818-1891)　227

医師。小児科医。あらゆる生物に共通の生命的属性として，印象受容性（impressibilité），自己運動性（autocinésie），有形態性（promorphose）の三つを立て，それらの根本に生命力（force vitale）が実在するという理論を説いた。

ラヴェッソンは，こうしたヴィタリスムを述べる彼の 1862 年の著作に言及している。

プフリューガー　Pflüger, Eduard (1829-1910)　245

ドイツの生理学者。発生学，電気刺激を用いた神経生理学など，研究は多岐にわたる。反射運動を純粋に機械的なものとするホールたちの見解に反対して，それは脊髄固有の知覚能力に依存していると考える。

ラヴェッソンは反射運動に関するこの見解に関連してその名前に言及している。おそらくヴュルピアンの『神経系の一般生理学ならびに比較生理学講義』第十九講義の引き写しである。

ブラウン　Brown, Thomas (1778-1820)　74-75

スコットランドの哲学者。エディンバラ大学でデューガルト・スチュワートに師事し，彼の後任となる。連合主義心理学を進展させた。

絶対者を認めないスコットランド学派の一員として，名前だけが挙げられている。

プラクシテレス　Praxitèle (=Praxitelēs) (ca. B.C.4c)　4, 5

アテナイ出身の彫刻家。紀元前四世紀，ヴィンケルマン言うところの古典後期，「優美（Grazie）様式」に属する。

アリストテレスの同時代人として言及されている。

プラトン　Platon (=Platōn) (B.C. 427?-347?)　6, 32, 49, 63, 88, 142, 187, 267-268, 340

ラヴェッソンにおけるプラトン評価は独特なものである。一方で，感覚的で現象的な存在からより上位の存在へと哲学を高めた点では，揺るがない意義を有している。そしてこの上位の存在が，最も高いところでは「善」とされるというのも，ラヴェッソン自身がそのまま引き受ける主張である。アリストテレス，ライプニッツ，デカルトの名に近づけられる場合，プラトンは彼らと同じ「高き哲学」の陣営に属した哲学者として遇されていることは明らかである。しかし他方，アリストテレスとの対立で語られるプラトンがいる。アリストテレスは，プラトンの「イデア」が何の実効的存在も有していない空虚なものだとして繰り返し批判していた。そしてまた方法論としての「問答法＝ディアレクティック」

や，適切な概念形成の方法としての「分割法」についても批判的であった。実在から切り離されたイデアではなく，完成した現実存在ないし実在する完全性としてのエンテレケイア。判定基準が不明なままに異なるドクサを対置するだけの問答法ではなく，中間項ないし媒概念を用いて構成される類種構造を通じての定義と三段論法——ラヴェッソンはこうした対比を置いて，アリストテレス側を支持する。この解釈自体の正当性は括弧に入れながらさらに言うなら，プラトンに重ねられているのは，〈ディアレクティックの哲学，空虚な観念のイデアリスム〉としてのヘーゲル主義，言い換えればシェリングが「消極哲学」と呼ぶところの，現実存在に達することの決してない哲学なのである。さらにここには，「半端なスピリチュアリスム」に終わったクーザンの哲学も重ねられることになる。こうして形成されるプラトン／ヘーゲル／クーザン／消極哲学，という密かな連鎖に対置されるのは，アリストテレス／シェリング／ラヴェッソン／積極哲学＝真の「実証主義」，という連鎖であろう。繰り返せば，プラトン解釈として（そしてヘーゲル解釈として）以上が正当かどうかはまた別の話である。

　本書でのプラトンの扱いは，以上のようにかなり大がかりな見通しを反映したものとなっている。プラトン哲学の評価において何か留保がなされる場合にこそ，ラヴェッソンに固有の哲学史観が顔を出しているのだと見るべきであろう。

フランク　Franck, Adolphe (1809-1893)　　28, 41, 160, 168, 209, 231, 293-294

　哲学者。ユダヤ系の出自であり，彼がアグレガシオンを問題なく通過したことには，教会から独立した国家教育を志向する「ユニヴェルシテ」体制にとって一定の象徴的意味があった。クーザンは彼の合格に際して「哲学は世俗化した」と述べたという。ユダヤ教史上のカバラ（一種の神秘思想），特にそこにおけるゾーハル（十三世紀の注釈書）を扱う研究は著名であり（ラヴェッソン自身も，諸宗教を研究していく中で，ユダヤ教に関してはフランクの研究を参考にしている），この業績を前提として彼は精神科学・政治科学アカデミーの会員に選出される（1844 年）。実はこの枠の選出には以前からラヴェッソンも候補として関わっていた，あるいは関わらされていたが，結局選出はされなかった。この間の政治的な駆け引きがクーザンに対するラヴェッソン側の個人的な不信を高めた可能性は高い。

　『ジュルナル・デ・デバ（論争誌）』の編集委員，そして特に，エクレクティスム派の結集の下で編まれた『哲学事典（*Dictionnaire des sciences philosophiques*, 6 vols., 1844-1852)』の編者・執筆者としても重要。第二帝政期から第三共和政に至る長い時期において，コレージュ・ド・フランスで自然法・万民法の講義を行った（1854-1887 年）。このポストは彼の死後，ルナンたちの意向に応じて「実験・比較心理学」へと振り替えられ，消滅した。

　本書ではカバラ研究や『哲学事典』，またアカデミーでなされたいくつかの報告が言及対象となっている。

ブラン・サン＝ボネ　Blanc (de) Saint-Bonnet, Antoine (1815-1880)　　207

　哲学者。リヨンに生まれ，ノワロ神父の下で哲学を学ぶ。保守的キリスト教徒かつ王党派という立場から，一貫して同時代の社会主義や自由主義に反対。対し

て教皇ピウス9世の主張は進んで受け入れた。

クーザンにも評価された最初の著作だけが簡単に言及されている。

ブランピニョン　Blampignon, Émile-Antoine (1830-1908)　187

　神学者，哲学者。パリの神学ファキュルテ（1875年にパリカトリック大学となる）で教える。

　存在論主義的見解（理性は我々を直接「存在」に関わらせる）はマルブランシュ，またアウグスティヌスにもあるという評価を支持する者として登場する（彼自身は存在論主義を標榜はしない）。なおマルブランシュ研究が言及されているが，ラヴェッソンはそこからこの議論を拾っている（第二部第一章，pp. 119 et sqq.）。

フーリエ　Fourier, Charles (1772-1837)　59-60

　哲学者，社会思想家。神が宇宙に与えた運動には social, animal, organique, matériel の四つがあるという宇宙論（『四運動の理論（*Théorie des quatre mouvements et des destinées générales*, 1808)』）述べる。四つめの物質的運動を支配する引力の法則はすでに認識されているが，それと同様に「情念引力」の法則を把握することで一つめの社会的運動を支配して調和社会（アソシアシオン）を構成することを目指す。彼の思想をもとに，弟子たちが世界各地に実験的共同体を建設した。

　社会主義思想に触れる IV で簡単に言及されている。哲学者としてはあまり評価されない。

ブリエール・ド・ボワモン　Brierre de Boismont, Alexandre (1797-1881)　219

　精神科医。『医学心理学年報』の刊行と，幻覚研究に関しての言及がある。

ブルセ　Broussais, François (1772-1838)　69-70

　医師。パリでピネルとビシャに学び，ナポレオン軍の軍医として活動。ピネルの理論は病気を不当に実体視する「本体論（オントロジー）」であるとの批判に進み，病気は解剖学的・生理学的に位置づけ可能な器官の変質であるという「生理学主義（フィジオロジスム）」理論を掲げる。生命現象を諸器官の刺激反応性に還元し，本能や知性もすべて脳髄の刺激反応の所産とする。骨相学を強く支持し，パリ骨相学協会を設立。クーザン派を「心理学主義」と呼び，脳の所産である抽象物を実在と取り違えているとして厳しく批判。コントには高く評価される医学者の一人。胃腸炎に病因を求めて瀉血を重視する療法の妥当性が疑われ，また1832年のコレラの流行への対応にも批判が集まり，晩年にはその名声は衰える。

　本書では骨相学の支持者としてのみ言及がある。

プルードン　Proudhon, Pierre-Joseph (1809-1865)　60-61

　社会主義者，無政府主義者。独学で広い知識を身につけ，1840年代には財産の平等を理念とする著作を次々と発表。マルクス主義を含め，その後の政治思想に広汎な影響を与える。二月革命後の第二共和制では一時議員としても活動。その後の第二帝政下では，中央集権制を批判しつつもかつての無政府主義についてはこれを撤回，相互的「連合」の思想に進んだ。

　本書でのラヴェッソンの扱いは極めて冷淡であり，その魅力は文体にあるだけ

で，内実はほとんどない，と言われる。

フルネ Fournet, Jules (1812-1888) 219, 227

医師。ラヴェッソンの古い友人でもある。唯物論的人間観には反対。死後，哲学的な思索を綴ったメモ書きがまとめられて出版されるが，ラヴェッソンの短い手紙が序として掲載されている（*Pensées philosophiques du docteur Jules Fournet*, s. d.）。

ヴィタリスムを支持する一人として言及されている。

フルーラン Flourens, Marie-Jean-Pierre (1794-1867) 71, 243, 248, 251-253

生理学者，生物学者。モンペリエ大学で医学博士号を取得した直後にパリに移り，キュヴィエ兄弟やジョフロワ・サン＝ティレールと親交を結ぶ。早くから脳神経系の研究に取り組み，脳の諸部位に適切な区分を与えた。1828 年には科学アカデミー会員に選出，35 年からはコレージュ・ド・フランス教授。議員やパリの区長なども務めたが，教授職は継続した。ヴュルピアンは生徒の一人である。脳の機能の大まかな局在は認めるが，骨相学は否定。人種をまたぐ人類の共通性と平等性は肯定し，他方で人間とそれ以外の動物との間には線を引く。種の固定説とジョルジュ・キュヴィエの天変地異説を支持，進化論には反対の立場であった。

ラヴェッソンは，権威ある科学者として幾たびも参照を行っている。

フレドー Frédault, Félix (1822-1897) 231

医師。熱心なカトリック教徒であり，人間についての「実体的一性」の教義を保持。デカルト的二元論や，唯物論に傾くオルガニシスムを強く批判する。アニミスムをめぐる諸対立においても，教会の立場すなわちヴェントゥラの見解側につく。

ラヴェッソンは，ブイエのアニミスムも適切に改善すれば，フレドーの見解にも遠くない理論になる，という向きで言及しているが，理由は明らかではない。

プロタゴラス Protagoras (=Prōtagras) (ca. B.C.485-400) 171, 198

代表的ソフィスト。感覚論者として，また（ストラダの文中で）相対主義者として，言及されている。

プロチャスカ Prochaska, Georg (1749-1820) 244-245

生理学者，解剖学者。プラハ，ウィーンで教える。反射運動は脊髄のみで可能であることを示す。無意識的な運動を研究し，基礎概念として「神経力」を提唱。本書では反射運動を論じる中で名前が挙げられる。

フロット Flottes, Jean-Baptiste Marcel (1789-1864) 224

神学者，哲学者。南仏モンペリエの神学校で哲学を教えていたが，文学ファキュルテの創設に伴って 1839 年からは大学でも哲学を講じる。ブイエのアニミスムが呼んだ論争（XXIII）では，モンペリエ大学の医学ファキュルテ教授であるロルダが当地の伝統であるヴィタリスムの立場から議論に加わる。教会はアニミスムにもヴィタリスムにも批判的であったが，神父であるフロットはむしろ対立の緩和に努めた。パスカルやアウグスティヌスについての研究がある。

ラヴェッソンは当の論争に関連して，簡単に彼にも言及している。

プロティノス　Plotin (=Plōtinos) (cs. 205-270)　　49, 63, 123, 153, 230, 307
　　新プラトン主義を代表する哲学者。
　　『エンネアデス』からの美に関する引用，また魂の言わば自己疎外のさまを描くに際しての言及の他は，ほぼ，形而上学のよき伝統を構成する一員として名前が引かれるに留まる。
ベーコン（フランシス）　Bacon, Francis (1561-1626)　　27, 31, 80, 277
　　哲学者，法律家。本書で紹介されるのは，ベーコンについての諸研究があること，またグラトリとクルノーそれぞれの紹介の中で彼らがベーコンに言及していること，である。それ以外でラヴェッソン自身がベーコンの名前を挙げる場合の着眼点は，ベーコンが帰納法を強調したというところだけである。エクレクティスム学派の心理学的方法は「観察」と「帰納」であるが，ルーツがベーコンだというわけである。しかしラヴェッソンは，まさに形而上学においては「帰納」の使用が方法論的に不適切だと考えている。評価は冷淡である。
ベーコン（ロジャー）　Bacon, Roger (1214?-1294?)　　29
　　神学者，哲学者。イスラム圏の学問から影響を受け，経験や観察の重要性を説く。
　　シャルルのベーコン研究が言及されている。
ペイディアス（フェイディアス）　Phidias (=Pheidias) (ca. B.C. 490-430)　　4, 33
　　彫刻家。パルテノン神殿の建設に深く関わる。
　　いったんプラトンの同時代人として生動性よりは形式美に傾く彫刻家として言及されるが，理想主義＝イデアリスム的な理論をはみ出す存在であることが彫刻家カノーヴァによって認められたとも言われる。本書でのラヴェッソンの評価は曖昧である。
ペイトン　Paton, George (?-?)　　245
　　カナダの医師。ホールによる反射運動の機械論的な説明に対して，脊髄における知覚能力を要求した。この文脈で名前だけが言及される。
ベイリー　Bailey, Samuel (1791-1870)　　75, 86, 211
　　イギリスの経済学者，哲学者。1820年代から30年代には主に経済学や政治学に関する著作を発表するが，40年代から哲学に関心を移す。主著は『人間精神の哲学についての書簡 (*Letters on the Philosophy of the Human Mind*, 3 series, 1855, 1858, 1863)』。内観を方法として採用するが，能力心理学は否定。実在するのは個々の心的作用だけであるとする。功利主義的道徳論を説く。
　　本書ではイギリス実証主義に属する一人として扱われる。
ベイン　Bain, Alexander (1818-1903)　　75, 85
　　哲学者，心理学者。アバディーン生まれ。ロンドンに移りミルやグロートと親交を結ぶ。『感覚と知性 (*The Senses and the Intellect*, 1855)』と『感情と意志 (*The Emotions and the Will*, 1863)』はこの時代の連合主義心理学を代表する著作。1860年からアバディーン大学教授。哲学雑誌『マインド』の創刊者でもある。
　　イギリス実証主義に属する一人として扱われている。
ヘーゲル　Hegel, Georg Wilhelm Friedrich (1770-1831)　　167-172, 187, 191-193,

304, 335

　カント以後の「ドイツ観念論」を代表する一人。本書に特に関連するポイントだけを記す。
　(1) クーザンとの関係。1820年代までのクーザン哲学には，ドイツ観念論からの影響が濃い。ヘーゲルの固有性への顧慮は乏しいが，思惟と自然との根源的統一を主張する哲学として，つまりはその汎神論的傾向において，理解されたドイツ哲学である。より具体的に言うなら，まず1817年のドイツ訪問において，クーザンはヘーゲル哲学を積極的に吸収する（しかしヘーゲル本人からと言うよりは，ヘーゲル派の哲学者からの解説に拠ったようである）。その後，講義閉鎖中に再訪したドイツでクーザンはカルボナリ党であるという嫌疑で拘束されるが，ここに介入してくれたのはヘーゲルであった（25年）。クーザンは返礼の意味も込めてヘーゲルをフランスに招待する（27年）。28年にクーザンは教壇への復帰を許され，その『歴史哲学序説』は大きな反響を得るが，クーザンはその講義の基本発想を，彼なりに理解したヘーゲル哲学に多く負っている。こうして，エクレクティスムはヘーゲルと近い汎神論的哲学なのだ，という評価が広まっていく。これはフランス国内の政治的状況においては不利な評価であった。30年代後半から，クーザンはドイツ哲学からの影響を否定するほうに傾く（代わりに強調されるのは，心理学に密着した「常識哲学」としてのスコットランド学派からの影響である）。これは本書のIIが述べる通りである。なお，クーザンはヘーゲルとシェリングの対立を理解していない。
　(2) 一般的な受容状況。ヘーゲルの難解な理論が丁寧な研究の対象になるためには，世紀末を待たねばならない。それまでは，ヘーゲルの「弁証法」は不可解な詭弁のように理解されて終わることが少なくなかった。本書ではXVIで，グラトリに即してその種の理解ないし誤解が（いくぶん批判的に）紹介されている。
　(3) ラヴェッソンにとってのヘーゲル。これは難しいテーマである。処女作となるアリストテレス論を執筆する中でヘーゲルの『哲学史』を彼が（積極的に）参考にしたことは確認できる。また，当時のドイツでのアリストテレス研究者にもヘーゲル的な哲学史観に影響されていた者が少なくなく，この間接的な経路によってもラヴェッソンはヘーゲル的観点を吸収したはずである。ただし，何を吸収したのかを正確に摑むことは難しい。確認できるのは，アカデミー公募論文（1834年提出）では「弁証法」の語が積極的に用いられていたのに対して，37年の『アリストテレスの形而上学についての試論』ではその使用が消えてしまうという事実である。不自然ではない一つの推測としては，シェリングのヘーゲル批判にラヴェッソンは説得された，というものがあろう。もともとがクーザンへの批判として書かれたシェリングの文章であったから，この時期にラヴェッソンはクーザンだけでなくヘーゲルからも，決定的に離れたというわけである。
　しかしながらクーザンに対してはともかくも，本書でのヘーゲルへの言及を見ると，ことはそう単純ではない。形式主義，過剰な論理主義として批判される箇所はある（171-172頁，344頁）。しかし，「存在」はそれだけでは最も空虚な概

念だということを忘れて立てられる理性主義的観念論や「存在論主義」を批判する本書において，ヘーゲルはむしろその種の陥穽をよく弁えていた側の哲学者として扱われている。またヘーゲル的弁証法を単なる詭弁と見なすようなグラトリらの態度は，訂正と批判の対象になっている。部分的にではあれ，ヘーゲル哲学は積極的評価の対象になっているのである。

ペス　Peisse, Louis (1803-1880)　　37

　文筆家，哲学者。モンペリエで医学を修める。医者とはならず，医学関係の評論記事を雑誌に発表。批判的論評に優れるが，医学上，哲学上での自身の立場はあまり明確なものではない。独自に編んだハミルトンの論文集（仏訳）を1840年に出版。序文ではハミルトンの口を借りながらエクレクティスム批判を述べる。ラヴェッソンの1840年論文は，形式上はこの論文集への書評である。その後，ステュワートの新訳，そしてミルの『論理学体系』のフランス語訳も行っている。

　本書では上記のハミルトン論集が言及されている。

ヘラクレイトス　Héraclite (=Hērakleitos) (ca. B.C.535-475)　　342

　諸物の反発的調和とそこにおけるロゴスの常在を説いたと言われる。このロゴスならびに世界の象徴が，燃え続ける火である。「万物は流転する」の言葉を帰されるが，彼の断片中には見出されない。

　末尾近くの神話学的な素描のパートに，この火のイメージへの言及がある。

ベール　Bayle, Pierre (1647-1706)　　296

　新教と旧教の対立する時代において，道徳の宗教からの独立，ならびに寛容を説く（無神論者ではない）。膨大な『歴史批評事典（*Dictionnaire historique et critique*, 1696)』は後の啓蒙思想に大きく影響した。

　現代の「アンデパンダン」的道徳論に批判的に言及する中で名前が挙げられる。

ベル　Bell, Cherles (1774-1842)　　270

　外科医，神経学者。感覚神経と運動神経の区分の発見で知られる。『絵画における表情の解剖学についての諸論考（*Essays on the Anatomy of Expression in Painting*, 1806)』で表情筋を研究。人間固有の感情表出，あるいは手のメカニズムを研究テーマにする背景には，被造物の目的論的構造に基づく自然神学の立場がある。

　ラヴェッソンは，表情（表出）と言語の問題を取り上げる中でベルの業績を簡単に紹介している。

ベルソ　Bersot, Ernest (1816-1880)　　295

　哲学者，文筆家。クーザンの下で哲学を学ぶ。クーザンが公教育大臣となった際（1840年）にはその秘書も努めた。その後赴任したボルドーでラコルデール（Henri Lacordaire, 1802-1861. ラムネーらの自由主義的カトリックに属する）を批判，大きな論争を引き起こして自身も休職を余儀なくされる。復職後ディジョン大学とヴェルサイユのリセで教えるが，第二帝政成立に際して宣誓を拒否し，辞職。『ジュルナル・デ・デバ』を活動舞台として評論を発表。1871年から高等

師範学校の校長を務めた。

　ラヴェッソンは，60年代の評論集を念頭においてベルソの名を挙げていると思われる。

ベルトロ　Berthelot, Marcelin (Marcellin) (1827-1907)　　133

　化学者，政治家。有機化合物の合成を始めとした有機化学上の業績，窒素固定の研究などで知られる。1871年には元老院議員，80年代以降，公教育大臣，外務大臣も務めた。コレージュ・ド・フランスの同僚のルナンは以前からの友人。聖職者の道を放擲した若きルナンをビュルヌフの講義に誘ったのもベルトロである。世紀後半のいわゆる「科学主義」を代表することになる一人。

　ルナンの，書簡形式の論文に関連して名前が挙げられている。

ベルナール　Bernard, Claude (1813-1878)　　157-166, 174, 216, 245-246, 287, 324

　生理学者，生物学者。マジャンディに学ぶ。1855年からコレージュ・ド・フランス教授。医学に実験的方法を導入，生体解剖も積極的に行った。グリコーゲンの発見を始め，多くの業績を残す。65年の『実験医学序説』は，そうした業績を振り返りながら書かれた方法論的著作である。生物においても物理学的世界と変わらない決定論が成り立っているという立場を明確に述べ，同時代のヴィタリスム的医学ばかりか，物理現象と生命現象の間に異質性を設けたビシャ的なオルガニシスムまでをも否定するが，その思想には簡単に唯物論に還元されない部分があり，多様な解釈に余地を残す。

　本書ではXVがベルナールの紹介と解釈に費やされる。また，経験論やエクレクティスムが重視する「帰納」には固有の価値を認めないというラヴェッソン自身の立場から，「帰納とは仮説的な演繹である」というベルナールのテーゼが繰り返し肯定的に参照されている。

ヘルバルト　Herbart, Johann Friedrich (1776-1841)　　211, 216

　哲学者，心理学者，教育学者。イエナ大学在学中にはフィヒテに学ぶ。ゲッティンゲン，またケーニヒスベルクで教えた。ドイツ観念論的な形而上学を基礎としつつも，心理学においては能力心理学を批判して諸表象とそれらの法則的相互関係についての経験的探究を重視した。『心理学教程（Lehrbuch der Psychologie, 1816, 2 Auflage, 1834）』の他，特に『科学としての心理学（Psychologie als Wissenschaft, neu gegründet auf Erfahrung, Metaphysik und Mathematik, 2 Bde. 1824-25）』は計量心理学の開始を記す書として知られる。

　本書では観念連合の問題を論じる中で言及されている。

ベンタム（ベンサム）　Bentham, Jeremy (1748-1832)　　85, 299

　哲学者，法学者。功利主義の祖。ベンタムの思想形成にエルヴェシウスが影響したことは知られている通りだが，エルヴェシウスの故国フランスでの「功利主義」への批判はイギリスにおけるよりも根強いものであった。道徳が本来前提とするべき超越的な次元を無視して此岸的な快楽を重視するだけの，むしろ反道徳的な学説とされたのである。

　ラヴェッソンは正面から言及はしない。ヴィアールの道徳論を紹介する中で，ベンタム的功利主義は利己主義でしかないといった見解が述べられている。

ホイット（ウィット，ホワイト）　Whyte (Whytt), Robert (1714-1766)　244-245
　　医師，エディンバラ医科大学教授。アニミズムに近い立場から，ハラーの生理学を批判。反射の研究で知られる。本書もその文脈で言及する。
ボシュエ　Bossuet, Jacques-Bénigne (1627-1704)　148, 154, 156, 276-277
　　神学者，哲学者。カトリック司教。ルイ14世と親しい関係にあった。雄弁で名高い。宗教問題をめぐってのライプニッツとの交渉，「静寂主義」を唱える神学者フェヌロンとの激しい論争が知られる。クーザン派が策定した哲学教育のカリキュラムに付された推薦文献には，ボシュエとフェヌロン両方の著作が取り上げられている。スピリチュアリスムにとっては模範的な著作家として扱われたと言ってよい。
　　本書でのラヴェッソンの言及の多くは断片的だが，いずれも肯定的なものである。
ボータン　Bautain, Louis (1796-1867)　168, 209
　　神学者，哲学者。1816年からストラスブールで哲学を講じる。22年にキリスト教に改宗。30年代にかけて，ボナルドやラムネーの所説を引き継いで，理性の無力と信仰の必要性を強調する「フィデイスム（信仰絶対主義）」を説くが，こうした彼の立場は教会内部でも批判される。この時期の学生の一人がグラトリであった。第二帝政期以降はパリで活躍。53年からパリ大学の神学ファキュルテで教えた。
　　ラヴェッソンは汎神論批判に関してボータンの名前を引くと共に，心理学上の著作にも言及している。
ホッブズ　Hobbes, Thomas (1588-1679)　18, 87
　　イギリスの哲学者。十七世紀機械論哲学の代表者。パリ亡命中に執筆された『リヴァイアサン』が有名だが，物体論，人間論，国家論からなる哲学体系を構築した。
　　本書ではこの名前は，感覚論的哲学者としてロックやヒュームと並べられて登場する。
ボードリ　Baudry, Charles (1817-1863)　186
　　カトリックの神父。1841年からパリのサン＝シュルピス神学校で哲学を教える。61年からペリグーの司教。ラムネーらの自由主義運動が強まるこの時期，サン＝シュルピス神学校やカルメル会神学校ではむしろ伝統に立ち戻る教育が志向され，アウグスティヌスやデカルト，そしてマルブランシュに基づく哲学が講じられたという。これが次の世代に属するユゴナンの「存在論主義」の一つの土壌となった。
　　ラヴェッソンは「存在論主義」の簡単な成立史を語る中で，この名前に触れている。
ボナルド　Bonald, Louis de (1754-1840)　271-272, 273
　　政治家，思想家。フランス革命に際してはドイツに亡命，97年に帰国。教皇派，伝統主義者としてフランス革命を否定。人民主権説を批判し，権威は神に由来しそれを君主が執行する王権神授説を保持した。言語についても経験論的起源

論を認めず，言語神授説の立場である．ラムネー，シャトーブリアンと『コンセルヴァトゥール（保守主義者 Le conservateur）』誌を創刊（1816年）．また王政復古後は代議士に選ばれ，23年には貴族に列せられた．
　ラヴェッソンは，言語神授説に関連して名を挙げている．
ボニファス　Bonifas, François (1837-1878)　　297
　哲学者．宗教的な主題での著作がいくつか残されている．博士論文はライプニッツ『弁神論』の研究．1866年には南仏モントバンのプロテスタント神学ファキュルテに着任．
　博士論文に簡単に言及されている．
ホール　Hall, Marshall (1790-1857)　　244
　イギリスの医学者．実験を通じて，反射運動は本能や感覚，意志には依存せず，ただ脊髄によるものだと述べた（『神経系についての論文集（*Memoirs on the Nervous System*, 1837)』）．
　反射運動を考察する中で，発見者として名が挙げられている．
ボルダス＝ドゥムーラン　Bordas-Demoulin, Jean (1798-1859)　　42, 205-207
　理工科学校入学を目指す中で数学の知識を獲得．その後哲学に関心を移し，貧窮の中ほぼ独学で研究を進めた．キリスト教と現代社会との和解を主要関心とし，独自の自由主義的カトリックの立場からの宗教論・政治論を多く執筆している．孤高の思想家と言ってよい．
　42頁に紹介される『デカルト哲学』(1843年)は，精神科学・政治科学アカデミーのコンクールに際しての受賞論文（1841年）がもととなったものであるが，時に神学的な語調の強まる本書の受賞にクーザンはいくらかの躊躇を示したという．デカルトの「観念」をあらためて客観的なイデアの方向に立ち戻らせようとする点と，デカルト以後の哲学を扱う中で微積分学をモデルとして有限と無限との関係を再考する点が彼の読解の特色である．
ボルドゥ　Bordeu, Théophile de (1722-1776)　　247
　医師．モンペリエ大学で医学を学ぶ．百科全書派との交流があり，『百科全書』の項目執筆にも関わった．ディドロの『ダランベールの夢』に書かれる医師ボルドゥのモデルであると言われる．バルテズと並び，十八世紀の生気論的医学の代表者．
　病理生理学上の業績として1752年の腺についての研究が重要とされるが，ラヴェッソンは『慢性病研究（*Recherches sur les maladies chroniques*, tome I, 1775)』から引用している．
ポレ　Poret, Hector (1799-1864)　　27
　哲学者．歴史家ミシュレの終生の友であり，ラヴェッソンが学んだコレージュ・ロラン（以前のコレージュ・サント・バルブ）の教師でもあった．クーザン派に属し，一時クーザンの代講も務めているが，弟子のグループの中では周辺に位置していたようである．ラヴェッソンはポレと親しく，その後ラヴェッソンはポレの娘を妻とすることになる．ベルクソンによれば，アリストテレスの形而上学についてのアカデミーの論文募集に応じるよう勧めたのもこのポレであっ

た。
翻訳上の業績に言及されているだけである。

マ　行

マコーリー　Macaulay, Thomas (1800-1859)　　85
　　イギリスの歴史家，批評家，政治家。ホイッグ党に属する。『イングランド史 (*History of England*, 5 vols., 1848-1861)』では，自己の正統性を強調するいわゆる「ホイッグ史観」を示す。

マジ　Magy, François (1822-1887)　　204–207
　　1846年のアグレジェ。第二帝政初期にはベルギーに亡命。59年に帰国，ルーアンなどで教える。1863年に『科学と自然について。第一哲学試論 (*De la science et de la nature. Essai de philosophie première*)』を出版。力と延長を基礎概念とした存在論を述べる。
　　本書では XX でこの 63 年の著作が紹介されている。

マーシャル・ホール　Marshall Hall →ホール

マジャンディ　Magendie, François (1783-1855)　　162, 270
　　生理学者，薬理学者。パリ医学派に属し実験的研究，特に動物実験を重視する。ビシャの著作の編集でも知られるが，物理現象と生命現象を分断するビシャの見解には批判的であった。ストリキニーネの発見，積極的な薬物治療の試みでも知られる。1831 年からコレージュ・ド・フランス教授。クロード・ベルナールの師にあたる。
　　その機械論的医学観と，神経学上の発見に関して言及がある。

マッキントッシュ　Mackintosh, James (1765-1832)　　27
　　スコットランドの政治家，法律家。活動は多彩だが，晩年に道徳哲学史を著している。古代から始まり，特に近代以降，スコットランド学派までを扱う通史である。道徳的な感情を重要視し，功利性は根本原理ではないという立場である。
　　ポレによる翻訳への言及がある。

マックス・ミュラー　Max Müller →ミュラー

マティエ　Matthiæ (Matthiä), August Heinrich (1769-1835)　　27
　　ドイツの哲学者，古典学者。哲学の教科書の，ポレによる仏訳への言及がある。

マルタン　Martin, Thomas-Henri (1813-1884)　　208
　　哲学者，古代研究者。1838 年以後，レンヌ大学教授（古代文学）。アリストテレスやプラトンの研究，古代数学史研究がある。論文にラヴェッソンの名が引かれてもおり，専門の近い同年代の二人は当然知人であっただろう（同時期，レンヌ大学への赴任が言われても従わなかったのがラヴェッソンである）。熱心なカトリックの信者であるが，宗教と科学を対立させる傾向には反対している。
　　古代の自然哲学を包括的に叙述する 1849 年の著作などへの言及がある。

マルブランシュ　Malebranche, Nicolas de (1638-1715)　　14, 100, 187, 205–207,

228, 305, 306, 319, 323

哲学者，オラトリオ会神父。デカルトに続く時代の合理主義者だが，思想内容には大きな差異がある。(1) 真なる観念は私の中に主観的なものとして存在するのではなく，神のうちにある。観念は我々から独立した存在であり，それを我々は「神のうちに見る」。観念の客観的存在に基礎を置くこのような合理主義は，「理性」の価値を疑うラムネーに対峙することになった神学者には言わば好都合なものであった。理性は個人的なものではない，と言えるからである。また「心理学主義」を斥けて「存在論主義」を選ぶ神学者にとっても，マルブランシュ哲学は重要な参照先である。(2) 私には自己自身の観念は与えられていない。自己については内的感情が存在するだけである。(3) 被造物は，(合法則的かつ実効的な) 神の意志が働くための「機会原因」以上の原因性を持っていない。

本書では，以上の論点と共に名が引かれる。もう一点，必然的序列秩序には大きさないし量のそれと，完全性のそれの二つがあるというマルブランシュの思想が，適宜変奏されつつ現代の哲学者によって反復されているという指摘がなされる。

マレ　Maret, Henri (1805-1884)　　168

神学者。1840年からはパリ大学神学教授。ラムネーの自由主義的カトリックの思想に影響を受けた一人だが理性の意義は肯定，ただし理性の基礎には (キリスト教起源の) 無限の観念が存しているという形であくまで啓示と宗教を上位においた統一を主張する。クーザン派に対しては，同様に宗教と哲学との和解を口にはするが，結局キリスト教を理性に服属させており，その先にはヘーゲル的な汎神論しか成り立たないと見て批判を繰り返した。権威主義化する教皇庁とは対立。

本書では上の主張に関連させて言及がなされている。

マンセル　Mansel, Henry (1820-1871)　　75

イギリスの哲学者，神学者。オックスフォードで哲学を教える。1868年にはセント・ポール大聖堂主席司祭。リードとハミルトンを継承し，自己や外界の実在は肯定しながらも，超感覚的な無制約者の認識は不可能だとする。神学的には不可知論者。ミルによるハミルトン批判書に反批判を書いている。

本書ではハミルトンの弟子として名前が挙げられている。

ミシュレ　Michelet, Jules (1798-1874)　　252

歴史家。1827年から高等師範学校教師，38年からコレージュ・ド・フランス教授。民主主義，反教権主義の立場を取る。第二帝政ではナポレオン三世への宣誓を拒否，教壇を去る。ラヴェッソンとは知己であり，一時ラヴェッソンを秘書としていた (1833-1835年頃)。

本書では，歴史家としてよりも，『鳥』，『虫』を著した博物学者として言及されている。

ミュラー (ヨハネス)　Müller, Johannes (1801-1858)　　242, 244

ドイツの生理学者，解剖学者。感覚の異種性は刺激の質にではなく神経ごとの

エネルギーの差異に由来するという説(「特種感覚エネルギーの法則」)で知られる。

脳の研究に関連して名前が挙げられている。

ミュラー(マックス)　Müller, Max (1823-1900)　272

ドイツの言語学者，東洋学者。後にイギリスに帰化。ビュルヌフに印欧比較言語学を学び，『リグ・ベーダ』の校訂，ウパニシャッドの翻訳などを行う。仏教研究，比較宗教学研究でも知られる。神学から独立した「宗教学」を提唱。

ルナンからの引用に付随して名前が挙げられているが，「グリム」との取り違えの可能性がある。

ミル　Mill, Stuart (1806-1873)　75, 80, 85-90, 91, 96, 98, 103, 107, 115, 116, 125-126, 158-159, 182, 210, 211, 212

イギリスの哲学者，経済学者。『実証哲学講義』を読んで感激したことからコントとの文通が始まる(1841-1846年)。学問論上での意見の相違，人類教への違和感などのために関係は疎遠になるが，留保を含みつつも，ミルのコント哲学への評価が基本的に高いものであったことは，1865年に書かれた『オーギュスト・コントと実証主義(Auguste Comte and Positivism)』からも知られる。コントと同様に，形而上学には否定的であり，論理学についてまで経験論の立場を取って一般観念からの演繹推論の必然性も否定する。(名辞の定義の問題を別にすれば)帰納が全権を有する。コントとは異なり心理学の存立は求めるが，彼の連合主義的心理学は従来の能力心理学や自我心理学を根本的に破壊する。道徳論においては功利主義である。

本書では，VIIIで批判的に検討される。前期コントの実証主義の避けられない帰結は懐疑論であるが，それを実際に述べたのがミルである，という扱いである。明示的な引用はほとんどないが，多くの場合，『論理学体系』が実際の論及対象である。

メーストル　Maistre　→ド・メーストル

メナール　Ménard, Louis (1822-1901)　143

詩人，哲学者，歴史家。一時は化学研究にも携わる。ボードレールの友人であり，複数の詩集がある。『哲学者たち以前の道徳(博士論文，La morale avant les philosophes, 1860)』と『ギリシアの多神教(Le polythéisme hellénique, 1863)』は，古代ギリシアの政体と多神教を論じることを通じて，民主主義的共和制の起源と価値を論じるものであった。

ラヴェッソンは，ルヌーヴィエの宗教観(多神教評価)を紹介する中で，類似の思想を持つ者としてメナールの名前に言及している。実際，上記の二書はルヌーヴィエの強い関心を引いている。

メナンドロス　Ménandre (=Menandros) (B.C.342?-291?)　4

古代ギリシアの喜劇詩人。市民の生活を活写する筆致に特徴があると言われる。

本書では，アリストテレスの同時代人という観点から名前が引かれている。

メーヌ・ド・ビラン　Maine de Biran, François Pierre Gontier (1766-1824)　19-

23, 30, 35-36, 38, 123, 218, 257, 264

哲学者，政治家。観念学の強い影響下で哲学を開始。受動的な感覚の結合からすべてを説明しようとするコンディヤックやデステュット・ド・トラシの立場には満足できず，能動的な意志を直接的覚知の対象として確保する。自然科学においては現象の観察から出発して「原因」が帰納から想定されるが，この覚知においてはまず原因としての自我が直接に摑まれる。ここに，自然科学の観点と哲学の観点の還元不可能な二重性が成立することとなる。これが「ビラニスム」と一般に呼ばれる彼の哲学の基本テーゼである。

フランス学士院やベルリン・アカデミー，コペンハーゲン・アカデミーでの懸賞で複数の論文が受賞しているが，生前出版された著書は『習慣論』だけであり，それは上記の「ビラニスム」が確立する前の著作ではあった。しかしながら彼はギゾー，ロワイエ=コラール，クーザンなどと共に，哲学的主題について議論する会を定期的に開催しており，著作とは別の経路で彼の思想はかなり知られていた。「彼は我々皆の師であった」とはロワイエ=コラールの言である。その後，ビランの死後に著作集を編集したのはクーザンである（1834年，増補41年）。この編集に満足しなかったナヴィル父子の作業により，59年に『未出版著作集』が刊行される。これと日記の一部の公表により，「ビラニスム」に収まらない，宗教的な色彩をも帯びた後期ビラン思想の姿がようやく知られるようになる。ただし全体像を与える著作集の刊行は二十世紀のこととなる。

本書では，感覚論に対して能動的意志を掲げる時期のビランが主に取り上げられる。同時に，哲学の方法が自然科学のそれと結局は同じだとするクーザンに対して，ビランこそが根本的な批判を加えたという評価が繰り返される。睡眠論についての言及もある。

メルヴォワイエ　Mervoyer, Pierre Maurice (1805-1866?)　210, 213

哲学者。詳細不明。アメリカで教えたこともあり，フランスでは南西部のポーやオーシュで教えたという記録がある。1855年からドゥエのリセの教授。おそらくそこで病没。

かなり高齢になってから提出された，観念連合についての博士論文が簡単に紹介されている。

モーリー　Maury, Alfred (1817-1892)　252, 254, 258-259

歴史家，考古学者。その他多彩な研究を行う。1861年の『眠りと夢（*Le sommeil et les rêves*）』は観察の方法を重視して，通常の睡眠や夢だけでなく，幻覚や狂気，無意識，夢遊や催眠といった諸現象を関連させて論じている。フロイトにも参照される本書は，その後の心理学に長く古典として扱われた。知性と本能にも関わる「付録」が与えられている。

ラヴェッソンの言及は上記の著作に関するもの。本能に関しても同じ著作が挙げられているのは「付録」のため。

モリアル　Maurial, Émile (1816-1874)　293

1841年のアグレジェ。博士論文（フランス語）は懐疑論としてカント哲学を批判するものであり，57年に出版される。モンペリエ，レンヌ，ストラスブー

ル，トゥールーズで教えた。
　心理学の哲学の意義を問う精神科学・政治科学アカデミーの論文コンクールで受賞。ラヴェッソンは上記博士論文と，この受賞作について言及している。

モレショット（モレスホット）　Moleschott, Jacob (1822-1893)　233
　オランダ生まれの生理学者。ハイデルベルクで教え始めるが，1852年の『生命の循環（*Der Kreislauf des Lebens*）』で唯物論を説いて論争を招き辞職。ビュヒナーに強い影響を与える。その後イタリアで学術的著作を多く執筆している。思考を脳の中の「燐光」になぞらえたことでも知られる。
　本書では，ジャネの唯物論批判の対象の一人として名前が挙げられている。『生命の循環』は65年に仏訳されていたのである。

モロー（ド・トゥール）　Moreau, Jacques-Joseph (dit Moreau de Tours) (1804-1884)
　219, 263-264, 265-266
　精神科医。エスキロールに学ぶ。北アフリカや小アジアでハッシシを知る。それによる意識変容を手がかりに，精神異常の研究を行う。狂気と夢は同一のものであるというテーゼが有名。バイヤルジェたちと『医学心理学年報』を創刊した。
　本書では上の業績，ならびに天才論について参照がある。

モンテ　Montet, Léon (1817-?)　28
　哲学者，神学者。詳細不明。プロテスタント。アリストテレス研究，偽ディオニシウス・アレオパギタ研究がある。
　アリストテレス研究に関して名前が挙げられている。

ヤ　行

ユゴナン　Hugonin, Flavien (1823-1898)　186-188
　神学者。バス・ノルマンディーのバイユー，リジュー管区司教（1867年から）。ルナンの同窓でもある。ボードリの生徒の一人。我々は真理の認識において直接神に触れているという「存在論主義」を1856年・57年の著作において説く。この思想は1861年にローマからの公的な非難を受ける。ユゴナンは63年にローマに赴きピウス九世に撤回を訴えるが無駄であった。66年にナポレオン三世によって司教に任命されるが，ローマが難色を示し，正式な着任は9ヶ月後になった。混乱の背景には，フランス国内のカトリック教会の独立性をめぐる第一帝政以来の問題があり，事情は複雑である。その後の彼は，ヴァチカン公会議などの決定に従順に従っていくことになる。
　本書では「存在論主義」を扱うXVIIIで言及対象となっている。権威を前にして中途半端に留まった思想との評価である。

ユベール（父子）　Huber, Jean (1721-1786) ; François (1750-1831) ; Jean Pierre (1777-1840)　252
　スイスの博物学者。父ジャンは画家として有名だが，合わせて猛禽類の研究を行う。その子フランソワは盲目でありながらミツバチなどの研究を残している。

人名索引　413

ピエールはさらにそれを継ぎ，ミツバチならびにアリの研究を行った。特にピエールによるアリの生態の研究は，アリにもある種の情愛や言語，産業活動が存在していると報告している。

本能と知性の関係を論じる中で名前が挙げられている。

ラ　行

ライプニッツ　Leibniz, Gottfried Wilhelm (1646-1716)　　6, 8, 11, 12, 14, 18, 32, 43, 49, 58, 63, 86, 88-89, 92, 95, 98, 119, 134, 149, 153, 156, 173-174, 176-178, 204, 206-207, 216, 217, 221, 222, 260, 262-263, 280, 282, 284-285, 286-287, 289, 290, 291-293, 306, 314, 315, 326-330, 333, 338, 340-341

本書で最も頻繁に引かれる哲学者である（上記該当ページ数は多すぎて役に立たないが，我々が機械的に追加したのではない。Hachette 社版索引からむしろ削ってこれである）。ラヴェッソンは早くからライプニッツに大きく影響を受けており，そのことは彼がアカデミーのコンクールに応募した処女作となるアリストテレス論においてすでに確認される事実である（それはまた，受賞作を報告するクーザンの所見でもあった）。ライプニッツという多面的な哲学者からラヴェッソンがとりわけ拾い上げる論点としては少なくとも次のものを指摘できる。（1）力動的実体論。ライプニッツは，アリストテレスが用意した「実体」概念を，さらに適切に限定した。実体とは諸様態の下に置かれた惰性的基体ではなく，力や努力，つまりは能動的活動性（activité）として理解されねばならない。（2）二重の合理主義。自然には理解可能な秩序が存在しているが，それは機械論的であると同時に目的論的でもある。事物は途絶えることなき連鎖をなし，その繋がりは必然的だが，その必然性には，論理的必然性とは別に，道徳的必然性，適合の必然性もまた認められる。同一律と矛盾律とは別に，理由律と最善律という別の合理性の原理が用意されているわけである。（3）形而上学の優越権。上の合理主義は，一方で（3a）ロック的な経験論的認識論を決定的に反駁し，他方で（3b）機械論的自然を絶対視せず，むしろそれを上位の原理すなわち形而上学的原理に服属させることを可能にする。この最後の論点と不可分な，汎心論的宇宙像とそこにおける目的論ならびに調和の貫徹という主張を，以上の諸点にあらためて重ねてみれば，ラヴェッソンが最終章で素描する存在の全貌——神を頂点として諸存在が階梯を構成する——がほぼ得られることになろう。

本書で最もしばしば挙げられるのは，ロックの『人間知性論』を逐一反駁する『人間知性新論』である。直接にはロックに向けられたライプニッツ側の反論は，その後の「感覚論」や「唯物論」，あるいは前期コント風の「実証主義」に対しても同様に有効だからである。なお，ライプニッツについてラヴェッソンが実際に利用したのは，Dutens 版の全集（*Opera omnia*, 1768），Erdmann 編の哲学的著作全集（*Opera philosophica omnia*, 1840）に加え，Foucher de Careil 編の書簡小品集（*Nouvelles lettres et opuscules inédits de Leibniz*, 1857）。

ライマールス　Reimarus, Hermann Samuel (1694-1768)　　255

ドイツの哲学者。啓蒙主義的な自然神学の立場を取り、啓示や奇跡を否定。著作は数多いが、本書の文脈に関わるのは『自然宗教の本質的真理について（Abhandlungen von den vornehmsten Wahrheiten der natürlichen Religion, 1754)』、『動物の衝動についての一般的考察（Allgemeine Betrachtungen über die Triebe der Tiere, 1760)』であろう。

本書では生物個体の重層性を早くから述べた一人としてリンネと並べて挙げられている。

ラヴェッソン　Ravaisson-Mollien, Jean Gaspard Felix (1813-1900)　　37-38, 213, 218

解説を参照されたい。

本書にはアリストテレス論（二巻）、1840 年の論文、『習慣論』への言及がある。

ラウス　Lowth, Robert (1710-1787)　　267

イギリスの聖職者（主教）、文学者。オックスフォードで詩学を教える（1741 年から）。『ヘブライ語の聖なる詩編についての学術的解説（Prælectiones Academicæ de Sacra Poesi Hebræorum, 1753)』での旧訳詩編研究、英語の文法書などで知られる。

本書では詩編研究からの引用が見られる。

ラカズ＝デュチエ　Lacaze-Duthiers, Henri de (1821-1901)　　255

博物学者。医学を研究していたが、ナポレオン三世への宣誓を拒みユニヴェルシテを去る。その後は無脊椎動物の研究に進む。珊瑚虫、海生の軟体動物などの研究で知られる。

多数の生物の集合体としての生物個体、という発想を述べた一人として名前が挙げられている。

ラグランジュ　Lagrange, Joseph-Louis (1736-1813)　　82

数学者、天文学者。トリノ生まれ。オイラーの後任としてベルリン学士院に招かれた後、1787 年にはパリに赴く。エコール・ポリテクニックの初代校長（1797 年）。晩年には元老院議員となり伯爵に叙せられた。『解析力学（Mécanique analytique, 1788)』や『解析関数論（Traité des fonctions analytiques, 1797)』が知られる。後者においては無限小の概念を排除した解析学を立てた。

コントが『実証哲学講義』で高く評価している。その文脈で名前が引かれる。

ラシュリエ　Lachelier, Jules (1832-1918)　　119, 155, 294

哲学者。1851 年に高等師範学校に入学するが、翌年に哲学のアグレガシオンが廃止され、やむを得ず 56 年に文学のアグレジェとなる。すでにこの時期に文学セクションの視学官であったラヴェッソンと出会っており、彼の指導で研究を進めていくことになる。各地のリセで教えながら、63 年に復活した哲学のアグレガシオンを一位で通過。64 年より高等師範学校講師。ルモワヌは同僚。教壇から、また 79 年からは視学総監として、次の世代の哲学に大きな影響を与えた。

本書刊行時には、ラシュリエはまだ『公教育雑誌』にカロの書評を発表しただけの若い哲学者に過ぎないが、ラヴェッソンはラシュリエに複数回言及している。

人名索引　　　　　　　　　　　　　　　　415

またラシュリエのほうも，本書刊行後に批判を受けたラヴェッソンのために，ラヴェッソン擁護の書簡を，同じ『公教育雑誌』上に公表している。その後カント哲学から観念論へと傾いていくラシュリエに対するラヴェッソンの評価はいくぶん低下していくが，本書の時期においては，ラヴェッソンが最も期待していた若手哲学者であったと言ってよい。

　『公教育雑誌』の書評，また高等師範学校での講義に関して言及がある。

ラプラス　Laplace, Pierre-Simon (1749-1827)　　174

　数学者，天文学者。『天体力学（*Traité de mécanique céleste*, 5 vols., 1799-1825）』や『確率の解析的理論（*Théorie analytique des probabilités*, 1812）』などで知られる。

　グラトリにおける「帰納」概念を批判的に検討する中で触れられている。

ラプラード　Laprade, Jacques-Julien Richard de (1781-1860)　　226

　医師，医学者。リヨン大学でのブイエの同僚であったが，ブイエのアニミスムにはまったく同意しない。

　本書では彼のこの厳しい批判が言及対象となっている。

ラマルク　Lamarck, Jean-Baptiste (1744-1829)　　254

　博物学者。動物学においては分類体系上の業績が重要。進化論を唱えるが，彼の進化論は生物の本源的な進化傾向を前提とした上で，いわゆる「用不用説」の目的論と，獲得形質遺伝の理論をそこに重ねるものである。キュヴィエから激しい批判を受けた。

　本能を論じる中で，ダーウィンやスペンサーと並べて名前が引かれる。

ラムネー　Lamennais, Félicité de (1782-1854)　　47-57

　神学者，哲学者。十九世紀フランスの思想動向に非常に大きな影響を与える。フランス革命以後の混乱期において，伝統と信仰への立ち戻りを説き，哲学者が言う「理性」は何ら確固とした真理を与えないとしてデカルト以降の「合理主義」哲学に対しては極端に否定的な態度を取る。『宗教に関する無関心についての試論（*Essai sur l'indifférence en matière de la religion*, 4 vols.,1817-1823）』はその表明である。理性に対する信仰の優位性，哲学に対する宗教と神学の優位性をきっぱりと打ち出す前期ラムネーの思想は，クーザン派の周囲に組織されるその後の諸論争の基調を構成したと言ってよい（クーザンらの活動は，「理性」の権限を重視する哲学に基づきながら，教会の有していた教育権を独占しようとするものだったからである）。それと同時にラムネーは，教会に対して，時代の諸問題に対応できていないその硬直性を非難する。ラムネーは教皇至上主義者としても知られるが，それは，ガリカニスム（ナポレオン以降認められた，ローマに対するフランス教会の相対的独立性）と復古王政の下でまどろんでいる教会に対する批判の言わば裏側であり，重要であったのは教会の現状を根本的に改革することだったのである。引き続き『未来（*L'avenir*）』誌（1830年創刊）上でも示されていくラムネーの思想は熱情的と言ってよいものであり，同時代のとりわけ若い宗教者の間に強い印象を残す。本書に挙げられるボータンやマレ，イタリアのヴェントゥラも，ラムネーから深い影響を受けた神学者であった。

ラムネーの意図に反して，教皇庁は彼の思想を受け入れず，彼を破門する（1834年）。その後彼は，社会主義者たちの改革の試みに接近。二月革命後には代議士に選出されている。

本書のラヴェッソンは，「反哲学」者である前期ラムネーにも軽く言及はするが，後期の著作と言うべき『哲学素描（*Esquisse d'une philosophie*, 4 vols., 1840-1846）』のほうをむしろ中心にして紹介を行う（III）。書名自体が示唆しているように，ラムネーのこの著作は，神学的主題を哲学的な諸概念を通じて論じるものであり，前期の重要著作である『宗教に関する無関心についての試論』とは，そのテーマにおいても語調においても相当に異なっている。エクレクティスムを批判した直後の章にまずラムネーを置き，しかしその紹介を彼の「哲学」的な著作に集中させるという本書の叙述は，異色のものだと言えよう。

ラ・メトリ　La Mettrie, Julien Offray de (1709-1751)　　70

医者，哲学者。『人間機械論（*L'homme machine*, 1747）』で知られる。第一原理については不可知論者だが，唯物論者を自称し，彼岸的要素を徹底して排除したエピクロス主義を唱える。

ブルセの先行者として名前が挙げられている。

ラロミギエール　Laromiguière, Pierre (1756-1837)　　123

哲学者。1811年創設の「帝国ユニヴェルシテ」，すなわち教会ではなく国家が統括する公教育体制において，最初の哲学教授としてソルボンヌで講義を担当する。コンディヤックの立場を受け継ぎながらも，精神は受動的な感覚から構成されるという感覚論的学説に反対して，精神には本来的な能動性が存在し，それはとりわけ「注意」の現象に現れるとした。クーザンは受講者の一人であったが，諸観念の分析におけるラロミギエールの見事な手さばきに感銘を受けたと語っている。

テーヌによる好意的な評価に関連して名前が挙がっている。

ランベール　Lambert, Charles (1818-1884)　　297

詳細不明。理工科学校卒。サン＝シモン主義者でありアンファンタンを師とする。長くエジプトで活動，当地を訪れたマクシム・デュ・カンにサン＝シモン主義的影響を与えたエピソードが残っている。1851年にパリに戻る。『三位一体研究（*Étude sur la Trinité*, 1856）』，『道徳界の体系について（*Le système du monde moral*, 1862）』，『キリストによる不死性（*L'immortalité selon le Christ*, 1865）』の著作があるが，1862年の著作についてのジャネの書評によると「哲学界ではそれまで無名であった」という。

1862年の著作に関して言及がなされている。

リッター　Ritter, Heinrich (1791-1869)　　227

ドイツの哲学者。哲学史研究で知られる。

ティソが翻訳したという形で名前が挙げられている。

リード　Reid, Thomas (1710-1796)　　17, 30-31, 35, 271, 304

スコットランドの哲学者。ドゥーガルド・ステュワートやハミルトンへと続く，いわゆる「スコットランド常識学派」の確立者。1764年に『常識の諸原

理に基づく人間精神の研究 (*An Inquiry into the Human Mind on the Principles of Common Sense*)』，85年に『人間の知的能力論 (*Essays on the Intellectual Powers of Man*)』，88年に『人間の能動行為力論 (*Essays on the Active Powers of Man*)』を出版。経験論の立場ではあるが，知識の成立には論理的な基礎づけ構造があり，その公理となるのは「常識の諸原理」であるとする。これは，否定すると偽になるばかりでなく不条理にもなるような根本的原理のことであり，単なる事実上の多数意見ということではない。ロックやヒュームはこの原理を無視ないし排除したために，自我の存在や外界の実在，因果性や自由意志の実在に関して懐疑論に陥るしかなかったというのがリードの見解である。

　ヒュームに反対するリードの主張は，フランスにおいては，コンディヤックに対する可能な論駁のモデルと思われた。感覚論にすべては説明できず別種の原理が必要だということ，あるいは別種の原理を導入すれば，感覚論が否定した形而上学を再興できる，ということである。フランス哲学の文脈へリードたちの思想の接合をはかったのがロワイエ＝コラールであり，それに加えて，「常識」をあらためて「理性」の上に基礎づけようとしたのがクーザンであった。なお，リードの包括的な翻訳はジュフロワによる。彼は，自然科学の方法である「観察」と「帰納」を精神科学にも正当な形で適用したのがリードである，という紹介をその翻訳に付した長大な序で述べている。

　本書では多くの場合，クーザンの「半端なスピリチュアリスム」の源泉として扱われる。同時に，観念連合，記号，美学に関しても所説が参照されている。

リトレ　Littré, Émile (1801-1881)　　83, 115–120

　哲学者，言語学者，医学者。コントの実証主義を継承する重要人物の一人。40年代におけるコントとの出会いに先立って，医学を修めた後，サンスクリット語やアラビア語までを含めた言語学文献学の膨大な知識を用いて『ヒポクラテス全集』の刊行を開始していた。44年以後，前期コント哲学の信奉者として多くの論説を発表，実証主義の普及に貢献する。コントは，第二共和制を終わらせたルイ・ナポレオンのクーデターを支持するが，熱烈な共和主義者でもあったリトレは反発。これをきっかけに師から離れていくことになる。「人類教」を説く後期コント思想にある程度追随はしたものの，実証主義をより狭い科学主義的思想として捉えるリトレは，コントの遺言をめぐる対立もあり，主流派のラフィット (Pierre Laffitte, 1823-1903) と袂を分かつ。その後リトレは雑誌『実証哲学 (*Philosophie positive*, 1867-1883)』を通じて，後期思想を切り捨てたコント実証哲学の継承を行っていく。なおリトレについて最も知られた業績は『フランス語辞典 (*Dictionnaire de la langue française*, 1849-1872)』であるが，これも（ルナンにおけると同様）言語学という「科学」の実証的展開を期しての業績であることは忘れられてはならない。

　VII の末尾，そして X で扱われる。前期コント思想が潜在的に有していた唯物論への傾きを現実化した思想家として，ラヴェッソンの扱いは否定的なものである。ジャネの論説に寄せる形で，やがてリトレも生命の目的論を認めざるを得なくなる（そして後期コントの道に再合流する）という見通しが記されているが，

ラヴェッソンの口調には確信がない。

リュカ　Lucas, Prosper (1808-1885)　　254

精神科医。狂気を研究する中で，遺伝の重要性に着目。『自然の遺伝についての哲学的生理学的論考』（「自然の遺伝」というのは，社会ごとに多様な姿で見られる「制度の遺伝」ではなく，ただ生命の法則にそって生じる遺伝のこと）で，特に精神異常の遺伝とそれに対する医学的対処について論じた。彼のこの理論は，十九世紀後半の犯罪遺伝学の他，ゾラの『ルーゴン・マッカール叢書』の構想にも影響を与えている。

本書では当の『論考』が，本能を問題とする中で，言及されている。

リンネ　Linné, Carl von (1707-1778)　　255

スウェーデンの博物学者。自然を鉱物界・植物界・動物界に三分した上で学名二名法を通じた科学的分類学を構築した。

本書では，複数の生物の複合体としての生物個体，という発想との関係で簡単に名前が挙げられている。

ルイス　Lewes, George (1817-1878)　　75, 85

イギリスの文学者，哲学者。一般向けとして書かれて評判となった『伝記的哲学史（*The Biographical History of Philosophy*, 1846）』ですでにコントに最終節が割かれているが，1853年の『コントの科学哲学（*Comte's Philosophy of the Sciences*）』でより包括的な紹介を行った。コント哲学自体は以前からミルたちによって受容されてきており，ルイス自身もその後はコントへの賞賛を控えるようになるが，彼が英語圏へのコント哲学の普及には大きな役割を果たしたのは事実である。ちなみに西周がコント哲学を学んだのもこのコント論からであった。

おそらく1853年のコント論が念頭に置かれて名前が引用されている。

ルガロワ　Legallois, César (1770-1814)　　244

生理学者。脊髄の実験的研究を行い，脊髄自身に感覚と運動の能力があると主張。

反射運動を扱う箇所で言及がある。

ルキエ　Lequier, Jules (1814-1862)　　142, 297

哲学者。理工科学校以来ルヌーヴィエの友人であり，著作『第一真理の探究（*La recherche d'une première vérité*, 1865）』はルキエの死後，ルヌーヴィエがまとめたものである。第二共和制成立の際にはカトリック共和派という立場で立候補するが落選。その後は主に生地のブルターニュで孤独な思索を続けた。フィヒテの影響も受けた彼にとって，第一真理とは自由のことであり，カトリックの教義もそこから基礎づけられるとする。その思想は，ルヌーヴィエを通じて，ウィリアム・ジェイムズにも伝えられた。二十世紀になってからは，実存主義の祖として評価が高まる。

本書では，ルヌーヴィエを論じる中で，彼の自由についての思想に影響した哲学者として紹介されいる。

ルクレティウス　Lucrèce (=Lucretius) (ca. B.C. 99-55)　　234

ローマの哲学者。叙事詩『事物の本性について（*De rerum natura*）』は，エピ

クロスの原子論に基づいて宇宙の原理から人間論,自然学にまで説き及ぶ。デモクリトス以来の原子論では原子はみなまっすぐ落下するためにそこにはいかなる集合離散も生じ得ないとして,ごく微小の「逸れる」運動を原子に帰し,そこから自然の諸物の形成が始まるのだとしたのがエピクロスであった。この逸脱運動が「クリナメン」と呼ばれるが,これはむしろこのルクレティウスの言葉である。エピクロスやルクレティウスのこうした発想によって直ちに自由意志が肯定されるわけではないが,その準備は行われた,と評価される。

物質論を扱う XXIV で,以上の文脈を踏まえて名前が挙げられている。

ルスロ　Rousselot, Xavier (1805-?)　　28

哲学者。パリの南東,トロワ（Troyes）で哲学を教える。
中世哲学についての研究に言及がある。

ルナン　Renan, Ernest (1823-1892)　　131–136, 169, 272

宗教史家,哲学者,批評家。聖職を志してサン＝シュルピス神学校に学ぶが,苦悩に満ちた逡巡の後,断念（1845 年）。文献学を通じてのキリスト教の批判的検証を自らの課題とする。ヘブライ語やアラビア語,サンスクリット語などに通じ,『ヨブ記』,『雅歌』の翻訳も行っている。ナポレオン三世によりコレージュ・ド・フランス教授に就任（1862 年）。開講講義でイエスを「比類なき人間」と呼び,これが皇帝に当時対立していた教皇派と保守派の憤激を招くこととなり,結果,罷免される（復帰は 70 年）。『キリスト教起源史（*Histoire des origines du christianisme*, 7 vols., 1863-1883）』の第一巻『イエスの生涯（*Vie de Jésus*）』でもイエスを卓越した人間として描き,教会から禁書処分を受ける。普仏戦争以後は第三共和政を支持する立場を選び,フランスの知的改革に努力する。82 年からはコレージュ・ド・フランス学長。世紀末の「科学主義」と結びつけてしばしば名前が挙げられるが,1890 年の『科学の未来（*L'avenir de la science*）』（ビュルヌフに捧げられている）は 25 歳の時に書かれたものであり,またそこで重視されるのは言語学や歴史学,つまりは広義の精神科学であって,友人である化学者ベルトロの科学主義とはいささか色彩を異にする。

XII がルナンの紹介と考察に当てられている。その他,イエス論や言語論に関連しての言及が見られる。

ルヌーヴィエ　Renouvier, Charles (1815-1903)　　137–145

哲学者。理工科学校（エコール・ポリテクニック）出身。公職には就かず,独立した立場から哲学研究を行う。なお,熱烈な共和主義者であり,哲学上でも政治上でも自由主義者である（彼はルキエに自由の概念の重要性を学び,このルヌーヴィエの自由論はやがてウィリアム・ジェイムズに深い影響を与えることになる）。デカルト哲学に関する精神科学・政治科学アカデミーのコンクールでは,受賞者ボルダス＝ドゥムーランとブイエに次いで,優秀賞を受ける。この応募論文を一部分として『現代哲学教程（*Manuel de philosophie moderne*, 1842）』を出版する他,ルルーとレノーが編集する『新百科全書（*L'encyclopédie nouvelle*, 1834-1841. 未完）』にも項目執筆で参加。50 年代以降は,カント哲学を独自の形で咀嚼して独特の思想を構築する。「新批判主義（néo-criticisme）」と称される。

もの自体を排除した表象主義，関係のカテゴリーを第一のものとする関係主義ないし相関主義，アンチノミーにおいて有限の側を選ぶ有限主義（ここには連続性の切断としての自由の可能性も織り込まれている）がその主な特徴である。『一般批判試論（*Essais de critique générale*, 4 vols., 1854-1864）』刊行後も，ピヨン（François Pillon, 1830-1914）と共に雑誌『哲学年報（*L'année philosophique*, 1868-1869）』，『哲学批判（*La critique philosophique*, 1872-1890）』を刊行。彼の哲学の展開は止まず，晩年には人格主義やモナド論への傾きを見せた。

本書では XIII がルヌーヴィエに当てられる。

ルフラン　Lefranc, Louis (1808-1872)　　207

1845年からボルドーで哲学を教える。59年から文学ファキュルテの正教授。後任がシャルル。

本書では XX の末尾で名前が言及されるだけである。著作は少なくないが，博士論文『『形而上学』第一巻におけるアリストテレスの，プラトンのイデア批判について（*De la critique des idées platoniciennes par Aristote, au premier livre de la Métaphysique*, 1843）』以外，大きなものはない。ラヴェッソンがルフランのどの著作を念頭に置いていたのかは不明。

ルブレ　Leblais (Le Blais), Alphonse (?-?)　　84, 119

不詳。数学教師。コントの実証主義協会の初期におけるメンバー。リトレの辞典の編集にも協力したという。

本書では彼の『唯物論とスピリチュアリスム。実証哲学研究（*Matérialisme et spiritualisme, étude de philosophie positive*, 1865）』とそのリトレによる序文が触れられている。

ルモワヌ　Lemoine, Albert (1824-1874)　　226, 258, 261-262, 264, 265, 266, 271-273

哲学者。シャルル・ボネについて博士論文を執筆した後，精神科学・政治科学アカデミーによる「睡眠」についてのコンクール（51年出題）に応募し，受賞。その論文をもとにしたものが，本書で言及される著作の一つ，『生理学的観点ならびに心理学的観点における睡眠論（*Du sommeil au point de vue physiologique et psychologique*, 1855）』である。1863年から高等師範学校講師。ラシュリエが同僚であった。もともと病弱であったようで，72年に辞職している。形而上学などよりも，心身に関係する具体的問題を好み，天才や狂気の問題，習慣，表情や言語などについて研究を発表している。

本書ではシュタール論の他，彼のそうした多彩な研究への言及がなされている。

ルーラン　Roulin, François (1796-1874)　　254

博物学者，医師。南米の調査を行う。ジョルジュ・キュヴィエの著作（『組織に沿って分類された動物界』）にも協力している。

遺伝と本能の問題を扱う中で言及されている。

ルルー　Leroux, Pierre (1797-1871)　　62-65

哲学者，社会主義思想家。理工科学校（エコール・ポリテクニック）の入学試

験には合格するが，経済的貧困のため印刷工となる。雑誌『グローヴ』の創刊に関わる。サン＝シモン主義に傾倒し，七月革命後に編集内部の政治的対立により出版が困難となった『グローヴ』をアンファンタンの援助を得て継続，サン＝シモン主義の機関誌とする。アンファンタンとはほどなく決裂。レノーと共に，社会主義（この語はルルーの造語である）を土台にした『新百科全書（*L'encyclopédie nouvelle*, 1834-1841. 未完）』の編纂に取り組む。『人類について（*De l'humanité*）』はこの事典項目が膨れあがって独立の一冊となったものである。集合的全体としての「人類」をほとんど宗教的な原理として，権利や義務の道徳的問題から，我々の運命や生の永続といった問題までを扱う。この同じ事典には「エクレクティスム」という項目があり，これは切り出された上で別の小論を付され，単行本『エクレクティスム論駁（*Réfutation de l'éclectisme*, 1839）』となっている。

二月革命には積極的に関与。第二帝政の成立と共に，イギリスに亡命。当時同じく亡命していたヴィクトル・ユゴーと交友を結んだ。60年に帰国。

本書では以上の『論駁』，そして特に『人類について』が，Ⅴで扱われている。

ルルス　Lulle, Raymond (=Lullus, Raimundus) (1232/3?-1315/6?)　　8

哲学者，神秘家。30歳を過ぎてから回心。キリスト教の伝道を目標として，イスラーム神秘主義を含めた諸学を学ぶ。フランシスコ在俗会員。象徴的記号列を機械的に生成することで真理を得るという「術」を考案。死後，彼を著者とした錬金術の多くの書物が流布し，十六世紀にはルルスの名を冠した『普遍的化学術を含む二書の遺書（*Testamentum duobus libris universam artem chymicam complectens*）』が出版される。そこではあらゆる物質の転換が可能になる普遍的錬金術が説かれていたが，ルルス自身は錬金術には懐疑的であった。

本書で言及されるのは，広く流布しているイメージに沿った「錬金術師ルルス」であり，若きデカルトを失望させた不可解な「術」のルルスである。

ルロワ　Leroy, Charles Georges (1723-1789)　　252

博物学者。ディドロたち啓蒙思想家とも交友があった。動物の行動を詳細に観察し，動物の知性に関して考察を行っている。十八世紀にこの主題を論じるには危険があり，ルロワは仮想の人物からの手紙という形で自らの思想を述べた。主著『動物の知性と完成可能性についての哲学的書簡（*Lettres philosophiques sur l'intelligence et la perfectibilté des animaux*, 1768）』。

本能と知性を論じる中で名前が挙げられている。

レイモン・リュル　Raymond Lulle →ルルス

レヴェック　Lévêque, Charles (1818-1900)　　227, 303, 305

哲学者。1842年のアグレジェ。古代哲学，また美学を専門とする。57年よりコレージュ・ド・フランス講師，61年より教授。52年に職を辞したバルテルミ＝サン＝ティレールのポストの後任となる。美学に関する精神科学・政治科学アカデミーのコンクールで受賞。受賞の報告はバルテルミ＝サン＝ティレールによるものであった。

ラヴェッソンはXXXVでレヴェックの受賞論文について触れ，それに続ける形で自身の美学理論の概略を述べている。

人名索引

レウキッポス　Leucippe (=Leukippos) (ca. B.C.5c.)　233
　　古代ギリシアの哲学者。原子論を説く。レウキッポスの原子論を引き継いだのがデモクリトスであるとされる。
　　デモクリトスと並んで，原子論的唯物論の最初期を担う哲学者として名前が挙げられている。

レオナルド・ダ・ヴィンチ　Léonard de Vinci (1452-1519)　8, 202
　　芸術家。ルネサンス期の「万能人」と言われる。解剖学や絵画上の表現に関する手稿が 1651 年に『絵画論 (*Trattato della pittura*)』として出版されている。ラヴェッソンは同時代の絵画教育について自身の立場から幾度か意見を述べているが，そこで大きな権威として参照されるのはこのダ・ヴィンチである。リセでのデッサン教育について公教育大臣が検討を委員会に付託する。ドラクロワたちを含むこの委員会の議長を務めたのがラヴェッソンだが，1853 年の末にまとめられた答申はラヴェッソン自身のデッサン論から始められている。これはラヴェッソンのレオナルド・ダ・ヴィンチ論と言ってよいものである（『リセにおけるデッサン教育について (*De l'enseignement du dessin dans les lycées*, 1854)』として出版）。また，1882 年に公教育大臣ビュイソンの下で刊行された『教育学初等教育事典 (*Dictionnaire de pédagogie et d'instruction primaire*)』における「デッサン (dessin)」中のデッサン教育の項，ならびに「芸術 (art)」の項でもレオナルド・ダ・ヴィンチへの参照がなされる。彼に託して語られるのは，数学や幾何学を規範として実在に接近するのではなく，まず全体的な均整と調和とそれを産出する原理（形態を貫く「蛇行線」のイデー）把握から始める態度，言い換えるなら，物質的なものではなくまず精神的なものの把握から始める態度の重要性である。
　　ただし，本書で二回なされる言及はいずれもごく浅いものにとどまる。一つは中世の学を批判する一節，そしてもう一箇所は理性と経験の関係に関するものだが，ラヴェッソンのその引用は原文の主旨（経験重視）を逆転させるものになっている。

レオミュール　Réaumur, René-Antoine Ferchault de (1683-1757)　252
　　物理学者，博物学者。魚類や鳥類の他，特に昆虫や蜘蛛についての詳細な観察記録を残す。研究分野は広く，鉄の製錬技術の研究，温度計の作成などでも知られる。
　　本書では本能と知性を論じる際に名前が挙げられている。

レノー　Reynaud, Jean (1806-1863)　62, 65-68
　　技師，哲学者。理工科学校の後，鉱山学校 (École de mines. グランゼコールの一つ。科学技術教育) に進む。労働者の問題の研究で知られるル・プレ (Frédéric Le Play, 1806-1882) は同窓である。サン＝シモン主義に影響されアンファンタンに付き従うがやがて離反。ルルーと共に『新百科全書 (*L'encyclopédie nouvelle*, 1834-1841. 未完)』において社会主義思想を展開する。二月革命後，二人の共通の友人であったカルノー (Hippolyte Carnot, 1801-1888) が公教育大臣となり，彼に協力して活動する。一時国務院にも属するがその後は政治から

離れ，哲学的著作に専念。その最初の成果が『宗教哲学。天と地（*Philosophie religieuse : terre et ciel*, 1854)』である。地球だけでなく宇宙全体が普遍的進歩の中にあり，人間は転生を繰り返しながら星々を次々とめぐっていくという宇宙論的宗教思想を説く。異端の判定を受けた。

　本書ではVの後半でこの『天と地』の紹介と検討がなされている。

レミュザ　Rémusat, Charles de (1797-1875)　　28, 41, 50, 152-153, 154, 208, 225

　哲学者，政治家。貴族の家系に生まれ，早くからギゾーやティエールと知り合う。ロワイエ＝コラールが率いる自由主義的で穏健な立憲王政派――ドクトリネール派（doctrinaires）と言われる――の政治思想に共鳴。『グローブ』誌への寄稿者の一人。1830年の革命後，七月王政期には議員を続け，短い間ながら内務大臣も務める。ルイ・ナポレオンを一時支持するが，クーデターには反対。一時亡命を余儀なくされる。第二帝政下では自由主義の立場から言論活動を行う。帝政の崩壊後となる70年代には政界に復帰した。哲学者としてはクーザンの影響を受けてスピリチュアリスムを説く。

　本書では初期の『哲学論文集（*Essais de philosophie*, 2 vols., 1840)』とアベラール研究，政界から身を引いている間に書かれたアンセルムス研究，ベーコン研究が言及されている他，グロートの書評，アニミスムへの見解が簡単に紹介されている。基本的には，クーザンの限界を超えていないという評価である。

レリュ　Lélut (Lelut), Francisque (1804-1877)　　71, 258, 265-266

　精神科医。狂気と幻覚について研究。ソクラテスやプラトンを精神病理論や幻覚論の観点からいわば診断する著作（『ソクラテスのデーモン（*Du démon de Socrate*, 1836)』，『パスカルのアミュレット（*L'amulette de Pascal*, 1846)』）は議論を呼んだ。骨相学を能力心理学の最新形態と見て一定の評価対象としていたが（『骨相学とは何か（*Qu'est-ce que la phrénologie*, 1836)』），ほどなくその非科学性を批判する立場に変わる（『ガルと後継者たちの骨相学的器官学の棄却（*Rejet de l'organologie phrénologique de Gall et de ses successeurs*, 1843)』以後の諸著作）。その他，脳や身体と思考の関係をめぐって多くの著作がある。唯物論者ではなく，魂という心理学的存在を認めた上で，その障害が身体の状態とどう結びついているかを探究する立場である。

　本書では骨相学批判とソクラテス論，また眠りについての報告が言及対象となっている。

ロズミニ　Rosmini-Serbati, Antonio (1797-1855)　　55, 186-187

　イタリアの神学者，哲学者。哲学と神学は対立しないという観点から多くの哲学的著作を執筆している。フランス語に翻訳された重要な著作は『観念起源新論（*Nuovo saggio sull'origine delle idee*, 1830. =*Nouvel essai sur l'origine des idées*, 1844)』。ロックの経験論に反対して，我々の思惟の出発点には常に「未規定なる存在」の観念ないし直観があってそれがすべての観念の基盤をなしていると主張。しかもこの基盤は，カントの認識論の諸形式のように主観に属したものではなく，それ自体客観的なものであるとする（ただしマルブランシュのようにそれがすぐさま神に関連づけられるわけではない）。

本書ではラムネー，ユゴナン（存在論主義）を扱う中で，彼らと類似の思想を先んじて述べた哲学者として名前が挙げられる。未規定の空虚な存在概念を出発とする点で，評価は低い。

ロック　Locke, John (1632-1704)　　14, 18, 19, 29, 262

イギリスの哲学者。政治論など業績は多彩だが，ラヴェッソンにとっては近代における感覚主義的経験論の源泉である。そして，ロックの『人間知性論』は，ライプニッツの『人間知性新論』によって決定的に覆されたというのがラヴェッソンの揺るがぬ確信である。

本書では一種のラベルとして扱われており，立ち入った検討は存在していない。

ロッツェ　Lotze, Rudolf Herman (1817-1881)　　182, 344

ドイツの哲学者，生理学者。ライプツィヒで医学，続いて哲学を学んだ後，ヘルバルトの後任としてゲッティンゲンで教え始める（1841年）。ドイツ観念論を継承。魂の実在を前提とする哲学的心理学の主著としては『医学的心理学，あるいは魂の生理学（*Medizinische Psychologie oder Physiologie der Seele*, 1852）』。非延長的な魂が空間を認識できるのは，非空間的な「位置徴表（*Lokalzeichen*）」からの構成であるという有名な学説は本書で示された。『ミクロコスモス（*Mikrokosmus*, 3 Bde. 1856-1864）』は，ビュヒナーたちの唯物論に反対して観念論の立場から書かれた形而上学的人間学。実際には宇宙論，生命論，人間論から歴史，道徳論までを広く扱う。テーマは多岐に渡るが，自然は機械論的に説明できるが，そのことは宇宙全体の目的論を排除しない（第四冊），あるいは抽象的な神の把握（フィヒテ，汎神論等）は神の人格性を否定する結果になる点で根本的な欠陥を有する（第九冊第四章）といった主張が含まれる。

ラヴェッソンは，『ミクロコスモス』のこうした主張を参照しつつロッツェの名に言及している。

ロバン　Robin, Charles (1821-1885)　　83

医師，生理学者。顕微鏡を用いた組織学研究で知られる。晩年には元老院議員も務めた。

リトレと共に『ニスタン医学事典』の編集を行ったことへの言及が見られる。

ロルダ　Lordat, Jacque (1773-1870)　　224

医師。モンペリエ学派のヴィタリスムを継承する。師であったバルテズの死後，解剖学・生理学講座の教授となる（1813年）。18年には『バルテズの医学学説の叙述（*Exposition de la doctrine médicale de P.-J. Barthez, et mémoire sur la vie de ce médecin*）』を出版。ロルダにおいてヴィタリスムは，唯物論的理論からキリスト教を保護する理論でもあった。ヴィタリスムは唯物論を論駁すると同時に，生命原理しか有しない動物と，さらに思惟する魂を有する人間を区別できるからである。この宗教的含意が，十九世紀におけるヴィタリスム論争の背景をなす。ビシャからブルセたちに続くパリ医学派の「オルガニスム」との継続的対立は当然として，さらに40年代にはペスによる攻撃があり（『医学新聞（*Gazette médicale*）』上のもの。ペスの『医学と医師（*La médecine et les médecins*, 1857）

に再録』)，50年代には本書が紹介するヴェントゥラたちからの教会の権威を伴っての批判があり，さらに60年代には哲学者ブイエのアニミスムとの対立が生じるが，ロルダは一貫してヴィタリスムが医学の観点からも宗教の観点からも——いずれの観点も人間を一つの全体として扱うことを要求する——オーソドックスなのだという立場を貫く。

　本書では，50年代から60年代にかけての論争への関与がいくらか言及対象となっている。

ロワイエ＝コラール　Royer-Collard, Pierre-Paul (1763-1845)　23-24, 30-31, 32

　哲学者，政治家。自由主義の立場を守る「イデオローグ（観念学者）」によって指導されていた哲学教育の改変を望む当局によって，パリの文学ファキュルテの教授に抜擢される。デステュット・ド・トラシの「観念学」やコンディヤックの「感覚論」に対抗するために彼が利用したのが，リードらスコットランド学派の哲学であった。講義は1811年から14年までの短いものであったが，クーザンを始めとする後のエクレクティスム学派への影響は非常に大きかった。ただし付言すれば，ロワイエ＝コラールは敬虔なカトリック教徒であり，唯物論に傾く感覚論や観念学には以前から反感を持っていたものの，対立する教会の保守派に同調するというわけではない。基本的にはむしろ自由主義者であり，穏健な立憲君主制を求めていた。

　ロワイエ＝コラールはもともと弁護士・政治家であり，15年からは政界に復帰するが，その後も彼のポスト自体は維持され，実際の講義は「代講（suppléant）」によって行われる。これを担ったのがクーザンである。なお，このようにポストは維持されたまま，担当者のさまざまな都合に応じて別の者（多くの場合は近い立場の者，あるいは暗黙の後継者）が代講を務めるというのは珍しいことではない。

　本書では，十九世紀初頭において哲学を本格的に再開した存在として扱われる。コンディヤックの強調する感覚，メーヌ・ド・ビランの強調する意志，アンペールの強調する理性，これら三つの要素を一つの哲学において統合しようとしたのがロワイエ＝コラールだという見取り図である。ただしそれは，クーザンにおいて開花するという「半端なスピリチュアリスム」の開始でもあった。

ロンジェ　Longet, François-Achille (1811-1871)　71

　生理学者，解剖学者。マジャンディの弟子。エーテルやクロロフォルムの効果に関してフルーランと共同研究も行っている。神経系の研究で知られる。1842年の著作『人間と脊椎動物の神経系の解剖学ならびに生理学（*Anatomie et physiologie du système nerveux de l'homme et des animaux vertébrés*, 2 vols.)』において，知的諸能力が脳の部位に明確に定位されるという理論を具体的な脳の損傷事例の比較を通じて明確に否定した（tome I, pp. 666 et sqq.）。

　本書では骨相学の論拠を奪った一人として名前が挙げられている。

ロンドゥレ　Rondelet, Antonin (1823-1893)　275

　哲学者。リヨン生まれ。ノワロ神父に哲学を学ぶ。ジャネと共に1844年のアグレジェ。専門はアリストテレスだが，50年代後半からスピリチュアリスム的

道徳論を経済学に結合する試みを始める。59年の『経済学におけるスピリチュアリスムについて（*Du spiritualisme en économie politique*）』は精神科学・政治科学アカデミーのコンクールで二位となった論文。クレルモン＝フェランで長く教えた。

　ラヴェッソンはむしろロンドゥレの論理学上の業績にだけ言及する。明記されてはいないが，アリストテレスの様相論理を擁護する著作『様相命題の論理学理論（*Théorie logique des propositions modales*, 1861)』であろう。

杉山 直樹（すぎやま・なおき）
1964年生まれ。
大阪大学大学院文学研究科博士課程単位取得退学。
学習院大学文学部哲学科教授。

村松 正隆（むらまつ・まさたか）
1972年生まれ。
東京大学大学院人文社会系研究科博士課程修了。
北海道大学大学院文学研究科准教授。

［十九世紀フランス哲学］　　　　　　　ISBN978-4-86285-247-2
2017年 1月 5日　第1刷印刷
2017年 1月10日　第1刷発行

訳者　杉山 直樹
　　　村松 正隆
発行者　小山 光夫
製版　ジャット

発行所　〒113-0033 東京都文京区本郷1-13-2
　　　　電話03(3814)6161 振替00120-6-117170
　　　　http://www.chisen.co.jp
　　　　株式会社 知泉書館

Printed in Japan

印刷・製本／藤原印刷